武統台灣
最後結局

是天馬行空的推理小説，
抑或真實的政治軍事預言……

無名──著

簡序

謹以本書獻給我摯愛的妻子以及三個因為我的擔憂而必須離鄉
背井的親愛子女，還有千千萬萬個願意相信本書所臆測、推
敲、預設、想定的內容故事。

在巨變發生前，先期做好準備，事先做好防範，預先做好籌
畫，早先做好演練，期盼在事發前夕，看過這本書的人（包含
世世代代生在台灣、長在台灣的海島型中國人以及準備從對岸
的中國大陸跨越台灣海峽天塹渡海而來的中原型中國人），希
望你們都能知道在這塊自古以來（大概400多年前）所謂的福
爾摩沙、婆娑之島、美麗之島、或稱為寶島（這幾年在台獨黨
執政後也有不少人說是「鬼島」），即將要發生甚麼地動山搖的
驚天劇變。

我所能想到的，僅僅只是千思一慮、萬事一點，在這場註定要
驚天地、泣鬼神的萬世不朽功業裡，盡量能開展的順利一點，
行動時間更短一點，衝突流血減少一點，人命犧牲降低一點。
該來的會來，該去的則去，任誰也擋不住這個歷史宿命、歷史
拐點、歷史豐碑、歷史洪流。

中國人、中國夢、強軍夢、強國夢、中華民族偉大的復興夢！
就從今天開始，就從統一台灣啟航，中國雖大，可一點也不能
少啊！

警·示·語

你信不信？

是天災？還是人禍？是天機不可失？還是圖窮匕已見？

這本書不是天書也非讖語，諭示台海兩岸最終的結局。

你怕不怕？

武統台灣～已經是必然的趨勢，而且中國已經開始了！

台海戰爭～最後的結局，是區域戰役？還是世界大戰？

2021辛丑年：全球預言都指向一件事⋯⋯「戰爭」！

2021經濟學人：台灣地區是地球上最危險地方！

武統台灣　是統一之戰？還是中美大戰？

臺海兩岸　是同胞血脈？還是世敵寇讎？

為甚麼解放軍一定要登陸台灣島？

為甚麼三天內一定要攻下台灣島？

你⋯⋯還是不相信世紀之戰要開打了嗎？

你⋯⋯還能活著看到明天初升的太陽嗎？

作者簡介

關於作者：
　　無名（不想署名，不想惹麻煩，不想被出征）

學歷：
　　專科班、正規班、研究班、研究所

經歷：
　　作戰官、動員官、訓練官、連長、行政參謀官、副營長、副大隊長、作戰參謀官、副總隊長、大隊長、巡防科長、主任教官、教官科長、保險業務員、保全員、社工員、行政助理、直銷業務員、高職教師、訓育組長、自耕農、校車司機

　　這樣的學歷、經歷，不算高、不算完整、不算成功、也不算甚麼。只是這樣的一生，剛好在黃昏向晚之時，想盡最後一點新意、心思，對這個國家（有人說是中華民國，有人說是台灣國）、對這個民族（有人說是中華民族，有人說是台灣民族）、對這個社會（有人說是綠營，有人說是藍營或紅統）、對這個營營苟苟的庶民百姓平頭眾生們（有人說是817、1450，也有人說是憨粉、國粉），在剩下不多的擺盪日子裡，想像一下未來可能會遭遇到的超級劇烈大風暴。如何把自己的思路、站隊想清楚，你到底是哪一邊哪一路的，想清楚了就比較好辦事，千萬不要搶著去當別人的替死鬼，也不要做一個迷迷糊糊搞不清楚狀況的冤大頭。

　　這本書是作者嘗試寫作的第一本書，也或許是最後一本書。作者把學歷、經歷寫出來，主要是讓讀者在閱讀本書時，可以循著作者的學、經路、來時路，貼身感受作者為何會有這樣的感悟與心得。本書雖然了涉及政治軍事類的敏感寫作，但探究的內容絕不是空穴來風，各種想定、假設也絕非憑空臆測，而是有所本的！

　　每當中國大陸要對外發動戰爭之時，他們的宣傳機構（如外交部發言人或《人民日報》等）往往會提到一句話：「勿謂言之不預也！」這種文謅謅的文言文聽在LOCAL到極點的台灣島民耳裡，通常大致的反應就是「聽無啦」！或者皮皮的一笑置之不理，就當作對岸的中國人在放屁、在恐嚇、在無聊……。那麼，此時作者以非常語重心長的、憂心忡忡的、態度誠懇的期待讀者們，是否能再一次認真的、謹慎的、用心的，再仔細想一次，「勿謂言之不預也」這句話是甚麼意思？這句話會對我們從小賴以生長發展的台灣造成何種巨大深遠而嚴重的影響嗎？

　　大家想好了嗎？那我們就開始觀看這本奇幻又寫實的《武統台灣　最後結局》的政治軍事預言推理小說吧！

自序

作者的憂慮，台灣的現況

　　作者隱姓埋名，不願也不敢出具真實姓名，其實這並不是作者在賣關子，或是藉由隱匿真實姓名來創造模糊的價值感，而是真的不方便也是有所擔心使然。

　　這本書究竟能否出版，能否在台灣通過審查都很難說！（你不信？台灣的文化部「童謠禁歌」沒聽過嗎？就真的被禁啦！你能想像在21世紀號稱最民主、最自由、最進步、最人權、最開放的台灣，竟然還有思想審查？文化審查？還有文字獄？還會箝制人民言論自由？這不就是活生生的案例嗎？如果連這樣的小朋友童謠故事書，在台灣都要被無限上綱的以「政治正確」意識形態主導強迫下架禁止販售，那麼現在你手上拿到的這本書（政治軍事類預言體小說），對於目前由台獨黨台獨政府號稱擁有1.5個博士學位的蔡英文總統所領導的台灣（或稱中華民國台灣）執政當局來說，還有機會能通過審查、順利付梓、放上書架，供大眾公開閱覽嗎？

　　時代不一樣了，1.5個博士學位蔡英文總統說：「時空環境不同了！」⋯⋯有聽說過言論審查、思想審查、社維法吧！也曾聽說過台灣臉書的「文字獄」吧！動不動封鎖臉書不讓發言（連按讚都不行！），不然就是警察就找上門來，說你在臉書上的PO文違反社維法。不管你是中年大叔，還是年逾80的耆耆老嫗，可能是在清晨，也可能是在深夜，4、5個穿著便衣自稱「警察」的壯漢就來拍你家的大門、狂按你家的門鈴了。

好一點的會出示檢察官的搜索票給你看，也有的會拿出地檢署的傳票，還有那種甚麼都沒有的，就在胸前掛著一張紅紅的「警察證」就說要帶你回警局作筆錄的……，說你違反社維法、散布謠言、妨礙名譽、違反傳染病防治法要罰300萬……。

2021年辛丑年的夏天剛開始，剛過完勞動節連假，誰也沒想到新冠肺炎（COVID-19）疫情竟然在台灣大爆發，台灣正面臨著缺水、缺電、缺疫苗的困境，每天新聞報導陽性確診病例幾百人、死亡幾十人，火葬場連告別式也免了，直接推進去燒了……。在這個時候，國產（其實是民營私人公司）疫苗股票卻炒翻天，國外疫苗又進不來，台灣島內人人自危，不知道還要死多少人？（1.5個博士學位的蔡英文總統說到八月底國產的疫苗就會開打了）

或許只是作者的一廂情願、杞人憂天，作者真的以為目前的台灣政治環境丕變了，不再像之前的2-30年裡，那段期間台灣真的是有言論自由，而且是極度無節制、無底線的言論自由。你可以大鳴大放肆無忌憚的說話、著書、立論，愛怎麼說就怎麼說，愛怎麼寫就怎麼寫、愛怎麼罵就怎麼罵！（大概從1987年台灣解嚴後，一直到2016年後台獨黨第二次政黨輪替再次執政，尤其是2008-2016年馬英九擔任總統這8年，全台灣彷彿進入了一種全民「歇斯底里的，超級瘋狂的」言論自由殿堂，甚麼有的沒有的、真的假的、胡說八道的、騙死人不償命的……，只有你想不到，沒有你說不到的亂七八糟話語，像極了張牙舞爪、群魔亂舞的瘋人院國度）。

舉個實際例子來說明，在馬英九執政這8年來，台灣是不是透過了所謂的「言論自由」這個魔咒，完全進入了不設防、

不理性、「未見笑」的瘋狂境界了？有次到屏東萬巒吃豬腳，從省道轉彎進入鄉道，再進入萬巒市區，一路上車程大概約10分鐘，就這麼短短的一段路，沿途就可以不斷的看到各種懸掛在檳榔園路旁的圍籬、民宅住家的頂樓陽台、甚至是廟宇外的牆壁、還有高高懸在天空的氣球，到處都是在辱罵馬英九總統的惡毒的、噁心的、不實的話語，像「馬英狗」！「馬皇，螞蝗」！「馬桶、廢物」！「出賣台灣」！「香港腳」！「中共同路人」……，還有很多作者已經記不清的話語、標語、漫畫等等……。

在全台灣各地時常的看到這些侮辱人的，影射式的、抹黑抹紅的所謂人民有表達言論的自由，所展現出這些呈現在台灣邊邊角角、到處充斥、無所不在的「負面民主」的東西。中華民國的總統馬英九先生，究竟是跟這些人有甚麼深仇大恨？是殺父之仇還是奪妻之恨？還是國破家亡的血海之痛？讓這些人無止境、無來由的在全台灣各地「追殺」馬英九？不置之死地而後快？似乎想要啖其肉、啃其骨、喝其血、寢其皮，否則不得善罷甘休……。日據（治）時期奴役台灣50年，估計屠殺了60萬台灣人，欺壓、霸凌台灣人，還有強迫婦女充當慰安婦等等血海深仇，也沒聽過這些人、台獨黨、以台灣優先的政客們站出來為台灣人講一句公道話，譴責過日本一句話啊！

台灣這是怎麼了？生病了嗎？是生了甚麼病？為甚麼會生病？是誰讓這個國家生病的？「民主、民主、以民為主」，「自由、自由、絕對自由」，「選舉、選舉、選賢與能」，「法治、法治、依法而治」……，這些美麗而動人的口號，聽起來很悅耳、說起來很順口、做起來暢快、玩起來很過癮！可是以一個市井小民的角度來觀察，台灣這套所謂的民主、自由制度似乎

已經走火入魔，似乎總是包藏禍心，以各種美麗的口號吶喊，其實只是為了掩蓋各種檯面下見不得人的政治分贓。

變質的民主，可笑的自由

　　民主是個好東西，自由是個燃料棒，好的制度應該經得起考驗，歷久而彌新吧？目前這個國號叫做「中華民國」的國家，讓人啼笑皆非，你在其他民主國家應該不會聽到「這個國家」的總統會去擅改國名、國號的吧？可是在「這個國家」來說，卻是稀鬆如常，而且每個總統都會各吹各的調。比如李登輝當總統時，就會說「中華民國在台灣」，陳水扁當總統時，就會說「中華民國是台灣」，馬英九當總統時，就會說「中華民國的台灣」，蔡英文當總統時，就會說「中華民國台灣」。看起來好像沒什麼，可是這樣的稱謂，在有稍微理解國家「憲法」的角度來說，這應該都是驚天動地、翻江倒海的大事，可是在台灣卻是……No thing！為甚麼會產生這種亂象而國人卻習以為常，任由政治人物嫻熟操弄？這就要從這個國家由正常的誕生、卻不正常的成長、到家道中落、到苟延殘喘、到短暫的復興再造、最後竟變成了「請鬼開藥單」、甚至走火入魔即將面臨崩壞、毀滅的過程開始講起。

　　一個經由無數人犧牲奮鬥、革命淬鍊而誕生的亞洲第一個民主共和國，這是多麼令人驕傲、興奮又充滿期待如朝陽旭日般的向好國家才是！可是國運的發展卻事與願違，自從建國以來，不但沒有雄踞東亞，也沒有富強康樂，反倒是軍閥割據戰禍連年，列強鷹視瓜分，人民生如路邊芻狗，死如菜砧螻蟻。外有日豪強暴，內有赤禍橫流，百姓幾無寧日，國家元氣大

12

傷。就這麼一拖再拖，一個偉大的民主國家自1912年建立後，立憲行憲竟已是36年後的事了（1947年），這就是所謂的「正常的誕生、不正常的成長」。這個國家不單單是先天不良，後天又失調。就在行憲之初，國共內戰全面爆發，因國民黨的諸多失政，造成紅色叛亂勢力——中國共產黨有了席捲天下的機會。短短4年一個諾大的中國國民黨，兵敗如山倒，被趕到台灣來（1949年）。中央政府播遷來台初期風雨飄搖，朝不保夕不知所以，這就是所謂的「家道中落、苟延殘喘」。

所幸天無絕人之路，美國的介入讓中華民國在台灣及其所占領的諸列島中能暫時喘一口氣立穩腳跟，免於赤色中國一鼓作氣「血洗台灣」，一統江山。經過兩蔣時代的戮力建設，夙夜匪懈革新開創，竟頗有再造中華復興有望之勢。偏偏天不假年，蔣經國總統突然因病崩殂，臨終前一句「本土化」的魔咒，讓備位元首副總統李登輝這個曾經是生為日本人，後來變成中國人，現在又變成台灣人，到最後又變回到當日本人的「大騙子」繼任總統，開啟了中華民國走入歷史墳墓的潘朵拉盒子。李登輝是個詭異的變色龍，從共產黨員變成國民黨員，到裂解國民黨、背叛國民黨成為推動台獨的先行者、台獨教父，使中國國民黨在台灣，幾乎死無葬生之地，幾被本土的台獨黨抄家滅族，這就是所謂的「復興再造、最後變成請鬼開藥單」！最後中華民國為甚麼說已經是形同傀儡殭屍呢？從背叛中華民國的立國精神，原是具有社會主義精神的「五權憲法」，全面轉向美式絕對的資本主義「三權憲法」，這個「走火入魔」的過程造成的嚴重後果就是亡黨亡國。

台獨黨的創黨元老，號稱「民主戰艦」的朱高正先生，作者最深刻的印象就是在國會殿堂的「暴力問政」表演風格，被

13

台灣媒體封為「國會戰神」。自此,台灣政壇、國會議場就陷入永無寧日的政客拙劣表演的場合,而且是越來越毫無下限與基本素養。或許朱高正先生不認為這樣的問政風格有甚麼不對,所謂「風行草偃」,在上位者的言行無一不是深刻的影響著普羅大眾,在這塊號稱自由、民主的土地上,一代人一代人的耳濡目染、推波助瀾。曾幾何時,整個台灣的政治風氣丕變,人心不再復古,台灣最美的風景不再是人,台灣人的勤儉、樸實、善良、熱情,逐漸被暴力、勢利、無恥、黑心所取代。這樣的民主制度,這樣的自由社會,真的是我們所希望的嗎?朱高正先生可能也不願意接受整個台灣社會變成這個樣子吧?雖然這個情況並不是他一個人所造成的,卻是由像他這樣的成百上千、前仆後繼的所謂「爭民主、爭自由」的台灣人,迷信西方的普世價值,自己所造出的孽。

衰敗淪喪的台灣,復興崛起的中國

李登輝大肆修改中華民國憲法後6次,2005年最高權力機關國民大會被凍結解散,中華民國憲政體制產生了二隻可怕又無敵的大怪獸。一為民意機關國會(立法院)成為一隻毫無約制的權力大怪獸。二為總統改為全民直選,總統成為全體投票人以選票直接選出來的國家領導人,也就是勝者全拿的絕對權力,權力極大又無制衡機制,形成有權無責的超級「民主大皇帝」制度。

簡單的舉出二例來了解為何目前的台灣是處在一個金玉其外、敗絮其中的衰敗淪喪過程。首先五權憲法的制定就是參考了西方三權憲法的缺失,才在立法權部分分權給國民大會,然

而在李登輝的權謀算計下，恣意推動修改國家之根本大法，以為其個人擴權量身訂製。因此目前全國最高的民意機關為立法院，原本立法院主掌立法，司法院主掌司法，相互監督、相互制衡也相互尊重體制權責，然2007年依據法院組織法，在最高法院檢察署授權成立的特別偵查組，專責偵辦總統、副總統、五院院長、立法委員等中央政府高層官員貪汙或重大經濟舞弊案件，卻於2016年由立法院逕行刪除法源廢除特偵組，導致職位越高、權力越大者，幾近橫行無阻，甚至官官相護，政治道德淪喪。表面上政治人物衣冠楚楚道貌岸然，言必稱民主，法必說自由，實則全國陷入暗盤交易、黑箱作業、無人能辦，無法可治，在上位者竊國無罪，賣台無責，國家運勢豈有不傾頹之理？其二、透過全民直選的「超級大總統」權勢滔天，一任四年，四年內總統職權任何人無能過問約制，四年後只要能說出讓投票選舉人聽得爽快的政見（尤其是在投票前10天的熱情暈眩期），不管你是張三李四、王二麻子、遊民教授還是工農庶民，只要你聽得過癮、撓得開心、看得高興，把手上的選票投下去，他就可以繼續酣暢淋漓的享受「民主大皇帝」的各種權勢與優待，不論他所提出來的政見、給人民的承諾、對國家的治理有多麼無能、荒謬與詭異。

全民直選後的第二任民選總統陳水扁，8年任內貪汙腐敗、任人為親、家眷外戚、干政荒誕，如果不是有特偵組查辦，以目前第四任號稱獲得英國倫敦大學政經學院1.5個博士學位的蔡英文總統的各項人事任命、整個政府結構性貪腐與當選合法性疑點（學歷造假違法參選、大選弊端疑雲），根本無從伸張正義、依法行政、弔民伐罪。從總統專機走私案、國家圖書館違法收受1.5個博士論文草稿案，到目前最夯的國產疫

苗炒股案等等……，無一件不是國際醜聞、重大弊案、動搖國本的驚天巨案。可是在直接民選的總統大纛下，超級民主大總統說沒事就沒事、說超買就是超買、說沒炒股就沒炒股，人民又能奈她如何？……這就是標準的民主邪教、自由大法、法治奇觀、人權樣板。儘管台灣壟罩在新冠疫情的肆虐下，每天確診人數、死亡人數不斷地創新高，可是相關政府官員竟然無人負責、官位不動如山、「五漢廢言」幹話連篇、國際笑「秉」，厚顏無恥莫此為甚！如此國家、社會、民族如何能再走回康莊大道？

相反的，海峽對岸的中國大陸（不！在台灣「政治正確」的認知應該說「中國」，以示台灣、中國，一邊一國，兩不相統屬，台灣人不是中國人），在建國之初就遇上了「抗美援朝」這種「立國之戰」的頭等大事（1950年），中華人民共和國以一個從內戰戰火中匍匐前進滿身泥濘，才剛爬起身來百廢待舉，國家尚待統一的艱難時刻，就攤上二戰結束後登上世界頂峰的美國霸權帝國主義干預朝鮮半島內戰，悍然發動「韓戰」入侵北朝鮮及中國邊境，為了「保家衛國」，初生而羸弱的中國以一國力抗16國聯軍，以犧牲傷亡10餘萬人的血淚代價，換來邊界的和平、國家尊嚴與人民生命財產安全。從中華人民共和國建立迄今，不論是中印邊界之戰、中蘇珍寶島之戰、中越邊境之戰、還是中越西沙海戰等戰役，無一不是與維持邊境和平與國家尊嚴而戰有關。

中國雖然是區域大國，可是從來不會像太平洋彼岸的美國，藉由強勢的軍事力量，連年對外發起侵略戰爭，擾亂世界和平，圖謀一國私利。中國在內部經過三反、五反、文化大革命等政治改造後，在大躍進、大煉鋼的冒進錯誤經濟政策後，

第二代領導人鄧小平開始提出改革開放政策（1978年）迄今，除1989年春夏之交有明顯的外國勢力介入的政治風波之外（反華媒體稱之為六四天安門事件），中國大陸整體基本政局穩定。從鄧小平到江澤民、到胡耀邦、到目前的習近平這四任國家領導人，透過黨內集中民主制的推選，交替過程平和順遂，國人團結一致，致力於經濟發展和大國國際責任承擔。不僅贏來中國有史以來最為穩定的政治局面，也造就了前所未有的繁榮富裕，四海歸心欣欣向榮，不但重振中國人的民族自信心，凝聚了全國及海內外大多數華人的認同，也在國際間尤其是協助第三世界國家發展，更是贏得全球大多數國家的認可，國力之強盛今非昔比，國勢之昌盛有望復興崛起。

民粹治國的台灣，菁英治國的大陸

中華民國中央政府撤退到台灣之後，由於韓戰的爆發，美國等資本主義國家對共產主義國家採取了圍堵的政策，內戰戰敗被逐出中國大陸的蔣介石集團，既失去了廣大的領土與人民，在國際間也失去了大多數的友邦與國際地位，亟需獲得美元、美援（共同安全法）及美軍《中、美共同防禦條約》的介入、支持及保護，與美國一拍即合就此錯誤的全面倒向西方民主陣容，也逐漸失去國家的自主權。在不斷的接受外援及美、日等國家政治干預後，窩居在台灣的中華民國早已不是一個主權獨立的民主共和國，而是美國在太平洋西岸、亞太地區第一島鏈上，遏阻中國大陸發展前進的一個馬前卒（或稱棋子）。

修改憲法、凍結國民大會，就是要總統大擴權、就是要立法權獨大，以全民直選方式架空國民大會，以立法權獨大方式

邁向獨裁。原本台灣實行的五權憲法初期帶來良好的成果，在中央事權統一、在院際專責專權、在五權裡相互節制。後來因為中央民代老化增額補選的問題，使黨外人士有了話柄、口實及可乘之機，藉以煽動人民，暗示（或明示）中央民意代表、外省籍國民大會代表及立委不能代表台灣的真實民意。從台灣開放直選、廢除國代、廢除刑法100條……，黨外人士一步步的在李登輝的指導、協助與扶持下，逐漸的解除國民黨的政權武裝及治權力量。從地方到中央，從里長到總統，台灣幾乎每年都要在各種大大小小的選舉漩渦中浮浮沉沉。候選人之間、政黨之間不是互相攻訐就是比賽吹噓畫大餅，不是抹紅、抹黑、抹黃，就是栽贓、汙衊、羞辱。極盡可能的討好選民、欺騙選民、誇大政績、掩飾缺失，專揀民眾愛聽的多講，民眾嫌惡的就硬套在對手頭上，整個台灣真的就像畫家敖幼祥的作品《瘋人院》一樣，一年賽過一年。

台灣話有句俚語「作戲空、看戲憨」，另一句是形容熱衷於參與選舉的人是得到「大頭病」，表示病的很重不似正常人。這就是台灣惡質選舉文化所帶來的負面影響，而這個負面的影響卻是重重的傷害到了國家的體質。原本選舉的目的是希望選賢與能，可是因為選舉制度的設計缺失，變成勝者可以全拿的權力春藥作用下，每個想要從政的參選人無不極盡所能（或者說無論花多少錢、無論使用何種手段），唯一的目的就是要「勝選」。唯有選上一切才有可能，才有意義，才有發言權、才會是鎂光燈的焦點，選輸了就甚麼都沒有了，而且會落得人財兩空，甚至會吃上官司纏身入獄。所以才會有那句「選贏過關、選輸被關」的投票前催淚廣告詞。

「民主選舉」、「全民普選」的終極目的就是要「勝選」

（在民主國家，從政參選的主要目的並不是要「為人民服務」！而是為了要「勝選」！）因此，如何騙票、催票、棄票等等操控選舉的手段，讓選民能聽你擺佈的話術油然而生，不斷創新而且是騙死人不償命的詭詐伎倆。民粹治國就此產生！一顆有毒的樹，長出來的果實就是有毒的，這是常聽到的「毒樹果理論」。整個所謂的民主制度顯然已經被操作過頭，陳水扁曾經說過，這就是「巧門」，法律之前本應人人平等，但在學法律的陳水扁眼中卻是另有巧門。法律既然如此，那選舉就更不惶多讓，更精采多端了，各種選舉花招、陰招、賤招、爛招、毒招，只有你想不到，沒有做不到。花言巧語、巧言令色、招數百出、眼花撩亂，一般民眾程度各異，如何在如此複雜、浩瀚的選舉亂象中，找出真正「為國為民」、真正「會做事」的民意代表（或總統）？這根本就是一件「不可能的任務」！

我們會常聽到一句形容詞：「從一堆爛蘋果裡，選出一堆比較不爛的蘋果！」這不是很搞笑嘛！明明已經知道這種制度是不可能為人民真正找到「好的」民代及官員，那為何又要一直的往死胡同裡鑽呢？不但要一直往死胡同裡鑽，而且還要違背良知、違背良心的去繼續吹噓，並去維護這個已經經過人類實際執行並驗證，出了大問題的全民投票式民主制度？這不是有違人之常理、常情嗎？這種病態又變態的全民普選民主式制度，在根本上就已經違反當初民主選舉投票制度設計的理念了（假設全體選民都是有智慧及理智的）。在近代民粹治國的毒樹果國家的下場還會少見嗎？德國納粹黨迫害猶太人、侵略歐亞;日本軍國主義迫害中國人、侵略東南亞的惡果，都是因為民粹操作過頭，都是披著民主的外衣，最後都會走進陰暗的幽

谷。台灣……的確正在往這條民粹愚民、獨裁治國的不歸路上狂奔著！

兩岸（兩國？）分隔72年（1949-2021年）各自實行自己的制度，台灣（中華民國）實施著很偉大的、普世價值的、跟美國隊長站在一起的「自由、民主及資本主義」的人類最終、最好的制度（美國政治學家法蘭西斯·福山：《歷史的終結及最後之人》）。對岸中華人民共和國實施的是破爛、陳舊、保守、殘酷、落後，注定要被歷史淘汰的共產主義制度（因為共產主義不適合人類真實的生活經驗，所以修正為「具有中國特色的社會主義制度」）。這兩種截然不同的政治制度，一邊管轄著2千3百萬台灣人，一邊統領著14億中國人，經過了72年的大比拚，其實結果應該是出來了，而且是打臉式的被比較出來了。我們這邊除了還在口頭上死鴨子嘴硬的訴說，我們還有民主、還有自由、還有人權之外，是否真的比那一邊的人民在主權上、尊嚴上、生活上過的更好？論國際事務影響力？論人民對國家的凝聚力？論民眾對執政黨的認同度？論外匯存底？論軍事建設？論內政治安？論文化教育？論科技？論藝術？論交通？論體育？……作者認為在相同的條件、環境，客觀的體制競爭下，不要說是台灣體量這麼小的地區（國家），就算是目前世界超強的美國，在和平年代、君子之爭的狀況下，一邊是由西方過度吹噓的資本主義民主自由制度，一邊是萬惡的中國共產黨實施的集中式民主制的社會主義制度，只要給中國50年，中國就能在這個優良的制度運作下，從一窮二白、落後挨打、專制極權的體制中，各種綜合國力指標一定能迅速趕超美國，重新回到居於世界之巔的全球領袖主導地位，其實原因無他……「良制」而已。

「良制」是甚麼？簡單的說就是適合自己國家、國情、國人的良善政治體制，能為民心所接受、能為人民服務、能為國家做大事、能為社稷安太平的制度，就是良好的制度。目前中國大陸實施的民主集中制政治體制剛好與台灣實施的全民民主制的政治體制截然不同，這個制度並不是完全移植蘇聯的布爾什維克的蘇維埃共產主義極權體制，也不是仿效西方的開放式虛偽無能的全民民主制，而是經由這幾代中國人從歷史的教訓與磨難中，深刻體會總結出一個適合中國人的、特殊的、「具有中國特色」的社會主義民主集中制。類似古代中國的菁英統治，權力集中，卻不是獨夫皇權專制獨裁，而是集中力量辦大事，集中資源做實事，集中意志成好事。由黨內民主集中制度挑選出的菁英來治理這個龐大而複雜的國家，執政成果由全民所共享，高度發揮行政效率，真正落實做到「為人民服務」。

　　「為人民服務」這件事在中國大陸並不是一個口號，而是一個從政者的信念、一個中國人的意志、一個人民子弟兵的事業，是一個仰不愧天、俯不怍人的傳統，是一個可以抬頭挺胸的教條，是一個可以成為街頭巷尾的美談。就是這樣的一個中國，寶劍尚未出鞘，就已經把以美國為首的所謂西方共同信念、理念價值接近的資本主義民主陣營嚇出一身冷汗。從歐巴馬的重返亞太、到末日瘋狂的川建國同志、再到人面君子手裡刀的拜振華老先生，一個一個如喪考妣般的疾呼「中國威脅論」、「中國即將占領美國」！中國改革開放才40年，如果不是西方國家這幾十年來的圍追堵截、制裁使壞、恐嚇威脅，中國的改革開放成果將會更加亮麗耀眼，更加令西方資本主義民主陣營膽顫心驚、寢食難安、夜不能寐矣！套一句時髦話語：這就是「中國速度」、「中國製造」、「中國特色」。兩種制度躍

然紙上，孰優孰劣呢？

台獨借力制衡中國，統一大戰避無可避

　　2021年1月1日起，1.5個博士學位的蔡英文總統，突然以一紙行政命令，拋棄掉台獨黨原來的主張，枉顧全台灣人世世代代的健康，決定片面的、無條件的開放美國含有萊克多巴胺瘦肉精的毒豬肉，全面的、全豬的進口台灣且拒絕標示產地的惡毒政策。這件令人悲憤莫名的惡政，國人皆曰反對竟然無法制止，嚴重影響全體國人的健康，不知道此一貿然開放政策的決定，究竟可為台灣換來多大的利益？還是這個毫無人性毒害台灣人民的惡政，其實只是為了蔡總統的個人利益，以此作為美國支持她連任的回報嗎？

　　這次台灣莫名爆發新冠肺炎疫情，存在著太多不可思議的疑點與錯誤，可是這個標榜著民主進步、自由人權的執政黨，卻處處顯露出吹噓、隱瞞、無能、抹黑、蠻橫、硬拗、死不認錯，不言負責更遑論自知處置失當而引咎辭職下台。這個政府的種種失能、無恥的行為舉措嚴重的違反、違背、違逆了民主選舉制度的真義，似乎有一路走到黑、走到掛，不惜以2300萬人民的生命財產及寶島台灣的未來做賭注。更像是罹患了一種精神偏執狂、一種蠻幹到底，不惜玉石俱焚的感覺。更加令人毛骨悚然的是，在台灣爆發新冠肺炎（本已控制良好、邊境封鎖、入境隔離14日、台灣人也具有高度防疫認知）前，在台灣幾乎已經是沒有疫情的情況下，一個執政黨的不分區立委卻「強烈建議」疫情指揮中心放寬華航機師的入境隔離規定改為3+11天（3天飯店隔離+11天居家自我健康管理），而防疫中

心指揮官竟然會同意這樣的建議。更要命的是，華航機師分配隔離的諾富特飯店（位於桃園市，市長鄭XX俗稱台獨黨儲君、大阿哥），又是詭異的為中央直接簽約為隔離飯店，卻未能嚴格做好住宿分流管制措施，導致因隔離政策失當、隔離地點失誤、隔離措施失效的重重連續的錯誤之下，導致全台疫情大爆發。

從5月20日迄6月10日，短短一個月時間，從沒有疫情到疫情全面失控，全島宣布進入三級警戒，學生全面停課、軍隊新訓入伍停召，確診人數超過1萬多人，菜市場分流購買按身分證字號管制，入出商家機關行號均需上傳打卡或簽名消毒量體溫，嚴重影響全國人民的日常生活與經濟發展。至9月18日全台灣因新冠肺炎疫情死亡人數已達839例，死亡率超過5%，遠高於世界染疫平均死亡率2%，已經成為世界之冠。這麼嚴重而且沒有充足的疫苗可打的情況之下，這個執政黨的防疫指揮官、行政院院長、總統，這一年來不斷的吹噓「超前部署」，事到臨頭卻慌不擇路，亂無頭緒，要甚麼沒什麼，卻依然大勒勒的高坐廟堂之上，整天言不及義看稿照唸，絲毫不以人民的生命財產安全為意，也未見哪個主事者道歉或負責下台……。這是甚麼民主自由啊！這就是最典型、最標準、最優良的民主自由制度？簡直是以台獨黨的意志為「主」，以執政黨的自由為自由，愛怎麼幹就怎麼幹，完全沒有責任政治的約制，簡直是一群穿著西裝的土匪，視人命如草芥，冷血旁觀事不關己，貪功卸責攬權自傲，置人民於恐懼危險之境地，卻仍在操作仇中、反中、抗中的政治大戲。

這樣的異常情況發生在號稱已是「發達國家」的民主台灣，著實不得不讓人深思其中弔詭之異。如果一件不幸的事情

發生，我們可以說是意外情有可原，還有檢討改進的空間，可是如果不幸的事情接連的發生，而且一而再再而三，卻不見執政者努力補破網，找方法解決問題降低損失，卻一昧的拒絕、阻擋、排斥國外疫苗進入台灣，解民眾於倒懸（不管是民間團體或地方政府自行籌購或中國大陸願意免費無限量提供台灣人民施打的國外合格疫苗【有WHO認證的】）。台獨黨全然悍然拒絕，卻對日本及美國的施捨（日本不願施打的AZ疫苗送給台灣以及美國透過三個參議員乘坐C17軍用運輸機大搖大擺地飛來台灣降落松山機場，由蔡英文以總統之尊親自到機場迎接，並在空軍松山指揮部內「站著」向美國參議員做簡報，參議員承諾了不知是何年馬月才能運進台灣的不知哪個廠牌的疫苗共75萬劑），台獨黨立即啟動宣傳機器，跪舔歡迎大肆內宣，歌功頌德乾杯額慶（台獨黨立委王XX及高市議員陳XX），極盡阿諛奉承貶抑國格之能事。看在大多數國人眼裡，真是欲哭無淚求助無門，實有朱門酒肉臭路有凍死骨之慨，放任全國人民自生自滅，因此才有了桃園機場的出國逃難潮發生（往美國或中國大陸的機票價格暴漲），就像2020年美國疫情大爆發時，從美國逃難回台灣的狀況如出一轍。

思前想後，著實沒有道理。即便是再沒有效率的民主政體國家，即便是執政官員再如何貪污腐化無能失措，面對人民的吶喊抗議祈求憤怒，任何政黨也應該為下一次的選舉考量吧！民心聚之不易散之可惜要再收攏豈是一朝一夕之功？台獨黨多年、長年、經年幹的不就是鼓動民意、誤導民意、利用民意，遂行其政治奪權之利器嗎？台獨黨豈有不知疫情爆發、執政失當、死難邊增、民氣憤然，一旦民眾對於台獨黨的執政能力失去信心，那麼數十年的刻意經營操作利用的民意基礎，豈非前

功盡棄覆水難收？為什麼台獨黨要做出這種損人不利己、寧失人命、寧失民心、寧喪國權甚至寧失政權的政治操作？僅僅只是為了蔡英文總統說要扶植「國產」疫苗這件事嗎？是嗎？這已經不能用「不信任政府」這種簡單的思維來檢討思考這次台獨黨、蔡英文總統執政當局對疫情的管制、防處與應變的完全不合邏輯、不符常情判斷的逆天神鬼瞎操作。細思極恐……莫非另有隱情、另有企圖、另有陰謀？

　　在這個充滿詭異的台灣細看這件事情的發展，確實有諸多啟人疑竇的現象有待觀察。如果我們放大眼界、擴大國際視覺，關心中、美及台海兩岸的局勢發展，會得出一個令人心驚膽顫、頭皮發麻的結論出來！蔡英文總統執政當局是否已經決定要利用這次的疫情，一不作二不休，一路走到黑永遠不回頭？她是否已經決定在第二任總統任期內，要把握千載難逢的大好時機？當以美國為首的全球反中大聯盟開始對中國展開全方位的攻擊圍堵，台灣要站在風口浪尖上，她是否要做出「台獨教父」李登輝兩任總統任期、「台獨之子」陳水扁兩任總統任期都做不到的事情？她意識到在第二任總統任期內，不管是川普當總統還是拜登當總統，反中、仇中、抗中的全球大戰略是不會改變的。她是否已經決定不管台灣要犧牲多大的代價，即便是要出賣全體台灣人的利益，也要放手一搏？而眼前最有機會完成的「台獨」之路就是「以疫謀獨」，而且要瘋狂地向美國採購武器「以武拒統」，不惜要「魚死網破」，不成功就要「同歸於盡」！作者認為蔡英文總統，她不但是這麼想的，而且她也已經開始這麼做了。她無聲無息悄悄然的，利用人民賦予她無上至尊的總統權力，一步一步地帶著全國人民、全台灣的財富與資產、所有人的身家性命與未來前途發展，跟著她正

自序

在走上一條懸崖鋼索，一條只能進不能退、一條在霧區裡看不到前頭盡處的「台獨往生不歸路」！

從幾個跡象可以做一個完整的推敲論證，先在序言裡做簡單地歸納陳述，容在內文中各章節再仔細分析判讀其可能性、其可行性及其可懼性：

1. 拒絕承認九二共識，徹底斬斷與中國大陸的血脈相連與緩和關係之機會。

2. 陸委會扮演國防部的狠角色，外交部變成宣戰部。

3. 配合美國川普政府對中國實施貿易戰、科技戰（如封鎖5G技術、中資愛奇藝及台積電赴美設廠）。

4. 配合美國川普政府對中國實施病毒來源中國論的（中國病毒、武漢肺炎）大內、外宣。

5. 配合美國川普政府對台軍購大鬆綁，積極以鉅額天價採購過時或不適用於台灣之防禦性武器（如M1A2T艾布蘭主力戰車、F16V型戰機、M109A6自走砲）或具有挑釁性之攻擊性武器（MK-48AT重型魚雷）。

6. 積極配合美、英等境外反華、反中勢力（川普政府時期），支持（援）香港反修例黑暴動亂事件（如陳抗技術交流、物資設備支援、黑暴分子入境收容保護）。

7. 積極配合美、英等西方反華、反中集團（拜登政府時期），汙衊、造謠、抹黑新疆血棉花、種族滅絕事件（如發起拒買新疆棉製品號召）。

8. 接受美國「安全合作旅」進駐台灣湖口裝甲基地（以顧問形式教導台軍城鎮抗戰要領）。

9. 接受美軍C-17戰略戰術運輸機降落松山機場（從韓國起飛搭載三位美國參議員宣布贈與台灣75萬劑疫苗）。

10. 積極發展中長程彈道導彈，用以攻擊中國內地重要目標（如長江三峽大壩、上海市、北京市）。

　　作者只是一個髮蒼視茫又在底層混飯吃的中年半老半禿半殘男子，才疏學淺無甚功名學名，只是在這個節骨眼上生死兩茫茫，在不可知的將來，究竟是會「被病死」？還是會「被戰死」？實在很難預料及預防（我也沒有錢可以出國去打疫苗，也沒有錢可以全家移民外國），因此就想把鬱塞心中的一些想法，試著寫出一點心得，給家人留下一點紀念，也不枉此世今生來一遭寶島台灣吧！如果～如果～這本書能夠揚起些微示警塵埃，我是真的衷心期望這個原本美麗、安詳、幸福、充滿希望的東海小島，能幸運地躲避開這一場浩劫。希望我是多慮了……

春花秋月何時了？往事知多少。
小樓昨夜又東風，故國不堪回首月明中。
雕欄玉砌應猶在，只是朱顏改。
問君能有幾多愁？恰似一江春水向東流。
　　　　　　——五代 李煜〈虞美人·春花秋月何時了〉

　　從年輕時就一直很喜歡這首詞，年少輕狂不識愁，為賦新辭強說愁。直至年長成人任官、任職後，才逐漸了解這首詞的時代情境無奈且悲涼。然而，時代究竟不一樣了！從19世紀的「西風東漸」，到20世紀的「東風壓倒西風」，再到現在21世紀中國人雄起的時代。「東風」乍起，故國尚在否？不見君愁，在台中國人應否向「西流」？

目　　錄

·附錄·

自序

第一篇

認同與醒悟

台灣人究竟是甚麼人？

　　我只是一個很小、很LOW、很平凡的小人物，沒有四世三公的顯赫背景，也沒有豪門大戶的顯貴生活，就是一個窮教員的兒子。從小住在學校裡的日式木房裡，一家六口雖然清苦但也和樂融融。爸爸說我們是客家人，阿祖原本是在新竹竹東做木炭生意，因得罪了日本人被日警抄家，所以才逃難來南部的。可是因為從小就住在閩南村落裡，所以我也不太會說「客家母語」，可是這並不會影響我的快樂童年。

　　後來搬到市區學校附近，隔壁住了一位職業軍人連長退伍的外省人，還有一位年紀略大的外省人是他的員工，是他部隊裡的兵，好像是從小被抓兵就一直跟著部隊跑，後來輾轉到台灣，連長退伍了就跟著他一起離開部隊。一輩子沒結婚生子，很喜歡小孩子，對鄰居的小朋友很好，常拿糖果餅乾給我們吃，我們都管他叫大哥（音葛）。他說的外省話口音雖然不是一般學校裡教的「國語」，可是我們大概也都聽得懂。4～50年過去了，我對他最大的印象，就是他曾經把衣服掀起來給我們看身上的槍傷彈孔、炸彈破片傷痕、還有肉搏戰時留下的刀傷疤痕，一個傷口一個傷口的介紹，說著一些我們聽不懂的地名、戰役、過程，懵懵懂懂的大概知道是打日本及打共匪時造成的。

　　在50年代，當時的台灣社會感覺是很平和、良善、禮貌、溫馨，就是那種我家的小孩會跑到你家去吃飯也無所謂、大人工作在忙小孩自己出去玩也沒關係、老師很有權威家長都會畢恭畢敬地希望老師更嚴格的管教小孩、社會上洋溢著只要肯努力就會出頭天的積極、樂觀、奮進的氣氛。那時候家裡有

電視機的是少數，電視節目也不多，除了台視、中視、華視三台播報新聞、楊麗花的歌仔戲、黃俊雄的布袋戲，還記得有一個叫《大愛》的慈善公益節目，常常看得眼眶泛淚、鼻頭發酸。

從50年代到70年代，一直到民國76年（1987）解除戒嚴之前，記憶裡生活在這塊土地上的人民，不管是道道地地土生土長的台灣人（包括閩南人、客家人），或是民國38～39年從大陸撤退來台的外省人，還是講話很搞笑、幽默又風趣、很會唱歌喝酒的原住民，大家好像都是同一「國」的人，都是「中華民國人」。廢話！這有甚麼問題嗎？每個人的國民身分證上面的國籍不都是中華民國嗎？現在回想起來，那個年代大家好像都有共同的信念、團結一致、風雨同舟、同島一命，反共——是為了解救大陸的苦難同胞，備戰——是為了要粉碎萬惡共產黨赤化台灣的狼子野心。走筆至此，突然有一種暮然回首，那人卻在燈火闌珊處的感覺。「那人」是誰？好像是蔣中正、蔣總統、領袖蔣公！原來是他帶領我們走過那段風雨生信心、天涯若比鄰的悲壯豪情歲月。而今安在呢？而今蔣公頭顱安在否？極其諷刺、可笑、甚覺可悲。

不過短短的70年，中華民國歷經艱難險阻的8年對日抗戰，光復了台灣、澎湖，雖然在國共內戰鬥爭中丟掉了神州大陸的大片江山，卻將此處作為反共抗俄的復興基地、三民主義的模範省，夙夜匪懈、風雨同舟、莊敬自強、處變不驚。前半段篳路藍縷的滄桑拚搏，台灣人尚且將他奉若神明敬如祖先，言必稱領袖英明，語必曰先總統蔣公萬歲！曾幾何時，自從台灣島上漸漸出現了一種叫做「黨外」的組織後，國民黨內出現了一位叫做「李登輝」的叛徒後，整個台灣的政治環境、社會

風氣、價值丕變、人心不古,誰還敢大聲地說出自己是「中華民國人」?甚至拿著青天白日滿地紅的「國旗」走在路上,或是穿著一件有印著中華民國國旗或國徽的衣服在街上行走,迎面而來的可能是訕笑、輕蔑或不解的眼光。這到底是一個什麼樣的國度啊?活了大半輩子,面對著這個吃台灣米、喝台灣水,既熟悉卻又深感陌生的國度,曾經不只一次的吶喊的問著自己的良心〜Who are you?

第一章　身分認同與國族認同

我的身分認同

在一次搬家的機會，新家頂樓有空間可以設置佛堂，我爸就把祖先牌位重新刻製，在原本牌位的背後夾層裡有一張族譜，作者才有機會閱覽歷代祖先公媽的名諱。祖輩最早似乎是從廣東（梅縣？）移民來台灣？或是福建（漳州）過黑水溝，在族譜上面無法明確判斷清楚，只是家族長輩們有這二種說法，一種是我們是客家人，祖先是從廣東（梅縣？）來台灣的，另一種說法是我們是閩南人，從福建來的。因為最近上幾代女祖娶的幾乎都是客家人（比如我媽媽是屏東長治客家人、我的阿媽也是屏東長治客家人、我的阿祖〔女〕是新竹海豐客家人……再上去就不可考了）。可是有兩點是確定沒有疑問的，一、就是陳姓堂號為「穎川」（中國大陸河南），二、作者是來台第21世孫。

作者的先祖歷代祖輩們確實是從中國大陸移民來台灣的，不是日本人的後代，也不是南島語族的血統。以一代人20年計算，作者是來台後第21世孫，也就是400年前就已經是從唐山過台灣了。400年前是甚麼概念？大約是17世紀，1620年左右，在這個年代的中國是明神宗萬曆四十八年，1620年也正好是英國五月花號搭載著清教徒抵達美洲新大陸，也就是說當時的美洲還是印地安人的樂園，而不是現在的美國。當然當時的台灣也不是現在的台灣。

　　那麼我的祖先為何會在1620年（大約）離開故土，乘風破浪勇渡黑水溝，來到這麼一個在當時算是蠻荒未開化的海上島嶼呢？在相隔400年之後由現在的角度去嘗試了解祖先們身處的時代環境、政治背景、經濟因素，可能無法很準確的判讀。但是根據史料的記載，在1620年也就是萬曆四十八年，正是萬曆皇帝駕崩，新皇泰昌帝登基後僅29天又崩殂，再由年幼的天啟帝繼位。因紅丸案導致閹黨及東林黨崛起，黨爭尤烈禍害朝政，加速大明王朝的滅亡（1644年）。由此段敘述可以感受到當時的大明帝國已處在崩裂覆滅的尾聲，所以後來的農民起義、流寇、倭患、大清邊患等等，在社會底層求生活的百姓，面對政局不穩、社會混亂、賦稅沉重的情況，尤其是底層的農漁民應該是更加淒風苦雨民不聊生，因此攜家帶眷或是獨身遠走他鄉是有很大的推動力與可能性的。當時還有一件（國際）大事，就是明天啟帝二年（1622年）明、荷澎湖海戰後，荷蘭人退據台灣（大員，今安平），展開長達了38年的統治，荷蘭人為了提升農產量，鼓勵漢人來台灣開墾種植。因此綜合了明王朝的內因與荷蘭人的外誘，因此居住於福建或廣東沿海的農漁民或其他工商業者確實是有很大的機會橫渡海峽來到台灣。

　　其實即便沒有尋根溯源去了解自家祖先的來台史，作者也非常篤定的認為，在身分認同上，本就是炎黃子孫、中華民族源遠流長，開枝散葉落地生根，枝繁葉茂代代相傳，本來就是一件單純到不需要刻意去解釋的身分認同問題，可是在目前的台灣實際上卻不再是一件簡單而單純的身分認同。上文說到作者看過摺在祖先神主牌位後面的「族譜」，發現了令人震驚、意外卻又能立即理解的事情，就是有幾代的女祖的名字不是一

般中國百家姓裡的姓氏，也不像一般漢人取的名字二個或三個字，卻像是現代21世紀的台灣以「國字」寫出原住民名字的情形，很像是以漢字「拼音？」出來的名字。另外也有幾位女祖的名字沒有姓只有名，記載的名字很類似過去台灣2、30年代取的女性名字如「罔腰」、「罔市」，跟家人討論過後，認為也有可能是童養媳的身分。以上兩種情形很可能符合早期大陸先民渡海來台時「有唐山公、沒有唐山媽」男女分布不均的特殊婚配供需問題，所以會跟當時在地的原住民族女性通婚也是很正常的，也有跟當時可能已經來台數代的漢人後代女性通婚。更令作者驚嘆的是，就在前三代的女祖，當時是日據（治）時代（大正時期），在戶籍謄本上記載的人種是「生蕃」！原本剛入戶時記載寫的是日本名字，後來與男祖結婚後才改成漢人姓名。難怪在頂樓佛堂牆上掛著的女祖寫實畫像，面容就很像台灣中北部阿美族女性的模樣，柳葉眉、水汪汪大眼，高鼻樑、薄唇、個子小、纖細、皮膚白皙。所以很有可能是男祖迎娶阿美族的原住民為妻似乎並不意外。

另外作者還有兩件生理特徵，也可作為「根」本為華胄，卻有洋基因的中外混合血統。一、雙腳尾指均為「小腳指甲分辦」，據傳說只有血統純正的漢人會有這種遺傳性狀，也有一說這是明初山西洪洞縣大槐樹的傳說有關；二、從小就發現偶而會長出「紅頭髮」，數量雖不多，但的的確確是「紅色」的頭髮，不是「褐色」的頭髮，但在3、40歲後就沒有這種現象了。這是否代表了在400年前在荷蘭人統治的時期裡，曾經有與漢人或原住民女性產生的混血兒誕生後，成長、生育、繁衍後代，經過了20個世代後，只剩下一點點的基因工程線索？我不知道，但是這並不會影響我是華夏民族後代的認知。我是

華人、我是漢人、我是中國人,我也是土生土長的台灣人,這種根本性的身分認同從來不會混淆與絲毫懷疑。

身分認同的奇幻漂流

本文欲探討的詭異現象就是台灣人or中國人身分認同的「漂移作用」,嚴重地影響了這塊土地上的人民普遍性的民族身分認同。到底這30年來(自從所謂本土派國民黨李登輝擔任總統後【1988年-2000年】以及繼任者台獨黨的陳水扁【2000-2008年】、到第二次政黨輪替台獨黨的蔡英文【2016-2021年】),他們對這塊土地上的人民究竟施用了甚麼魔咒與枷鎖,讓原本勤懇、節儉、厚實、單純、團結的台灣人,漸漸地變得面目可憎,變得無禮失義,變得認賊作父,變得是非不明、變得分裂對立!台灣人究竟是不是中國人?竟然成為台灣社會的二分法主流,支持台獨黨的817萬選民,基於仇中、反中、抗中的政治正確,基本上是認為台灣人就是台灣人,中國人就是中國人,台灣人不是中國人,台灣民族是新興的獨立民族,不承認(或不反對、默許身分漂移的主張)自己是中國人,即便無法否認自己的祖先就是來自於中國大陸,不管是明清時期來台者、日據(治)時期來台者、戰後光復台灣來台者或是國共內戰後期來台者,即便是相同的文化、宗教、語言、文字、生活習慣、節慶習俗等,均與傳統的中國人並無二致。可是經過了30年的身分漂移潛移默化的教育洗腦下,台灣地區的中國人後裔,竟然有很大的比例是盲目的支持並否定自己是中國人的台獨政黨。

身分詭異的台灣本土台獨領導人李登輝

這種神奇的、集體式的、被催眠的「身分漂移」現象，舉世全球可能只有在台灣地區生長、成長的中國人，才會發生這樣離奇又詭異的身分認同錯亂。要解釋這種現象就要從始作俑者的李登輝的詭異身分說起。一個曾經擔任中華民國三任總統的領導者，其「身分」一直是個謎團，至今斯人都已百年入土了，依然無法蓋棺論定，釐清社會大眾對其真實出身的疑惑與指摘。再加上其執政期間，手握總統大權，透過國家的行政力量干預，刻意變造、扭曲近代歷史的真相與意義，不斷的灌輸台灣人親日、舔美、反中、反華，鼓吹日據（治）時期的完美假象，並蓄意的、惡意的、有系統的醜化、攻擊中國（人）的種種挑撥、分離、惡毒行徑，經過官方傳媒與地方語言（台語不是閩南語）的包裝渲染與國家權勢的掩飾造謠，逐漸造成大多數台灣人迷亂錯誤的身分認同結果。

在台灣民間流傳的版本與官方的記載有很大的落差，根據維基百科李登輝的家庭記載，李登輝出生於1923年台北州淡水郡三芝莊埔頭坑，為福佬客家人，家庭富裕。祖父李財生開雜貨店，為當地有名的仕紳，也是保正（今里長）。其父親李金龍為日據（治）時期「便衣警察」，身材矮小瘦弱，但為人豪邁，喜歡應酬喝酒。母親名為江錦，身高170公分，臉型有點戽斗。1940年皇民化運動，因兄長李登欽的要求，李家全家改用日本姓名，李金龍改稱「岩里龍男」，李登欽改稱「岩里武則」，李登輝改稱「岩里政男」。李登輝之妻曾文惠是淡水郡石門庄大地主女兒（幾百甲土地），曾文惠祖父曾石岳文學造詣不深，需仰賴李登輝祖父的文筆，兩家故有世交……。

　　由上述的幾點記載看似正常，其實其中隱藏諸多可疑不通之處。諸如：

1. 李登輝的祖籍為福建閩南客家人？還是其父李金龍之祖籍？據民間傳說，李金龍並非其生父，李登輝生父應為日本警察與家中台籍女傭所生。

2. 李登輝出生於三芝莊埔頭坑，據查1932年時（李登輝出生於1923年），三芝莊人口僅559人、130戶，而埔頭店子僅150人、23戶。如此住民稀少之小村莊，其祖父李財生卻有「家庭富裕，開雜貨店，有名的仕紳」之實力？且其祖父有何文學造詣？文筆如何？竟能使三芝莊鉅富曾文惠之祖父曾石岳所仰賴？根據記載，曾石岳在日據（治）初期（1896-1897年）任三芝區長，即1895年馬關條約割讓台灣後，日軍自澳底登陸（今新北市貢寮區，鹽寮之北2公里處）之翌年即擔任此職，上級區長竟需仰賴下級保正（里長）之文采？著實令人費解。

3. 李金龍之身材矮小清瘦，與李登輝之高大威猛外型極為唐突，在日據（治）時期，李登輝之祖父李財生既然文學造詣八斗，文筆文采過人，深受大地主鉅富曾石岳所景仰，想必其父李金龍亦不惶多讓，或許更青出於藍？惟不知其學歷、學識如何？在當時的教育背景下，是如何當上「便衣刑警」？在台灣只要問過老一輩曾在日據（治）時代生活過的人，無不對日本警察戒慎恐懼，連夜哭之小孩只要說「日本大人」即不敢再啼。以李金龍之容貌身材，實在令人很難將之與威嚴暴恐之日本警察印象聯想一起，至於所謂的「台籍便衣警察」其功能及職責又是如何？是真的警察？還是日本警察的「助

理」？或者藉由日本警察之威嚴，行鎮壓台灣人民的「親日分子」？

4. 對李金龍之敘述多以愛喝酒、愛應酬、晚歸等負面形象形容之，且因其有此不佳之生活型態習性，故使李金龍與其么兒李炳楠（二媽陳伴所生，比李登輝小27歲）同住於台北市區。此種對家父負面評價的狀態，與一般漢族家庭對父親之莊嚴正面之形容有所悖離，似有故意貶抑父親李金龍、有意區別李登輝高貴、優秀、嚴以律己之美化？

5. 一般漢族家庭對母親之形容，多為溫柔婉約、克勤克儉、相夫教子、勤儉持家等等……，然而對於李登輝生母的描述卻是「名為江錦，身高170公分，臉型有點戽斗」？不也怪哉！此段描述似乎只是為了要解釋為什麼李登輝的長相身材與父親李金龍「相去甚遠」的原因所在，意旨原來是「像媽媽」！既然是「像媽媽」那就是沒有甚麼好奇怪的了！這種刻意、簡單又目的性極強的生母描述，是否更加予人「此地無銀三百兩」之議論？

有意思的是，對於「家庭富裕、開雜貨店、當地有名的仕紳」的祖父李財生的形容卻是「勤儉治家、對兒孫管教甚嚴」，對祖母楊妹的形容只有一句話：與李登輝感情甚好！……不也怪哉？係隔代教養乎？整段家庭敘述似乎把李登輝的父母親「貶值」，對於李登輝日後能與淡水鉅富大地主之次孫女婚配，其功是在祖父？論家世、論才情、論故交……，如非李登輝之祖父，李登輝是無法與淡水鉅富之次孫女「門當戶對」的！更令人費解者，關於李登輝全家在1940年皇民化

運動時「改姓名」此一大事件，竟然是因為李登輝之兄李登欽的「要求」？當時李登欽年紀僅19歲，李登欽在17歲（昭和十三年，1938年）出任警察，亦即在李登欽人生的第一份職業，一個剛高中畢業、一個剛當二年菜鳥的警察，一個剛結婚（1938年）不到二年的年輕人，竟然可以「要求」全家人，上自父親李金龍下至弟弟李登輝，均一併改姓改名並且焚燒李家祖先牌位？

這種行為舉動著實令人吃驚且駭異！完全顛覆作者身為一個漢族傳統家庭角色的認知功能配置。在漢族傳統家庭，父親的角色功能可說是大如天，就算不具生殺予奪之大權，也極具權威霸氣，況且李金龍應略具文采知書達禮，且任官「便衣刑警」多年，長年飲酒交際應酬，應是交遊廣闊五湖四海，黑白兩道人脈豐沛，理應深具家庭威嚴甚重及社會地位頗高，竟會因19歲長子的要求，就率然舉家改姓改名、燒掉李家祖先牌位（隴西堂），行此大逆不道，必遭親族唾棄、鄉里側目、朋友不齒之不良負面代價。既然如此，為何李金龍會輕易答應呢？有何貓膩嗎？還是因為在李家……真正有地位的人，應該是具有日本警察血統的長子李登欽及次子李登輝？所謂的「便衣刑警」李金龍其實只是一個「寄養家庭」或是「人頭戶」嗎？

李登輝的身世之謎多有推測臆問，對於鄉野民間傳說捕風捉影，亦未見出面說明澄清，反而讓多事者更加言之鑿鑿煞有其事。李登輝號稱台灣的「民主先生」，擔任中華民國元首長達10年之久，行事作風頗多爭議，尤其自認為是日本人、稱其祖國為大日本帝國、認為中華民國為外來政權等等幾近叛國、背祖棄宗之言行，面對人民對其身世及身分認同之質疑，

理應開誠布公、誠實坦然的向全國人民交代才是。然其充耳不聞、諱莫如深，使信者恆信、不信者恆不信，造成人民間對立撕裂、質疑猜忌。就像一個身體裡的癌細胞一樣，逐漸擴散侵蝕，隨著時間推移，把更多健康的細胞變成惡毒的癌細胞，讓更多的傳播管道隨著權勢、帶動、影響，逐漸深入到全國每個角落，從政界、商界、教育、文化、司法、軍中……到各行各業，身分認同的癌細胞就此擴散開來一發不可收拾。有一群為數不少的台灣人認為他們是日本人，有更多的年輕人崇尚日本，更多的台灣人已經不把自己與中國（人）畫上等號，台灣人的身分認同漂流轉移始作俑者就是……李登輝！

台灣人的國族認同是甚麼？

根據中文維基百科記載（2021年6月），台灣的總人口約2360萬，族群區分：漢族（97%）、台灣原住民族（2.4%）、其他民族（<1%）、外國籍遷入（>0.4%）。佔絕大數的漢族族群又區分為：台籍閩南（70-72%）、台籍客家（12-14%）、戰後移民（官方說法為台灣外省人）、閩籍（即金馬地區）（13.5%）、1991後遷入（官方說法是台灣新住民）（2.2%）。以實際人口數來分析，漢族占了絕大多數的人口比重（約2289萬人），而漢族人口中又以閩南人佔約七成人口（約1600萬人）。官方的記載與認可中，在台灣地區這塊土地上的人群中，基本上是以從中國大陸在歷史上各個不同時期「移住」到台灣地區的漢人（或稱華人、中國人）為島上民族構成的主要族群。這97%的漢民族在近400年來有史可考的情況下，由同一民族、同一血緣、同一文化、甚至同一政治體制經驗（明清

帝制、民主共和憲政）的傳承，世世代代以漢人普遍能接受的政治制度、風俗文化、生活方式及共同價值觀念，在台灣譜寫了一代又一代的故事、歷史與滄桑。

作者成長的過程中，國族觀念非常清晰，從生活風俗習慣（如過年、端午、中秋等，只有中國人才會過的特殊節慶），到宗教禮儀信仰（如拜媽祖、觀音、玉皇大帝等，只有中國人才會參拜信仰的神祇），再到學校教育、軍事征戰（如孔子至聖先師、八年對日抗戰等，中國人才會學習、才會熱血的潛移默化）。雖然常說要反攻大陸，但其目的是要解救苦難的「大陸同胞」，雖然我們都知道，這邊（台灣）的國號叫做中華民國，國旗是青天白日滿地紅，而那邊（大陸）是中華人民共和國，國旗是五星紅旗，可是兩邊都是中國人，兩邊的國土是重疊的，兩邊爭的是制度之爭、生活方式之爭，誰才是代表正統的中國，誰才是合法的中國。台灣雖然只是東南一角，可是卻是一塊美麗寶島。台灣雖然小，卻是反共復興的基地。台灣雖然人口少，但復興中華文化的責任是在我們的肩上。我們爭的是法理道統，爭的是民主自由生活方式，爭的是億萬黎民的歸心與再造中華。中華民國中央政府播遷來台，在英明中樞的領導，美國友人的協助，政治清明、經濟活絡、民主進步、朝氣蓬勃。雖然因為國際環境不變，期間遭遇了中（台）、美斷交、退出聯合國（其實是被逐出，2758號決議文）、雪崩斷交及先總統蔣公崩逝的種種打擊，可是在台灣的中國人依舊昂首，堅持奮鬥，在蔣經國先生及孫運璿院長等菁英團隊帶領下，台灣（中華民國）再創經濟奇蹟，躍居亞洲四小龍之首，我們的國家依然令我們驕傲與尊敬。在這個大開大闔、風起雲湧的奮起歲月中，中華民國是不是能夠光復大陸？中華民國是

不是正統的中國政權？即便大家心裡有數，就算我們無法以台灣一省之力來光復大陸神州，至少我們堅定相信，正義的時間之神一定會站在我們民主自由陣營這邊。只要全體國人團結一致，精誠所至金石為開，萬惡的共匪一定會被大陸人民所唾棄，推翻腐敗的共產黨是指日可待的，青天白日滿地紅的國旗一定可以重新飄揚在故國大地上。

　　以上的敘述從現今台灣的政治現實（政治要正確）、社會氛圍（本土化最大）、文化教育（同心圓理論）、國際環境（G7齊抗中）下來看，簡直是匪夷所思，簡直是癡人說夢，簡直是精神錯亂。不過才短短的數十年，是「復國神話」破滅了？還是領導層換了另外一個「建國神話」來統治台灣地區的「人」了呢？然而這裡的「人」，我卻不知道該如何稱呼、形容了？照道理來說，人種沒有變、文化沒有變、風俗習慣沒有變，在台灣島上生活的這群人應該還是「漢人」吧？既然是漢人為主體的民族國家，而且幾乎是單一民族的民族國家，那麼基本的「國族認知」應該就是華人所建構的國家，是中國人從中國大陸「流亡」、或「逃竄」、或「偏安」、或「割據」的中國人的政權、國家吧？可是事實上好像已經不再是這樣了？到底發生了什麼樣的「變異」，才短短數十年的時間，嚴格說也不過才一代半（30年）的時間，在台灣地區的中國人所尊崇的政權、國家，已經被同樣的台灣人「否定」自己是中國人？這到底是怎麼回事？是整個台灣島上的人民都被外星人綁架洗腦了嗎？為甚麼拜的神明都還是一樣的中國神明（如關公、城隍廟等等），信仰的宗教都還是一樣中國的宗教（如道教、佛教等），可是偏偏在政治覺悟上，卻堅決的選擇了背叛、選擇了決裂、選擇了視如寇讎、非我族類的謬誤呢？

本末錯置的國族認同

當台灣社會這個原本就是由97%的漢人（華人、中國人）所尊崇的政權、國家，國號為中華民國，從民國39年（1950年）由中國大陸轉進到東南海島之時，這個島上的人民自1945年二戰結束日本戰敗之後，即由中華民國國民政府從大日本帝國手中收回（中日和約），重新回到中國固有的領土疆域中。期間雖曾經歷短暫的228暴亂事件（1947年），但在國民政府軍事鎮壓及清鄉掃蕩，在政治恫嚇與武力統治下，全島很快地在血緣一致、文化一致、宗教一致，進入了政治同化，國家認同一致、國族認同一致的普遍化適應期。在這個階段，甚至包含原住民族也都認同這個國家。從1949（播遷來台）～1987年（解除戒嚴令）這38年裡，不論是二戰結束前已在台灣定居的台灣人或是南島語族的原住民族，或是在國共內戰失利逃竄到台灣的外省人，基本上在政治宣傳與制度管轄下，秉持著不分你我、島在人在、同舟共濟的共同信念，全島台灣人、外省人、原住民都是以「中華民國」這個國家名稱為台灣地區社會的最大公約數，作為台灣人民共同的國族認同。

曾幾何時，「台灣」、「台灣人」這個原本是地名、省名（地域）人稱（如廣東人、上海人、四川人等），很自然、很親切的稱謂，慢慢的在特定政治人物的操弄、區隔、標籤化之後，竟成了一種政治符號、一種政治正確、一種選票催化劑！畢竟中華民國是實施民主憲政的政治體制，儘管實施了長達38年的戒嚴令，可是地方選舉，甚至中央立法委員、國大代表增補選，均是按時如期舉行。或許憲政運作、選舉制度難掩

瑕瑜，不盡如人意，舞弊作票偶有所聞，但總體而言，仍是遂行民主、自由、法治的政治制度無誤。以台灣為主體，以本土化為目標，以台灣人為驕傲，以區隔台灣、中國為目的的種種政治口號、主張、政策、制度逐一出籠、逐一落實、逐一執行，漸漸的「政治正確」成了選舉必勝的不二法寶，每個候選人都會來一口「愛台灣」才能把游離的選票變成實在的鐵票。

政客的眼睛是雪亮的，而選民的眼界是短淺的，勝選的利益是龐大的，「國族認同」的改變是指日可待的。選民結構的分布才是民主選舉政客最香的誘餌，哪一個種族、階層、社群的人數眾多，就是政客們最愛吃的口糧。一口一句「愛台灣」，就把97%的漢人的心牢牢得攫在手裡。以當時（1987年）的台灣經濟發達情況（別忘了台灣是有接受美援以及作為民主世界的代工廠）與對岸改革開放初期（1978年）的經濟環境對比下（自韓戰後中國即被西方列強歐美國家封鎖制裁），台灣人的自信心爆棚，驕傲之情溢於言表，此時執政的李登輝，挾著兩蔣時期篳路藍縷、勤儉持家、開創了台灣經濟奇蹟的光環與實力，在美、日等外力的支持下，公然喊出了「特殊國與國」的（兩國論）兩岸新關係。這一口號非同小可，不但撼動了中華民國憲法的立國主張，也刺激了兩岸兵戎再相見的催化劑。於是有了1996年的總統直選、兩岸飛彈危機，於是有了2000年第一次政黨輪替、陳水扁的一邊一國論，於是有了2016年第二次政黨再輪替、蔡英文拒不承認九二共識（一中原則）的一中一台論。兩岸關係漸行漸遠，從原本都是同一中國、兩岸同是中國人的「國族認同」，已經劇烈激化演變成為中華民國台灣對上中華人民共和國、台灣人對上中國人、民主自由陣營對上共產極權中國的「國族拚殺」的局

面。為何在短短的34年間（自1987年解除戒嚴迄今2021年），台灣內部會發生如此天翻地覆的「國族認知」差異？究竟是何種「暗黑勢力」能在台灣島內翻手為雲覆手為雨，能夠將一個民族、一個國家，在未發生戰亂動盪並且人民生活自由民主、繁榮富裕、安定祥和，號稱中華民族有史以來人民生活最好的情況下，能夠不著痕跡的改變人民的種族觀、宗族觀、國族觀？而且此一發展的勢頭竟是如此迅猛，如此的「義不容辭」，如此的「視死如歸」！

人口黑數，暗藏殺機

　　除了野心政客的選戰策略勝選操弄手段外，在台灣人口統計中似乎隱藏了一個「人口黑數」！這個人口黑數是刻意被隱藏呢？還是有意模糊其代表性？就像是一個人的四肢裡，有一個部分是裝了義肢，但是為了身體的平衡在主觀意識裡，卻刻意漠視了這個義肢的存在，也許是在經過一段時間的磨合後，身體也逐漸習慣了這個義肢，以為身上的四肢都是原本自然生成的，竟然真的忘記了有這個義肢的存在。然而，義肢就是義肢，永遠不可能成為真正的四肢，更何況這個義肢，卻是一個包藏禍心、別有所圖的邪惡暗黑勢力，它潛藏在身體裡，不動聲色、麻痺主人、不斷的尋找機會要置主人於死地。

　　1940年（昭和15年）的人口普查統計台灣總人口數為5872084人（台灣人約為5510259人、日本人約為312386人），到了1945年台灣人口總數約為600萬人，然而經過台灣總督府推動皇民化運動後，有2%（約126211人）的台灣人被歸化成為台灣日本皇民。日本戰敗後台灣（省）回歸中華民國管轄，

當時滯留台灣尚未（等待）遣返日本之駐台日軍達20多萬人，尚有30餘萬名在台日人。根據當時台灣省政府公布，到了1946年4月之際仍有45萬4826日本人在台灣（包含約7萬多的所謂「灣生」）。因各項人口統計數據不盡相同，作者以此45萬人為基數計算，當這些在（滯）台日本人將離開台灣之前，試問其私人財產（包含不動產、動產，甚至在台之利益關係）將會如何處理？我們試著將心比心來探討此一「末日情境」。今天如果是我們即將要被遣返，我們將如何處理這些經營了50年的個人及公家資產（源）？人之常情基本上應該是採取過戶、賤賣、轉讓或贈送給與自身關係較為親（接）近之人吧？這45萬即將被遣返的日本人，是否將其畢生心血積攢的財產（富）交給了他們最信任、最親近，甚至是可以交付「未來任務」的心腹台灣人？相信這些接受餽贈、接受好處、接受任務的台灣人（或稱準日本人、精神上的日本人），必定對其感恩戴德、終身不忘、感激涕零。相對於45萬日本人的45萬台灣人，是否在一夕之間暴富、身家財富及社會地位陡然增值？甚至被交付「未來任務」的台灣人，對收回台灣的中華民國，尤其是率領中國軍民浴血奮戰八年抗日的中國國民黨是抱持著何種想法？是愛還是恨？對於與之較為親近、熟識，賜予他們榮華富貴、錦衣玉食，但是被強迫遣返的日本人，又是抱持著何種思念感恩情愫？

　　這45萬台灣人裡面應該有包含超過12萬名已完全歸化的「台灣皇民」、7萬名「灣生」。以台灣人口遞增的比例估算，自1946年迄2021年，人口成長約3.8倍，45萬人的3.8倍就是超過170萬人。在漫漫75年的台灣人口演變過程中，部分未被遣返滯台但歸化漢姓的日本人、還有因日本戰敗後再改回漢姓的

台灣皇民以及接受遣返日人好處的親日分子，從45萬人逐漸繁衍到170萬人，就是這170萬隱藏在所謂的漢族人口裡、隱藏在台籍閩南、客家人群裡，他們所組成的家庭人口數又會變成多少呢？340萬嗎？510萬嗎？這些隱藏的「人口黑數」，在先天（日據【治】末期）佔有財富、社會地位及影響力的台灣社會階級的高點，又在後天（國民黨統治時期）以德報怨「不清算」、「不鬥爭」的政策保護下，經過了75年的成長茁壯、開枝散葉、深耕繁衍，在所謂的台灣民主化後，這些「親日分子」是否在台灣的政治版圖上起到一定的翻雲覆雨、顛倒乾坤、變更國族認同的實質影響呢？

事出必有因，沒有人會無端不認同自己的祖宗（清明祭祖慎終追遠），沒有人會無端的蔑視自己的國家（即便他們來接收台灣的軍隊衣衫襤褸），也沒有人會故意要挑起兩岸的戰端（挾洋拒統、以疫謀獨），除非……台灣已非原來的中國領土，台灣人已非原來的中國人，在「身分認同」異變，在「國族認同」顛覆的情況下，確實是有一批人積極的希望台灣走向台獨的不歸路，他們渴望利用台灣來箝制、遏制甚至逼迫中國大陸對台灣發動軍事攻擊行動，造成兩岸中國人的大規模傷亡，影響中國人在21世紀和平的崛起進程。這些人是誰呢？是否早已不言可喻了？

第二章　萬惡共匪與美國普世價值

台灣問題就是美國問題

　　誠如主張台獨的人士所言，中華人民共和國（簡稱中國）自1949年建國以來，從來沒有統治過台灣一天，所以台灣不屬於中國。另依據1951年由美國主導的舊金山和約認為「台灣主權未定論」，因此台灣的主權要由台灣人自決。其實這個世界上並沒有所謂的「台灣問題」，也沒有所謂的「中國問題」，所有的問題都是來自於「美國問題」。這是很簡單的辯證法則，也就是強權主導的世界規則，誰的拳頭大，誰就有發言的權利，這也是中國人常說的「落後就要挨打」以及德國鐵血宰相俾斯麥所說的「真理永遠只在大砲的射程之內」。現實永遠就是這麼殘酷，弱小的民族、贏弱的國家，沒有強大實力做後盾，只能是別人的棋子道具，在大國搏弈之下，小國只能是嘴上肉盤中飧，任人擺布。

　　400年來台灣島上主要的政治實體有五，依序為：荷西殖民時期、明鄭割據時期、清領開拓時期、日據殖民時期、民國光復建設時期。

　　一、在荷西殖民時期，台灣島上的原住民族堪稱蠻荒尚未文明開化之人類，除了被紅毛奴役、被洋人屠殺外談何民族自決、自治、國際承認（所謂大肚王國、瑯嶠十八社）？

　　二、在明鄭割據時期，就算大英帝國承認了又如何？在台灣的漢人移民有誰能堅守民族氣節，抗拒滿清「留髮不留頭」

的剃髮令？清兵尚未踏上台灣本島，「剃髮、登岸、稱臣」六字緊箍咒加身，誰當皇帝還不是都一樣嗎？大英帝國能干涉嗎？不列顛東印度公司能出兵援台嗎？

三、在清領開拓時期，台灣島上族群械鬥民亂孳生，恍如無政府狀態，又有誰想過要台灣獨立脫離祖（中）國呢？是不是壓根兒都不曾想過，甚麼獨立自決、民族自治這種洋詞怪論？是不是連作夢都不曾在台灣島上幾十萬上百萬的台灣人夢裡出現過吧？

四、到了1895年一紙馬關條約割讓台灣，日本北白川宮能久親王率領近衛師團武裝登陸台灣，才有了鬧劇般獨立出來的「台灣民主國」短暫閃現，也發生了悲劇性慘烈的對抗異族入侵保鄉衛土的乙未戰爭。在長達50年的日據（治）時期，即便發生在1921年的土庫事件（台灣國王）或是1915年的西來庵事件（大明慈悲國台灣皇帝）抗日「獨立」叛亂，其背後的中國元素是理所當然的存在，目的是要「驅逐日人、恢復中華」，並非如現在主張台灣獨立的「非中國人」所主張的「一中一台」，台灣人不是中國人完全相反的意念。

五、國民政府光復台灣治理初期，因兩岸分隔睽違日久，除了民族情感的繫屬外，其他如政治體制、統治管理、文化教育、生活習慣等多有扞格阻塞，導致1947年因查緝私菸案引發228暴亂事件，但此事件發生當時各地之暴亂（民兵）、叛亂（共產黨員謝雪紅領導之二七部隊）事實上均與「台灣獨立運動」根本無關，或者勉強也可以說是「官逼民反」、「揭竿起義」（此與前段所言「受領未來任務」的台籍親日分子故意興風作浪應有絕對程度的關聯性）。

台灣島有信史以來開台400年，雖因一衣帶水隔洋相望，

中原本土政權或未對此東南小島寄予太多青睞，但隨著西風東漸，海權興起世界霸權紛至沓來，東南孤島海上航線，領海疆界關係國運。自從清代建省後，即將陸權與海權平行重視，西北與東南同為中華孔道，島民與中土先民不分軒輊，從光緒皇帝以無比悲憤沉痛的心情說：「台灣割，則天下人心皆去⋯⋯」，可知，台灣自古即為中國神聖不可分割之部分，中華雖大卻無一吋土地是多餘的。絕非現今台獨人士所鼓吹台灣地位未定、台灣前途由島民自決、台灣民族是新銳民族，台灣人不是中國人云云⋯⋯！台灣會走到今天這一步，背祖棄宗分裂國土，皆因外力介入，部分台灣洋（日）奴無視中國近代被強權壓迫的屈辱歷史，反而藉機挾洋（日）自重，意圖分裂自己的國家，實為中華民族最深沉的大不幸。試問遠在太平洋東岸的美國與台灣有何關係？位處東亞邊陲的島國日本與台灣有何關係？遠在歐洲的英、法、德、比、荷⋯⋯與台灣又有何關係？其實看透了這些國家的目的，也只是為了自己的國家利益罷了。台灣是否獨立？台灣是否統一？台灣是否是民主政體？台灣與中國是否為一國兩制或一國一制？很多西方人甚至根本不知道台灣在地球的何處，有人以為台灣是新加坡，有人以為台灣是泰國，也有人以為台灣是中南美洲的小國⋯⋯。同樣的道理，大多數的台灣人根本不知道這些所謂的歐美民主自由的進步國家，到了21世紀，還有其殖民地，還有其勢力範圍，還有其不民主、不自由、不進步的野蠻、黑暗、貪婪與血腥的政治角力。

　　所謂的「台灣問題」只是中、美（日）問題、中國與世界列強競爭的籌碼而已，在西方人的眼裡，「民主」是為了讓中國人內鬥的制度，「自由」是為了讓中國人內鬥的工具，「人

權」是為了讓中國人分裂的口號而已。在《拿破崙傳》裡曾經記載了「東方睡獅論」，西方人要如何讓這隻東方的大帝國繼續沉睡呢？不外乎幾個方法：

1. 要求中國採用不適合中國的政治體制（如三權分立），讓你們不能團結。

2. 要求中國不能強大崛起，繼續保持贏弱任其欺侮侵凌。

3. 要求中國分裂各自獨立不能統一，讓中國人自相殘殺。

如果看不透西方列強謀我中華之心不死的狼子陰險，而無視其殖民侵略的帝國主義霸權行徑本質，一昧迷信其所謂的民主、自由、人權假象，就是要將中華民族推入萬劫不復的火坑裡，讓中國人成為西方人永遠奴役驅使的工蟻、工具人罷了。美國第44任黑人總統歐巴馬曾說過：「若中國人都過上美國好生活，那將是人類的悲劇與災難」！這是甚麼意思？中國人不是人嗎？中國人不配過上好日子嗎？美國人能恣意的濫用地球的資源，毫無節制的掠奪人類的財富，3.2億的美國人口數僅佔全球人口數的4%，卻佔用消耗了35%的地球資源，中國有14億人，對地球資源的消耗量卻僅僅是美國的1/53而已。憑甚麼這個世界要任由美國宰制？為甚麼中國人就不能憑著自己的努力（不是像西方國家靠掠奪）累積財富過上一點好日子？

如果了解了西方資本主義、帝國主義、霸權思想、侵略貪婪的血腥本性，就不會被他們編織美麗虛偽的口號所蒙蔽。一切的假象只是為了要掩飾其遏制中國崛起發展壯大的目的。自從馬可波羅的東方遊記被渲染後，富庶的東方、肥沃的土壤、勤勞的黃種人、軟弱好欺的刻板印象，早已深深植入西方人的DNA骨血裡了。在他們的本性裡，無論是央格魯薩克遜人、日耳曼人、法蘭西人或北歐維京人，對於東方神祕的中國人

（或華夏民族），是充滿好奇與敵意的看法。當中國的國運弱勢了，他們就會帶著蔑視、俯視，再加上一絲絲高貴憐憫的眼神，會說中國人是低等人類、東亞病夫、是世界上多餘消耗資源的人口，偶而施捨一些，美其名為幫助你。然而當中國的國運上升強勢了，他們就會緊緊的抱團（像如今的G7一樣）在一起，無端控訴中國威脅論，散播中國危害世界、強凌弱、威脅世界和平秩序的謊言，連結世界上與他們同聲沆瀣一氣的國家，共同來對付、抵制、削弱中國的競爭力。這才是西方資本主義帝國霸權國家的真正面目，中國人豈能不留意乎？

台灣問題要由中國人自己解決

　　台灣問題並不是中國造成的。在中國人的主張裡，台灣本來就是中國的一部分，是中國內戰尚未結束的餘緒，是兩岸中國人選擇不同制度的賽局，是中國人用生命與智慧在譜寫一段「捉放曹」的過程，干卿底事呢？但是在外人、在洋人、在有心人的眼裡，這就是一個突破口、是一個千載難逢的機會、是一個可以讓西方人利用來打擊中國、遏制中國、分裂中國的平台！今日的中國已非百年前的中國，今日的台灣也不是百年前的日本殖民地了。但兩岸本是同根生，相煎互鬥何太急？原本上個世紀的悲劇（意識形態、國共內戰），中國人本有機會（一中原則、九二共識），中國人也有足夠的智慧（一國兩制），用耐心（百年不急）、用親情（兩岸交流）、用利益（互惠讓利）使雙方重新再度走回到同一個國度裡。可是外人、洋人、有心人怎麼會讓這種好事發生呢？自然會想方設法利用一切可資利用的人、事、物來搞破壞、鬧獨立、拆鴛鴦，美其名

為維護台海和平穩定、美其名為維持兩岸現狀、美其名為維護台灣民主自由制度、美其名為尊重2300萬人的自主自由意願！實際上就是不能看到中國有統一的機會，不能讓中國人有站起來、富起來、強起來的機會，不能讓中華民族東方睡獅、盤古巨龍有復興崛起的機會。

在126年前（1895年）兩岸都正面臨著劇變發生，台灣首次官民一體的宣布脫離中國獨立（有情有義的暫時性宣告），大陸內地則發生孫逸仙救亡圖存的廣州起義（肝腸寸斷的決絕式流血革命）。同一個事件所引起（馬關條約），卻造成不同的結局。「台灣民主國」崩潰、兵敗、被殖民，中國大陸則是革命成功（1911年），建立亞洲第一個民主共和國。台灣自此後50年被奴役、被屠殺、被洗腦，而中國大陸則陷入內亂、抗戰、內戰的漫長民族復復之路。台灣人在武士刀與蔗糖的威逼利誘下，被教育成為「我是台灣的日本人」，至少到二戰結束前，有12萬多人（超過全台灣總人口數的2%）認知自己是日本皇民（李登輝就是其中之一），不是中國人，祖國是大日本帝國，也有至少30多萬人排隊申請爭先恐後的要加入皇軍隊伍，要為天皇效命奮勇殺敵（李登輝就是其中之一）。從後世的眼光來看，這是時代悲劇下的產物，所謂「認賊作父」或是「斯德哥爾摩症候群」都是不正常的現象。可是這種不正常的現象，卻在被殖民50年的台灣島上大量被接受、渲染、複製，甚至二戰結束迄今已經76年了，這種「自覺皇民化」的現象仍然不斷的在擴大中，這也是韓國人對於台灣人的親日媚日現象感到極端的不可思議。自二戰結束之後，仍然對殖民母國抱持友好且親善態度的國家或地區，可能全世界就只有台灣這個地方與人民有此不正常現象。孰令致之？中華民國政府難

辭其咎！中國國民黨執政難辭其咎！美利堅合眾國魔手難辭其咎！親日分子包藏禍心難辭其咎？

　　經過了民國初年各地軍閥的火拼內亂，經過了14年的艱苦卓絕的對日抗戰，經過了4年摧枯拉朽的國共內戰，中國人民在歷經了百年來喪權辱國的屈辱與民國建立後數十年的煎熬苦難後，最終選擇了以信仰馬列共產主義的中國共產黨所建立的中華人民共和國，取代了信仰孫中山三民主義的中國國民黨所創建的亞洲第一個民主共和國-中華民國，從此由這個新中國來代表真正的中國、未來的中國、令世界刮目相看的中國、令全世界為之震動驚訝的崛起中的中國。但是外人、洋人、有心人怎麼可能會若無其事地，坐看中國人甦醒、團結、統一、成長、壯大、強盛呢？「正義的魔手」時時刻刻都在中國人的身旁參與攪和著，這隻「正義的魔手」不但從遙遠的太平洋彼岸干涉中國內政，也對全世界各地只要有利益可圖之處，都進行了無差別的滲透、破壞與介入。凡是中國人都要記得這個國家的名字叫做「美國」、「米國」或「燈塔國」。這個國家自從八國聯軍開始，就對中國上下其手，為了平衡各國列強在華勢力，時而對中國示好攏絡；為了鞏固太平洋到印度洋到中東的利益，向中國提供了對日抗戰的軍事援助；為了獨佔在中國的利益，對中國的執政黨（國民黨）及最大的在野黨（共產黨）兩邊押寶；也為了一黨之私、一己成見就斷然切割拋棄國民黨，使其在內戰中節節敗退；更為了要圍堵共產主義的擴張，建立第一島鏈封鎖線，又突然軍事介入台海，使中國迄今無法統一。

共匪真的是萬惡嗎？

　　所謂「萬惡」就是集全天下最惡之人、行最惡之事者稱之，所謂「共匪」就是共產黨匪徒、匪幫、匪黨之意。古代中國千古一帝秦始皇焚書坑儒、漢高祖劉邦大殺功臣、明成祖朱隸株人十族、清順治嘉定三屠……史未稱其「萬惡」。唐朝安祿山舉兵叛亂、明末四川「七殺令」張獻忠、清道光洪秀全太平天國之亂……史亦未稱匪。中國共產黨舉兵作亂，殺地主分田地，建立抗日民族統一戰線，這樣的政黨在中華民國的史冊中被記載為「萬惡共匪」，是否太過？在國民黨統治中國大陸執政時期，偉大的領袖、民族的救星蔣介石三次派人掘了毛澤東的祖墳並殺了毛的妻子楊開慧，可是當中國共產黨主席毛澤東在1949年「竊據」大陸建立新的國家後，至1968年文化大革命前，並沒有派人去掘了蔣介石的祖墳（1968年蔣之母親及元配之墓被寧波中學生掘開，1979年中共又予重建修復）。誰是萬惡誰是共匪，歷史總難定論，其實大家都是為了「奪位掌權」而已！

　　每個執政者都會對我朝的偉業歌功頌德，對前朝或政敵幾近污辱抹黑之能事，此事古難全。大江東去浪淘盡，故國不堪回首月明中，身處在21世紀的兩岸中國人是否應放下心中成見與雜念，審時度勢為中華計，拋開國共紛爭想太平。如何在歷史教訓中汲取寶貴經驗，勿再親痛仇快，勿再為人利用，勿再為後世所不齒。21世紀已經是號稱是中國人的世紀了，難道身處在台灣的中華民國人（簡稱中國人），還需要以「萬惡共匪」來形容海峽對岸的政權嗎？難道兩岸的中國人不能一笑泯恩仇，開大門走大路，摒除軍事對峙衝突，開展和平政治談

判，為兩岸中國人謀求最大的利益、最大的幸福嗎？奪權竊國遠比殺父奪妻之恨更深更沉。想當年，中華民國建立之初，也是風風雨雨先烈先賢拋頭顱灑熱血，豪情壯志氣動山河。曾幾何時，偌大的錦繡江山竟被唸著外國經（馬列共產主義）的和尚（毛澤東）奪去了，幾百萬的國軍部隊，才四年的內戰幾乎被全部打垮，幾億的中華兒女寧願共產不信共和。中國共產黨的魔力何在？共產黨的能力何在？新中國的國力何在？其實這些問題都可以在兩岸的開放交流中，得到釐清、得到答案、得到結論。究竟由誰來代表中國才是對全體中國人、對這片錦繡河山、對這個飽經風霜的民族，謀求一個最好的安排。

為甚麼台灣人會討厭共產主義、共產黨？

甚麼是「共產主義」？共產黨是怎麼取代（擊敗、驅逐、消滅）國民黨在大陸的勢力？幾億的中國人為甚麼會從中國國民黨所建立的中華民國的支持者，變成了中國共產黨所建立的中華人民共和國的支持者呢？其實不論是孫中山創立的三民主義、五權憲法、建國大綱或是毛澤東所信奉的蘇維埃式共產主義、民主集中、一黨專政，事實上這兩者都是舶來品、外國貨，都是遠來的和尚會念經的概念嗎？不管是三民主義還是共產主義，都是學習外國的經世致用思想理論及政治制度，目的都是為了救中國，方法、途徑不同但目標、目的是一致的。因為在1911年以前的中國已經被西方列強打趴在地上奄奄一息了，淪為列強在中國瓜分勢力範圍的次殖民地，眼看著就要亡國滅種，所以才會有孫中山領導的革命起義，驅逐韃虜恢復中華創建民國。可是以西方資本主義自由民主制度設計藍圖所建

立的中華民國，真的有起到振衰起敝復興中華的功效嗎？由孫中山所創建的中華民國，並無法有效的領導團結國人共禦外侮，名義上雖為「國父」，但建國之後將近20年期間，中國大地上的政權、治權、民權並不比清朝末年好多少，相反的全國陷入了更大、更烈的軍閥割據大混戰的局面。中國國民黨內部經過一番的權力鬥爭後，到了繼任者蔣中正率領的北伐軍名義上統一全國，但是各地軍閥依然明爭暗鬥保存實力，讓日本軍國主義侵略者有了可乘之機。在1928年北伐軍在統一中國的路上，五三濟南慘案發生了（山東成為日本的勢力範圍），九一八瀋陽事件發生了（東北成了日本的勢力範圍），一二八淞滬會戰發生了（上海仍是各國的租借地），至1937年七七抗戰爆發（華北淪陷、南京大屠殺、中華民國半壁江山幾乎被小日本鬼子打趴了）。中華民族又到了危急存亡之秋，又到了中華兒女拋頭顱灑熱血的時候了⋯⋯等等！為甚麼諾大的中國，按照西方資本主義、自由、民主、人權體制所建立的國家，怎麼經過了26年的實踐運作後，連中華民國最基本的立國憲法都還沒有公布實施，怎麼又到了危急存亡之秋、亡國滅種之憂了呢？是不是中國人不適合這套體制呢？是不是中國人的劣根性使然，不配讓世界各國以平等待我呢？這個疑問一定是當時的中國人，尤其是知識分子、年輕學子們最想得到的解答，因此⋯共產主義才能順應時代潮流需要，結合當時中國的國情、民情，在蘇聯第三國際的指導協助下，共產黨悄悄的在中國生了根、發了芽。

其實台灣人對「共產主義」應該是很陌生的，在台灣400年的信史中，事實上並沒有產生讓「共產主義」、「共產黨」孳生的潤土。從清領帝制時期，古老的中國農業社會資本運作遲

緩，再加上中國人固有的文化禮儀（儒家學說）、風俗民情（農耕文明）等作用，並未發生西方資本主義國家的工業化革命後的高度資本集中、社會階級撕裂的情形。接著1895年割讓予日本帝國後，日本是君主立憲的資本主義國家，國內也同樣發生了工業革命後的社會矛盾，因此日本帝國採取與西方帝國主義國家類似的「反共」立場，再加以軍國主義的暴力發酵，因此在其所統治的區域內（包含台灣與中國淪陷地區）均實施大規模殘酷血腥的反共、清共鎮壓屠殺。因此在二戰結束前（當時台灣正在如火如荼的推展皇民化運動），台灣地區基本上並不會有共產主義思想、學習、氾濫的空間，共產黨人在台灣的發展也是受到極大的限制。儘管如此，共產主義的蔓延其實與資本主義、帝國主義、霸權國家的擴張有著密不可分的關係，哪裡有生產資料剝削哪裡就有共產主義的孳生、哪裡有階級壓迫哪裡就有共產黨領導的階級革命。在中國大陸五四運動後，中國知識分子在尋找救亡圖存的藥方時，接受了蘇聯共產國際的指導與協助，成立了中國共產黨，並與中國國民黨合作，共同發起國民革命運動。此後國共分裂（四一二清黨事件），一方面要共同面對日本的侵略威脅抗戰到底，一方面要發展壯大奪取政權，因此在中國大陸翻起了千層浪（白區為國統區、紅區為解放區）、痛打落水狗（國共內戰）。

　　在日本軍國主義鐵蹄蹂躪及武士刀的鎮壓下，這些大中國的歷史浪潮本應與台灣無甚關聯（雖有短暫的台共組織，但迅速被台灣總督府剿滅）。但自日本戰敗，由國民黨接收台灣後，國共之間的紛爭很快地就滲透進入了台灣。原本隸屬日共系統的台共組織，由中共繼續扶持反蔣，在台灣二二八暴亂事件中扮演了一場很難定位其主張的抗爭事由的軍事叛亂。其後

數十年的白色恐怖時期，國民黨肅清的主要對象多為1949年後來台潛伏的中國共產黨員及其顛覆叛亂組織。換句話說，整個20世紀時代潮流（或逆流）的共產主義、第三國際、共黨組織，基本上並未在台灣成長茁壯生根發芽。因此台灣人對於共產主義的曲解、對共產黨的厭惡，其實都是在中國國民黨恐共、反共情緒下，「被教育」出來的刻板印象。

共產主義是邪惡的嗎？

人們對於共產黨的恐懼來自於「階級鬥爭」，毛澤東曾說「與天鬥其樂無窮，與地鬥其樂無窮，與人鬥其樂無窮」。似乎共產黨的本質就是在無窮無盡的鬥爭。既然是鬥爭，就會有爭執、破裂、尖銳、衝突、流血等……負面的情緒性用詞與聯想，因此「共產主義」就是不符合人性、人類生活規律，違反人類善良美好人格的異端邪說。「共產黨」就是一群邪惡思想的異教徒，是地獄來的魔鬼，要將人們帶進萬劫不復的苦難深淵。事實上是這樣嗎？共產主義之興起係因資本主義之弊端，有了資本主義，生產工具逐漸被少數人掌握，底層人民生活益發困苦艱難，因此共產主義學說便運應而生。簡單的說，共產主義是為了要解決資本主義帶來的社會問題……。重點來了！「共產主義是為了要解決資本主義帶來的社會問題」！因此，在這個世界上已經掌握資源、掌握生產資料、掌握大權的資本家們願不願意被「解決」呢？資本家賴以生存發展的資本主義會不會被共產主義取代呢？所以一切的「鬥爭」、「階級鬥爭」、「民族鬥爭」、「國家鬥爭」等……，歸根結柢就在於資本主義的負隅頑抗、資本家的興風作浪與西方帝國主義霸權國家

的反撲，不是嗎？

　　目前全世界最強大的資本主義國家是美國，全球第二大經濟體是由中國共產黨所領導的社會主義國家（資本主義過渡到共產主義的階段也是社會主義）中國，請問，隨時、隨心、隨地想要制裁（包含經濟、政治、軍事各方面）某個國家的是美國還是中國？美國建國245年（1776-2021年）的歷史中，只有16年沒有與他國發生戰爭或軍事衝突。到目前為止一共打了200場戰爭，平均每年至少一場戰爭，基本上美國的歷史就是一場人類世界血淋淋的戰爭編年史，幾乎每一任美國總統都有發動或參與過戰爭，這樣一個踏著血腥軌跡發展起來的資本主義國家，難道不應該被共產主義、共產黨「解決」嗎？為甚麼美國這麼熱衷於發動戰爭？理由很簡單，因為資本掠奪更多的資本，貪婪換來更多的貪婪，血腥掩蓋更多的謊言。共產黨真的是萬惡的共匪嗎？還是資本家才是萬惡的匪幫呢？這個世界上，做賊的喊捉賊並不稀罕，有意思的是，明明是雙手沾滿鮮血的劊子手，竟然可以透過媒體包裝，不斷的渲染、不斷的說謊、不斷的造謠，兇手竟然可以變聖人？

中國共產黨對台灣做了甚麼？

　　台灣人為甚麼要害怕共產黨？尤其是害怕中國共產黨？是因為國共內戰國民黨兵敗如山倒嗎？還是因為西方民主國家圍堵共產主義擴張，透過媒體告訴台灣人共產黨很可怕？共產黨在消滅資本家的手段上既殘忍又有效，簡直顛覆了人類社會結構裡第一層祭司、第二層統治階級、第三層富商資本家、第四層專業人士、第五層士兵軍隊警察、第六層黎民百姓、第七層

賤民乞丐的刻板印象。透過共產黨專業的操作，很迅速地將上層結構拉下來，把生產資料、土地資源等收歸國（公）有，徹底斬斷資本家積聚財富操控社會的巨大能量。因此，只要是遂行資本主義的所謂自由民主國家，無不對共產主義國家深惡痛絕恨之入骨。所以……究竟是邪惡的資本勢力需要害怕共產黨？還是一般黎民百姓需要害怕共產黨？台灣人民第一次感受到中國共產黨的實際威脅，應該是指發生在1958年的823砲戰，當時駐守金門的台籍士兵約占防衛總兵力的10%（即約4、5000人），整個砲戰期間陣亡軍士官人數共約500人，這是台灣人首次與中國大陸的中國人民解放軍的一場沒有實際碰面真人互打、沒有近身肉搏廝殺、沒有血流成河的「模擬」戰鬥。這場戰鬥的初期因共軍的火力奇襲，砲戰的規模與威力異常猛烈，國軍方面死傷較為慘重，但此次砲戰的政治意義大於軍事作用，這場隔海砲戰淪為表演宣示的性質，算不上一場真正的陣地（島嶼）攻防戰役。對比1949年的古寧頭戰役，解放軍陣亡3873人，國軍陣亡2437人，再對比國共內戰期間三大戰役，動輒傷亡數十萬人，事實上台灣人民對於共產黨的可怕是聽的、說的比眼見的為多，被教育的成分居多，被洗腦的比例更多。

如果中國共產黨很可怕，那美國的共和黨、民主黨豈非更可怕？如果要比殺人，全世界哪個國家會比得過美國呢？中國共產黨、中國人民解放軍從來沒有把核彈丟到別的國家，就算中國早在1964年就已經擁有原子彈、氫彈、中子彈、核彈等毀滅性武器，可是中國的核武器使用原則是被動的、自衛自保的「核報復」，而不是主動的、侵略性的「核打擊」政策。反觀美國，在二戰末期日本已經節節敗退困守四島，可是美國在

原子彈剛剛開發製造出來後，就迫不及待地朝日本丟了2顆。至少在韓戰期間、台海危機一江山戰役、金門823炮戰等，都曾經多次主動公開宣布表明將以原子彈轟炸中國相威脅。究竟是美國標榜的自由、民主、人權的政黨比較可怕？還是一黨專政的共產黨較為可怕？事實上這個世界經過二戰後這76年來的轉變，很多事情、很多價值觀都已經不一樣了。比如在台灣原本跟共產黨有血海深仇不共戴天的中國國民黨，反而變成親中賣台、舔共求榮的最佳代言人，而民進黨的台獨鼻祖謝雪紅，卻靜靜地躺在中國北京八寶山革命公墓裡。原本站在國民黨對立面的台獨黨，現在卻接棒扯起反中（共）、抗中（國）大旗的急先鋒。在21世紀的台灣人民應該打開身上所有的雷達接收頻道，不能光聽台獨黨在講甚麼？美國、日本在講甚麼？其他歐洲西方白人世界所謂的民主國家在講甚麼？我們應該多聽聽就在台灣海峽對岸，近在咫尺的，擁有14億人口及強大軍事實力的中國人、中共政權、中華人民共和國，尤其是槍桿子出政權的中國共產黨以及聽黨指揮、能打勝仗、作風優良的中國人民解放軍，他們在講甚麼？他們有何訴求？這才是攸關我們台灣2300萬人的最大福祉、幸福與最基本的生命、財產安全的最佳保證。

一國兩制是甚麼？

　　蔡英文說「一國兩制」是糖衣毒藥，習近平說「一國兩制」是兩岸的政治基礎，基礎不牢地動山搖。台灣人民究竟知不知道甚麼是「一國兩制」？台灣人所認知的「一國兩制」跟中國共產黨所說的「一國兩制」是同一件事嗎？還是完全不一

樣？一國兩制的政策是如何制定的？對台灣有何影響？對兩岸有何影響？對世界局勢有何影響？這些問題台灣人民真的有思考過嗎？還是台灣人已經被教育、被洗腦到只剩一邊的耳朵、一邊的眼睛、一半的認知了嗎？如果兩岸之間不能透過政治對話、經濟融合、和平統一，實施一國兩制，難道台灣人民希望要透過戰爭來實施一國一制嗎？這一國又是哪一國呢？中國共產黨會拱手把江山讓給台獨黨嗎？中國共產黨會放棄一黨專政、會放棄社會主義制度，跟隨台灣實施民主多黨選舉制度嗎？這種幻想顯然是極度不切合政治現實的。以目前中國之強大（經濟巨人、軍事強人、民心團結、政治穩定），最有可能的情況是以武力攻取台灣，海峽兩岸同屬一個中國（中華人民共和國），海峽兩岸都實施相同的制度吧（具有中國特色的社會主義制度）！

　　1955年爆發第一次台海危機——江山戰役、1958年爆發第二次台海危機金門823炮戰後，海峽兩岸關係逐漸和緩。自1980年代中國大陸改革開放以經濟交流為重，兩岸實施小三通、大三通，台商、台幹、台生、陸配、陸資、陸生交流日趨密切，戰火煙硝日遠繁榮景象蓬勃，中國大陸時任領導人鄧小平為實現中國和平統一而提出「一個國家，兩種制度」的基本國策與憲法原則。而當時中華民國總統台灣地區領導人蔣經國則以「一國良制」回應。原本兩岸之間極有機會透過政治談判、協商手段化解分歧促進融和，為中國的統一大業鋪設良好前景希望。但在1988年蔣經國卻突然因糖尿病在第七任總統任期內去世，由台籍（在台日本人或皇民化後之台灣日本人）副總統李登輝繼任，從此埋下兩岸烽煙再起的禍端。自鄧小平開始之後的歷任領導人（江澤民、胡錦濤、習近平）對台政

策，基本上都是延續「和平統一、一國兩制」的方針， 1983年鄧小平對「一國兩制」的說明是：「**祖國統一後，台灣特別行政區可以有自己的獨立性，可以實行同大陸不同的制度。司法獨立，終審權不須到北京。台灣還可以有自己的軍隊，只是不能構成對大陸的威脅。大陸不派人駐台，不僅軍隊不去，行政人員也不去，台灣的黨、政、軍等系統，都由台灣自己來管，中央政府還要給台灣留出名額。**」最近一次2019年習近平在《告台灣同胞書》發表40周年紀念會中，依然提出「和平統一，一國兩制」是實現國家統一的最佳方式。

從1978年至今2021年這43年來，中國大陸的對台政策是沒有改變的，有變化的是在台灣這一邊。從蔣介石堅持中華民國法統，秉持漢賊不兩立有我無敵的意識形態框架，到蔣經國以三民主義統一中國的柔性「一國良制」宣示，在這兩位中華民國總統的領導下，台灣地區的中華民國主權無疑是屬於全中國的、是符合一個中國政策的。但兩蔣之後，李登輝的「兩國論」、陳水扁的「一邊一國」、馬英九的「一中各表」、到蔡英文的「一中一台」，實際上分裂中國，台獨化、獨台化的「類獨立」政策已經是躍然紙上，司馬昭之心路人皆知了。「一國兩制」的前提是「和平統一」，「和平統一」的前提是「一中原則」，中共提出的「一國兩制」整體意涵在「一個中國」的前提下，透過「和平談判」的方式來統一中國。但是在中國大陸等待與台灣「和平統一」的過程中，如果台灣方面無限期地拒絕「和談統一」或有發生形同「實質獨立」脫離中國的分離狀態，那麼中國大陸將「不放棄以武力」的方式來統一台灣。

當然站在台灣（中華民國）的角度是有理由不接受「一國兩制」的政治安排，畢竟這樣的政治安排受傷的當然是以中華

民國政府名義、選舉制度政治體制下執政或參政的既得利益者，「這個國家」的上層階級一定會受到衝擊及矮化。因此「殺頭的生意有人做，賠本的生意沒人做」這是淺顯易懂的處世道理與政治現實，這也就是台灣人只看到前半段「和平統一、一國兩制」的淺碟式反射反應，卻有意無意或刻意故意裝作沒有看到，不思考、不顧慮、不謹慎研究第一句「一中原則」與後一句「不放棄使用武力」這兩句話的棒槌力量。台灣（中華民國）當然有權利拒絕不利於自己的政治談判，問題是，時間不在台灣這邊，政治、軍事現實也不在台灣這邊、兩岸角力的天平也不在台灣這邊。在國際環境中，中華人民共和國已經正式取代了中華民國在聯合國的合法地位，全世界只有一個中國，因此中華民國的外交處境越趨艱難，目前僅剩下15個邦交國（基本上都是國力弱小的小國家或是遠在國際權力核心之外的大洋深處的島國）。在國力發展上，緊鄰著全球第二大經濟體的中國，台灣本身每年的GDP中佔40-45%以上的比例，是依賴中國讓利式的貿易順差才能維持台灣島內經濟水平於不墜。在軍事武力上的失衡更是日益懸殊，目前中共已具有「反介入／區域拒止」的實力，美、日外力尚且不敢與之公開衝突，何況台灣薄弱的防衛力量？

其實在中、美競爭、衝突、爭霸關係中，如果台灣能妥為處理「三邊關係」，在兩隻大象的舞蹈中避其鋒芒，兩邊不得罪，兩邊不偏倚，保持等距以求取台灣最大利益，不急統、不急獨，兩岸問題確實有機會可以如毛澤東所說的：「可以暫時不管台灣，等一百年以後再說。」毛澤東還曾形容過對台態度：「世界上的事情不需要如此匆忙，有甚麼必要這麼急呢？不也就是個千把萬人口的一個島嘛！」鄧小平及歷任領導人也

沒有對「和平統一，一國兩制」設下時間表，如果不是台灣政局出現義和團式的「反中亂象」，打破了兩岸中國人之間微妙的政治哲學的平衡，也許50年、也許100年、也許真有機會等到中共政權和平演變。當兩岸、兩邊都採用自由、民主的生活方式與選舉制度後，再來洽談所謂的「和平統一，一國兩制」也不遲。那個時候的「和平統一，一國兩制」或許已經不叫「台灣方案」，而是「大陸方案」了。人生如棋世事難料，誰能說的準呢？或許將來擔任中國國家主席、或是擔任中國總統、或是擔任中國執政黨黨主席的是台灣人也說不定啊！台獨分子究竟在急什麼呢？為什麼急於將兩岸推向戰火邊緣呢？

美國價值就是普世價值嗎？

美國是這個藍色星球上最強大的國家，強大的國力表現在經濟上的繁榮富裕，表現在國防軍事上的無與倫比，表現在學術文化上的先進科技。如此強大的國家所運行的政治、社會制度，應該可做為世界各國體制上的典範與仿效的對象。既然美國的政治、社會制度是如此優越，美國又是一個綜合國力超強的國家，當然可以做為全世界的表率，世界各國均應以美國優良的制度馬首是瞻。假使全世界各個國家（地區）都能順利推行並行之有年，世界各國應可擁有類似或接近美國一般的政治穩定、人民民主、個人自由、社會安全、經濟發達、國力強盛，已近乎達到「世界大同」之境界。原來中國的古典「世界大同」思想，使全體社會成員都能過上幸福、寬裕、美好的物質和文化生活的根本目標，儒家治世的理想境界，在中國推廣學習2000多年的〈禮運・大同〉篇，卻使中國最後成為積弱

積貧、紛擾戰亂、民不聊生、生靈塗炭的國家，甚至在上個世紀還淪為次殖民地，幾乎要亡國滅種，而「世界大同」的理想竟然是由美國所代表的經濟資本主義、政黨政治選舉制度達到了！一個剛建國成立才245年的新興國家，卻能完敗一個號稱擁有悠久歷史文化超過5000年的泱泱東方大國！可見美國運行的體制，確實是當今世界上最適合人類世界、最優良的制度……是嗎？

毛澤東曾將來自西方的共產主義、空想（烏托邦）社會主義與中國古典平均主義和戰時平均主義相結合。在人民公社化運動開始後，毛澤東曾說「《大同書》所寫就是我們共產主義者要建立的理想社會」。**「大同」是中國古代思想，指人類最終可達到的理想世界，代表著人類對未來社會的美好憧憬。人人友愛互助，家家安居樂業，沒有差異，沒有戰爭，這種狀態稱為「世界大同」。**原來共產主義也是要追求世界大同的理想，資本主義也可以達到世界大同的境界，既然在這個世界上最主要的兩個經世絕學（或說中、美二個大國）所嚮往追求的都是要讓全世界的人類都過上好日子，那麼這個世界究竟在吵甚麼啊？二戰之後世界基本上區分為東西兩大陣營（以資本主義為首的美國、北約及以共產主義為首的蘇聯、華沙），既然兩大主義都是為了追求世界大同，可是這個世界並沒有因此趨於祥和、安定、富足、快樂，人類也沒有因此而減少衝突、對峙、流血、動亂，這個世界仍然是紛紛擾擾（兩大陣營互相攻訐叫囂、人類依舊在生死邊緣上掙扎（核戰浩劫威脅日增）。由此可見，以美國為首為代表的資本主義選舉制度，事實上並不能獲得全世界國家、地區、人民的一致共識與普遍支持。東西方兩大陣營（美國—北約、蘇聯—華沙）經過數十年的冷戰對峙

與競爭後，蘇聯解體了、柏林圍牆倒了、共產主義敗了，美國贏了、和平演變成功了、資本主義勝利了。再次證明了資本主義的優越性，再次讓世人對於美國領導的世界秩序充滿信心與期待。美國揭櫫的民主、自由、人權、法治成為顛撲不破的硬道理，只有跟隨美國實施相同的制度，這個世界就能達到「大同」的境界。因此凡是與美國不是站在同一陣線，不是美國的同盟，不是自由經濟開放、不是民主自由選舉、不是多黨制的國家地區人民，依然是美國與資本主義的對手、敵人，是需要被改變、被顛覆、被破壞的地方。如伊拉克？伊朗？利比亞？北韓？委瑞內拉？……還有中國嗎？

　　究竟民主、自由、人權是不是普世價值？普世價值應該如何被定義？這個世界需要清一色的「美國式的普世價值」還是需要多元繽紛的尊重與包容？自古以來人類的世界就是強凌弱眾暴寡，雖然現在號稱已是文明、開發、進步、發達的21世紀，可是文明的定義難道就是「美國說了算」嗎？進步的定義就是「跟著美國腳步走」嗎？一部台製電影賽德克巴萊劇中有一句話：「如果文明是要我們卑躬屈膝，那我就讓你們看見野蠻的驕傲」。美式的民主、美式的自由、美式的人權，與日據（治）台灣時期，日式的文明、日式的文化、日式的進步有甚麼不同嗎？當一個國家、民族，不以尊重與平等的方式，理性地去對待另一個國家與民族，不管是採用軍事侵略武力強迫的手段讓其屈服，還是以文化抹黑新聞造謠的方式使其和平演變、顏色革命，終將會激起更大的反彈與報復。或許這個國家、民族的人民一時之間受到被扭曲的真相影響、被鋪天蓋地刻意的謊言假象所欺瞞，進而對其母（祖）國國體或社會秩序產生動盪或革命，但其轉變的過程所積累的摩擦與仇恨終將會

世世代代傳承下去，最後很有可能會反噬回美、英、法等這些強調、散播、移植其所謂的普世價值的國家。如果美式的自由民主是好的，為何美國會被趕出越南？如果美式的自由民主是有用的，那為何近在咫尺的古巴不學習？如果美式的自由民主是正確的，那美國為何要在日、韓駐軍呢？

作者回首一生，自認為人生的前半段是國粉（國民黨）也是美粉（美國派），國民黨說共產黨是萬惡的共匪我就相信，美國人說中國必將崩潰實施民主自由我也全盤接收。可是自從2000年後我卻產生疑惑了！當初那個依法繼位的台籍總統，國軍依法效忠的三軍統帥，曾經帶領著我們高呼中華民國萬歲的元首，卻與台獨集團密不可分，竟說中華民國是外來政權，還說台灣人不是中國人……？這種三信心的潰堤從此令我不再相信政客的嘴臉。2001年美國發生911自殺式恐怖攻擊事件，使我對美國的普世價值產生動搖，如果美國提倡的普世價值真的如此優良，那麼這些移居美國多年沉浸享受在美式樂園裡的穆斯林，為甚麼會如此痛恨美國呢？寧可集體犧牲自己寶貴的生命，也要在美國本土給予驚天一擊！到底標舉民主、自由、人權的美國，帶給他們多大的仇恨、痛苦與傷害？如果911恐怖攻擊是世界上遭受美式暴力襲擾侵略的報復行動榜樣，那麼聖戰士們、孤狼們、被壓迫的國家烈士們只要有決心是可以在美國本土製造重大傷亡的攻擊事件。難道美國人不應該深思，還會不會有下次呢？如果下次是微型核彈或是孤注一擲的核武導彈攻擊呢？光有國土安全部、FBI、CIA、軍情局、移民署、國防部、薩德反導系統……等等，就有百分百的能力可以防範制止嗎？

美利堅合衆國是怎樣的國家？

　　一個立國245年的年輕國家，卻擁有全世界最強大的武裝力量，是全世界最大的經濟體，也是全世界的文化、教育、科技中心。這麼年輕的國家是如何辦到的？是機遇？是巧合？還是制度使然？有沒有其他國家可以複製這樣的「成功」？在人類世界的歷史長河裡，從部落到國家，從神權到人權，從專制到民主，各個時期、各個環境、各個民族的政治演化過程，從個人安全到集體安全，從家天下到民主共和，從君主立憲到代議直選，每個國家、地區、人民因應其國家的歷史進程、民情習俗或宗教信仰不同，逐漸發展出各自不同的政治制度，這是必然的現象也是地緣政治自然的分布。美國的建國歷史、民族發展與國土版圖擴充、國勢發展壯大的過程是歷歷在目盡載史冊的。美國「感恩節」的對象印地安原住民族是如何的被野蠻屠殺、對鄰國墨西哥領土的強搶豪奪、對海外領地夏威夷王國的蠻橫併吞、對全世界所屬（政治、經濟、軍事）殖民地的奴役剝削、對世界各個主權國家的內政干涉、對其競爭對手的無情打壓（包含軍事打擊、經濟制裁、政治顛覆等）。

　　作者50歲以前的政治認同，在美國強力的媒體放送（在台灣登記有案的國際媒體達71家，以美國媒體記者佔大多數）、文化薰陶（好萊塢式的英雄美國隊長、搶救雷恩大兵）下，完全是以美國為主要精神標竿領袖，只要是美國說的就是對的。美國說賓拉登策畫炸了雙子星大樓，賓拉登就是恐怖分子，說你是你就是。因為阿富汗包庇了賓拉登，所以美國無須經過聯合國安理會的決議通過，就可以直接出兵攻打一個主權國家並且實質占領、駐兵控制，宛如新帝國主義的霸權征服。

不管入侵10年還是20年，直到美國擊斃或捕獲想要消滅的恐怖分子，這個主權國家是不得有任何異議，其他世界各國也不得有任何異議，因為我就是美國、我就是上帝！阿富汗的人民不能自己當家作主，阿富汗的民主要美國人說了才算！美國說伊朗的「政教合一」制度很危險，宗教狂熱很可怕，不能讓伊朗發展核子武器，不然會危害全世界的安全，所以對伊朗實施經濟制裁及軍事威嚇，派出航空母艦戰鬥群封鎖海峽，禁止任何國家、任何公司、任何私人與伊朗有任何貿易往來。如果有任何國家、任何公司企業、個人膽敢違背美國的禁令，那麼這個（些）國家、公司、個人也將會被列入制裁與打擊的對象，甚至還可以無限制的運用美國的國內法律擴大「長臂管轄權」範圍，對於他國公民也能隨意的拘捕、審判、監禁，比如中國的華為公司副董事長兼財務長的孟晚舟事件。妳的自由、妳的人權，要美國人說了才算！因為我是美國，我說你犯罪你就有犯罪。當然美國也以中東地區安全情勢為由，由美國總統直接下令狙殺任何一個不服從美國的他國政要、軍事領袖，並且透過高科技的無人機監看螢幕，當場放送射殺爆炸畫面給全世界觀看，美國對付不聽話的人的下場就是讓你死無全屍、粉身碎骨，而且手段乾淨俐落彷彿像是在捏死一隻螞蟻一般輕鬆自在，比如伊朗伊斯蘭革命衛隊少將聖城軍指揮官蘇雷曼尼。因為我是美國，我想殺誰就可以殺誰！你的人權，甚至你的生命的價值，你能不能繼續呼吸，要美國人說了才算！

如果這樣還不足以形容美國是怎樣的一個國家，那麼還有很多有關美國打著「民主、自由、人權」的大旗，事實上都是一件又一件的骯髒、齷齪、血腥、無恥的案例可以敘述，以中國人含蓄而有教養的的形容詞就是「罄竹難書、人神共憤」。

作者實不願再多費筆墨來闡述指控美國所犯下的種種滔天罪惡，就像是一位道貌岸然、滿口仁義道德的神職人員，整天將「神愛世人」掛在嘴邊，卻無時無刻不在做著殺人越貨、褻瀆神明的勾當。這就是美國，這就是所謂的「天選之民」。在全世界爆發蔓延的嚴重特殊傳染性肺炎（COVID-19）簡稱新冠病毒肺炎，自2019年12月26日從中國武漢市發現首例，到發展成大規模人傳人且高致死率的疫情時，美國駐武漢總領事館竟然在中國政府武漢市新冠肺炎疫情防控指揮部於2020年1月23日發布封城令之時，幾乎同步宣布關閉營運，並在72小時之內迅速安排包機將其外交官及美國公民從武漢撤回美國。動作之神速、判斷之精準、撤離之完整，實在超乎民主自由國家對於疫情防控及集體共識決定之慣性懶散遲緩原則（看美國本土的消極怠惰無作為的防疫作為可證）。彷彿美國駐武漢總領事館有能力預見這場瘟疫將是一場史詩級的毀滅性災難，不會像上次2002年發生在中國廣州的嚴重急性呼吸道症候群冠狀病毒（簡稱非典型肺炎SARS）一樣會在短期內消失，此次疫情的嚴重性、高擴散性與高致死率也非人力所能控管（封閉隔離、醫療擴散）。美國駐武漢總領事館似乎能夠精準的預判到中國政府即將宣布採取疫區封鎖隔離措施，從而先行採取各項預備性、預防性、預置性的準備工作與對策方案。因為一旦中國官方宣布封鎖武漢市及周邊地區後，這些美國使館人員以及在武漢地區工作、生活、旅遊……的美國公民們（約1000人），將被迫關閉在封鎖區域內無法離開，甚至有可能染疫。這是何等神級操作，難道這其中沒有甚麼值得推敲之處嗎？

2019年香港爆發「反修例風波」，全港陷入黑暴黃屍大動亂之時，美國駐香港總領事館卻未見有任何關閉、撤僑之舉

動，依然繼續維持著極為不合乎正常比例的上千名的工作人員在香港活動。如果說美國駐武漢總領事館如此「超光速、超效率、超預期」的關閉、撤僑活動，是為了要維護使館工作人員及美國公民的人身安全與人權自由，那麼美國駐香港總領事館的完全反向操作（美國政客還加碼演出、搧風點火唯恐香港不亂），更令人觀察到美國對於所謂的「人命安全」、「人權自由」的雙重標準了。美國至今亦未能坦誠交代中國外交部發言人一而再、再而三的正式公開指控，在2019年10月27日武漢市舉行的第七屆世界軍人運動會中那五位「生病」的美國軍人，為何急著用專機載回美國？他們究竟是生甚麼病？是瘧疾嗎？還是新冠肺炎？目前這些人的狀況又如何？還有美國在2019年下半年有些地方即有爆發所謂的「電子菸、白肺病」的200多起疑似肺臟纖維化，無法呼吸的死亡病例，與2019年8月德特里克堡病毒實驗室爆發汙染，遭「美國疾病管制與預防中心」（CDC）下令關閉，這二個美國本土發生的特殊案件有高度的時間與地區性雙重重疊的可疑徵候。中國外交部及媒體曾多次報導與聲明，指出冠狀病毒起源疑似與該實驗室有關，要求美國開放該實驗室及美國分布在海外200多個生物實驗室，公開更多事實並讓世衛組織專家開展溯源調查。然而美國的回應是如何呢？美國的回應就是「沒有回應」！無論外界的強烈要求、事件的可疑關聯程度，美國一貫的態度就是「傲慢」，就是「不理你」，因為我就是美國。美國不接受指正、不接受懷疑、不接受調查，這就是美國！

美國與台灣的關係

美國與台灣的關係如何，回溯歷史詳細察看過往，嚴格來說其實應該是沒有甚麼關係可是卻又有一點點關係，事實上關係並不是很密切。真正的原因是美國原本並沒把台灣當一回事，至少在清朝及日據（治）時期是這種態度，後來是為了不讓共產主義（中國）的擴張影響了美國在西太平洋（東亞地區）的利益與勢力範圍，突然態度180度大轉變，把台灣硬生生的攬在懷裡、捏在手裡、咬在嘴哩，不讓台灣回娘家吃飯團員，也不讓台灣去放飛獨立。一邊讓台灣在美國政界大撒政治獻金，以塞飽美國朝野兩黨的醜陋政客口袋，一邊高唱「一個中國政策」及「中、美三個聯合公報」，卻又肆無忌憚的大賣軍火生意以養活美國國內軍火工業就業人口，又以各種不實言論散播中國威脅論與武力攻台危機論，四處拉幫結派對中國實施無理的抵制、挑釁與對抗，但又鬥而不破、虛張聲勢，其主要目的就是為了要噁心中國、箝制中國、制霸中國。可是在台灣人的眼裡，美國爸爸是來保護台灣免於遭受共產黨的迫害，台灣是美國在西太平洋反共、防共的最堅實盟友，也是美國建構的第一島鏈中不沉的航空母艦。台灣人天真的以為美國是因為與中華民國同屬所謂「理念相近」的民主自由陣營而沾沾自喜，也強烈而堅定地認為美國一定會負擔承諾、履行諾言、保衛台灣、維護世界和平。

以時間軸線來劃分，從1840年至今2021年將近長達200年的美台接觸史來看，美台關係大致可分為四個時期：

1.1840-1858年（游離未決時期）

1840年代遼闊的太平洋阻擋不了美國擴張的雄心，台灣煤礦資源開採一度成為美國的關注點。1848年美國商人大力鼓吹併吞台灣，美國也曾派軍艦來台，占領台灣的主張本有機會付諸軍事行動，但此次行動主要是針對「日本開國」。1856年美國駐日公使向國務卿建議應該向清朝購買台灣，1857年後美國國內因黑奴問題日益嚴重無力也無心干預台灣事務，從1858年起退出台灣市場。

2.1859-1895年（為人作嫁時期）

1858年第一次英、法聯軍後清廷開放台灣港（今安平港），台灣茶有90%輸往美國，美、台之間貿易遽增。1861年美國內戰興起，1867年美軍為報復原住民排灣族的「羅發號事件」，曾發動遠征台灣的軍事行動，卻以失敗告終無功而返。到1871年八瑤灣事件發生，日軍藉口出兵台灣，竟然是由美國駐中國廈門的領事李仙得向日本政府提出「台灣蕃地不屬中國」的主張，支持日本政府對台灣的軍事行動，此一建議觸動了從1866年開啟的明治維新時代的日本帝國，對台灣產生更大的侵略野心。

3.1896-1949年（可有可無時期）

1895年馬關條約清朝無奈將台灣割讓予日本，台灣成了日本的第一個海外殖民地，也是軍國日本覬覦東南亞的戰略孔道。至此台灣對美國而言只剩貿易商業利益可言。然日本可不像清朝一樣顢頇可欺，可以任由美國軍艦任意停靠及展示武力。此一時期，在1898年「疑似」由美軍自導自演的美艦緬因號炸船事件，導致美、西戰爭爆發後，美國卑劣的違背且欺騙了菲律賓人民（菲律賓第一共和國）尋求獨立的情感與信

任，竟以2000萬美元的代價，取代了西班牙成為菲律賓殖民地的繼任者地位。這種違背盟友的侵略行為（導致美、菲戰爭），使美國在遠東地區有了落腳的地盤，美國占領菲律賓的戰略價值，甚至大於占領台灣島，但也因為菲律賓的地理位置控制著日本南下的戰略孔道，因此埋下了二戰日本偷襲珍珠港，迫使美國捲入亞洲戰場。

4.1950-2021年（沒事找事時期）

當美軍擊潰日本海軍重返菲律賓後，台灣成為美軍傾倒炸彈的報復戰場。澎湖空襲、新竹空襲、高雄大空襲、台南大空襲及台北大空襲，美軍的轟炸機、戰鬥機在台灣島上空盡情肆虐。這個時期的台灣是軍國日本的一部分，美國對台灣人從來沒有心慈手軟過，如果不是遠東盟軍中國戰場的蔣介石統帥基於同胞情懷的建議，改變了登陸台灣的戰役決定（跳島作戰），台灣或許將面臨一場更加血腥的登島作戰大屠殺。根據日本軍隊頑強抵抗寧為玉碎的作風，當時防衛台灣的日軍總數仍有20餘萬人，依照美軍攻打硫磺島、塞班島浴血戰鬥的傷亡比例，或許台灣島內的台北市及台南市兩個人口密集地區，極有可能成為美軍原子彈轟炸的「首投族」，而不是後來日本本島的長崎、廣島兩地。

1943年美、英、中三國發表《開羅宣言》：「日本竊自中國的所有領土，包括滿州、福爾摩沙（即台灣）和澎湖都應交還給中華民國」，1945年國民政府順利接管台灣。1948年國共內戰國府軍失利，美國即開始進行對台政策檢討。1949年鼓舞當時控制台灣的陳誠切斷與大陸的關係，並與台籍菁英接洽（包含台灣獨立運動領袖接觸），計畫在未來「**利用台灣自治**

運動，可能會符合美國利益」。美國為了擺脫介入國共內戰失敗的責任，決定不再提供任何援助給在台灣的國府。1950年美國表明了對台灣的未來將「**袖手旁觀**」。美國對台灣（中華民國）的重視壓根兒不是基於民主自由陣營的謊言，都是為了「美國的利益」。美國放棄對中華民國的支持後，原本寄望於中華人民共和國的毛澤東成為制衡蘇聯的籌碼，但因毛的傾蘇政策加上韓戰爆發，美國才又開始回頭審視與中華民國的關係。這就是美國對台灣的根本立場，只問利益，沒有朋友。第七艦隊介入台海，是因為美國擔心共產黨占領台灣，將直接威脅到太平洋地區與當地美軍安全，此時期美國主張「台灣地位未定論」，意圖明顯的要藉由強大的軍事力量，阻撓一個主權國家的領土統一，製造中國的分裂，使台海地區長期陷入軍事對峙與軍備競賽的惡性循環當中，以海峽天塹來消耗、消磨、消滅中國的統一、民族復興與崛起之路。這才是真正的美國，醜陋的美國與惡魔般的美國資本主義霸權帝國的真面目。

第二篇

台灣是棋手還是棋子

是活棋還是死局？

　　台灣職業圍棋棋士周俊勳在其著作《棋手無悔》：犯錯是成功必須的布局，書中內容的簡介中說，**為自己的人生布一盤好棋的關鍵：放手去做別人眼中的錯誤，你會更強壯。**這些言詞在人生勵志的角度來看，的確是可以使一般人對於人生中充滿大大小小的挑戰與挫折，砥礪志節勇於奮鬥，充滿傻勁與幹勁，不怕犯錯不畏人言，堅持目標越挫越勇。人生的贏家是笑到最後的那個人，而不是在中途登高攻頂看似勝利成功之流。棋手要站在人生的制高點上，俯視蒼茫眾生，如何在這個看似平靜無波但卻暗流湧動的環境裡佈下一張天羅地網，走出一盤活棋勝局。2018年擁有1.5個博士學位的蔡英文總統將台灣定位為美、中爭霸間「棋手」的角色，這段電視訪談後引起了一些訕笑與討論。訕笑者認為，蔡總統就像台灣的覺青一樣，當一隻膨風的井蛙，不知輕重胡言亂語。但支持者認為，她是難得的台灣總統，維護台灣的地位與尊嚴，在兩大國間活出自己的特色。作者以為蔡總統不但不是一隻見識短淺、膨風自大的井底之蛙，而是一個真正站在高處的冷眼棋手，她不但洞悉兩岸關係的臨界點，也是自願充當美、中衝突的導火索，正所謂「天下大亂、情勢大好」。

　　蔡總統的「棋手」說，充分的顯示了她想「鬧事」、想「突圍」、想「獨立」的真正意圖，因此，她會不斷的犯錯，她會不斷地犯下讓對手以為是錯誤的棋步，她會不斷的以台灣的國家安全、經濟的代價、甚至人民的生命作為她主動布局的籌碼。每一步棋都是一種迷惑，在美、中對抗的大環境下，她看到了台灣擺脫當「棋子」的無奈，這是自從1949年美國放

棄台灣，1978年美國與中華民國斷交，1980年廢止中（台）、美共同防禦條約以來，她看到了美國對中國的關係由「和平演變」轉為「兩強對抗」的有利時機，如果她能搭上這班順風車，台灣是否就有機會能永遠脫離中國成為「新而獨立」的國家呢？如果她不下這步險棋，台獨黨如何能在台灣永遠執政呢？如果不趁這波美、中對抗的格局加碼演出，她如何向支持者交代呢？即使在美、中對抗的險境中「一邊倒」，極有可能引起中國強烈的不滿與施壓，或者極有可能會爆發第四次（可能也是最後一次）的台海危機再生波瀾，一切的犧牲都是為了她的終極棋局的目的：贏得最後的勝利。

綜觀蔡英文的一生，隨然不能用「富貴險中求」一句話來概括，但仔細剖析其家庭環境、成長背景、求學歷程、任教仕宦、危難入主、腥風血雨、二登寶座，每一階段盡是陰沉算計，每一天無不謹小慎微，每一戰總是犧牲慘烈。不以人廢言，她確實有能力可以掌控台灣的生死，能在兩岸之間採取主動攻勢（大內宣、大外宣）興風作浪，能在美、中競合鬥爭關係中以犧牲台灣主權權益為手段（呆子軍購、萊豬進口），呼朋引伴（所謂理念相近國家）、呼風喚雨（口罩外交、疫苗乞丐），自然有其不同於常人的卓越（奸巧）之處，異乎於常人特殊之思考（算計）模式。換個角度來說，毛澤東偉大嗎？蔣介石偉大嗎？偉大之人必有其可惡、可恨也有可敬、可嘆之處。在權力的天平上，下層結構的人民群眾只是建構權力過程中可以犧牲的墊腳石，在台灣獨立的追求下，就算引發台海衝突，就算生靈塗炭，就算台灣盡毀於戰火之中，這種犧牲、毀滅、破壞，對於一個自居人生制高點的「棋手」來說，這些都是沒有意義的。唯一的意義就是：贏！贏了就能笑到最後，贏

了才有未來，這才是蔡總統「棋手說」的真正涵義底蘊。

　　為什麼蔡總統有底氣說出台灣可以成為棋手？是因為台灣有錢嗎？（外匯存底4000多億美元），還是因為台灣有世界需要的半導體產業（護國神山台積電）？還是因為台灣的軍事力量足夠強大？（號稱豪豬島、刺蝟島），還是台灣島地處東亞第一島鏈的戰略價值（號稱永不沉沒的航空母艦）？還是蔡總統鐵了心的將以台灣島苦心經營數十載的成果做為美國反中、仇中、抗中的籌碼，並以2300萬台灣人的安全幸福作為她對美國稱臣納貢的投名狀？她憑甚麼敢以一己之意志投入這場號稱可能會引發第三次世界大戰、人類文明可能會就此終結的美、中世紀大對決的棋局裡？難道英國《經濟學人》雜誌把台灣評列為「世界上最危險的地方」，蔡總統沒看到嗎？看不懂嗎？

從女騙子到女棋手

　　這位擁有1.5個博士學位的蔡英文總統心理素質是如何養成的？作者認為有必要加以剖析、了解、認識並予以揭發其醜惡、變態、陰狠、詭譎的心思模型。所謂「羅馬不是一天造成的」，有果必有因，如果我們能先從其塑造成型的原因去理解，始能茲以判斷將來這個目前台灣的領導人，在美、中爭霸、兩岸關係、台海危機中，可能會採取何種策略與應對措施。所謂「料敵從寬」，台灣既然決意成為一名棋手，就好比原本是可以在暴風雨中尋求避風港的小船隻，現在因為民選總統的選票自信、挑釁勇氣與台獨意志，「突然間」台灣島這艘太平洋西岸、台灣海峽東側的小舢舨，在所謂「台灣意識」爆

表催眠的加持下，陡然迅速的無限膨脹。一葉小扁舟，頓然金剛變形成為一艘「主權至上、台灣尊嚴」的無敵航母了！

在台灣人民的意識中，強化了我們就是一條堅守民主自由的長城，我們絕不屈服於對岸共產暴政獨裁政權的壓迫，我們願意站在民主自由陣營裡擔任風口浪尖上的航空母艦，不再閃躲不再害怕。以台灣的經濟發展優勢、以台灣民主自由政體優勢、以台灣817萬票支持台獨黨追求國家獨立的民意基礎優勢，台灣不再是美、中兩國博弈的棋子，台灣要以自己的方式站出來大聲地說「我就是棋手，衝著我來吧！」，「棋逢對手，狹路相逢勇者勝」，這是我們要提防蔡總統的心理素質會將台灣帶往何方。

（一）家庭環境

蔡英文的父親蔡潔生，似乎是可以遊走於日本殖民政府與接收台灣的國民政府高層之間的紅頂商人。一個從屏東鄉下楓港小漁村出身的年輕人，能夠習得一技之長到中國東北，為侵華日軍主力關東軍擔任技師，維修當時世界上堪稱一流的零式戰鬥機。他是如何在那個兵荒馬亂、朝不保夕的戰亂年代，順利的、平安的「回到」台灣。以當時的台灣處在戰後物資極為匱乏的狀態下，從貨運行及汽車維修廠開始創業，蔡潔生身為「屏東望族」之後，在228事件中他的角色又是如何？

1968年蔡潔生到台北發展，因眼光獨到專做美軍與外籍顧問的生意（進口車），累積資金後投入房地產，在台北市中山區中山北路與新生北路一帶購置不少土地及投資飯店生意（樂馬大飯店），很快的成為鉅富。在台灣戒嚴後期，蔡潔生大力捐助黨外運動，在台獨黨成立後，仍繼續提供捐助。據聯

合報曾經報導，蔡潔生在老蔣時代便取得「日產接收委員會」的官員，還有「革命實踐研究院」副主任的官職身分，以名下土地經營飯店致富（海霸王）。蔡潔生的一生充滿了傳奇與驚喜，不但能橫跨兩個專制、獨裁、肅殺、殘暴的政權游刃有餘，還能走跳於黑白兩道之間，發家致富富甲一方，著實令人佩服欽羨不已。在這樣一個高深莫測神鬼通吃的父親示範影響之下，或許在蔡小姐幼小的心靈裡，早已洞悉政商名流、權貴紅頂一家親的奧妙之道。

（二）成長背景

蔡潔生在其傳奇致富的一生中納有妻妾四房，膝下子女計11人，蔡英文為第四房所生，排行老么。令人值得琢磨的是她身為這個大家族中的么女，應該是集萬千寵愛於一身，雖然生母為側室，仍應是其父之掌上明珠。但為何在其著作中提及，她自幼生長的家庭環境讓她有走路靠牆角並側身行走之描述？蔡英文在競選台獨黨主席時接受媒體訪問，亦承認其身為教授但在校園裡很少會走在馬路上，她常會走在馬路邊的牆下，往往在牆角下斜著肩走路。蔡的謹小慎微幽暗低調的個性，是否有太過陰沉之感？這與其在大學時代即自行開車上學，喜歡「飆車」的張狂性格又有180度的大相逕庭。

這樣一個性格幽暗低沉又有爆發競技性格（不守交通規則，不顧他人行車安全）的女性擔任台灣地區2300萬人「這個國家」的領導人，又適逢美、中兩大強權的激烈碰撞期，如此雙重、異常、相悖的性格，是否會影響其身為執政者的正常判斷能力呢？會不會為了達到某種政治目的而採取密室、黑箱、不為人知的變相交易，即使犧牲國家的主權利益、犧牲全體國人的福祉，採取不走光明大道而習慣性的選擇羊腸小徑路

邊牆角下側身而行的決定？蔡是否有可能會在某種情境下，因其手中掌握大權、國家機器、軍事武裝，會滋生類似飆車族一般的暴戾狂飆、不計後果的神風式潛在意識呢？身為一國總統，其性格是否穩定正常，著實關係全體國人安危甚鉅不可不察，台灣人不可不警醒小心防範。

（三）求學歷程

擁有1.5個博士學位的蔡英文求學歷程原本都是給人正面進取的印象，雖然出身豪門，但並非是不求進取財大氣粗的暴發戶，而是一位貌似謙謙君子，頂著大學教授光環，彷彿是氣質與才能兼備的新時代女性。因緣際會接下處於低潮的台獨黨主席位置，進而問鼎國家元首寶座。前任馬英九總統為哈佛大學司法學博士學歷，蔡也以英國倫敦大學政經學院「法學博士」的高等學歷，代表台獨黨贏得2016年的總統選戰，有點互別苗頭、不分軒輊的較勁意味，也讓很多台灣人對於這位不一樣的新時代女性有了更加崇敬的觀感。

但是自從蔡英文的最高學歷倫敦大學政經學院（LSE）的法學博士論文遭到學者（台灣大學法律系名譽教授賀德芬）質疑其真實性後，這位新時代女性的高、大、上的神祕面紗，似乎在一夕間被拆穿西洋鏡了。對於各學者（包含彭文正教授、北卡羅來納大學林環牆教授）、各媒體（除綠媒外）、各民意代表（國民黨籍陳學聖立委等）的質疑，蔡的反應反而是有遮遮掩掩、含混不清、拖泥帶水、以拖待變的感覺，還運用司法（提告質疑學者）、行政（政治大學升等論文封存至2049年）、總統府（開記者會）等公務機關為其辯護、掩蓋、卸責、轉移、包庇。

這個世界上誰能擁有1.5個博士學位？誰能擁有三張不同

版本的博士學位證書？誰的博士論文從來沒有人借閱引用過，也沒有任何地方有收藏？這些都是顯而易懂的辯證，有就有，沒有就沒有。有就還她清白，沒有就依選罷法、刑法追訴其犯罪事實、監察院依法彈劾其違法濫權弊案。如果中華民國的總統是一個詐欺常業犯，請問，全台灣的人民你們真的不擔心、不害怕她會把我們都「騙」？把我們都「賣」了？傻傻的台灣人還在喜孜孜的為騙子在數錢？

（四）任教疑雲

年紀輕輕的留美「法學碩士」、留英「法學博士」，在1983、1984年的台灣真的是一件光宗耀祖的事情。尤其又是一位富甲一方、政商名流冠蓋雲集、黑白兩道、五湖四海的鉅富蔡潔生的寶貝么女、掌上明珠、時尚才女擁有1.5個博士學位的蔡英文。當其載譽歸國之時就算行事再低調，宴請至親好友、學校師長、政商權貴餐敘慶賀總是人之常情，一方面也可以為寶貝女兒推薦介紹或是月老牽紅並不為過。可是最奇怪的是，這個人世間最奇怪的、不可思議的、最不合常理的事情都會發生在蔡的學歷上。

她自稱在1984年取得博士學位迄今，37年間從來沒有人看過她穿著博士服的畢業照片，也沒有人看過蔡英文學成歸國、光耀門楣與家人合照的照片，怪哉？難道蔡潔生是一個極度重男輕女的大男人沙文主義者嗎？難道自己的寶貝么女榮獲了全世界獨一無二的1.5個「法學」博士學位的殊榮，沒有任何一位諾貝爾獎獲獎的學者有此能耐。對於這樣傑出成就的女兒載譽歸國，竟然理都不理、甩都不甩，連請客吃飯照個全家福的相片留念都免啦？可能嗎？這樣合情、合理嗎？

在黨國一體的專制年代，政治大學是國民黨的黨校，蔡究

竟是1983或1984年？以何種學歷應聘政治大學（是以美國康乃爾大學法學院法學碩士還是以英國倫敦大學政治經濟學院法學博士）？以何種身分任教職（是講師還是副教授還是客座教授）？這麼簡單明瞭又單純的學校人事資格聘用派令，竟然可以在台灣吵了多年還沒有結論？學校行政人員、教育部政府官員、國家圖書館館藏人員，全部都是具備公務人員身分的高等知識分子，竟然敢在立法院舉辦的公聽會裡集體胡說八道、集體扭曲事實、集體編造謊言，這樣的學術機構、政府機關、公務人員，行政倫理蕩然無存，知識分子風骨徹底淪喪，司法尊嚴被踐踏。台灣人，你還能相信這個「1.5個博士學位的總統」沒有在欺騙我們嗎？

（五）危機入主

2008年台獨黨籍即將卸任總統的陳水扁，因其個人及其家族深陷貪污舞弊案件，使全黨聲勢士氣跌落谷底。黨內存在著分裂的危機，改革呼聲湧現，同時檢討黨的價值、路線、方針。謝長廷敗選後宣布退出政壇，陳水扁因案鋃鐺入獄，這次黨主席改選被認為是台獨黨的轉折點與浴火重生的機會，也是台獨黨台獨路線爭議的分水嶺。在台獨路線旗幟鮮明的辜寬敏及蔡同榮的夾殺下，中間路線派的蔡英文以「維護台灣主權說」，贏得黨主席路線之爭。

2016年蔡再次代表台獨黨參選，以模糊的兩岸政策「維持現狀說」贏得總統寶座，成為中華民國首位女性總統，也是華人世界第一位女性元首。文青式謊言終究要面臨現實世界的考驗，在其就職後的四個月即在《給台獨黨黨員的信中》表示要「力抗中國」，從此兩岸關係不僅沒有維持現狀，台灣島內政治氛圍越趨親美抗中，打破馬英九時代兩岸良好溝通模式，

使台灣再度陷入李登輝「兩國論」、陳水扁「一邊一國論」的政治緊張、軍事緊繃，但兩岸經濟卻更加熱絡的怪異現象。

（六）血雨腥風

　　台獨黨為求勝選執政，極盡抹黑造謠、分裂族群、破壞兩岸關係之能事，使台灣陷入長期內部紛擾、國家（族）意識混亂、社會價值觀敗壞、年輕人身分認同扭曲、階級對立、族群對立、勞資對立、能源政策錯誤……。台獨政權利用政府資源，大量收買媒體、公關公司，培養網軍製造輿情風向，徹底改變台灣選舉文化。馬英九執政時期軟弱可欺，國民黨在野後亦流於本土化色彩與台獨黨支持板塊無法明確切割的「獨台路線」，即使蔡政府執政如何荒腔走板、如何失德失政，卻始終擁有越來越多的盲從支持者。

　　顯然台獨黨在台灣已有了萬年執政的政治正確的優勢地位與相對的台獨意識群眾基礎。而國民黨、親民黨、新黨均有走向邊緣化的趨勢，甚至連淺綠的民眾黨、親綠的社會民主黨、深綠的時代力量、基進黨等都有被收編成為台獨黨的附隨組織與側翼的可能性。台灣政壇逐漸成為一言堂，超過半數的台獨黨立法委員，統合其他偏綠色彩的側翼組織民意代表，已在立法院成為超過三分之二的多數優勢，任何法案均能在多數暴力的表決下通過，如果再加上本土派意識強烈跑票的國民黨籍立委、無黨籍立委等，則超過四分之三的絕對多數修憲門檻不是不可能，台灣距離獨裁國家（或是台灣獨立）只是名詞不同而已了。

（七）連任寶座

　　自從中華民國總統選舉方式改為全民直選後，歷任總統均為連選連任（李登輝、陳水扁、馬英九），蔡總統自然希望獲

得連任。但以作者35年的時間（有投票權）觀察台灣選舉，最沒有機會獲得連選連任的總統候選人實為蔡「讀稿機」一人而已，然也唯有蔡「辣台妹」一人的獲勝連任過程令人開啟最多疑竇、最多意外與最不可能的總投票率、史上最高得票數連任總統寶座。

蔡自2016年首任總統，選前以「維持兩岸現況」的煙霧彈麻痺台灣人，選後喊出「謙卑、謙卑、再謙卑」的勝選口號愚弄台灣人，到2018年九合一大敗，再到2019年台獨黨內部總統候選人提名初選疑似舞弊操弄作掉對手賴清德。這3年多來的施政成績著實令人大開眼界慘不忍睹，不但對外喪權辱國、兩岸幾乎兵戎相見，內政不修、貪腐成風、民生凋敝、每況愈下……。2019年6月4日風傳媒報導〈獨派大老再逼宮！李遠哲連署挺賴清德要蔡英文「知所進退」〉一文內文摘要敘述：**民進黨在九合一期中選舉大敗，仔細檢視民進黨敗選原因，發覺到了2020年大選時，這些敗選原因依然存在，再檢視敗選後蔡英文的作為，除積極下鄉、到處拜廟外，依然恣意妄為，既不謙卑也不溝通，已使廣大民眾失去支持熱情，蔡英文在初選中的表現，更已讓民進黨形象受到重創。**

反觀蔡的對手韓國瑜選情氣勢如虹，雖然經過「白豚拖棚」、「果凍亂入」、「金瓶插花」等折騰後，最終仍獲得宮廷派（如馬英九）、江湖派（如謝龍介）、地方實力派（如顏清標）、知識藍（如趙少康）、經濟藍（如連勝文）及庶民派（如五虎將）的支持，加上海外華僑瘋狂挺韓紛紛組隊返台投票，使藍營勝選機會大增。韓的高人氣、高民調、韓流狂潮（政見發表會場場爆滿，動輒數十萬人，最終場凱道之夜號稱百萬，支持民眾之熱情已達天地可破、風雨無阻的境界），竟能逼使

狂妄自大、曾經讓蔡總統對其「小鳥依人」的政治新銳台北市長柯文哲表態棄選。

　　從台獨黨黨內初選時為獲得提名陰招盡出（拖延戰術、問題民調、國安監控等）迫使賴清德棄甲投降，到不顧民意普遍質疑的聲浪，堅持讓立法院佔有半數以上的台獨黨立委為一個有偽造文書前科，而且是深綠背景、台獨黨創始黨員的前雲林縣縣長李進勇，強渡關山擔任本應是立場客觀、中立、超然的中央選舉委員會主任委員的人事安排，以及後續選舉期間的各種不實抹黑、假共諜案造謠爆料、假民調充斥、假新聞滿天飛，再到選前10天（2020年1月2日）二級上將參謀總長沈一鳴座機竟然墜機身亡，整個台灣島內新聞媒體一面倒的報導蔡的正面形象，最後到投票日當天，全台投票人潮並不踴躍（從各家新聞的報導及作者在自家選區附近查看結果），卻能開出台灣有史以來最高的投票率74.9%。蔡竟獲得破天荒、壓倒性的817萬張選票等等怪異跡象。這樣的選舉操作、選舉結果，有如陳水扁第二次連任危機時所發生的「二顆子彈」疑雲，使信者恆信，不信者恆不信，不但沒有讓台灣更團結，只有更分裂、更敵視、更不信任、也更紛亂。

第一章 中國為甚麼一定要統一台灣

台灣人是中國人嗎？

中國為甚麼一定要統一台灣？這個問題對於一個土生土長在台灣55年，所謂「喝台灣水、吃台灣米」長大，從來沒有踏上中國（或稱中國大陸、祖國）的台灣人中年男人來說，這真的是一個好（奇怪）的問題，這不僅僅是一個靈魂深處拷問的哲學問題，也是一個安居樂業、發展前程的民生國計的現實大問題。

在作者求學時期（尤其啟蒙的國小、國中、甚至高中），都是在兩蔣統治下所謂的威權時代的教育系統下成長的。如同蔡英文曾說：「我是台灣人沒錯，我是中國人，因為我是念中國書長大的，我受的是中國式的教育」。作者從來沒有懷疑過自己的身分（族群）認同，好比在中國大陸的廣東人、上海人、北京人一樣，第一次見了面肯定會問上一句：你是哪裡人啊？我台灣人哪、我四川人哪、我陝西人哪……，這不是極其自然的問候語嗎？只是大家居住的地方、成長的環境有所不同，或許方言不同（如廣東話與四川話）、或許種族不同（如漢族與滿族）、或許文化不同（如儒家思想與藏傳佛教文化）、或許宗教不同（如拿香拜拜的福建人與新疆的回教穆斯林）、或許政治認同不同（如台灣的民主制度與大陸社會主義制度）。作者揣度蔡的意思應該是在文化上（甚至在血統上）她是認同她是中國人無誤，但是她沒講出來的是，在政治上的國族版圖並不認同自己是屬於中國。從李登輝開始拋出「台灣人

不是中國人、台灣不屬於中國」的文化、政治分離思想及行動，其實已經深深的烙印在2300萬台灣人的心靈深處。這就是為什麼在歷年的選舉中，主張台灣獨立的台獨黨、時代力量、基進黨……等分離主義政黨的選票會越來越多，越來越獲得多數人的支持與認同。

　　如果大多數的台灣人不認同自己是中國人，即便自己及後代孫孫，仍然講著中國話（北京話、河洛話、客家話）、寫著中國字（漢文、國字、唐詩宋詞）、拜著中國神（關公、媽祖、灶神）、過著中國節（清明、中秋、過年）、守著中國堂號（潁川、東山、濟陽）……，對台灣人來說，台灣是不是屬於中國，就會產生完全相反、難以融合的認知結果。這已經不是認不認同中華文化的問題或是台灣人是不是華夏血統的問題了。在主張台獨人士的思考中，這是可以解釋為類似新加坡（國）的華人血統、或旅居美國（外國）唐人街的華僑（台灣人自稱台僑）一樣的概念。台灣文化雖然源自中國，可是因為台灣長時間脫離中國的掌控，再加上融入了東亞變態軍國主義的日本元素、世界第一強國的美式西方民主自由思想與政治制度，所以台灣已經逐漸脫離中國的舊包袱，進而發展成為一個新而獨立的「類華人」、「類華僑」、「類中國人」的台灣人與新台灣政治實體。這是一個新而獨特的新台灣文化、新政治國度，新台灣人不是舊中國（包含中華民國）的一省也不是新中國（中華人民共和國）的一部分。

　　如果能在血統、種族、文化與意念上與中國人做切割，那麼接下來的國家（國族）認同的切割也就理所當然、順理成章、順勢而為了。有關台灣島上、台灣人民、台灣民族的自我身分族群認知與國家國族認同與中國人、中華民族、中國切割

的「自發性」思想、行為，尚且只是基於台灣人自從1895年割讓予日本帝國後，數十年間的從屬依附關係、國籍制度習慣、日式文化浸染、日式教育啟迪及日本皇民運動催化下，不能只從所謂的將近2%的台灣人（約12多萬人）接受了皇民化自主認定成為日本人，而應該從廣大接受日本統治下其他在政治上順從、經濟上依賴、文化上適應及生活上習慣，喜歡、接受、自然成為日本的一部分的潛在意識上的「準日本人」去計算。身分上的在台皇民與精神上的親日分子，這兩類人在台灣當時的人口比例上可能不會少於10%（約60萬人）。這麼多的意識認知上的「準日本人」在台灣生根發展，這個特殊的群體結構，盤踞在台灣上層結構裡的「優等人種」，是很有機會利用其政治上、經濟上、社會上「先佔」的優勢地位與權力，利用台灣民主化、本土化、自由化的社會群體造成整體結構性、根本性的意識大改造、大洗牌。這還僅僅是台灣內部的「自覺式」翻轉認同，如果再加上美國、日本等外國勢力介入的協助，台灣遲至目前2021年尚未宣布獨立事實上已屬奇蹟。

中國與台灣的關係為何？

為何在1996年會發生「兩岸飛彈危機」？其實中共已經覺察到台灣島上的根本性變化，在蔣經國去世後，日本皇民李登輝已經在台灣的各個層面、領域、角落、群體、制度、甚至法律（透過修憲）裡，已逐步完成新興台灣民族認同、台灣不屬於中國、中國必然崩潰、台灣終將獨立的一盤大棋布局。因此中共預判這位台籍總統會利用首次全民直選的勝利時刻，斷然宣布台灣獨立，為嚇阻台灣在台獨的不歸路上狂奔，因此才

會發起武力攻台的軍事演習及飛彈試射的第三次台海危機。中華人民共和國原已做好在台灣「超越底線」後實施一定規模戰術打擊的準備，後因中國人民解放軍內部間諜問題（即劉連昆案）及美國派遣航母進行武力威嚇，最後取消了原計畫。

在台灣人的認知裡，台灣確實從未被中國實質、有效的統治過。這裡的「中國」意旨中華人民共和國，而目前在台灣實質統治的國家名稱為「中華民國」，中華民國在世界舞台上確實曾經代表中國，目前每個台灣人的身分證上或護照上依舊是以中華民國為國家名稱。但弔詭的是，經過了李登輝「中華民國在台灣」的兩國論述、陳水扁的「中華民國是台灣」的一邊一國論述、馬英九的「九二共識、各自表述」的不統、不獨、不武論述，再到蔡英文「中華民國台灣」的明確拒絕「一國兩制」、「台灣是主權獨立的國家」、「一中一台論」的宣示後，中華民國的「中國意義」表徵已經逐漸被台灣主體所取代。中華民國是外來中國的流亡政府，中華民國不等同台灣，「中華民國台灣」已經是台灣人在不宣布獨立的情形下，對具有中國元素、符號、圖騰、印記的中國外來流亡政府——中華民國最大的包容了。「台灣」是台灣人的母親，台灣的淡水河、濁水溪才是台灣人的長江、黃河。

如果給台灣與中國的關係做一個淺碟式、鄉野式的論述，就好比「童養媳」的概念。台灣人雖然是源自中國，但因原生家庭早已將其送人撫養預做嫁婦，「姓」是別人的，「生的」也是別人的，將來子孫「捧斗」、「祭祖」也是拜別人的。這個已經126歲的「台灣」，已經不是當年「台灣民主國」式的童養媳了，已經是徹頭徹尾的「外人姓」了，早已跟原生家庭沒有

絲毫關係。或許這樣的概念在大多數海峽對岸的中國人會認為是背祖忘宗、認賊作父。但是台灣人確實是會做如是想，畢竟台灣是「被永久割讓」出去的，在二戰期間確實是屬於大日本帝國的一部分。台灣光復後代表中國的中華民國又在1971年聯合國「排我納匪案」中失去中國的代表權，加上1952年由美國主導的「舊金山和約」台灣法律歸屬問題，正好給予台獨分子可以有堅實的法、理力爭的基礎所在。

中國的版圖有及於台灣嗎？

在中國大陸的角度來看，卻又是全然不同的角度，作者嘗試從幾個方面來探討兩岸論述對撞的衝突點。

1. 人種民族說

中國人會認為台灣島上的住民98%都是從中國大陸數百年來歷朝歷代，逐漸從「中原」、「中國」、「華夏」遷徙、移民過去組成的，在人種血統民族組成上本來就是中華民族炎黃子孫，怎麼能因異族（日本大和民族）短短50年的殖民統治，就否定自己是中國人呢？這在儒家文化重視傳統家族、國族的中國人心裡，自然是無法理解與接受的歪理謬論。

2. 文化習俗說

既然在人種血統的基礎上是屬於中華民族炎黃子孫，台灣島民的風俗、文化、習慣、禮儀均源自中國，從生（抓週、收涎、取名、算命）、老（重陽敬老、老有所養、三代同堂、嫡長子制）、病（中醫把脈、中藥調養、求神問卜、太歲沖煞）、死（誦經超渡、擇日送終、風水堪輿、撿骨開棺）等等……，均為中國人之傳統價值，此與東南亞華僑旅居異鄉、委身他

國、異族融合、甚至建立新國家（如新加坡）的情境完全不能
相提並論。

3. 歷史意外說

中國自古以來就是陸權大國，重陸輕海本是自然，在現代
國際法領土主權法律形式理論之前，確實是以先到「先佔」為
原則。台灣島在明朝時期早已由王直、鄭芝龍等中國人（海
盜？民兵？官軍？）實際統領管轄，隨後西方海權國家紛至沓
來海防洞開，清廷建省台島之時，日本早已覬覦垂涎許久，終
因國力不濟戰敗割地，才「被迫」永久割讓，此乃歷史意外，
與俄羅斯帝國在1867年以720萬美元將阿拉斯加賣給美國的狀
況完全不同。

4. 開羅宣言說

1945年11月美（羅斯福總統）、英（邱吉爾首相）、中
（蔣中正主席）三國領袖「開羅宣言」所發表的對日作戰新聞
公報，已明確規定：（1）日本無條件投降，（2）日本自中國
所得到的所有領土（包括台灣），應該歸還給中華民國。《開羅
宣言》後並經《波茨坦公告》和日本《降伏文書》援用，是具
有法律實質拘束力之條約協定。當時光復台灣、接收台灣、統
治台灣的中華民國在國際間代表中國，台灣自然歸屬中國無庸
置疑。

5. 中日和約說

1952年中華民國與日本結束兩國之間的戰爭狀態而簽訂
的和平條約。日本依據舊金山和約放棄「台灣」一切權利、名
義與要求。日本承認1941年12月9日以前與「中國」所締結之
一切條約、專約及協定，均因戰爭結果（日本戰敗無條件投
降）而歸無效。因此1895年簽訂的「馬關條約」應自始無

效，台灣本歸中國之領土無庸置疑。

6. 2758決議說

1971年10月25日（該日期為國民黨版的臺灣光復節）聯合國大會決議：「**恢復中華人民共和國在聯合國組織中的合法權利問題**」，中華人民共和國「取代」中華民國在聯合國擁有的「中國」代表權席位。聯合國大會**承認**中華人民共和國政府的代表是「中國」在聯合國組織的「唯一合法」代表，**決定**立即把蔣介石的代表從它在聯合國組織及其所屬一切機構中所「非法佔據」的席位上驅逐出去。中國大陸認為，1949年中華人民共和國政府成立以來，在聯合國的合法席位被「非法剝奪」了22年，此決議是「恢復」合法中國之一切權利，「取代」並「驅逐」非法佔據席位的中華民國。因此由中華民國自1945年合法光復、接收、統治的台灣，至1949年中華人民共和國成立，台灣的法律定位應即「回歸」合法的中國政府領土管轄，但因外力干預（美軍武力介入，阻撓國家統一），使台灣暫時成為被「非法存在」之中華民國（蔣幫割據政權）竊占（或稱被推翻的前朝所剩餘尚未被中央政府消滅、收復的地方政府，【非流亡政府】），直至1971年聯合國「恢復」了中華人民共和國在國際社會的「合法且唯一」代表中國的決議，不論符合國際法的中國政府是採取和平統一台灣還是武力統一台灣，台灣歸屬于中國無庸置疑。

7. 民族復興說

中華民族自1840年起（第一次鴉片戰爭），西方列強以武力敲開中國的大門，是中國近代淪為半殖民地的開端，台灣問題的產生和演變是中華民族的歷史創傷，台灣問題必將隨著民族復興而終結。中國大陸認為，在具有中國特色的社會主義制

度、在中國共產黨的領導下,實現中華民族偉大復興與中國夢、徹底戰勝外來侵略、實現國家統一、撫平歷史創傷,是全體中華兒女的神聖責任,民族復興和國家統一才是台灣的前途所在,台灣是中國不可分割的一部分。在民族復興的大前提下,國家統一,統一台灣是大勢所趨、勢在必行。

台灣原本就屬於中國

反觀台灣對於自己的國家定位、歷史地位與未來發展卻是一籌莫展、紛亂破碎、危機迫近而不自知。「台灣島」本來就是一個島,島上早期只有為數不多的、未曾具有政府組織、更遑論具有國際地位的近現代國家的政府型態的原住民部落族群。台灣島自古以來就是以一種「無主地」的態樣,由鄰近的中國人發現(民間、官方)、登岸(船隻修整、交易)、運用(流民、移民)、佔據(罪犯、海盜),至清代的中國政府派兵上島駐紮、定期巡視占領、常設任官管理、建軍建設建省。中國與台灣的關係少則400年,多則上千年,台灣自古即屬於中國無庸置疑。

台灣既然因清廷戰敗「被割讓」,當然可以因日本戰敗「被收回」,天經地義毫無可議,前有馬關條約,後有開羅宣言,交割手續(1945年10月25日台北公會堂受降典禮及簽署受降文件)、法律程序完備(中日和約),台灣定位清晰明確。「台灣問題」充其量是中國與日本近代以來的侵略與反侵略、霸權與反霸權之間所發生的「權利轉讓」問題,隨著日本戰敗無條件投降,台灣光復回歸祖國。

二戰後的「台灣問題」全係因美國為了自己國家的私利,

為了圍堵共產主義擴張，為了遏阻中國的發展，為了遂行其資本主義世界霸權帝國的貪婪利益，而刻意設計製造所引發的爭端。中華民國本為一主權獨立之國家，即便在內戰中失利而退據台灣，只要堅守一個中國原則，兩岸之間各自發展，理性競爭和平共處，將來或可透過和平談判化解歧異，共同為中國的發展、民族的復興，走向一條兩岸同胞都可以相互接受的政治制度，國家名稱、國旗、國號都是可以透過政黨民主協商處理、人民交流融合解決。

「台灣獨立」這個議題本來就不是台灣島內人民的原生主張。有人說中華民國的國父孫中山也曾經主張台灣獨立，這種說法是刻意迴避第一次世界大戰後，全世界被殖民的民族，主張脫離歐美帝國主義殖民政策，成為獨立國家的民族主義浪潮的時代背景。當時台灣島是被日本帝國所殖民奴役，基於中國歷史與傳統固有疆域，孫中山先生主張台灣獨立是希望能脫離日本帝國的控制之後，仿效1895年時「台灣民主國」短暫而假性的獨立宣告，爾後視抗日反侵略情況好轉，再回歸祖國的思考模式，並非真正要讓台灣獨立永久脫離於中國之外。就像孫中山在革命初期的口號為「驅逐韃虜，恢復中華」一般，目的是在推翻異族滿清的統治所號召的「民族革命」，但是在推翻滿清創建民國之後，為了中國的大一統，滿族也是中華民族，因此中華民國建國時的國旗即為「五色旗」，代表了漢、滿、蒙、回、藏五族共和。

另外也有人說毛澤東也曾主張支持台灣獨立，作者以為持有此一論調者，不是故意假裝看不懂就是真的看不懂歷史真相與迷霧。有識者可以了解中國共產黨主張或支持或不反對，甚至鼓勵所謂「台灣獨立」的時間點與相對應的地位，請注意時

間點都是在1949年之前，也就是「中共」在還沒有建立中華人民共和國之前。那些時間點中共的相對位置，是在當時代表中國的唯一合法政府中華民國的對立面的位置上，中共提出的這個「支持台灣獨立」主張的目的何在？不只支持台灣獨立，中共也支持其他被殖民的民族獨立（如韓國、泰國、菲律賓等……）。稍有常識之人即能輕易判明並了解中共當時身為「叛亂團體」的角度與用心，司馬昭之心路人皆知，中共不僅曾經主張支持、鼓勵台灣獨立，更在中華民國領土內，也曾經自行「獨立建國」了，正式國名為「中華蘇維埃共和國」，國土面積達16萬平方公里，是台灣的4倍大，那麼是否可以說毛澤東是「兩國論」的始作俑者呢？

事實上中共自1946年擴大叛亂，國府軍隊兵敗如山倒，共軍攻勢有如秋風掃落葉般席捲半壁江山（遼瀋戰役、淮海戰役、平津戰役），大有一舉擊潰國府主力，消滅國民黨反動勢力的可能性，亦即消滅並取代中華民國（舊中國），如同在中國大地上幾千年來歷朝歷代的政權交替，新的王朝應運而生。在準備繼承「中國」的法統（合法）地位之時，毛澤東又成為百分之百的民族主義者了，中國共產黨又成為維護國家主權統一、不容分裂割據的傳統中原王朝了。因此在1949年2月毛澤東會見蘇聯代表米高揚（Anastas Mikoyan）時即表示，「台灣是中國的領土，這是無可爭辯的」。次月《新華社》即發表題為《中國人民一定要解放台灣》的評論，這也是中共首次提出武力統一台灣的口號，隨後便開始準備攻台軍事部署。

台灣人事實上不應該將自己的前途與命運，相信且交付在其他別有用心的資本主義帝國霸權國家口惠實不至的虛幻承諾上，想要借用外力干擾中國統一，企圖分裂中國領土的野心，

這是極為不智且毫無可能實現的錯誤選擇。不管是日本的「棄台說」，還是美國的「台灣地位未定論」，還是交付聯合國的「託管論」，這些都是域外國家的煙霧彈與迷魂湯，中國人的事要由中國人自己來解決，不容其他不相關的國家說三道四、指手畫腳。最終還是要回到國際現實的「實力原則」為基礎，台灣在外力干預之下或許可能可以短暫的脫離中國的實際控制範圍，但在中國人歷經百年滄桑過後，迎來百年風華的新時代來臨之時，任何境外勢力、島內台獨分子，必將在強大的民族復興、中國崛起的征程中，被無情的摧毀淹沒。台灣終將回歸，中國必然統一。

中國已經準備統一台灣

　　台灣人或許不了解中國共產黨對於中國的意義，也不想知道中國共產黨為中國做了那些貢獻。俗話說「知己知彼」，既然海峽對岸的中國共產黨能消滅中華民國在大陸38年的政權，難道中國共產黨就無法消滅困在台灣島上72年的中華民國嗎？如果中國共產黨能消滅終結中華民國，那麼中國共產黨怎麼可能容許台獨分裂中國呢？國學大師牟宗三曾說：「30歲以前不相信社會主義是沒出息，40歲後你還相信社會主義，你就是沒見識」，據傳羅素也曾說：「一個人30歲以前不相信社會主義是沒有良心，30歲以後還相信就是沒有頭腦」。也有人說：「30歲以前相信共產主義是浪漫，30歲之後還相信共產主義是愚蠢」。日裔美籍作家法蘭西斯·福山在1992年發表的著作《歷史的終結？》提出，西方國家自由民主制度是人類社會演化的終點，是人類政府的最終形式。作者以為上述這些論

調，都無法解釋目前發生在這個悠久古老、文化博大、卻又曾老態龍鍾、積貧積弱的東亞病夫的舊中國，竟然在中國共產黨百年來翻天覆地的「改革革命」、「改革開放」、「改革復興」中，讓新中國重新站起來、富起來、強起來的歷史事實見證下的奇蹟。中國不但沒有分裂解體，中國共產黨也沒有被時代淘汰消滅，反而是以資本主義為立國之本的民主自由國家，大多陷入了落後停滯、貪污腐化、民粹治國的現象。

「中國」與「共產」的結合，造就了這個世界上人類社會制度演化的奇蹟。因為工業革命的興起，帶動了資本主義的擴張，海洋文明藉著殖民地拓展，將帝國主義的魔掌觸及到整個世界，讓資本過剩的資本家開拓市場繼續累積資本，造成了人類社會貧富極端懸殊、階級統治極端對立、戰爭殺戮極端血腥的慘痛代價。因此有了共產主義應運而生，共產主義的誕生是為了要彌補及修復資本主義帶給世界人類的傷害與不幸。二戰後這個世界的政治、經濟、社會、軍事版圖逐漸演變成資本主義民主自由世界與共產主義專制極權世界「兩極」對壘冷戰的格局。

中國就是在這樣的鬥爭環境中，由原本擁立資本主義的中國國民黨轉而支持擁立共產主義的中國共產黨。會有這樣的轉捩發生的根本原因在於，中國是一個飽受資本主義帝國霸權侵凌踐踏的國家，而取代清朝成為中國的代表政府中華民國卻無能解決資本主義霸權國家對中國的繼續傷害與剝奪，在內政上也無法依靠資本主義所標榜的民主自由選舉制度，改善人民的生活，消除貧富不均，資本家剝削的嚴重社會問題。因此在那個共產主義風起雲湧的年代，中國人重新選擇了另一個救亡圖存的「諾亞方舟」，選擇了由中國共產黨所堅持信仰的共產主

義所建立的新中國，取代了貪腐無能的中國國民黨所代表的舊中國。這樣的轉換、這樣的變革，中國人民的智慧絕對不能單純的以30歲浪漫，40歲愚蠢來瞎說戲謔，這是對中國人民的一種褻瀆與糟蹋。

共產主義的浪漫情懷是拯救貧苦大眾、工農階級最好的藥方，如果沒有共產主義的催化，如果沒有蘇聯及中共這兩個世界上信仰共產主義最多的人民，一起犧牲奮鬥對抗由資本主義民主自由選舉制度下，極端發展催生造成的德國恐怖納粹與日本軍國主義這兩大民主極權、民主獨裁、民粹怪獸，對整個世界造成巨大的破壞與摧毀，歷史可以證明所謂的「資本主義民主自由選舉制度」國家是如何被輕易地摧毀與無能的屈服。在反法西斯民主極權國家的侵略戰場上，蘇聯人民與中國人民付出了無比慘痛的代價，協助英、美等國家獲得最後的勝利。因此相信共產主義者，除了要擁有對人間樂土的嚮往情懷外，也必須具備強烈的愛國主義與反霸權、反侵略、反剝削、反奴役的堅實信念。

中國自古即有「不患寡而患不均」的分配思想，在帝王封建時代天子代表的是「天授」的概念，天下是眾人的天下，而非私人寡頭的天下。而資本主義帶來的就是資本高度集中（資本家掌控著生產資料），權力絕對腐化（資本家培養代言人民意代表、政府政策為資本家護航開路），階級定型普及化（有如印度的種姓制度），再加上「資本無國界」，外國的資本家以國際化、自由化、民主化的操作，在經濟上、政治上、主權上更加肆無忌憚的壓迫廣大的貧苦人民。這樣的社會結構在中國人傳統的「逆天」血液中，除了奮起反抗外別無他途。因此「共產黨」在「中國」這塊土壤上可以不斷的成長茁壯，以工

農階級、集體意識、民族主義、愛國主義、公平正義、階級鬥
爭、社會主義的融合，中國共產黨秉持「不忘初心、牢記使
命」的正確領導下，正以飛快的「中國速度」、「中國製造」、
「中國標準」趕超歐美，引領世界。

　　為甚麼中國一定要統一台灣？在中國人的眼裡、心裡、面
子裡，台灣自古就是中國神聖不可分割的一部分，中國統一台
灣本來就是天經地義、順天應人，也是14億中國人的願望。
不論是中華民國國民政府時期的抗日救國收復台灣、光復台
灣，或是中華人民共和國的人民民主專政族群共和時期的回歸
祖國、和平統一或是武力統一、解放戰爭，台灣的未來只能是
與中國大陸融為一體，才是對全體中國人、中華民族最好的安
排。如果在港英時期將香港形容為英國女王皇冠上的明珠，那
麼台灣對於中國的意義等同於黃袍上的龍形圖騰一般莊嚴尊
貴、璀璨價值。

　　在民族主義、愛國主義的前提下，台灣省是被帝國主義
（日本）及資本主義霸權國家（美國），以不正當的方式（戰
爭侵略、軍事干預、曲解條約）強取豪奪、蠻橫強暴，以人為
刻意、國家介入的方式，蓄意謀劃阻擋兩岸的交流與國家的統
一，這樣的屈辱及壓迫對於中國人民來說，當然是必須予以反
抗及打破的。在國家還沒完成統一之前，任何中國領導人、中
國政府、中國人民、中國軍人，都會將統一台灣列為至高無
上、矢志完成、不計犧牲、意志堅定的任務。如果台灣在新中
國第一代領導人毛澤東在1950年因韓戰爆發無法解放台灣，
那麼這個任務就會自然地交給下一個繼任者鄧小平。鄧小平沒
有在1996年台海飛彈危機時完成這個歷史任務，那麼這個時
代的領導人習近平當然不能也不會再延宕下去。統一台灣的時

刻表必然已經提上日程。所謂「萬事俱備，只欠「東風」」！
2021年是中國共產黨建黨百年的光榮時刻，統一戰爭的號角
聲會在何時吹響呢？還是要等到2049年中華人民共和國建國
百年時，解放戰爭的戰鼓聲才會隆隆乍響？

　　台灣人無需懷疑中國要統一台灣的準備已經是箭在弦上、
迫在眉睫，中國已經不再是1840年時蒙昧的中國，也不再是
1940年時戰亂的中國。中國人已經覺醒了，中國人已經團結
了，中國人已經下定決心了，台灣問題不能一代拖過一代，台
灣問題必須在這一代得到解決。統一台灣後，中國共產黨會獲
得空前偉大的勝利，中國的民族自信將會復興，華夏民族尊嚴
得以撫慰，中國國際政治地位更加提升，國家戰略能量更加堅
實。台灣人為什麼還會懷疑中國沒有能力統一台灣？中國會考
慮統一台灣的成本嗎？中國會在統一台灣的過程中自行崩解
嗎？這樣短淺無知的島民見識究竟是如何「被養成」的？是心
地幽暗的台籍皇民刻意教育的結果，還是陰險狡詐的美帝日寇
有意製造的氛圍？事實上兩者兼有，這才是中國人無可迴避的
挑戰，也是台灣人無法祛除的「心魔」？

第二章 美國是上帝還是撒旦

台灣的幽靈：美國神教

　　作者從小在一個講台灣話的閩南人村莊長大，從小就是以講「台語」當作母語，雖然父母親也曾要求要多講客家話，但是他們自己平常在外面也都是講台語。家裡開了一間小雜貨鋪賣一些醬油、糖果，客人上門也都講台語，爸媽在家裡也多是講台語為主，有時要講一些「祕密」不讓小孩知道時（比如說錢藏在哪裡），就會以日語交談。除了上學期間要講國語外（其實跟同學之間大多還是講台語），基本上我已經算是99%的閩南人了吧？在村莊裡有一間三山國王廟，每個禮拜的夜市、神明生日廟會慶典、看露天電影、甚至選舉投票……都會在這裡。三山國王廟及廟前廣場算是村民的宗教信仰中心、政治活動中心與經濟發展重心，從小就跟著大人拿香跪拜祈求平安，沒有甚麼違和感或特別怪異的感覺。忘了什麼時候開始，村裡開了一間「教堂」，高高的尖塔上面有一支大大的十字架。感覺上那裡有點像「禁區」，看到金黃色頭髮、白皮膚、藍眼珠、高鼻樑、長的又很高大的「阿豆仔」，手背上的毛很長，心裡覺得有點毛毛的怪怪的……，即使他們的笑容很親切也會跟我們小朋友說「你們好」，可是我知道他們是「外國人」。

　　對這間教堂最深刻的印象就是每年聖誕節時會有很多小燈泡，很大顆的聖誕樹上也有很多裝飾品，有一些大人會在裡面

唱詩歌，好像很開心、很溫暖、很有氣質的樣子，很多小朋友也會被「騙」進去拿糖果……，這就是童年對於外國人（不知道這些外國人是否就是美國人）的宗教、教堂留下的印象。慢慢長大以後，學校有教過國父孫中山先生為了破除村民的迷信，曾經把廟裡的神偶打壞掉，因為中國人就是太迷信了才會變得很落後，很無知，很衰弱，很貧窮，所以滿清末年才會有太平天國之亂、才會有義和團之亂，才會有鴉片戰爭、八國聯軍，把中國搞的亂七八糟，然後才有「無神論」的共產黨竊據大陸神州。而美國人是來幫助我們的，美國人給我們錢、給我們麵粉、給我們糖果……。所以漸漸的，我對中國式的神或廟宇，就比較沒有感覺到親切或是「很相信」，直到現在還是這種感覺，尤其是看到那種拿著鯊魚劍、流星錘往身上砍、刺的乩童桌頭、在臉上畫著各式各樣「臉譜」走著七星步的八家將，還有彷彿神靈附體橫衝直撞的神轎。

在台北讀書時，有時候會到台灣大學旁邊的教堂，進去坐一坐，感受一下教堂的莊嚴與寧靜。雖然我對洋人的宗教沒有甚麼惡感，也曾經試著去讀聖經裡面的內容，可能是因為聖經裡的言語是翻譯過來的，語法、語意不是一般中國人日常的用法，比如詩篇：第一篇「惟喜愛耶和華的律法，晝夜思想，這人便為有福！」、「因為耶和華知道義人的道路；惡人的道路卻必滅亡。」……可能因為作者智慧不夠，總覺得這些語言文字很拗口，再加上印象中頭上有個圓盤光環的是上帝、被釘在十字架上的是耶穌基督，在馬槽裡生下耶穌基督的是聖母瑪利亞，這些人金髮碧眼、言語不通，就跟在台灣的外國傳教士長得一模一樣，總會讓我聯想到為了賣毒品，那些在英國議會裡穿著西裝的紳士們，採用民主的方式投票表決，決定發動戰爭

侵略中國，逼迫中國人簽下割地賠款、喪權辱國的不平等條約。也會聯想到八個西方帝國主義侵略者結伴同行，一起用馬克沁機關槍屠殺中國人，用大砲轟垮紫禁城的城牆，到北京城內搶劫、強姦燒殺擄掠。還會聯想到以捍衛宗教、解放聖地為口號，但實際上是以政治、社會與經濟等目的為主，伴隨著一定程度的劫掠，發動了持續近200年的戰爭「十字軍東征」。

想到這些就覺得噁心！我始終相信，不管是「中國神」還是「外國神」，神一定是愛世人的，神既然愛世人，怎麼會允許人以神的名義去殺人呢？以神的名義，會去殺人、會去劫掠、會去欺辱別的國家、民族、人民的人，真的是神的僕人嗎？即使是異教徒，神應該不會「託夢」要求信眾去殺人吧？會做這些惡事的人，一定是假借神的名義的「惡人」！是的！就是假借神的名義的「政客、神棍」們，只有政客為了自己的政治利益，只有神棍為了自己的宗教利益，才會以神的名義去欺騙愚蠢的人去幫他們殺人。

既然神會被「惡人」利用來做惡事，所以偉大的上帝、聖母瑪利亞、耶穌基督，都無法感化我，讓我相信、讓我受洗。可是我並沒有因為不信上帝，不信基督教就討厭外國人的宗教，因為我始終相信只要是宗教，應該就是勸人為善，濟弱扶傾、普渡眾生、就是希望世界更美好的吧！我也不會去區分中國神比較偉大還是外國神比較偉大。我是個典型的實用主義價值觀的中國人，哪個神對我有用、能幫助我、能給我力量、能保佑我，在「那個當下」我就信那個神。有時我也會祈禱很多神一起來幫助我、保佑我，期望「祂們」神奇的力量來幫我度過難關。我就是這樣的人……很過分嗎？很無知嗎？需要救贖嗎？

長大後對有些事情更會懷著批判的心理，質疑這個世界的公平性與正義在哪裡？在路邊常常會看到一些標語貼在電線桿上，比如像「信我者得永生」、「世界末日快來到」，也會在朋友家裡看到懸掛的匾額「基督是我家之主」等等……，作者都尊重個別的信仰，也不會批評是唯一真神正確還是多神較繽紛，只要是神都是好神，只要不被政客、神棍利用的宗教都是好的宗教。要我去相信一個遠在中東耶路薩冷聖都的耶穌基督，我可能更會對村莊裡一棵用紅布包裹的榕樹（樹頭公）有更多的敬畏。對於自己周遭環境的關心遠勝於到某個教會去唱聖歌更有吸引力吧！我敬畏自然，至於是神造人？還是人造神？這已經脫離作者能夠理解的範疇了，這種玄學或是科學的問題，就留給宗教家或科學家去費神吧！我只針對我看得到的、觀察得到的、感受得到的、能理解的人世間實際的生存、生活與生命，多做關注。

　　中國人說：「山不在高有仙則靈，水不在深有龍則靈。」這應該也是現實主義、實用主應及應用主義吧！萬事萬物皆有靈，中國人相信緣分、相信隨緣。在中國幾千年的歷史裡，似乎沒有以宗教之名去發動戰爭（對外），也不會以神之名去征服異族異教，只有在朝代腐朽民不聊生或天災地變餓孚遍地之時，有野心的宗教家或政治人物，會利用宗教來聚眾叛亂，目的是為了要推翻前朝乾坤重定，如東漢時的黃巾之亂。中國人不會因為西藏人信奉喇嘛教，中原的道教徒要去消滅異教徒，也不會因為新疆的穆斯林是回教徒，就要去消滅回教徒強迫他們改信佛教。這是中國人的處世哲學與天人之間的智慧。

　　西方國家對於宗教的堅持與對宗教的擴張有明確而深刻的歷史軌跡。西方人在中國很多衝突都是肇因於西方宗教（基督

宗教：天主教、新教、東正教）深入中國內地、侵入華夏文化、深入地方勢力而導致，一旦有宗教方面的衝突，就會製造西方帝國主義國家侵略中國的好藉口。根據中國官方統計，從1840年至1900年中國各地共發生「教案」400餘起 （如南京教案、廣西西林教案、天津教案……）。這也是作者對於西方國家近代在中國的所作所為，非常不諒解也難以理解的部分。

難道傳教士個個都是學問淵博、彬彬有禮的正人君子嗎？教會傳教難道都只是無私無我的奉獻犧牲嗎？有沒有良莠不齊或是斂財拐騙的呢？明知道中國民風純樸保守，明知道內地治安堪虞，明知道山林強盜悍匪，西方殖民帝國堅持要求中國政府必須開放，讓外國傳教士或是金髮碧眼袒胸露背的女眷隨行，美其名這叫「宗教自由」，可是絕對可以臆想到的是難免會有衝突及意外發生，一旦發生衝突或意外，西方帝國主義國家就以各種理由抗議交涉，要求懲兇賠款，如有不順不從則戰艦大砲隨之而來。因此不免令人心生懷疑，究竟是宗教為人民祈福消災？還是宗教為帝國利益犧牲奉獻？將近200年來，中國人深受西方殖民、西方霸凌的事件還會少嗎？因此作者對於洋人總會多抱持一份警醒與戒心，所謂「天底下沒有白吃的午餐」，洋人來到中國的目的是甚麼？僅僅是傳教嗎？洋人的神真的愛世人嗎？洋人的神也會保佑庇護東方的中國人嗎？

是「宗教自由」，還是「叛亂團體」？

有二件與基督教有關的宗教、社會、政治事件，使作者對於基督教以宗教自由為名，在一個主權國家內可以任意違法卻又以神之名逃避法治國家法律的約束，這種行徑不但不會獲得

作者的認同，甚至深為不屑。何謂「民主」，即以民為主，但在政治運作上必須以法律作為規範，方不致流為「亂民為主」。何謂「自由」，即天生自由，但在人民集體形成的國家內，必須以法律作為規範，方不致流為「暴民之治」。當今世上就算是梵蒂岡之基督教主權國家，或是伊朗伊斯蘭教之主權國家，不可能容許個人或團體，以宗教信仰自由或神之指示，可以在一個主權獨立的民族、民主國家管轄土地內，公然實行劃地自據、抗稅逃稅、不讓子女接受國民義務教育，役齡男子拒服兵役義務、濫墾山林違反水土保持、違背中央國防禁令擅入管制區等行為。與國家糾纏多年，依然故我，這種無能的國家行政執行力與法治精神錯亂，就算不被內亂推翻也將被外患滅國。此一事件即發生在1960年代高雄縣那瑪夏原住民山區的爭議性宗教組織基督教「新約教會」宣稱設立的「錫安山」事件。當時作者年紀尚小，只依稀記得大人的描述說在高雄縣山區有一個基督教教徒佔山為王成立的特區，不接受政府管轄，不納稅不受檢，小孩不上學，男子不當兵（台灣是徵兵制度），以基督教的名義在跟政府抗爭。

如果新約教會可以這樣做，那麼道教可不可以？佛教可不可以？只要人多勢眾，敢於聚眾鬧事的就可以佔地為王嗎？就可以以信教服事主為名，不用納稅不用當兵嗎？如果這是合法可行的，只要宗教神棍頭纏白布，堅持打死不退說這是上帝選定的地方，任何政府組織都不能奈我何？試問地方法院可以跟你要一張上帝的核准批示的公文嗎？這種莫名其妙的類似「宗教叛亂」事件，興許只有在台灣這個受盡美國影響與支配的國家才有可能發生吧！如果這個宗教組織不是基督教，而是其他在地的宗教，在當時台灣地區仍實施戒嚴令的時代，有可能讓

「佛教錫安山」、「道教錫安山」、「回教錫安山」就地合法嗎？
這是不是一件在民主法治國家裡，以宗教之名，以宗教自由為
由，以上帝的點選為敕，所作的不公、不義、不法的政治、宗
教干涉內政、踐踏法治的最醜陋寫照呢？遙想1915年西來庵
事件（日據【治】時期），同樣是台南人的余清芳等三人，以
五福王爺神示，建立「大明慈悲國」。本事件是台灣人第一次
以宗教力量大規模抗日，其結果不需消說，必然被日本殖民政
府無情剿滅、殘殺株連。怎麼可能宗教比法治偉大？怎麼可能
在國中還能有國？怎麼可能讓「神示」變成「真實」？台灣總
督安東真美在會議時曾說：「義和團之亂已經是十幾年前清國
的事情，為何今日台灣還有此類的暴動？盲從暴動者至少也該
知道，迷信是不能信賴的」。「錫安山事件」實在是20世紀台
灣史上第二次假藉宗教神力抗暴（對抗萬惡的國民黨）的第二
大笑話，也是對中華民國民主憲政法治的一大蔑視。1978年
震驚世界的蓋亞那「人民廟堂集體自殺事件」，由一名美國神
棍吉姆.瓊斯在美國印第安那州建立一家小教堂開始，逐漸發
展到號稱信徒3萬人。後因逃避美國司法部門犯罪調查，便帶
著約1000名信徒遷移到南美洲的蓋亞那叢林裡，向當地政府
租了一塊地，以教主兼獨裁者之姿統領信眾，胡作非為欺男霸
女，最後吉姆.瓊斯為了逃避美國政府追緝，竟以宗教信仰要
求信眾集體飲毒自殺，總計造成914人死亡，當中包括276名
兒童。此一案例即為極端封閉之宗教流派所引發之不幸悲慘事
件，即便是號稱自由民主的美國也要依法逮捕違反法律之宗教
人士，難道這不就是民主法治、依法行政的典範嗎？為甚麼美
國政府可以依法取締，台灣政府為甚麼就不能依法取締？

　　另外一件即是「基督教長老教會」長期介入支持台灣獨

立，公然的以宗教干涉主權國家內政，吸收培植叛國分子，掩護罪犯協助入出境，使異議分子（叛國、叛亂分子）有恃無恐，進可至台灣島內興風作浪勾串通聯，退可以政治庇護為由潛逃至美國境內，躲避政府追緝法律制裁，逐漸形成中華民國政府管轄範圍內有一批以宗教之名的人，似乎有治外法權、特權分子。只要打著宗教自由、集會自由、言論自由的旗號，就可以不受當地國法律管轄，干涉主權國家行使國家法律。台灣基督長老教會自國民黨遷台以來，就秉持台灣本土主義（反華語、反中國）並與台獨黨政治主張相應和。經常藉故與國民黨政府、政策、法治社會發生衝突，慣以爭取人權和民主為由，披著宗教的外衣及外國政府的的保護傘下，不斷衝撞國內憲政主權與法律秩序，引介外國勢力對政府施壓，形成在島內一股尾大不掉的有特殊背景、有特權階級、有特別待遇的特種人群。作者認為，宗教就是宗教，宗教不是政治，如果宗教涉及政治，那就不是單純的宗教而必須以政治團體來看待，既然是政治團體那就會有競合、競爭或競逐的利益關係，自然不能再以一般宗教的「宗教法」來管理，而是應該上升到「政黨法」或「憲法」的層次來約束，否則就會發生類似「錫安山事件」一般，借口上帝之敕語，要脅政府行圈地之實的治外之權、化外之民的荒謬的結果。

　　宗教的自由也都應該像其他各類自由一樣（如集會結社自由），都是必須受到法律的保障與約束，在法律面前人人平等，不能有厚此薄彼，不能形成宗教地位不公，或宗教地位特殊化的怪異現象。不能因為基督教背後有大國（美國）撐腰，就能在一個主權國家內興風作浪，甚至蠱惑信眾叛國作亂。長老教會在1971年發表〈對國事的聲明與建議〉，呼籲「人民自

有權利決定他們自己的命運」，建議中央民意代表全面改選。
中央民代要不要全面改選這是政治問題，長老教會以其宗教教
派立場，與反對黨政治唱和，實有影響國內政治權力板塊挪移
的企圖，這種言行是一般宗教團體會做的事嗎？還是只有新約
教會會（能）做這種政黨才會作的政治宣言？新約教會真的是
宗教團體嗎？還是披著宗教的外衣，以宗教自由為藉口，以神
的名義吸收信眾，透過所謂的「牧師」等神的代言人，傳達其
顛覆政府的政治企圖，達到分裂國家目的的另一種類型的政治
團體、另一種政治勢力？東漢末年的「太平道，黃巾之亂」口
號是「蒼天已死，黃天當立，歲在甲子，天下大吉」，是否可
以改成「藍天已死，綠天當立，歲在辛丑，台灣大吉」？。再
者1977年發表《人權宣言》，呼籲「台灣的將來應由台灣住民
決定」，並要求「使台灣成為一個新而獨立的國家」。1977年
是國民黨執政時期，是戒嚴令尚未廢除的時期，是動員戡亂時
期臨時條款尚未廢止的時期，長老教會在中華民國管轄領土
內，公然發表分裂國家的言行，這樣對嗎？甚麼叫做「使台灣
成為一個新而獨立的國家」？中華民國建國才66年，不新
嗎？美國已建國201年，才是舊的吧？中華民國不是主權獨立
的國家嗎？中華民國有被世界上任何一個國家殖民嗎？關島、
夏威夷才是美國的殖民地吧？台灣是中華民國的國土，主張
「台灣成為一個新而獨立的國家」不就是要叛國嗎？

　　長老教會發動其信眾並結合台獨黨徒，是要消滅中華民國
嗎？試問這樣的言行舉止對嗎？為什麼長老教會不去美國本土
倡議「使加州成為一個新而獨立的國家」？為甚麼夏威夷王國
被美國侵略併吞，這些基督徒，這些主張人權、自由、民主的
長老教會牧師、信徒們，是否應該要大聲疾呼抗議美國政府？

台灣的基督教長老教會是不是應該聯合全世界的基督教徒、長老教會教派集體發聲倡議，呼籲所有崇尚主張人權、民主、自由的國家，一致要求美國政府讓「使夏威夷成為一個新而獨立的國家」呢？一切都是政治、一切都是算計！如果因為基督教長老教會的影響使台灣真的走上了台獨之路，萬一兩岸發生戰爭，血流成河、屍橫遍野，請問，誰要負責？再請問，聖經文裡有叫台灣人要台獨嗎？為什麼一些「神的代言人」要鼓動台灣人叛國、分裂中國呢？

自我閹割的中國國民黨

一個主權獨立的國家處理分離勢力的作法，不外乎：

1. 有暴力暴動或重大治安危害事件，特警鎮暴或當場格殺暴恐分子，其餘犯罪人員一律逮捕依法追究刑責。
2. 如未達暴恐階段而聚眾示威抗議發生騷亂妨害社會秩序，則應予以驅散、並逮捕首謀分子科以刑責。
3. 如有政治團體或宗教團體等涉入倡言分離主義，著手實行分離勢力企圖分裂國土者，則應予以勒令解散，負責人及其首從均應依法懲罰。
4. 如有外國籍人士，查有涉案事實者，應依本國法律論處，應無特權。
5. 如為建交國之外交（事）人員如有違犯本國法律者，有豁免權者，應予驅逐出境，並透過外交途徑對建交國嚴正交涉，期予落地逮捕科刑。

以上均應為主權國家應有之作為，反觀國民黨政府做了甚麼？國民黨面臨分離勢力脅迫為何不敢取締呢？為何不能像一

般正常的主權國家行使主權與維護法律呢？（如西班牙對巴塞隆納分離分子的逮捕與判刑，潛逃國外的叛亂分子引渡回國），國民黨在怕甚麼？屈從美國政府壓力嗎？討好宗教人士嗎？還是在縱容反對勢力的叛國罪行嗎？國民黨今天會落魄到失去政權，還被台獨黨抄家沒收黨產清算鬥爭，都是因為自己不尊重自己的國家、不重視主權法律、不嚴守憲令使然，怪不得別人。

台灣在美國的歷史角色

　　台灣對於美國的價值是視其需要、視其利益而定，所謂的維護「自由、民主、人權」一點狗屁關係也沒有，甚麼人權理念、甚麼價值相近、甚麼民主政體，都是托詞、都是藉口。當美國認為台灣重要時，台灣就重要，美國認為台灣不重要時，台灣就會被棄之如敝屣。有史為證，條條在目，台灣的價值在美國人的眼中是如何？比較查看之後，只要是腦筋還算正常的人，只要頭腦沒有被意識形態綁架的人，只要良心良知還在的人，都可以從以下的歷史紀錄中，看清楚台灣在美國的國家利益大算盤之中，甚麼時候放在甚麼位置都是一清二楚的，該用的時候就用，該丟的時候就丟，該推台灣入火坑、上前線、當砲灰時，美國絕對不會心慈手軟，絕對不會讓美國的犧牲大於利益。因為，自有信史紀錄以來，台灣與美國的關係，以一句話來形容最為貼切，那就是「美國利益至上」。

　　美、台歷史紀錄摘錄如下：

△1867年「羅發號事件」，13名美國船員登陸台灣遭排灣族
　　殺害，美國史上號稱「福爾摩沙遠征」的美軍報復行動，

以陸戰隊指揮官被殺而失敗撤退收場。台灣人可知道，強大的美國在1854年即以四艘黑船（戰艦）、63門大砲，就逼迫日本江戶幕府開國，簽下不平等的《神奈川條約》，竟然在13年後美國遠征軍會敗給一個小小的台灣原住民部落，而遠征軍卻認輸撤退……？

△1895年馬關條約，曾任美國國務卿的福士達「協助清廷」執行割讓台灣事宜。

△1913年（日據【治】時期）鑒於台灣地位日漸重要，美國政府將台灣辦事處升格為「台灣領事館」。

△1941年太平洋戰爭開始，美國駐台北領事館隨即關閉（跑得真快！）。二戰期間，台灣被美國作為攻擊目標，多次的空襲轟炸造成嚴重的生命、財產損失。

△1948年國府軍在內戰中失利，美國參謀長聯席會議評估，不讓台灣落入共產黨手中，對美國最為有利。

△1949年美國國務院堅持只使用「外交與經濟措施」協助保台。國務卿艾奇遜認為必須遮掩「分離台灣」的意向，以免共產陣營宣傳美國反對民族統一原則。

△1949年3月希望透過提供有限的經濟援助，鼓舞當時控制台灣的陳誠切斷與大陸的關係。駐華大使館參事莫成德前往台北，與台灣省主席陳誠接洽，試探台灣脫離中國的可能性。莫成德也與「台籍菁英」接洽，在未來「利用台灣自治運動，可能會合乎美國利益」。

△1949年8月美國不再提供任何援助給在台灣的國府。

△1950年1月5日，美國總統杜魯門發表聲明，對台灣未來將「袖手旁觀」。

△1950年6月25日韓戰爆發，美國總統杜魯門表示，若共黨

在此情況下占領台灣，將直接威脅太平洋地區與當地美軍安全，因此下令第七艦隊，防止對台灣的任何攻擊……，同時也要求台灣的中國政府停止對大陸地區的海空行動（即台灣海峽中立化）。

△1952年美國新當選總統艾森豪認為只有強大壓力才能逼共黨退縮。

△1951-1952年台灣獲得大量的美援（韓戰期間），幾乎全屬防衛支援物資。至1965年美國基於全球戰略考量，停止對台援助。

△1952年美國將台灣、菲律賓之協防劃歸太平洋總部。

△1952年美國經濟合作總署招募台灣青年前往美國進修（計36名），此期赴美的台灣青年回台後，發揮了重要影響力（如李登輝、高玉樹）。

△1953年2月2日艾森豪解除台海中立化命令，意指要「放蔣出籠」。

△1954年9月3日解放軍炮擊金門，9月8日美國即將台灣排除於「東南亞公約組織條約」之外。

△1954年12月簽署《中（台）、美共同防禦條約》，美國太平洋司令部在台北成立美軍協防司令部，在台美軍5千餘人，隨行眷屬約4千人，**「皆享有外交豁免權」**。

曾獲美國支持當選台北市長（1954年）的無黨籍高玉樹曾對陳益勝等黨外人士說過：「**你們不要太天真，不要以為國民黨討厭我們，美國人就會支持我們，美國人是要一個人（蔣介石）好好統治台灣，這個人每天打死一百人，美國人都不管你，連叫都不會叫一句**」。

第一次台海危機後（1954年九三砲戰、一江山島戰役、

大陳島撤退），美國仍試圖拉攏中華人民共和國。隨著中、蘇交惡，美國走向「聯中制蘇」政策，美國與在台灣的中華民國政府關係出現變化。

△1970年台獨聯盟成立，台獨運動皆以美國紐約為主要的開展中心。

△1971年中華民國被逐出聯合國。

△1972年美國總統尼克森訪問中華人民共和國。

△1979年美國與中華民國斷交，美國國會同時通過《臺灣關係法》，要求維持台海和平穩定，維持台海現狀，維持美台商業及文化關係……。

二戰結束後，旅外台灣人由日本轉為美國為大宗，海外台獨運動組織也從日本轉往美國。彭明敏、張燦鍙、蔡同榮等人均為「全美台灣獨立聯盟」重要幹部。

△1982年台獨組織「台灣人公共事務會」（簡稱FAPA）在美國成立。

△1987年FAPA推動美國眾議院通過《台灣民主決議案》，要求國府終止戒嚴令、取消黨禁、加速實現民主政治……應全面改選中央民意機關。

△1991年蘇聯解體，美國開始轉向打台灣牌「聯台制中」。

△1994年李登輝訪美，成為中（台）、美斷交後首位訪美的中華民國現任總統。

△1995年李登輝再次訪美，並在其母校康乃爾大學發表<民之所欲常在我心>演講。

△1996年台灣首度總統直選，中國對台進行實彈演習，引發第三次台海危機，美國派遣尼米茲號及獨立號航母戰鬥群巡航台灣海峽，阻止中國統一台灣。

△2001年小布希上台後，初期曾宣示要「竭盡所能協防台灣」，加強對台大批軍售，但因911恐怖攻擊事件發生，美國需要中國在反恐問題上向美國靠攏，美台關係又受阻了。

△2003年美國發動入侵伊拉克戰爭，台灣曾「開放領空」予美國軍機。

△2018年美國川普總統發動美、中貿易大戰，美國眾議院隨即通過《台灣旅行法》、《亞洲倡議再保障法》，將台灣納入印太戰略一環。

△2019年美國在台協會證實，自2005年起AIT就有美國海軍陸戰隊現役軍人駐守。

△2019年5月7日年美國眾議院通過《2019年台灣保證法》。

△2020年1月11日總統選舉，美國國務卿以「蔡總統」稱呼發表聲明祝賀。

△2020年2月2日副總統當選人賴清德前往美國出席「國家祈禱早餐會」，被視為1979年中（台）、美斷交以來台灣訪華府最高層級官員。

△2020年3月18日因應「武漢肺炎」疫情，台、美首度發出防疫夥伴關係聯合聲明。

△2020年8月9日美國衛生及公共服務部長阿札爾訪台，也是1979年以來訪台層級最高的美國內閣官員。

△2020年8月23日蔡英文前往金門主持八二三炮戰62週年公祭，AIT處長也前往參加，成為首位出席八二三紀念活動的AIT處長。

△2020年9月17日美國國務次卿克拉奇訪台，這是中（台）、美斷交41年以來訪台層級最高的現任美國國務院

官員。

△2021年1月9日美國國務院宣布取消美、台交往限制。

△2021年3月18日美國國防部《國防部新聞》指「台灣從來不是中國的一部分」。

△2021年3月28日帛琉總統訪台，美國駐帛琉大使隨行，成為中（台）、美斷交42年以來首位美國現任大使訪台。

△2021年4月9日美國國務院公布最新「對台交往準則」，允許美國官員能在聯邦機構接待台灣官員，也能前往台灣駐美代表處與台灣官員會晤，但不得參加中華民國國慶等重要活動。

　　一切幻想美國人對台灣的感情、承諾、道義、責任或是甚麼理念價值相近、同樣是民主政體同盟等等，都是某些台灣人一廂情願、不切實際、罔顧國際現實的幻想，也是美國人或其同路人刻意營造的假象幻術，讓台灣人相信美國，讓台灣人甘心受其驅使奴役欺騙。而舞動這些夢幻大棒的，是否就是這些號稱最接近「神」的僕人？透過這些「神的代言人」不斷的散發神愛世人的觀念，不斷的對台灣人形塑外國的神、洋人的上帝、基督教的耶穌基督、天主教的聖母瑪麗亞的美好與溫暖。而這些美好與願景，再透過美國人經濟的援助，軍事的干預、政治的介入、學術的入侵、文化的渲染、媒體的傳播等手段，再加上一群已加入美國籍（或持有綠卡者）或以美國人馬首是瞻的「慕洋犬」們在海外的推波助瀾、隔海呼應，企圖造成國內－海外、台灣－美國，一種強力而具有壓迫性的政治能量。這種由內而外、由外向內所凝聚爆發的政治能量，輕則可以左右選舉結果影響政府政策，重則可以顛覆國家獨立建國。

沒有美國，台灣會更好

　　以一個在台灣土生土長的中國人視角，來衡量這70年來美國人對台灣的所作所為，作者會認為，「如果沒有美國，台灣應該會更好」。有如下幾點理由：

1. 如果1950年韓戰沒有爆發，當時美國人已棄蔣介石政權如敝屣，台灣應該會被順利解放，至少已先達成中國統一的目標，民族復興有望。

2. 如果在1950年即完成解放台灣統一中國，那麼這70年來台灣海峽就是中國的內海，海峽兩岸就沒有分治分裂的對峙狀態，所有的政治、經濟、軍事、外交等……都是一個統一的政權，一個正常的國家型態。

3. 如果1950年韓戰沒有爆發，而中國已經完成統一，那麼朝鮮半島的統一也必將加快進程。在統一的中國與亟需尋求東亞不凍港出海口的蘇聯協助下，北韓勢必統一南韓。在統一的朝鮮半島及統一的中國台灣拘束之下，戰敗國日本勢必遵照「開羅宣言」與「波茨坦公告」之規定，日本的主權須被限制在本州、北海道、九州和四國以及三國政府（美、英、中）所決定其他小島之內，亦即日本軍國主義將無有復辟之可能，也沒有後來中、日釣魚島爭端問題，琉球也應予以復國，日本亦無與南韓竹島（獨島）、俄羅斯北方四島之爭的問題。這些領土爭議均係美國所刻意製造的衝突隱患，一個分裂紛擾且爭議爭端不斷的東亞，才是最符合美國利益最大化、最理想的安排。

4. 如果1950年中國已經統一台灣，因在1945年中華民國國民政府接收台灣後，曾發生排外（排中）的228暴亂事件，中國政府應該會對發起暴亂的主要責任者，即滯台日本人、皇民化台人、日軍台伕及親日媚日的台奸進行清算鬥爭，將這些出賣國家民族利益的賣國賊的不當收益及其他既得利益集團等相關勾結網絡清理乾淨，就不會發生目前台灣人不認同自己是中國人的荒謬認知。

4. 在資本主義霸權帝國美國及其盟友圍堵蘇聯及中國等共產主義國家的形勢下，台灣地處在西太平洋的第一島鏈中心位置，北有美國駐軍的日本，南有美國駐軍的菲律賓，在意識形態與國家利益的鬥爭中，台灣處於戰略前沿地帶，北有監控日本的功能，南有協助祖國發展共產主義擴張的必要性，對強化菲律賓、馬來西亞、印尼的共產勢力具有舉足輕重的開門作用。

5. 台灣因為地處東亞中心位置，也是前出太平洋最重要的前進基地，戰略地位類似明朝扼控的山海關、六國拒秦之虎牢關一般重要。中國對台灣地區的軍事國防戰備建設，比起壓制印度的西部戰區、拱衛中樞的中部戰區、捍衛海疆的南部戰區、抗擊蘇聯的北部戰區，東部戰區的台灣前軍指揮部其重要性不遑多讓，台灣將被建設成為真正的永不沉沒的航空母艦。

6. 1950年如果中國已統一台灣，在軍事上除可解除中國東南沿海的威脅，在經濟上也可以成為類似香港的經濟特區。如果台灣成為中國第一個對外改革開放的經濟特區，那麼「東方之珠」的稱號可能就是專指台灣而非香港了。

7. 東南沿海八省向來都是中國的經濟重心，自清末已明瞭海權的重要性。台灣戰略地位重要，日本在發動甲午戰爭後，即要求必須「永久割讓」，中國統一台灣後豈有不重視、不經營的道理？在去除外力干預、國家事權統一，發展經濟提升島民生活，必然是中國施政的重中之重。因為台灣不僅是中國的門戶，也是世界的櫥窗。

假扮上帝的撒旦

美國是上帝還是撒旦？這句話要看用在誰的身上，用在甚麼地方。

美國的強大，讓它看起來像上帝；

美國人的殘暴，讓它看起來像撒旦。

美國的制度，讓它看起來像上帝；

美國人的武器，讓它看起來像撒旦。

美國的財富，讓它看起來像上帝；

美國人的貪婪，讓它看起來像撒旦。

美國的意志，讓它看起來像上帝；

美國人的壓迫，讓它看起來像撒旦。

美國的利益，讓它看起來像上帝；

美國人的霸道，讓它看起來像撒旦。

對於打敗老牌殖民帝國主義的母國大英帝國，能在美洲大陸成立新的國家獨立自主的央格魯薩克遜清教徒移民者來說，美國是一個像上帝一樣偉大的國家。可是對於在美洲土生土長單純又善良，慘遭滅族屠殺之災的印地安原住民族來說，美國

就像一個無惡不作的撒旦一樣。

　　對於飽受第一、二次世界大戰屠戮摧殘的歐洲人（尤其是猶太人）、亞洲人（尤其是中國人）來說，遠離戰火、吸納移民（難民）、維護正義、保護世界的美洲大陸、美國新世界，當然是像上帝一樣張開雙臂擁抱受到納粹集權、軍國主義迫害的人們。可是對於戰爭末期無端遭到美國毫不猶豫的兩顆原子彈轟炸，悲慘殘忍的無辜日本民眾而言，美國人根本就是撒旦的化身。

　　對於遭受日本軍國主義侵略，屠殺數以百萬計、顛沛流離數以千萬、億萬計的舊中國來說，有了美國人的軍援與金援，中國人能靠著自己堅強的意志與不怕犧牲的團結精神，勇敢的與侵略者長期抗戰下去，我們相信勝利最後一定是屬於我們的，這個時候的美國親切可愛的模樣就像上帝一樣的光輝燦爛。可是當中國人要統一自己的國家，要讓中國人都能過上好日子的卑微要求時，美國人卻為了自己的意識形態與國家利益，派出航空母艦戰鬥群橫亙在台灣海峽中間，硬生生阻隔兩岸血濃於水的中國人，這時美國人的面孔就像撒旦一樣猙獰可怖。

　　對於遭受強鄰伊拉克海珊強人的的併吞，科威特人頓時國破家亡流離失所，美國率領34國聯軍在取得聯合國的授權後，展開「沙漠風暴」波灣戰爭，驅逐伊拉克幫助科威特復國，這時候的美國就像上帝一樣的正義形象深植人心。可是時隔不久，美國國務卿鮑威爾在聯合國，手拿一包裝有白色粉末狀的小袋子（據說是洗衣粉），就以此為證據指控伊拉克藏有大規模殺傷性、毀滅性化學武器為由，沒有得到安理會的授權，就以美國為首的多國部隊入侵一個主權國家。戰火毀掉了

這個由阿拉伯人建立信奉伊斯蘭教的國家、民族、家園，還把這個國家的民選總統抓到美國審判並用繩子絞死。美國人掘地三尺深也找不到所謂的「大規模、殺傷性、毀滅性化學武器」，可是有任何美國人向飽受戰火摧殘的伊拉克人民道歉嗎？發動侵略戰爭的美國總統有因違反國際法、戰爭罪而受審嗎？這樣的美國人不是撒旦是甚麼？

有人說，上帝與撒旦其實是同一個人分飾兩角，也有人說，上帝與撒旦就是一個精神分裂雙重性格的人，也有人說，上帝與撒旦就是一對孿生的兄弟。美國、美國人究竟是上帝還是撒旦？成也美國、敗也美國，行俠仗義是美國、殘暴不仁也是美國，民主自由是美國、獨裁霸權也是美國。如果這個世界沒有美國，是否可以得到更多的祥和與安全呢？對於一個擁有十一艘航空母艦戰鬥群，全球唯一超強的軍事、經濟、政治大國，飛機戰艦遍佈五大洲三大洋，一小時之內可以將軍事力量投送到世界上任何一個角落。偉大的美國、強大的美軍、充滿自信的美國人，想像展開中的十一艘航空母艦戰鬥群雄偉壯觀的畫面，「上帝之杖」的魔法不過如此，「上帝之鞭」的威力也不過爾爾。這個能夠維護世界和平，帶給人類自由民主、繁榮富裕的美國上帝是如此的堅實可靠。可是再仔細想想，當美國擁有了世界上獨一無二超強無雙的常規軍事力量，卻又製造了超過5800顆核彈，這些核彈的威力足以毀滅地球數百次，美國為甚麼要製造這麼多大規模而且是全面性、毀滅性、滅絕性的核子武器呢？難道美國人想要毀滅這個地球，想要屠殺所有的人類嗎？美國是世界人類的公敵嗎？神不是愛世人嗎？美國基督教的上帝耶和華、耶穌基督是要來挽救人類還是要來殺害人類、毀滅人類呢？還是美國人為了一己之私，為了一國之

利，以上帝之名，假借主耶穌之慈悲，以強大的軍事武力來恐嚇全世界的人類為其奴、為其僕呢？

中國人說：「善惡到頭終有報，不是不報是時機未到」。台灣也有俗諺說：「囂張沒有落魄的久」。綜觀世界人類歷史上各個時期強大而暴虐的王朝、帝國多如過江之鯽，轉瞬即滅亡。中國的秦朝、隋朝、元朝，東亞的日本軍國，歐洲的羅馬帝國、納粹德國、還有侵略殖民全世界的大英帝國，哪一個不是強大壯闊極盛一時？美國得天獨厚生逢其時，世界大變坐收漁利，兵強馬壯，如今卻危害四方。

如果美國這300年的強盛是上帝的旨意，是神對美國人的眷顧，希望美國、美國人能體察天意，諸惡莫作，明哲保身，多做善事，積累福報。萬一壞事做盡禍事臨頭，難保天火不怒天威不生，強大的軍力、毀滅性的武器，或許會有反噬自己、毀滅自己的一天。

第三篇

統一台灣與中國一統

統一台灣：千百年的兩岸情懷

「統一台灣」這件事對諾大的中國來說是一個區域性的問題，台灣地處東南邊陲，在1840年之前，台灣之得失對中原王朝來說其實並無足輕重。幾千年的中原大地上興起也衰落過無數的朝代，一直到三國時期的吳朝才有「疑似」中原與台灣的連結。文獻中記載的「夷州」，究竟是指台灣？日本？還是琉球？似乎尚無定論，但當時的台灣無疑是邊陲蠻荒的不化之地無誤。明朝時的記載就更清晰了，台灣淪為盜賊之淵藪已是定論，當然移民墾荒者、生意買賣人絡繹不絕逐漸形成以漢人為主體的聚居地。荷蘭殖民者東印度公司侵占營商，明末鄭氏王朝據地稱王，只要東南海角不靖，影響到中原王朝的穩定（鄭經尚且勾結三藩作亂），平叛之戰、統一之戰就在所難免，這對中原王朝來說只是附帶畫上版圖的插曲。

自古中國（中原、華夏、漢族）的威脅基本上是東夷、西戎、南蠻、北狄，爾後漢族逐漸融合了週邊各民族逐漸擴充壯大。戰國時代漠北草原匈奴等民族稱為胡，至唐朝，胡人又包含來自西域的各民族。至清朝，稱歐美外國為「夷人」，1858年後，中國逐漸用洋人代替夷人一詞。明朝繼元代之後在澎湖設立巡檢司，如果不是荷蘭人東來（也是基督新教）與中國貿易需要一個運補基地，台灣的歷史仍停留在史前時期。從有限的歷史紀錄來看，台灣島在有明一代事實上只有真正管轄過澎湖（澎湖島上天后宮中豎立的《沈有容諭退紅毛番韋麻郎等》碑可證），並未真正實質管治過「整個」台灣島，也不曾在正史或官府記載中有過將台灣納入明朝版圖。為了保有澎湖，明軍與侵占澎湖的荷蘭人激戰8個月後，雙方經過協調同意荷蘭

人轉進「不屬於中國版圖的台灣島」。或許有人會持反對意見，認為台灣自古以來就是屬於中國的。以國際法問世前的國族（家）版圖「先佔理論」的基礎而言，台灣島就位於中國大陸本土的東南角，數千年來一代又一代的中國人（中原人、華夏人、漢人）不論是逃避戰火或是另闢新天地，至少到明朝（1559年前）王直海商（南直隸徽州人士）在東亞沿海建立的大型武裝海商集團，實質掌控日本平戶島（九州外海屬於肥前國，今長崎縣）以南、台島以西、浙福以東海面之貿易、海上之寇，均歸王直節制。王直非常主動配合政府的要求，也會配合明軍剿滅（或以朝廷名義併吞）其他海盜，在當時明朝的中央政策雖屬「海禁」，但地方政府亦默許其「私市」。在日本平戶、台島港澳、浙福雙嶼之間，形成一個由明朝「官制委商」的奇特統治管理現象。

王直曾在1552年在日本平戶建國，國號為「宋」，自稱「徽王」。為何王直要在日本幕府的地盤上建國，卻不在更廣大而無政府組織的台灣建國呢？其實此「國」非彼「國」，這個時代的「國」，與現代意義上的「國家」是不相同的概念。有關這種中原皇朝與邊疆藩王「封國稱王」的關係，只有流淌著中國血脈相傳的中國人能體會了解。比如韓信要求劉邦封他為「假齊王」，又如西漢戰神霍去病「封狼居胥」。此時的王直自認為是政府在海外沒有正式授予名號的封疆大吏，且其在海外（海上）建立的龐大海洋領土（勢力範圍），威震東海功在社稷，事實上堪比諸侯國。因此在日本戰國時期的海外根據地（或稱封土、領地或是佔有地）為中原政權的「大黃帝」溢建藩國，並不忘其根來自徽鄉而自封「徽王」的意義，也可以解釋為中國人（華人）「光宗耀祖」、「開疆拓土」的榮耀。而同

樣在王直的武裝勢力範圍內的台灣為何不能在此建國稱王呢？因為王直自認並非明朝的叛徒，並不是要以武力割據對抗中央，並不是一個有野心要尋求裂土稱王的逆賊，他最終的期望是朝廷能接納他的「事業版圖」，期望中原政權的「大黃帝」能給他一個合法的名分，讓他能夠載譽歸國榮歸故里，如此而已。而台灣島在當時除分布全島散居各地，無政府組織、型態、功能的原住民族各部落外，實際上各重要港市、聚落多為漢人集居或由各姓氏族群盤據，等同於華夏之地、漢唐之疆。王直雖然是這個島上最大、最有實力的統領者，但他知道台灣島與日本平戶島性質不同，因為他是大明人，所以這裡（台灣島）就是大明王朝的屬地。因此王直至死也不肯承認勾結倭寇入侵之罪，王直認為是「**為國驅盜，非為盜者**」！

　　有關史料描述王直的赫赫威儀：「**緋袍玉帶，金頂五檐黃傘……侍衛五十人，皆金甲銀盔，出鞘明刀**」，其建造的巨艦可容納兩千人，甲板上可以馳馬往來，而「**三十六島之夷，皆其指使**」。然而，這樣一個海上帝王般的王直，在明廷卻視為「**東南禍本**」，名列通緝令榜首。讀之不禁令人掩卷太息啊！這麼優秀的人才（現成的海上霸主），這麼好的機會（日本戰國時代），只要高居廟堂之上北京紫禁城裡的統治者稍微放開一點心眼，以宋市舶司為例、明世祖朱隸時「鄭和七下西洋」之所見，隨便以國家名器封他一個「平虜大將軍」、「威遠大將軍」、「靖海侯」、「安海侯」……，像王直這類能人義士，莫不殫精竭慮、為中原大黃帝開疆闢土、萬邦來朝亦非難事。以海外貿易之大宗，關稅收益之豐厚，以東南沿海之富庶，足以彌補北方蠻族（女真人）軍事壓力之軍備開支，亦可紓困災荒餵養黎民。大明王朝何至於十二世而亡？如果當時能收王直等海

外藩王為正統官軍水師，那麼別說是三十六島之夷了，極有可能日本本州之南（四國、九州）盡歸明土，東南三十餘國盡入華夏，更別提後來甚麼蕞爾小邦海上馬車夫的紅毛鬼娃荷蘭人以及西班牙帝國菲律賓總督府分別侵門踏戶占領台灣南北了。就是因為王直問斬之後，海上秩序大亂，倭寇海盜猖獗，海上門戶洞開，才讓這些蠻邦外族有機會染指台灣。

　　王直之後的台灣，雖然短暫時間成為異族侵占的失地，但荷蘭東印度公司在台灣歷經38年的殖民統治（1624-1662年），這塊號稱「福爾摩沙」的風水寶地並不因此就成為外國人的領土，更不是成為一個所謂「新而獨立」的國家了。原因在於荷蘭人「入台」以前，當時的漢人早已在澎湖建立政權作為「管理台灣」的踏板（台灣島才是漢人移民拓墾的終點，而澎湖僅是政府管理的節點與人員、物資的轉運站）。荷蘭殖民當局為了開墾土地而急需勞動力，便招引大量漢人移民台灣，當漢人的數量達到數萬之眾，台灣的經濟在荷、漢相互依賴下快速成長，被稱為「共構殖民」。在原住民族方面，荷蘭人至1635年起才開始征服行動。荷蘭人與原住民族部落間建立了「類封建關係」，協助推行政令。荷蘭人也刻意樹立原住民族部落之間的敵對關係，使其互相攻伐出草，達到削弱原住民族反抗，控制部落的目的。事實上，大部分的原住民族部落都未被荷蘭殖民政權征服，各部落仍保有自身的自治權。原住民族在台灣始終未能建立統一全台的實體政權，僅有部分地方部落聯盟。根據中央研究院院士杜正勝與曹永和的研究：「明朝雖實施海禁，但台灣不只明朝不管，甚至也不屬任何國家管轄，所以走私船早在當時就在基隆、安平與淡水會合明朝、日本與西班牙、葡萄牙與荷蘭的商船⋯⋯」。

　　由此可知，在鄭成功驅趕荷蘭人離台，其子鄭經建立的東寧王朝之前，事實上台灣島是處於一種「有名無實自主地」或「多主共構商業區」的概念之下。自王直以後海上秩序大亂，走私、偷渡、犯罪、移墾，台海之間、閩、浙、粵、日海面幾成無政府狀態。但台灣島就橫亙在這裡，離中國大陸這麼近，時值明末天下大亂，東南沿海百姓逃荒避燹，移民屯墾的最佳去處就是台灣，只要渡過黑水溝，只要繞開海盜旗，大片良田富饒土地就在眼前，雖然不能說是世外桃源，只要做好安全隔離措施，也是一方樂土。因為台灣島上除了少數的原住民族外，99%的人口都是中華兒女華夏子孫。中國人在經過幾千年的帝制皇朝的思想薰陶下，「普天之下，莫非王土，率土之濱，莫非王臣」的觀念深植人心，台灣島上雖然沒有大明官吏治理，可是島上之民都知道自己就是大明臣子。在荷蘭殖民者進據台灣之後的38年間，台灣島上的事務也不是一個荷蘭東印度公司說了算，1626至1642年間西班牙也曾盤據北台灣16年之久，統治權幾與荷蘭人併行。在荷蘭殖民統治期間，殖民者與大量的屯墾漢人之間是屬於「類契約」的概念，在台漢人並非尼德蘭七省聯合共和國下的子民，也可以說是荷蘭聯合東印度公司從中國大陸引進了大批的拓荒墾殖的「約僱職工或聘僱外勞」。

　　台灣在當時是否屬於中國的領土，在那個還沒有所謂「國際法」的年代，國家與人民的關係，領土與疆界的歸屬，或國家與國家之間的利益，可能無法像現代的民族國家一樣清晰可據。尤其以中國人為主的社會裡，通常「家、國」的情感因素會使移民社會對於故國故土有更強的繫絆與認知。從以下兩個明朝福建巡撫官員對於荷蘭人到台灣的處理概念，來看當時明

朝對於台灣島的定位為何：

1. 荷蘭人雷約生遭西葡聯軍挫敗後轉戰澎湖，福建巡撫商周祚「私下答應」雷約生，只要撤出澎湖，就「允許」他們在台灣貿易。

2. 1624年新任福建巡撫南居益企圖以武力逼迫荷蘭人撤出澎湖（風櫃尾城），經海商李旦介入協調後，荷蘭人「轉進」台灣島，明朝「不干涉」荷蘭對台灣的占領。

　　從以上兩位官員的應對措施，如以中國人特有的「家國一體」、「朕即天下」的意念來看，在明朝官員的認知裡，對於外來的「乞求者」、「分食者」或「耍流氓者」的處理分寸是：「澎湖是我家裡的客廳，我沒同意你就不能進來，你要強迫進來騷擾我，我就會跟你拼命。像荷蘭這種外來者，主要是來做生意的，也不是存心要來打砸搶的，趕也趕不走，老子現在正在忙（打倭寇及鎮壓民亂），如果你真的想跟我做朋友（做生意），那好，我們家前院蠻大的，前院池塘裡有一個叫做台灣的小島，在我同意或假裝沒看到的情形下，你可以先到那邊去蹲著（佔著），我現在沒空暫時不去理你，事情就先這樣處理吧！」以上的情節分析使作者傾向基於歷史上中國疆域形成的概念，一千多年來歷經東漢三國、晉朝、隋唐、宋、元、明的對外（東海海島）經略，除扶桑國（日本）及「大琉球三山王國」外，整片廣闊的東海海面上的所有島嶼，都是中國王朝的「皇天后土」，當然包括澎湖群島、台灣列島，還有釣魚台列嶼等近海諸島嶼。因此在明朝沿海省分官員對於台灣島管轄權的認知，應是具有整體中國史觀的疆域概念（即台灣這個島嶼是屬於中國疆域內的），但因明太祖朱元璋的祖訓要求「海禁」的約制下，除了在澎湖有設置巡檢司外，其他地方（可能

包括台灣島）是列為可以巡檢也可以不巡檢的「化外之地」。如有特殊狀況，必要時是可以暫時權宜性質的將台灣島「借用」他人。這裡所謂的「化外之地」是指政令、文教、禮樂、法治尚未通達之地，黎民百姓尚未束髮冠戴之處，並不代表這塊化外之地是「外國」、「非本國國土」，化外之民是「外國人」或「非中國人」，這是必須要有的中國概念。

另外還有二個存在當時台灣的「政治」實況，也能充分說明荷蘭殖民當局並不能代表在當時是台灣的唯一外來政權，也並非唯一代表台灣的合法政權，充其量荷蘭殖民當局僅能說是佔據台灣一隅的過渡性「類政府」管理組織而已。以荷蘭東印度公司在台灣的發展進程，除了早期與漢人的「經濟共構」關係外，事實上以荷蘭人在台灣所佔比的極少人數（1661年鄭成功攻台時，荷蘭東印度公司駐台總兵力僅約1500人），一方面要控管數萬名漢人，一方面又要調和壓制數萬名的原住民族，其壓力與能力肯定十分巨大。因此名義上荷蘭人在主權上有上層統治地位，可是實際上各地方的部落會議及配合荷蘭人的「政治實體」（如大肚王國等）才是真正管理台灣島的實權者。荷蘭人必須經常製造相互聯盟的聯合村的敵對部落，使各原住民族部落間互相攻伐，讓兩造的生死存亡均需與荷蘭人產生利益糾葛，荷蘭人才能以領主的身分來控制這些封臣及未被征服之部落。因此，荷蘭殖民當局與這些原民部落的封建關係，是建立在互相利用的短暫利益之上，而非類似中國傳統的血緣、功臣集團的分封制度，這樣鬆散局部的殖民政權，在1661年面臨鄭成功進攻台灣的衝擊時，原住民部落的聯盟合作關係就迅速面臨崩解。

另外一支影響台灣「管轄權」的勢力，即為在17世紀世

界海權勃興的時代與明朝封閉海疆的背景下，以民間之力建立水師（海盜），周旋於東洋及西洋勢力之間，並且在台灣海峽抗擊及成功擊敗西方海上勢力的第一人：鄭芝龍。鄭芝龍與王直不同之處在於，鄭芝龍早年雖為海盜，但在1628年（24歲）即受朝廷招撫，官至都督同知，到1646年投降清朝後被軟禁於北京，期間18年的時間裡，可謂橫行於台海之間，儼然是另一個海上霸主王直再世，往來船隻如未掛上鄭家旗幟保護恐難航行。鄭芝龍對於台灣歷史的影響，主要是作為先於荷蘭人的先驅漢人，他在台灣西南海岸魍港（今嘉義縣布袋鎮好美里一帶，拓臺十寨之第六寨）建立基礎，率領部眾開發台灣，為漢人移台的主要據點。荷蘭人在1624年轉進台島後，曾利用鄭芝龍來執行台灣海峽截擊往來通商的海盜任務，約一年後離開荷蘭人自立門戶開啟亦商亦盜的海上生涯。1626至1628年間，鄭芝龍以台灣、金門、廈門等島嶼為基地縱橫台海。1628年9月鄭芝龍受撫出任「五虎游擊將軍」，利用安平鎮（今福建省晉江市安海鎮）作為擁兵自守的軍事據點和海上貿易基地，打破官方海禁繁榮海市，武裝船隊航行於中國大陸沿海、台灣、澳門和日本、菲律賓等東南亞各地之間，幾乎壟斷了中國與海外諸國的貿易。

1633年另一股海上勢力劉香與荷蘭人聯手被鄭擊敗，1634年劉香襲取大員（今台南市安平區台江內海）和台灣島為據地又失敗，1635年鄭擊潰劉香勢力。此後東南海疆「唯鄭是從」，掛著鄭氏旗號的中國商船絡繹於大陸沿海、日本、台灣、呂宋、澳門及東南亞。1639年日本開始鎖國政策，只准荷蘭及中式帆船進出，華船（大部分是鄭芝龍的）進出日本的數字比荷蘭船多出7至11倍。同時代文人黃宗羲在《賜姓始

末》提到鄭芝龍建議福建巡撫熊文燦將數萬旱災災民運送來台
（1628至1632年），這些移民村莊聚落即為諸羅外九莊（今嘉
義縣市）之始。至1659年其子鄭成功反清復明的軍事行動在
南京之役大敗後，鄭成功以「台灣曾為其父屬地」為由，向荷
蘭人開戰開啟攻台之役。由以上史料之記載演示，早在荷蘭人
之前，漢人就在海上並且在赤崁（今台南市中西區）至魍港一
帶活動，與平埔族人做貿易。台灣島屬於漢人屯墾的年代遠在
1624年荷蘭人轉進之前，雖然荷蘭人在南台灣利用多數漢人
的農耕經濟及原住民族間的「利益封賞」關係逐漸站穩腳根並
向北部發展，可是當時的台灣島上遍佈各地的漢人村莊、聚
落、城鎮、港澳、島嶼間，與鄭芝龍的武裝根據地、海上船
團、海洋勢力的紐帶關係是絕對比荷蘭殖民當局更加密切牢固
的。可以想像在荷蘭人轉進台灣後短暫的統治年代裡，有相當
長的一段時間台灣島上仍然擁有中國傳統固有勢力存在（特殊
性亦官亦民的中國式海盜移民根據地）是無庸置疑的。鄭氏船
團在大陸沿海、台灣海峽、日本與東南亞之間的海上霸主地
位，荷蘭人對鄭芝龍在台灣的活動與影響力應是無可奈何，既
無力控制鄭芝龍的海上力量也無法拒絕鄭芝龍海商團隊的龐大
利益，更無法斷絕以鄭芝龍為首的漢人移民集團的台灣根據
地。由此可知，即便台灣島在1624至1662年間雖然歷經荷蘭
人「類政府形式」的統治管理，但台灣與中國的關聯依舊是千
絲萬縷，依舊是一衣帶水、濃到化不開的血脈關係。台灣島也
不可能因為荷蘭人的「佔用」、「借住」之後，台灣就與中國割
裂成為「政治獨立、經濟獨立、文化獨立、血緣獨立」的新化
外之地，這一點也可以從鄭成功認為「台灣曾為其父屬地」作
為攻台的理由就一氣呵成、理所當然了。

1661年鄭成功攻台的另一個想法也可以與37年前（1624年）福建巡撫對荷蘭的「去台」的概念是無縫接軌、一脈相傳的中國式思考邏輯相通，就是「台灣暫時借你，以後我要時要還給我」。當鄭軍攻佔普羅民遮城（今台南市赤崁樓）後，圍攻熱蘭遮城（今台南市安平古堡）時，迫使荷蘭守軍投降退出台灣。戰役過程雖然血腥殘酷，但鄭成功的目的並非要對荷蘭人趕盡殺絕，也不像一般敵我雙方交戰攻城掠地之後，免不了要掀起一場屠戮劫掠，這種戰後血流成河的報復場面並沒有發生，而是以雙方在1662年2月1日正式簽訂合約的方式，雙方互換條約（和約），結束荷蘭東印度公司在台灣的「經營」。2月9日分散於各地的荷蘭人陸續抵達，2000名荷蘭人登上8艘荷蘭船艦出航，荷蘭東印度公司台灣長官揆一在海灘上將熱蘭遮城的鑰匙交給鄭氏官員，鄭成功也進入熱蘭遮城接收堡壘及財物。《熱蘭遮城日記》紀錄至這一天為止，台灣便歸鄭氏統治。鄭成功驅逐荷蘭人繼領統治地位後，建立台灣第一個正式的、官制的、有代表性的、合法的（明朝遺緒）漢人政權。此戰役後估計約帶來了數萬移民，隨後繼位的鄭經東寧王朝，更將明制的宮室、廟宇和各種典章制度引進台灣，在人口數量、文化制度、軍事武備、國際關係上，漢人、漢化、漢制，已成為台灣島上絕對性、壓倒性的主導優勢地位，也因此「收復台灣戰役」決定了台灣島爾後四百年，台灣民族漢化、中國疆域固化的歷史必然。台灣是中國神聖領土不可分割的一部分，就算曾經因故短暫失去，將來後世子孫、接續朝代也要收復台灣、光復台灣、統一台灣。

中國一統：五千年的歷史必然

鄭成功驅逐了荷蘭人，在台灣（西南部）建立了第一個漢人政權，鄭將普羅民遮城改稱為「東都明京」，表示台灣仍奉明朝正朔於東都（如東都洛陽），並將熱蘭遮城改稱「安平鎮」，表示不忘來自故土（故鄉），這種舉措完全是中國人承先啟後不忘本的思想。這種思想同樣也反映在233年後的1895年馬關條約，清廷被迫割讓台灣時，「台灣民主國」的建立是為了要引起國際社會牽制日本的權宜措施，並非台灣人民真心要脫離祖國（中國）另立新國（與西班牙加泰隆尼亞的公投脫西獨立性質上完全不同）。由台灣民主國的年號定為「永清」便可看出其本質上仍奉清朝為宗主，闡明當「獨立」事成後（即驅逐日本人後）將回歸清朝統治，此兩者有異曲同工之妙。鄭成功之子鄭經因明朝永曆帝亡故後，認為台灣「東都明京」已無「行都」之必要（因為皇帝已死不可能會來這裡之意），故將台灣（當時的王城）改稱「東寧」，是否有「東都安寧」之寓意呢？但有人將此視為「改制建朔」、「獨立建國」之舉，別有用心的則稱其為「東寧國」，事實上此時應以「東寧王朝」、「南明郡王國」才是較為正確的定位。也有人以1669年鄭經給滿清官員的信中說到「……全師而退，遠絕大海，建國東寧，別立乾坤，自以為休兵息民，可相安於無事」，1669年〈復明珠書〉：「遼絕大海，建國東寧，於版圖疆域之外，別立乾坤。」認為鄭經有「開國長治」之想。但此說乃見樹不見林，忽視其在1673至1680年仍趁三藩之亂舉兵西征，意欲為何？1669年之書信往返，是否只是為了先轉移兵鋒，減輕壓力積蓄實力伺機而動，目的仍在反清復明驅逐韃虜恢復中華？

少數別有用心之人，強將「東寧王國」與「台灣獨立」畫上等號，實有昧於當時的歷史事實。當我們在參考過往所謂的「歷史事實」時，卻經常忽視歷史真正的主人是「人心」，而非「書信」或「文牘」。如果當時的鄭經確實是割島而治的「東寧國王」、台灣「非屬版圖之中」，那麼即便在三蕃之亂時鬼迷心竅，一時糊塗派兵西征，且西征多年攻城掠地，為何在1677年敗退廈門後，清朝康親王傑書向鄭經許諾，若從中國沿海島嶼撤退，台灣可以比照朝鮮（此為1669年鄭經與清廷議和時箕子朝鮮之比喻），成為清朝藩屬國並通商，永無猜嫌。鄭經為何不答應呢？再則，1678年的和談中，清朝將領賴塔也承諾鄭經，如鄭軍肯退守台灣，則鄭氏可永據台灣，清廷把台灣當成朝鮮、日本一樣的「外國」，不必剃髮易服，也可以不必稱臣納貢，但鄭經卻予以拒絕。如此優厚的條件，也符合鄭經多年來與清廷和談的主軸，那麼鄭經為何不答應呢？作者認為，以當時的政治環境下，真正沒有把台灣當成是中國屬地（中原王朝延伸的國土、情感上的漢疆唐土、實際可控的明朝海外陪都）的卻是馬背上的王朝、異族入侵中原的女真國、立足未穩且西北尚有用兵禍患的清廷，而非在台灣的明朝遺緒東寧王朝的實際統治者鄭經。因為反清復明榮歸故里，不受異族侵略統治，一統中國，再度回到故國、故鄉、故土的遊子情懷孤臣血淚，才是每個流淌著中國人血液裡的永世基因。至於當時其他域外國家對明鄭王朝的稱謂，諸如日本國的東寧國、朝鮮王朝的大樊國、西方人的福爾摩沙王國、台灣王國，甚至現今歐美仍使用的東寧王國，其實這些都不重要，別人愛怎麼稱呼就由他們去，重要的是，明鄭一門三代自始自終都是奉中原王朝為正朔宗主，由生至死都堅持自己是來自華夏的中

國人（明朝藩主），整個明鄭王朝的歷史就是在追求國家統一民族復興的奮鬥史。

中國的統一與一統的中國，向來都不是由一個人（君王）或一個民族（外族）或別的國家（如美國）可以來決定的。中國的統一與一統的中國有其固有疆域形成的背景、有其民族文化融合的過程、有其華夏血脈流傳之途徑、有其牢不可破的傳統世族（士族與家族）觀念之底蘊，這些原因與其他世界上的國家或民族或地域都有截然不同的相對因素存在，絕對不能等同視之一語帶過。世界上很多民族興起又消亡，但中華民族至今仍堅實壯大持續發展。這個世界上有很多國家一時強盛地跨幾大洲，但中國的版圖從來就只在自己家週邊迴盪，不會因為要資源、要強大而去侵略、殖民、奴役別的國家和民族。在中國的歷史裡可能會自家兄弟鬩牆（如八王之亂）、互相仇殺（如太平天國）、甚至分裂建國（如東漢三國），也可能因為外族的入侵而亡國（如北宋靖康恥），中國人可以被欺侮、被欺凌、被殘殺、被奴役，但是中國人從來不會忘記自己是中國人。中國人從來不會忘記我們都擁有一個統一的夢想，就算我們的國家被消滅，改朝換代了，可是我們終究不會忘了要復國，要恢復中華，要一統天下，要統一中國。這就是很難跟外國人解釋的「大一統中國」的民族大夢，這種夢想就像流淌在中國生生世世、祖祖輩輩的黃河、長江一樣，它就在那裡，搬也搬不走，堵也堵不住，時間到了中國人就覺醒了、中國又統一了、中國又復興了。因此幾乎每個中國人都會耳熟能詳，都會哼上兩句《三國演義》第一回，第一句：「話說天下大勢，分久必合，合久必分」、孟子曰：「五百年，必有王者興」。這種骨子裡的統一基因，要如何去跟建國不到300年的美國人溝

通說明為甚麼台海兩岸終將統一？為甚麼台獨是一條走到黑的死路？為甚麼中國的大一統是勢在必行？

雖然中國與美國同樣都是多民族融合的國家，可是要如何才能讓美國人明瞭，中國大陸這塊古老的土地上主要的民族是漢族，在這悠久漫長的五千歷史裡，漢族是以其優越的文化傳統逐漸融合了周邊其它的各個民族而形成現在的中華民族；而美利堅合眾國所在的美洲大陸上的主體人種印地安人幾乎在不到300年的時間裡，已經被從英格蘭群島上飄洋過海移民過來的央格魯薩克遜人用武力與疾病滅絕了？在美國的多民族群體中的黑人，主要是被歐洲西方資本主義霸權帝國在世界各地殖民時，被當作奴隸、被當作牲口般販賣的黑奴所構成的呢？要如何才能讓美國人知道，發生在1775年的美國「獨立戰爭」，這種戰爭在中國幾乎是沒有發生過的（諸如清朝時代洪秀全創建的的太平天國、民國時代毛澤東創建的中華蘇維埃共和國，這種所謂暫時性的獨立國家，基本上是為了否定及取代前朝，非不是為了要獨立門戶自絕於民）！

然而發生在1861至1865年的美國南北戰爭，這種「統一戰爭」在中國的歷史上簡直是多如牛毛（如漢高祖滅掉各功臣集團的諸侯國、如中華人民共和國要消滅中華民國等……）。因此，「獨立」這種大逆不道的叛逆字眼及行為，基本上不會在中國人的地盤上發生或是長久發生或是永久發生（比如民國初年的雲南都督蔡鍔宣布雲南獨立，是為了要對抗冒天下大不韙而稱帝的袁世凱），而統一戰爭是每個中原王朝、每個強盛的王朝，甚至是每個曾經失落又再度復興的王朝矢志必做的統一大業。這種統一大業、一統天下、統一中國的民族復興大夢，是深植在每個中國人骨髓裡的必然。想要分裂中國真的很

難，尤其是外國勢力想要分裂中國真的很難，中國即使被分裂了但下一個輪迴就是統一。如果有人想分裂祖國，哪麼會被消滅的肯定就是這種不見容於中國人的背叛行為。

「大一統」或「統一」的觀念形成在中國可以上溯至炎黃二帝古代傳說，中國形成的歷史因素與美國形成的歷史因素，這是兩個完全不能放在同一天平可以相互比擬的國家。以中國的形成歷史來說：

1. 北方的中原文明與南方的戰神蠻族的統一之戰

中原文化、中原民族的形成是一個極其自然且冗長的種族生存、環境競爭，慢慢積累融合而成為一種生命共同體的「螺旋形同心圓」型態。以最早的華夏民族炎帝（神農氏）及黃帝（軒轅氏）來說，不同的部族為了生存相互競爭（戰爭-阪泉之戰），也可以為了生存而相互合作（與蚩尤戰於涿鹿之野），這就是最早的中華大地上南、北兩大政治集團（文明與野蠻的板塊）為了生存環境的「統一戰爭」。蚩尤敗北遠遁西南，中原政治集團勢力版圖由原來的黃河流域擴展至長江流域，當時蚩尤部落號稱九黎三苗，統一戰爭後，九黎之眾留下來與中原民族融合成為新的、更大的、內涵更豐富的華夏民族，而三苗之民隨著殘餘勢力遠走他鄉，進入今日之雲貴高原等叢山峻嶺之中，後來隨著中原王朝的版圖逐漸擴大，民族融合隨著漢文化的傳播，各邊疆少數民族也逐漸融入中華民族的大家庭裡。這種「螺旋式同心圓」的民族融合型態，既非類似印度亞利安高等種族的入侵而區分種姓階級，也非類似美國的西方殖民政府以強暴式、毀滅式、覆蓋式的種族屠殺、全盤移民的帝國主義的種族強勢擴張。

2. 北方遊牧民族與南方農耕民族的統一戰爭

中原華夏民族（又稱河洛民族）認為漢族起源自黃河中游，在距今6000至4000年期間，隴西、河湟等地區是一個濕熱溫暖的宜居氣候帶，以農業為主的仰韶文化即分布於此。這個文化向西分布到河西走廊西端的酒泉等地，向北分布到騰格里沙漠。在先秦時代西戎與北狄其實皆與中原的原住民族同出一源（如秦穆公曾稱霸西戎）。在此一區域內有溫暖潮濕易於耕作的河套平原，也有祁連山下的廣大水草適合遊牧民族放牧的好馬場。自古各民族為了自身的生存發展，在此地區展開的大大小小的爭奪、戰爭、統一與再分裂，隨著時代的發展推進，中原王朝在黃河流域的發展到了有信史的周王朝一統天下（九鼎）。周朝是華夏文明與周邊諸族交往融合的重要時期，自西周實行分封制後，中原華夏族文化同四周的方國文化相互交流融合，形成各具特色的地區性文化。而犬戎、北狄也是西周在北方最大的外患，西周便是亡於犬戎之禍。自東周亡於秦時，北方各諸侯國（如秦、趙、燕）均有大量的長城防線以抵禦來自北方遊牧民族的侵擾，長城防線就是南、北民族在侵略與反侵略戰爭、統一與被統一戰爭之間，爭奪生存空間與支配環境資源最好的證明，也是中華民族融合各地異族的「漢夷文化戰爭」。

3. 秦漢大一統與元清大一統的統一之戰

春秋戰國期間長達500多年的諸侯割據紛爭局面，終於被秦國進行的統一戰爭結束了，秦始皇建立了中國歷史上第一個君主中央集權國家，也是東亞第一個大帝國誕生。秦國為何能一統天下？春秋戰國時期各諸侯國爭相稱霸，互相攻伐與兼併，中原大地水深火熱，生靈塗炭。由春秋時期的一百多國

（大小諸侯國），經過不斷兼併到戰國時期崛起了七雄，這一段艱苦而漫長的「分裂」歷程，社會上長期存在著戰爭災難導致人口銳減，諸侯貴族們需要的是權力，而廣大的人民群眾需要的卻是生存。由中國歷史上各朝代的人口統計概數來思考，西周（公元前1100-771年）中原大一統時，人口數約1000萬；到犬戎入侵鎬京被焚，周平王東遷雒邑，時序進入了東周春秋戰國（公元前771-221年）時期，中國處於分裂內戰狀態，人口數下降至500-1000萬間。而秦朝東滅六國統一中國之後（公元前221-207年），人口數上升約2000-3000萬間；轉眼間秦末天下大亂戰亂又起，農民起義及楚漢相爭，各地諸侯乘勢興兵，中原又陷入混亂與殺伐，人口總數又急遽下降到1500-1800萬間。以農業為主的漢民族政權，人口基數的成長代表社會的穩定與國力的增長，因此秦王政為因應時代社會經濟發展及天下蒼生安定的需要，必須將擾攘分裂的六國統一；而漢高祖劉邦能一統天下也是為了更崇高的理想，就是要讓社會穩定、經濟發展，追求更大、更好、更強盛的中國。所以秦、漢時期的大一統，正是契合中國歷史發展的軌跡與人心嚮往的必然。

　　而元朝是中國歷史上由蒙古族所建立的王朝，1271年忽必烈取《易經》「大哉乾元」之意，定漢文國號為「大元」，定都漢地大都。1279年攻滅南宋殘餘勢力，統一整個中國。某些別有用心之人意辱中國早已遭異族滅亡斷代，何來上下五千年？蒙古人消滅了漢人建立的宋朝（皇帝都投海自盡了），在中國的土地上建立了新的國家，而中國人卻不知羞恥的仍將元朝納入中國歷史朝代之中。作者認為此種貶抑之論實為誅心，對中華民族的形成過程與悠久歷史一脈相傳的漢族文化毫無所

知。誠如某些台獨論者認為台灣島自古是屬於南島語系（族），原住民族在台灣島上數萬年漫長悠久的移民遷徙、文化擴張的過程中（巨石文化），以獨木舟渡海方式遠航至遼闊太平洋中的紐西蘭島、復活節島，以此表示台灣島乃南島文化傳播之先驅，自古即非屬中原漢族文明圈。

　　如果此一台灣原住民族渡海擴張理論是成立的，那麼自古在中原發跡的華夏民族，既然可以東面至海，西向中亞，南往百越，為何就不能北征戈壁瀚海呢？事實上所謂的蒙古人，也是經由原始蒙古人、突厥人、通古斯人與漢人等族群混合後所形成。從上古傳說時期至三代的鬼方、北狄、犬戎，到秦漢時期的匈奴、東胡，三國時期的鮮卑、烏桓，南北朝隋唐時期的柔然、突厥、回紇，宋明時期的契丹、蒙古、韃靼、瓦剌，到後金大清時期的女真，盤踞在中國北方、西北方、西方、東北方的各個遊牧民族，與中國數千年來的交會、衝突、併吞、復歸等等民族大血拚、民族大遷徙、民族大融合，早已形成一個東方大中國華夏民族以漢人為主體的生命（活）共同體。

　　以在中國本土建立元朝的忽必烈「入漢脫蒙」的史例來說，既然蒙古人是異族入主華夏，蒙古人是征服者、統治者、上等人（人分四等，蒙古人、色目人、漢人、南人），蒙古人在國內的地位是高高在上，對低劣亡國的漢人也有生殺予奪大權，那麼蒙古人應該要像西方帝國主義殖民國家的征服者一樣（如英國、法國、美國、西班牙、葡萄牙……等等），懷有強烈的種族優越感，對其所殖民的國家民族予以文化（包含語言、宗教、習慣等）同化（像英國殖民印度、法國殖民海地、西班牙殖民阿茲特克、美國殖民菲律賓一樣）。那為何蒙古人

在中國的開國皇帝元世祖忽必烈，在1260年召開的忽里勒台大會即位大汗時，就建號「中統」，即「中原正統」之意？到了1271年，為何忽必烈要將其開國國號以漢人的著書「易經」為本，取其「大哉乾元」之意，且定漢文國號為「大元」呢？為何不以伊斯蘭宗教可蘭經文或藏傳佛教裡的佛國經典取義呢？

忽必烈在其公布的《建國號詔》中，整文滿滿的唐堯、虞舜、禹湯、夏殷、秦漢、隋唐等等中華價值，對其祖父成吉思汗立馬追尊廟號為「太祖」，一年後太廟建成即追尊諡號為「聖武皇帝」。忽必烈認為，建國號曰大元，乃「在古制以當然」，為何「在古制以當然」？蒙古人的「古制」是指中華民族的歷代先祖、三代聖人、秦皇漢武嗎？忽必烈本人在世時（1276年）即接受宋恭帝降表尊號「大元仁明神武皇帝」，1284年群臣再為忽必烈上尊號「憲天述道人文義武大光孝皇帝」，去世後獲諡號為「聖德神功文武皇帝」，廟號「世祖」。如果不知道忽必烈是蒙古族的中原統治者、外來政權，光看這樣的尊號、諡號、廟號，有誰會懷疑元世祖忽必烈不是真正的本土中國人、中國皇帝？

1215年忽必烈生於漠北草原，卻重視漢地漢人，在1244年（29歲）時便有了屬於自己的漢人幕僚團隊。忽必烈相當尊崇儒學，也接受「儒學大宗師」的稱號。元朝對於儒家文化尊重有加，並將儒學推廣至邊遠地區，元朝創建了24400所各級官學，創造了「書院之設，莫盛於元」的歷史紀錄。1260年忽必烈自立為汗時，在《皇帝登寶位詔》中自稱漢文「皇帝」的「朕」，漢族知識分子歸心讚許。忽必烈從年輕到崩殂做了一系列漢化努力，嘗試讓漢人接受他作為一個中國皇

帝，仿效漢人的典章制度，將「大蒙古國」的歷史和皇族「漢化」，建立太廟、確立廟號、追尊諡號，鞏固了蒙古族政權在漢地的統治。

1276年大元帝國攻滅南宋，忽必烈隨即發布《歸附安民詔》，穩定江南社會秩序，安定江南士人和百姓之心。1279年厓山海戰後元朝統一海內，結束了中國自安史之亂以來520多年的分裂局面。以上對於元世祖忽必烈一生的漢化過程及其對中國社會的制度、文化、疆域之弘揚與奠基之描述，從歷史記載角度，雖然代表中國的「大宋帝國」在當時是戰敗亡國了，但族本未滅薪火相傳，中國又再度成功的以博大精深的中華文化吸納了一個更為強大的民族。因此不論是漢族人建立的中原帝國還是蒙族人在中國建立的大元帝國，一直到1636年中國歷史上最後一個帝制王朝-由滿族人建立的大一統大清帝國，在侵略與反侵略、統一與被統一、淪亡與再復興的歷史進程中，中華民族不斷地釋放其堅強的生存韌性與強大的生存智慧，不但將異族統治者漢化，更讓中華民族的大熔爐更加繽紛多元，更加璀璨奪目，中國人意識裡的「中華帝國」更加繁榮昌盛，更加強大自信。

武力統一是中國最後的選項

「統一台灣」與「中國一統」原本就是一個臍帶原生的當然命題與必然結果，中華民族何以至今仍是世界人類史上唯一存在的古老中國，這與中國人的民族種性、地緣環境、文化教育、民俗傳統及宗族觀念有極其強烈的連結共生關係。這不是少一塊土地或多一寸領土的問題，這是一個極其嚴重的「原

則」問題，也是中華民族在中國世世代代的帝王、王朝、國家所無法迴避的根本問題。中國的帝王常會說一句話：「朕即國家」、「朕即天下」，「朕」就是天子，上天之子，是龍的傳人，每個中國人也都是龍的傳人，每個中國人也都是上天之子。當今皇帝、聖上、帝王或領袖、領導人只是上天揀選出來代為管理眾生，替「天」行「道」而已。而「天下」就是我們中國人世世代代、子子孫孫居住的每一塊中華大地上，先祖先輩們、先烈先賢們胼手胝足、篳路藍縷、辛勤開發、拋頭顱灑熱血、用生命與血汗拚搏創建出來的「空間」、「帝國」、「國家」。如果有哪位「天之子」、「龍之孫」失去「天下」，失去中國人安身立命的地方，那怕是一寸田一方土，都是遺棄中國人之不肖子孫，這樣的「天子」是會被「唾棄」、「推翻」、「取代」的。

因此哪一朝、哪一代、哪一個領導人敢輕視、無視於「中國人的土地被棄」而不思統一復歸？明思宗崇禎因失地亡國覆髮自縊無顏見祖，清光緒皇帝甲午戰敗馬關割台泣不成聲淚鎖瀛台，中華民國總統蔣介石戰敗遁台棺廓至今猶未入土。試問，當今中國大陸中華人民共和國的領導人、揹負著14億中國人尋求一統天下的中華民族復興偉業大責大任的習近平同志，以中國共產黨中央委員會總書記、中華人民共和國國家主席、中央軍事委員會主席三位一體，比照中共開國國父毛澤東的尊榮身分，中國人民賦予他如此崇高的地位與絕對的權力，他在有生之年能不積極設法統一台灣嗎？

在台灣的中國人，在台灣不認同自己是中國人的台灣人，在台灣想要把台灣從中國分裂出去的台獨分子，難道你們還不懂中國人的心嗎？統一是必然，統一是趨勢，統一是決心，就看要如何統。和統是統，逼統也是統（詳如附錄1），武統更

是統。和得來則談，一百年再統也不遲，對大家都好，合不來就翻桌抄傢伙，統一問題不能留給下一代，在二個百年之前（建黨、建國）要解決。1934年中共領導人毛澤東曾說「中國人不打中國人」，1995年中共中央委員會總書記江澤民也說「中國人不打中國人」，2019年中國大陸國家主席習近平還是說「中國人不打中國人」。「追求和平統一」是一定要講的！可是毛澤東講完後，國民黨蔣介石照樣圍剿紅軍，江澤民講完後的前提是中國大陸不承諾放棄對台使用武力，習近平講完後更強硬表示兩岸必然統一。自從1949年中華人民共和國建國，中華民國殘餘勢力敗逃台灣，至今已過了72個年頭，在大陸的中國人不斷的以「中國人不打中國人」這句話來提醒台灣，忍耐是有限度的，統一不能無限期的拖延下去。而台灣也經常以「中國人不打中國人」來提醒中國大陸，可是台灣卻「故意」離中國越來越遠，因為…台灣人已經不是中國人了。

在13世紀末，「元、宋」之間是以「厓山海戰」徹底血腥的**武統**的方式來完成中國的統一。在17世紀末，「清、明」之間是以「澎湖海戰」威嚇性**逼降**的方式來完成中國的統一。現在是21世紀初，中國人將以何種方式來完成統一台灣呢？最好的方式應該是「**和統**」，用和平的方式來完成統一，鄧小平提出的「一國兩制」原本是最好的政治安排，兩邊都有台階下。習近平提出的「台灣方案」也是可以討論的未來，兩岸都有話語權。但是自從2016年台獨黨第二次政黨輪替蔡總統上台執政後，悍然拒絕承認「九二共識」、斷然拒絕「一國兩制」、企圖「以武拒統」、「以武謀獨」、「以疫謀獨」、「倚美謀獨」、「聯美、日以抗中國」、「挾外洋以自重」。在台灣內部全面性實施去中、反中、抗中、仇中、輕中辱華。兩岸

武統台灣
最後結局

的政治互信基礎已被破壞殆盡，兩岸的交流溝通機制早已中斷，兩岸軍備競賽軍演規模越趨針對。2015年習近平已經對台灣發出了「基礎不牢，地動山搖」的預警性忠告，如果未來的「台海統一之戰」是一場地動山搖的超級大地震，那麼這6年來兩岸因政治基礎不在和統無望、因美、中大戰站隊壁壘分明、因新冠疫情抹黑仇視怒火等……所積累下來的爆炸性能量，足夠點燃台海統一之戰的引信了嗎？

第一章　解放軍如何統一台灣

台灣人應該要認識中國人民解放軍

1.解放軍的由來及其演進

在台灣的中華民國管轄下的人民，不論你是否認同自己是中國人，或者你已經自絕於中國，自認是一個跟中國完全沒有關係的台灣人也好，台灣人面對海峽對岸的中國武裝力量，通常都稱其為「共軍」。這樣的稱呼也不能說不對，但正確的名稱應該是「中國人民解放軍」。基於知己知彼的需要，台灣人有必要了解過去、現在及未來，台灣面對的軍事力量其由來、發展與壯大，作為台灣戰、守克敵的基本認知基礎。

有關「共軍」的稱謂，基本上是沿自國民黨政府軍（簡稱國軍），對於發動軍事叛亂的中國共產黨武裝力量的統稱。實際上中國共產黨的武裝力量在各個不同時期、不同區域、不同集團領導下，有各自不同的名稱。1927年創建時，稱為「中國工農革命軍」（因1927年蔣介石發動清黨，捕殺共產黨員後創建，亦稱第一次國共內戰）。1928至1936年間改稱「中國工農紅軍」（即著名的反五次圍剿及兩萬五千里長征）。1937至1945年間（因1936年張學良發動西安事變，迫使蔣介石停止剿共），國、共一致抗日，紅軍主力曾編入國民革命軍戰鬥序列，改稱為「八路軍」及「新四軍」。1945年對日抗戰勝利後，第二次國共內戰（或說共產黨全面叛亂）爆發，「八路軍」及「新四軍」陸續改稱「中國人民解放軍」並沿用至今。

2.解放軍的使命與任務

　　中國人民解放軍是中華人民共和國主要的國家武裝力量，希望台灣成為新而獨立的國家，擺脫中國要統一（或稱併吞）的台灣人（或中華民國國軍）能了解，兩岸分治超過70餘年，現在的解放軍已經不是70年前那個「小米加步槍」的「土八路」了。在台灣的中華民國殘存割據政權，尤其是想要藉由「中華民國台灣」這個殭屍殼來遂行「漸進式台獨」的「日式台獨」或「美式台獨」們，不能再假裝自己是鴕鳥把頭埋在沙子裡，假裝看不見解放軍嶄新而強大的軍事實力，也不要再催眠台灣人中華民國國軍的防衛力量有多麼強大。中國人民解放軍的軍事實力已經是穩佔世界第二了（排除核武器的儲備量不足俄羅斯，以常規武裝力量而言，僅次於美國），假以時日會有趕超美國的可能性。中國與台灣的軍事力量對比早已失去平衡，所謂的「降維打擊」是非常殘酷的摧毀行動，從1991年美國對伊拉克發動的波灣戰爭，就是一場標準的降維打擊軍火秀，當時的伊拉克軍事實力排名是世界第五，那麼現在的台灣是排名第幾呢？面對如此強大的武裝力量，「台軍」擋得住解放軍排山倒海、全方位、立體化的攻台行動嗎？

　　這支新型態的武裝「革命」力量最可怕之處，除了現役軍人數量龐大，部隊訓練從嚴從難，武器裝備的質量更新換代外，最應該注意的是這支武裝力量的「精神戰力」非同小可。中國人解放軍是由中國共產黨在異常艱苦與危機的環境下建立起來的，自成立起就堅持「黨指揮槍」的原則，由中央軍事委員會領導，中共中央軍委主席統帥全軍（就是台灣網民最愛酸的「習包子」習近平所領導）。中華人民共和國的創建過程就是標準的「槍桿子出政權」的武裝鬥爭，只要共產黨存在一

天，這支強大且忠貞的武裝力量就是黨的鐵衛軍，就是黨的守護者，這與一般所謂民主國家的「國軍」或「國防軍」是有著完全不同性質之處。民主國家的軍隊可能因政黨的輪替產生指揮權的轉移，「國軍」效忠的對象是「國家」。問題是如果這樣的軍隊，是處在「政治認同」或「國家認同」不穩定的國家（譬如在台灣的中華民國），軍隊沒有堅強的效忠對象，就會陷入「不知為何而戰，為誰而戰」的意志分裂窘境。

在台灣的「國軍」，目前就是面臨這樣的思想分裂、戰志潰散的狀態下，正是從李登輝執政12年的台獨傾向開始（兩國論），歷經陳水扁8年執政（一邊一國論），到目前蔡英文5年執政（拒絕承認九二共識），已將中華民國「蛻變」成形式上掏空，實質上台獨的「喪屍」狀態，這對於效忠中華民國的國軍而言已是不可承受之重。試問，在台獨黨蔡總統領導下台灣軍隊的將官中，有誰會勇敢地說：「我反對台獨！」、「中華民國國軍誓死消滅台獨，保衛國家」？試問，這些將官哪一個不知道台獨黨的黨綱就是清清楚楚的寫明要建立「新而獨立的國家」？因為「三信心」的動搖，因為「國家意志」的混淆、因為「政治環境」的投機，是否會導致台灣軍隊充斥著敷衍、造假、跟風、膨風的心態以及「講究三求」的現況：上級軍官只求升官發財逢迎拍馬，中級幹部只求混吃領餉平安下莊，基層士官兵只求輕鬆度日休假正常？實況如何，多少心裡有數、普遍心知肚明。長期以往，軍無戰志，粉飾太平，巴結成風，戰力衰敗。

這是台灣的「國軍」實際上已經面臨的窘境，金玉其外敗絮其中何須矯情掩飾。清末有炮衣蒙塵，戰艦晾衣之故事，今有雄三飛彈誤射，營內毒品撒地、艦上四腳獸嬌喘「濕樂

園」⋯⋯。軍無軍法、國失憲綱，一派歌舞昇平末日景象。反觀對岸的中國人民解放軍的建軍宗旨就是「緊緊地和人民站在一起，全心全意地為人民服務」，做好人民子弟兵的好榜樣。從汶川大地震軍隊奉命搶進災區、華中大水搶險助民、武漢疫情逆行攻堅，解放軍的犧牲奉獻無不令人動容欽佩。中國人民解放軍的任務是「鞏固國防，抵抗侵略，保衛祖國」，1950年的抗美援朝戰役，由一群裝備低劣的解放軍用生命築成抵抗強權侵略、保衛祖國安全的鋼鐵意志長城，古今少有，一國力抗聯軍。中國人民解放軍的使命是「為中國共產黨鞏固執政地位提供重要力量保證」，解放軍的作戰意志單純而執著，堅定而不移。面對如此鋼鐵洪流般的勁旅，連美軍都要畏懼三分，退避三舍，試問台灣的「國軍」、「國民」、「國魂」，都準備好了嗎？武統台灣的節奏已經開始了，戰事一起，就沒有甚麼力量可以阻止「共軍」解放台灣、回歸祖國、統一中國、復興中華了。

3.1949年後中國人民解放軍對外戰役共計七次

（1）抗美援朝戰爭

1950年聯合國軍（以美軍為首的16國部隊）進攻並占領北朝鮮大部後，進逼中國界河鴨綠江。美國空軍戰機侵入中國領空並轟炸安東市，使原本持中立政策的新中國被迫自衛反擊。「抗美援朝，保家衛國」，聯合國軍被入朝作戰的中國人民志願軍擊退，戰線前推至38度線附近（原蘇聯、美國對日受降分界線），迫使美國接受停戰談判。

（2）中印戰爭

1962年中印邊界自衛反擊戰，中國取得勝利目標後即主

動停戰撤回。中國採取軍事行動是為了嚇阻印度，並以戰爭手段維護西段邊境穩定，同時穩住中國對西藏的控制。

（3）中蘇邊境衝突

1969年中國邊防巡邏隊以步兵輕武器擊退蘇軍坦克、裝甲車、飛機和火箭砲的進攻，戰後由中方控制全島，史稱「珍寶島保衛戰」或「珍寶島自衛反擊戰」。

（4）抗美援越戰爭

1955至1975年，中華人民共和國曾協助越南共產黨游擊隊（北越）擊敗法軍，迫使法國撤出越南北部。美國在南越建立反共政權，圍堵共產黨，西方世界再度進入越南並長期駐軍，主張趕走西方勢力的北越獲得中國的支持，最終擊敗南越統一越南，美國從越南狼狽撤軍。

（5）對越自衛反擊戰

1979年因越南對中國邊境襲擾，以及越南入侵柬埔寨，推翻親中的紅色高棉政權，中方進行反擊攻入越南北部領土，取得勝利後迅速撤軍，中國大陸達到了預期的懲罰性作戰目的，摧毀了越南北部的工礦業。

（6）中越邊境衝突

1984至1993年，中華人民共和國經過準備，採取各大軍區輪流作戰方式與越軍長期交戰，最終獲得戰爭勝利，越南被迫向中國妥協，中國控制老山、者陰山地區，兩國陸地邊界最終劃定，史稱「兩山戰役」。

（7）赤瓜礁海戰

1988年中國與越南為爭奪南中國海上多個南沙群島島礁所發生的一場小規模戰鬥。本次戰役以中方的完全勝利而告終，中方以1人輕傷為代價，奪回了南沙群島赤瓜礁等6個重

要島礁,並幾乎全殲參戰的越南海軍。

1949年後「國軍」對外戰役共計零次

中華民國自退守台灣後,經濟、外交、軍事、甚至是內政,多受制於美國。例如屬於台灣島列嶼的釣魚台諸島被美國擅自將「行政管轄權」交給日本,台灣(中華民國)未能主張行使主權,致使台灣漁民經常受到日本的欺凌,台灣完全無法維護領土主權更無力保護漁民。又如南沙群島諸島礁遭受越南、菲律賓的侵占、併吞,中華民國政府從未有復歸收回的決心,唯一有駐軍的太平島,亦經常受到越南、菲律賓的騷擾侵入,台灣(中華民國)無法維護國家主權尊嚴。

基本上自從1950年韓戰爆發後,台灣(中華民國)接受美軍第七艦隊巡航台海的「保護」後,中華民國已失去主權國家應有的自主尊嚴(不能主張反攻大陸、也無法維護被侵占的領土、也無法保護國人漁民免受外國欺侮殘殺),變相成為美國遏制中國大陸發展的馬前卒(製造兩岸分裂事實)。

4.解放軍的編裝

中國人解放軍有兩百萬名現役軍人,為世界上規模最大的正規軍隊。解放軍擁有規模最龐大的陸軍、軍艦噸位總數世界第二的海軍,擁有洲際彈道導彈、彈道導彈潛艇、戰略轟炸機所組成的三位一體核打擊能力,是亞洲地區最龐大的武裝力量。由陸軍、海軍、空軍、火箭軍、戰略支援部隊等五大軍種以及中央軍委聯勤保障部隊組成。

(1)陸軍機動作戰部隊總共有85萬人,分為13個合成集團軍,分布於五大戰區,現有數十個專業兵種,涵蓋一百多種軍事專業。

（2）海軍現役艦艇數量位居世界第一，是亞太地區最大規模的海上武裝力量，被認為是世界上綜合實力僅次於美國海軍的第二強大的海上軍事力量，現役軍人約29萬人，船艦500餘艘，包括2艘航空母艦，2艘兩棲攻擊艦，8艘船塢登陸艦，39艘驅逐艦，115艘護衛艦，76艘潛艇，海軍航空兵擁有飛機700餘架。

（3）空軍約有39.8萬人，5200多架軍用飛機，是亞洲最龐大的空中武裝力量，分布於五大戰區。

（4）火箭軍是中國人民解放軍第四軍種，人數約15萬人，由中央軍事委員會直接領導指揮，以地對地常規及戰略飛彈為主要裝備，擔負常規導彈目標打擊和核打擊及核反擊戰略作戰等任務。

（5）戰略支援部隊主要的使命任務是支援戰場作戰，使解放軍在航天、太空、網絡和電磁空間戰場能取得局部優勢，保證作戰的順利進行。

（6）中央軍委聯勤保障部隊是中央軍事委員會直屬的實施聯勤保障和戰略、戰役支援保障的部隊，為副戰區級大單位。由武漢聯勤保障基地及其領導下的無錫、桂林、西寧、瀋陽、鄭州等5個聯勤保障中心（分別位於東、南、西、北、中部五戰區）組成。

5.解放軍的戰力（演訓）

中國人民解放軍建軍百年，軍隊編裝及戰力已非吳下阿蒙。解放軍有無能力攻台統一台灣，從2016年中國人民解放軍五大戰區正式成立，其武裝力量配置判斷分析如下：

（1）東部戰區

下轄陸軍集團軍（第71、72、73集團軍）、東海艦隊、東部戰區空軍、火箭軍（第52基地）、戰略支援部隊（61486網戰部隊）、武警內衛部隊、武警內衛部隊機動總隊。

（2）南部戰區

下轄陸軍集團軍（第74、75集團軍）、南海艦隊、山東艦航母編隊、南部戰區空軍、空降兵第15軍、火箭軍（第53、55基地）、武警內衛部隊、武警內衛部隊機動總隊。

（3）西部戰區

下轄陸軍集團軍（第76、77集團軍）、西部戰區空軍、火箭軍（第56基地）、戰略支援部隊（核試驗基地）、武警內衛部隊、武警內衛部隊機動總隊。

（4）中部戰區

下轄陸軍集團軍（第81、82、83集團軍）、中部戰區空軍、火箭軍（第22、54基地）、戰略支援部隊（61786信號情報部隊）、武警內衛部隊、武警內衛部隊機動總隊。

（5）北部戰區

下轄陸軍集團軍（第78、79、80集團軍）、北海艦隊、遼寧艦航母編隊、北部戰區空軍、火箭軍（第51基地）、戰略支援部隊（酒泉衛星發射中心）、武警內衛部隊、武警內衛部隊機動總隊。

五大戰區的任務目標很清晰，西部和北部戰區著重「國土防衛」和「反恐」，東部和南部戰區，著眼於「海權」的發展與鞏固，中部戰區既有保衛中央的目的，也能對四大戰區提供支援與保障，其中東海、台海、南海將是中國未來主要作戰的重要方向。台海問題隨著美國壓制中國發展的態勢逐漸明朗

化，台獨分離主義及分裂中國領土企圖日益猖狂，台獨分子藉由外力干預海峽事務，已由隱晦式漸進台獨走向實質性法理台獨。

　　要解決台灣問題已非中國繼續採取「韜光養晦、忍氣吞聲」或一廂情願繼續宣揚「和平統一、一國兩制」、「寄希望於臺灣同胞」所能低調處理了。現階段臺海兩岸互動、中、美兩強競逐局勢、世界冷戰新格局已經走到解放軍必須加大對台軍事威嚇，強化解放軍聯合作戰攻台登島戰備演訓行動，不斷以機、艦繞島航行台灣，等待最佳時機，由戰備演訓模式直接轉化為實際進攻態勢，以迅雷不及掩耳之勢，在麻痺台軍作戰意志及外力反應不及之間，力求迅速以1至3天時間攻占台灣島，並爭取在1週內盡速肅清島內殘餘反抗力量，全島、全軍、全國防衛態勢轉換成對外禦敵模式，針對來自北、東、南三個方面的美、日、印、澳聯軍海上編隊及第一、二島鏈美軍海、空基地模擬攻擊摧毀演練，建構堅強之防空、反艦、反潛、反導、反隱及地對地打擊火力防護網，逼使外力放棄干預中國內政統一事務，趁機徹底消滅島上台獨分離勢力，避免爾後再為外力利用，破壞中國復興發展的戰略機遇。

6.解放軍可能採取的攻台方略

　　△首要任務：反介入／區域拒止美、日聯軍蠢動

　　△次要任務：對台灣實施軍事打擊

　　「台灣問題」不是單純的中國內政的問題，也不是單純的中國內戰遺留下來的地方殘餘勢力割據偏安國土統一問題。「台灣問題」基本上自從1895年開始就是一個「反帝國主義侵略」的問題，是一個中華民族生死存亡的嚴肅議題，也是中

國人、中國政府能否在這個世界上抬頭挺胸，有尊嚴地活下去的歷史深刻問題。1945年日本侵略帝國主義戰敗投降，台灣光復回歸祖國後，「台灣問題」並沒有因為日本人被遣返回國而解決，而是透過國籍歸化與在台皇民的「寄生上流」，透過錢、權、政、商的利益交織，文化、媒體、教育、政策各個領域的渲染滲透，經過70餘年的發酵發展後，衍生了新形態的、內部社會的、群體自發性的、政治變形蟲式、由新帝國主義操控的「台獨問題」。

　　「台灣問題」已經是事實上質變為「台獨問題」，台灣地區90%的人民經過長時期的洗腦教育後，自認為在人種分類上已經不是中國人而是新興的「台灣民族」，台灣人甚至以身為中國人是一件羞恥的血統（尤其90後的年輕世代）。在政治光譜上台灣也以從來不屬於中國，而是一個「新而獨立的國家」為榮為傲，極力想撇清與中國的任何關聯。這樣的「台灣問題」、「台獨問題」已經不是北京中南海當局再繼續以「兩岸都是中國人」、「兩岸一家親」、「和平統一」、「一國兩制」的陳腔濫調、無關痛癢的官方宣言可以解決的。以西漢時期的西南夷夜郎國來比喻目前的台灣人無知又自大的島民心態，一個膨脹到以為地球是繞著台灣轉，以為台灣是世界的中心，以為台灣的護國神山台積電大到不能倒的現代夜郎國，當「漢孰與我大」名言一出，難道漢武帝還要親自從長安到貴州來對夜郎王諄諄善誘、曉以大義、道德勸說嗎？還是直接派兵滅了它？

　　「台灣問題」會演變成實質性的「台獨問題」，最主要的國際因素就是美國的干預與日本的扶持。中國所面臨的對台統一戰爭的敵手，一個是東亞區域性的舊殖民帝國軍國主義復辟國家日本，一個是世界性的資本主義霸權強盜國家美國。日本

自從二戰末期被美國打趴在地上後，就成為美國豢養在東亞地區的政治、經濟及軍事上的附庸打手，再加上「台海」是日本經濟的海上生命線，當美國的對華政策從合作、協助、競爭轉變為抑制、打擊及挫敗中國人在21世紀即將超越美國的可能機會，日本一定會率先與中國撕咬一番，從側後、在近海與中國武裝力量纏鬥，消耗中國統一台灣的準備，並給予美軍從容應變與解放軍決戰的戰略機動準備時間。「台海之戰」不能僅視為單純的中國內部的「統一之戰」或是簡單的中央政府清除地方割據的「綏靖之戰」，也不是馬英九所說的「首戰即終戰」。中國人、中國政府、中國共產黨、中國人民解放軍一定要先有充足而正確的歷史認知，「此戰」凶險異常，非同小可！如果說1950年的抗美援朝之戰是中華人民共和國的立國之戰，打出了國威，抵擋了帝國主義侵略中國的野心。那麼，「對台統一之戰」就是中華民族能否復興，中國能否重回世界之巔的第三次世界大戰。中國人要有打大仗、打硬仗、打勝仗的堅強心理素質，不打則已，既然決心要打，就要有不計一切代價、不計一切任何犧牲的「末日準備」。

此戰！「首戰即大戰」、「首戰即核戰」、「首戰即是末日之戰」。如果沒有這種心理準備、沒有這種心理素質、沒有「寧可地球不長草，也要收復台灣島」的決心，那麼！就不要打了，就放手讓台灣獨立吧！就承認中國只能是第二流的國家吧！就讓資本主義帝國主義霸權國家繼續掐著中國人的咽喉吧！或是？中國人最好乖乖的按照西方人的計畫，把諾大的中國分裂成七個或是更多的小國家吧！這輩子、下輩子、世世代代的中國人就別再提甚麼中華民族復興的偉大中國夢了吧！最好，中國人也別當了，就主動申請併入美利堅合眾國的東亞藩

屬國吧！「此生無悔入華夏」應該改成「今生恥為華夏人」。

△首要任務： 反介入/區域拒止美、日聯軍蠢動

要解決「台灣問題」、「台獨問題」、「台海問題」，首先要解決的是「國際問題」、「日本問題」、「美國問題」。

①國際問題

（1）在聯合國的架構下，「安理會」是唯一可以在道德制高點上制衡美國及其盟國的戰略地位。中國為五大常任理事國之一，也是安全理事會會員國，擁有出兵干涉的否決權，一旦中國對台灣島的統一之戰爆發，基於一個中國原則，基於中國內政原則，基於世界民族國家統一原則，中國否決任何國家、假藉任何理由干涉中國國境內的領土統一之戰。如有未經由聯合國安全理事會批准的任何敵對軍事行動，中國一概視其為交戰國。中國在感受到明顯敵意威脅之情形下，得不經宣戰程序猝然發動反擊作戰。

（2）中國宣布放棄「不首先使用核武」之承諾。中國的核武打擊、核武報復、核武摧毀將重新定義。中國對台灣的統一之戰是中華民族神聖不可侵犯之內政行使與領土主權管轄，如有任何國家、任何團體、任何黨派、任何力量膽敢阻止妨礙中國統一意志者，雖遠必誅，勿謂言之不預！中國對台灣的統一戰爭是中國內政的「綏靖之戰」、是「中國內戰」之延續，絕不容許任何國家、以任何藉口干涉中國內政與結束內戰狀態。中國將莊嚴宣示收復台灣島的堅定決心，如有境外、域外國家膽敢軍事威脅或軍事干預，對於嚴重干涉國家（出兵交戰、軍事威嚇等），中國除使用常規軍力打擊外，即便敵對國是無核國家，為避免中國軍人過度傷亡，中國不排除仿效美軍以原子彈轟炸日本之先例，實施核武攻擊。如果境外、域外有

核國家針對中國實施核武「威攝」，中國將不排除率先使用核武器。一旦中國認定敵意國家有實施核武攻擊之危險徵候，中央軍事委員會主席授權中國各級核武戰略反擊部隊（陸、海、空、潛），即可自行依據「核反擊計畫」斷然實施核武打擊、報復，並保證徹底摧毀該敵對國家及其軍隊武力對中國之威脅。

②日本問題

（1）日本為二戰首惡國家，迄今從未坦承戰爭罪行認錯道歉，部分戰犯在美國包庇下尚未受到公平、公正、公開之審判究責（如日本天皇裕仁及731（石井）部隊等人），中國秉持寬大為懷，與鄰為善，以德報怨之政策容其自省、自律、自重。然日本已公然宣布中國統一台灣之時，將不顧二戰禁、限武備之規定及違反非戰憲法，濫權解釋行使所謂的「集體自衛權」。中國今日正式公告全世界以平等待我之國家週知，中國統一台灣之戰是主權之戰、是中國內政延伸及內戰之終結，如果日本膽敢軍事阻撓，即便是參戰一兵一卒、一槍一彈、一機一艦，乃至以後勤補給、情報支援、電子干預等手段，中國均視其為對中國「不宣而戰」。「首戰即核戰」，中國將對日本實施核武打擊。核戰期間，中國不接受任何國家調停及談判，核彈將持續轟擊直至日本無條件投降為止。

中、日兩國新仇舊恨必須一起結算，中國軍隊將登陸日本本土，比照美軍實施軍事統制，駐軍將維持社會秩序並完全解除日本自衛隊武裝力量，並追究、緝拿、審判發動戰爭之戰犯與軍國主義復辟餘孽。中國並非舊金山和約之簽字國，中國將重新清算二戰後尚未受審之戰犯及對戰敗國日本要求割地、賠款、社會改造並對日本國民實施限制、保護、重新教育等措

施，以儆效尤剷除病根，徹底消除日本軍國主義惡苗再度孳生，確保東亞地區永久和平。

（2）自本宣言公告之日起，如發現日本有違反聯合國核武擴散限制之規定，有發展核武規劃或意圖擁有核武之行為，中國將比照美國入侵伊拉克，得未經聯合國安全理事會之授權，逕行針對日本實施核武打擊。再次明確重申，也是中國對日本最後一次預警聲明，日本如有非和平使用核設施之行為，中國將視其為對中國國家安全具有「核威脅、核攻擊」嚴重敵意之敵對國家。「首戰即核戰」，如有將核武器輸送給日本之國家，中國一律視其為對中國進行「核宣戰」，兩國交戰「首戰就是核戰」。

③美國及其盟國問題

（1）美國為干涉中國統一台灣之首惡國家，自1950年韓戰、1958年炮擊金門、1996年第三次台海危機，美國均以核武器威攝轟炸中國，並實際採取行動部署核武器意圖以核武轟炸中國，達到其分裂中國、殺害中國人民之邪惡目的。美國自1776年建國以來，在全世界犯下「反人類罪」、「戰爭罪」之滔天惡行罄竹難書，早已人神共憤，忍無可忍之地步。中國嚴正宣告自即日起，所有核子武器進入一級戰備狀態，三位一體核武打擊載具（陸基、海基、隱轟）預定攻擊目標座標輸入指向美國本土及其所在各軍事基地，中國以實際核武毀滅之行動堅定收復台灣，向美國明示如果膽敢阻撓中國統一大業，必將為其霸權強盜惡行付出最慘烈之滅國代價。

（2）中國對台灣統一之戰，如有其他國家意圖進行軍事干預或在中國對美、對日作戰期間進行軍事干預之國家，中國將視其為美國、日本之軍事同盟國，中國同樣宣布放棄不首先

使用核武之承諾（包含無核武國家）。如干預國影響中國統一台灣進程，或造成解放軍傷亡情形下，在中國傳統軍力無法到達該國之時，中國將被迫動用核武，迫使該國停止對中國內政之干預，核武打擊不限次數、規模與種類，直至干預國放棄為止。

中國以聯合國安理會成員國名義，宣布中國最新核武使用安全規範，明確通告全球世界各主權獨立國家、聯合國大會各會員國，自即日起中國將實施武力收復台灣，完成中國統一大業，期待世界各國以平等、尊重、信任待我之民族、國家，勿干涉中國主權行使之權利，中國基於歷史使命與國家安全需要，必以實力防範不友善敵意（對）國家之冒險犯行。中國宣布自現在起，基於國家利益、國家安全、國家戰略需要，在統一台灣軍事行動結束前，建立「四方區域核武保護傘」措施，建構太平洋、印度洋、北冰洋及北大西洋公約組織國等方向「核戰威攝防護圈」：

1. 東風-5型洲際彈道導彈飛彈發射并加注液態燃料備戰待命發射。
2. 東風-31型、東風-41型洲際彈道導彈固體燃料機動型發射車（鐵路、公路）立即疏散隱蔽進入發射陣地。
3. 東風-26型核導彈試射（目標指向太平洋第二島鏈關島附近海域）。
4. 東風-25型核導彈試射（目標指向印度洋孟加拉灣海域）。
5. 核潛艦從美國加州外海海域潛射巨浪三型核導彈（目標指向美國東岸羅德島外海）。
6. 東風-17型、東風-21型中程彈道飛彈、長劍-100型中程

超音速巡弋飛彈，火箭軍各基地、各旅立即進入戰術位
置隱蔽掩蔽待命發射，保證消滅、摧毀來犯之敵。

7. 轟-20戰略轟炸機搭載核導彈穿越日本海航向阿拉斯加
方向。

8. 轟-6K戰略轟炸機搭載核導彈穿越南中國海航向印度洋
方向。

9. 中國宣布在西部新疆羅布泊地區，恢復實施百萬當量級
核爆模擬測試。

10. 西部戰區宣布自即日起實施一級戰備實彈、全裝、全
域軍事演習，威攝目標直指中印邊界衝突地區。

「核戰威攝防護圈」之建立，攸關統一之戰能否以最小的
損耗、最少的犧牲、最快的時間、最低的代價，迅速光復台灣
島。1956年毛澤東曾說：「我看美國就是個紙老虎」、「只有帝
國主義被消滅了，才會有太平」，但是毛澤東也說過「紙老虎
不會自己消滅掉，它有爪有牙」。美國帝國主義亡我之心不
死，阻撓兩岸統一，就是要招斷我中華民族復興之路，如果不
讓美國人「確實明白」中國為了收復台灣，不惜發動核戰的堅
定意志，美國人及其盟友必然不會停止擾亂阻礙我軍。因此，
「殺雞儆猴」絕對是必要的手段，只有讓「出頭鳥」一槍斃
命，「紙老虎」才不敢再出來淌渾水。這隻「雞」就是美國在
東亞養的出頭鳥：日本。「殺雞必須用牛刀」，日本這個國家、
民族從來就是「服力不服理」，中國千百年來對日本再多的包
容與安撫，也換不來平等的對待與尊重，要讓日本信守承諾與
遵守和平，最好的方法就是採用美國人對待日本人的方法，
19世紀以四艘黑船63尊大砲逼迫日本開國通商，20世紀以二

顆原子彈的威力與殺戮震攝逼迫日本無條件投降。21世紀，就讓中國人來教育、感化並訓練日本人該如何做一個永久「熱愛和平」的正常人類。

中國必須要讓全世界認識、要讓美、英等老牌帝國主義國家知道、要讓軍國主義復辟的日本「確實明白」，中國的核武威攝警告絕對不是虛言，中國的核武打擊絕對不容輕忽，中國的核武摧毀宣告言出必行。為了統一戰爭能順利成功、為了解除日本軍國主義復辟武裝、為了東亞地區永久和平穩定、為了拔掉美國插在中國東北方的虎牙，中國必須明確的展示使用核武的能力與意志，堅決地以核武「先發打擊」制壓日本的蠢動。二戰末期美國擔心美國軍人在登陸日本本土之時，會遭受到更大的傷亡，決定使用非常規武器攻擊日本。同樣的，在中國發動統一戰爭之時，中國會以相同的考量，為了避免外部勢力強行干預，造成中國軍民無謂的傷亡，當日本不聽勸阻、不顧忠告，依然為虎作倀，強行出頭時，則日本必將承受第二次的核武打擊。日本必須為其在二戰中及二戰前對中國所有的血腥侵略暴行付出對等代價，日本必須為其違反禁限武備規定與藐視和平憲法的愚蠢行為付出慘痛代價。中國必須在日本干涉統一台灣之時，毫不遲疑地對日本進行核武打擊、連續打擊、毀滅打擊，才能讓美、英等帝國霸權國家「確實明白」…，中國是真的會使用核武！中國共產黨真的會下令以核武轟炸日本，中國人民解放軍真的會比照美軍，將核武器投射到日本本土的軍工生產中心、戰略武備區域及人口密集區域。

中國已經不是百年前那個可以任意欺侮、侵凌、屠殺、暴虐的「東亞病夫」了！只有真實而殘酷的核戰，才能讓這些西方白人睜大眼睛、豎起耳朵、腦筋清醒的知道，中國人在做甚

麼、講甚麼、要甚麼！如果仍然一意孤行，則後果自負，中國人從來不打誑語，不信可以試試！中國能以核武轟炸日本，就有可能轟炸其他敵意國家，美國人會做的事，中國人一樣敢做。美國人如果不相信，也可以自己試試！只要能排除國際間、日本與美國及其勾結盟友的無端干涉阻撓，中國武統台灣的軍事行動將是摧枯拉朽、水到渠成，甚至可能因為中國建立的「核戰威攝防護圈」發揮實質嚇阻效果，外部環境的干擾因素消失，台灣島及其附屬島嶼的防衛武裝力量將會自動放棄無謂的抵抗，順勢宣布解除武裝，達到兵不血刃統一中國的目標。這才是核武存在的恐怖平衡的具體效能。核武不是不能使用，要看在何時用，在何處用，以小區域的核爆威攝，避免世界性的大戰毀滅，這才是真正負責任的大國應該有的作為與認知。

　　因此，統一台灣最大的問題事實上不在於台灣守軍的抗拒防禦，不在解放軍的凌厲攻勢作為，而是美、日等外國陰謀勢力的破解與阻隔。「核戰威攝防護圈」是應對美、日等敵對國家最有效的「防禦」手段，而核武先發攻擊日本，則是為了避免美國及其爪牙小弟們「誤判形勢」最有效的嚇阻方式。統一台灣之戰，最重要的軍事手段就是要建構有效且足夠震懾敵意國家的「核武阻絕」、「核武拒止」、「核武反介入」。一方面宣示中國的核武新政策，建構「四方區域核武保護傘」、「核戰威攝防護圈」（金鐘罩、鐵布衫），預備打擊及先發打擊的核武準備措施外，另一方面中國人民解放軍的傳統常規軍事力量，也將同步進行著渡海攻台戰役準備行動。

△次要任務：對台灣實施軍事打擊

當台灣島已被中國的「四方區域核武保護傘」、「核戰威攝防護圈」壟罩下形成一個「真空而單純」的地理空間，島內台獨分子猶作困獸之鬥，解放軍甕中捉鱉的軍事打擊行動，務必要展現快、狠、準的高科技、高效率、高水平的「三高」作戰能力。以立體、綜合、混打的空、天、地、海、電五向同步作戰實力，完全發揮近海火力打擊優勢、濱海決戰突擊特性，以強大的制空、制海、制電磁完全壓制。在午夜時刻先以導彈及遠火的第一輪火力猝然襲擊下，先行打亂、破壞、毀傷台灣地區的指管通情系統、公用電網及通信微波載台、雷達、導彈、海空基地等戰略目標後，再以隱形戰機做第二輪的火力補充打擊殘餘有價值的目標。最後在拂曉前登陸船團抵達聯合泊地，以天基衛星分格掃描及無人機戰場偵查、偵照、偵蒐等最後清除程序，再由精準制導遠火實施第三輪火力全覆蓋，徹底消滅島上機動反擊部隊之駐地與有生力量後，確定島內導彈陣地、野戰防空、反艦火力、戰蒐及攻擊直升機隊、灘岸反擊火力部隊等均已無法對攻台部隊實施有效威脅，空降軍部隊、集團軍機降部隊、特戰部隊、登陸艦隊等即可依預先計畫分頭行動，直撲各自預定的目標（區），建立火力阻絕陣地，擴大灘岸、港口實際控制區域，確保後續船團、機艦登岸、進港、降落及行政下卸，盡量爭取在一日（24小時內）完成局部登島、重點扼控、主力打擊、多點突穿、軍事統制、宵禁戒嚴、抓捕要犯、穩定治安等初步目標。

作者模擬揣測解放軍對台灣實施軍事打擊的攻台策略與實施的可能方式如下：

1.公布「台獨戰犯」及「台獨罪犯」清單

由國務院國台辦公布後，交攻台解放軍及機動武警總隊執行斬首、緝拿、押解等任務。台獨戰犯區分為「首惡台獨戰犯」及「一般台獨戰犯」，台獨罪犯區分為「積極台獨罪犯」及「一般台獨罪犯」。所謂「首惡台獨」係指歷年來長期從事台獨叛亂犯行執迷不悟，且利用公職職權進行台獨叛亂犯行者。所謂「戰犯」係指因上述台獨分子之台獨叛亂行徑，直接或間接阻擋兩岸和平統一之機會，直接或間接引發兩岸兵戎武力統一戰爭之首惡分子。首惡台獨戰犯罪無可逭，就地正法或緝捕歸案受審，概由任務部隊視當時情況自行斟酌處置，以任務部隊之人員安全為最大考量。「一般台獨戰犯」係指長期從事台獨叛亂犯行，曾任公職推動台獨運動或立法推動台獨行為者，此類戰犯以緝拿歸案為主，必要時亦可就地正法。

所謂「積極台獨罪犯」係指長年從事參與台獨運動並積極推廣影響巨大者，此類罪犯以緝拿歸案為主，必要時得以強制力逮捕。所謂「一般台獨罪犯」係指接受台獨叛亂犯行影響，協助或參與台獨分裂活動有事實紀錄者，此類罪犯交由機動武警總隊及公安警察情治系統偵處，依台獨罪犯清冊全島搜捕，務求除惡務盡，台獨毒瘤務必清除，押解內地「國安法庭」嚴審重罰，以儆效尤，以正國法。此類罪犯人數眾多，且具地方群眾特性，極易嘯聚造反對抗，執法人員務必提高警覺，嚴打嚴查，務必一網打盡。如有拒捕對抗暴力升級，授權執法人員即依「掃蕩重大暴力罪犯」及「鎮壓恐怖暴力分子清剿措施」，以執法人員之安全為最大考量，秉持不怕困難不畏死傷之精神，必要時得實施重型火力壓制。

2.封鎖戰

環島封鎖的目的是為了要防止台海戰場環境複雜化、國際化，並有效阻絕戰場內目標脫逃離境，壓縮反抗武裝活動空間。因此封鎖區域應設置警告盤查區（外線），實彈驅離區（中線）、火力摧毀區（內線）等三層。中國政府在聯合國發表核武新政策及核武保護傘措施後，即由外交部發布及控訴美國惡行罪證；國防部即時發布武統台灣進入實施階段，並統一發布封鎖區域範圍及禁（限）制事項；國務院同步發布對台武力統一必要措施（詳如附錄2）。公告全世界週知、各國使領館及各國政府領導人，中國武統台灣軍事行動已正式發起，呼籲世界各國遵守聯合國2758號決議，尊重中國主權內政，支持中國統一行動，放棄不法、不當、不智的干預，共同維護世界和平發展。

解放軍面對太平洋及印度洋方向之外來敵對勢力，除在第二島鏈及印度洋建立核武保護傘（距離台灣戰場1500公里外），針對有核國家（美、英、印）海空兵力以1000至1500公里之東風導彈打擊為主。南海艦隊扼控麻六甲海峽，「山東艦」航母打擊群依託南海諸島（海、空軍事基地），肅清、驅逐並管控南中國海內之敵意國家海空兵力。東海艦隊前出台灣東側配合「遼寧艦」航母打擊群分別監控美軍可能投入台海戰役之航母戰鬥群海空兵力（可能有3-4個航母戰鬥群），北海艦隊陳兵布陣黃海，監控日本海及宮古海峽之美、日海空兵力。中國第三艘「台灣艦」航母打擊群佈署於菲律賓東側外海（雷伊泰灣），擔任東海艦隊之預備隊，伺機策應「遼寧艦」抵禦美軍常規海空攻擊，並監控澳大利亞海空兵力。

完成戰區域外海空兵力配置及臨戰訓練後，對台灣地區之

封鎖戰可區分為以下幾項：

（1）**資通電封鎖**：攻台軍事行動前，由隱形飛機攜帶石墨炸彈飛臨台灣上空轟炸各主要城市及電訊、電纜、電話系統，造成台灣電訊損壞中斷、電子設備毀損。再由電戰機、艦、大陸沿岸岸置大型干擾雷達，徹底擾亂台灣地區各種網路、通訊、電訊、話網等系統，製造全島雜訊覆蓋之無人區，癱瘓島內反抗力量之串聯調度指揮，以利解放軍攻擊部署。

（2）**海域、空域封鎖**：自解放軍宣布禁航（海、空）令之時起，凡是在「警告盤查區」（外線）以外之船舶、航空器，一律禁止進入封鎖線內。未經許可擅自進入、不聽警告驅離、不服盤查識別者，解放軍一律視為敵對交戰行為立即摧毀。仍在「實彈驅離區」（中線）內之船舶、航空器，應立即加速駛離（飛離）不得停留或轉向，如有未經許可擅自停留或轉向台灣島區者，解放軍一律視為敵對交戰行為立即摧毀。尚在「火力摧毀區」（內線）者之船舶、航空器，在解放軍陸海空火力監視下，應立即加速駛離（飛離）不得停留或轉向，如有未經許可擅自停留或航向台灣島區者，一律視為敵對交戰行為立即摧毀。

自解放軍宣布禁航令之時起，各國潛航器不得進入封鎖區內，如有未經許可擅自進入者，解放軍一律視為敵對交戰行為，一經發現立即摧毀。尚在封鎖區內之潛航器，應立即上浮航行並標示國別，以示無害通過，不得再有下潛行為，如有違反禁令，解放軍一律視為敵對交戰行為，一經發現立即摧毀。封鎖區內之海域，如有未經許可、無法識別、無法通聯之潛航器，解放軍一律視為敵對交戰行為，一經發現立即摧毀。

各國太空偵察衛星應行使無害通過戰區上空，不得有偵照

發布、干擾（電磁、通訊、光波等）或提供解放軍軍事部署情資與敵對國（包含台灣當局），如有上述行為，解放軍一律視為敵對交戰行為，有權予以摧毀。

（3）**外（離）島封鎖**：原台灣當局所控制之外（離）島地區，自封鎖令發布之時起，一律禁止離島外行，所有船舶及航空器一律原地停放，凡有違反禁令者一律摧毀。任何人員違反禁令擅離島區者（包含以水肺器材潛行者），解放軍一律視同戰犯潛逃，可不經識別、鑑定、捕捉程序，一律摧毀射殺。

（4）**島內封鎖**：自解放台灣統一之戰號角響起，解放軍即時透過網絡、媒體、通訊、廣播、傳單（詳如附錄3）等諸多手段，宣布台灣島及其周邊為禁航區，禁止各類船舶駛離港區、海岸、禁止各類飛行器升空起飛。台灣島及其附屬島嶼，未經許可擅自出港、出海、升空起飛者，不論該機、艦為民用或軍用，解放軍均視為敵對交戰行動立即予以摧毀。任何人員（含外籍人士）未經許可，擅自登船登艦出港、出海者，登機（或具有動力爬升之器具）升空起飛者，解放軍一律視同戰犯潛逃，可不經識別、鑑定、捕捉程序，一律摧毀射殺。

自武統行動發布時起，台灣地區民眾為確保自身安全，切勿接近、滯留或進入軍事營區、野戰陣地、軍事裝備、基地、機場、港口、中央機關、雷達站台、油氣儲存區、電力輸送設備、交通樞紐節點及海灘（岸）等危險處所、區域，與台軍武裝人員、民兵游擊隊等保持安全距離，避免遭受砲火傷亡。

（5）**經濟封鎖**：台灣島區各地立即停止各項股票、外匯、期貨等金融市場交易，各公私銀行關閉營業禁止擠兌提領，各能源供應處所（如加油站、瓦斯行等）立即停止營業，記載存量備查。各民生供貨通路處所須正常營業但採限量實名

制登記，嚴禁哄抬搶購物資、屯積斷供牟利，如有違犯禁令者，依叛亂罪論處。

3.宣布戰時命令

台灣地區全島民眾比照新冠肺炎期間實施「三級警戒」隔離措施，不得聚集、不得旅遊、不得跨縣（市），各公立機關（不含公立醫院、消防、警察等救災、救難、救護部門）、公股公司行庫、公私立學校等，一律公休（停業）三日，各私立機構、公司行號、民間團體等可比照辦理，全島居民安心在家等候中共中央政府進一步通知。統一戰爭期間，台灣地區民眾務必配合中共中央政府政令宣導要求，並配合解放軍、機動武警指揮管制措施，如有故意違犯或蓄意反抗生亂者，依叛亂罪論處。當地原警政、警察、治安機關應配合辦理，共維社會治安。

4.斬首行動

所謂「擒賊先擒王」，斬首行動之成功，攸關後續登陸、占領及管治之難易程度。斬首對象均為台獨首惡首腦分子，死生不計，務求第一時間精準消滅清除。斬首行動以巡弋飛彈轟擊為主，特戰部隊襲擊為輔，以台灣地區之政軍首腦為目標，依衛星偵照、諜報情資、特戰人員先遣偵查等方式，鎖定斬首目標動態位置，由東部戰區特種導彈部隊同時、異地發動攻擊。第一擊轟炸後，由潛伏之特戰人員進行確認，如未成功，再實施第二波攻擊，徹底消滅首惡目標。

5.戰略轟炸

伴隨斬首行動的巡弋飛彈轟擊時，近程彈道導彈之戰略轟炸將同步進行。戰略轟炸之目標為台灣地區之政軍指揮中心、台灣總督府、國防部、官邸官署、愛國者及天弓導彈陣地、雷

達站、衛戍部隊營區、空軍基地（打擊目標為松山、新竹、台中、台南、屏東、台東、佳山、花蓮等處，另馬公機場及桃園、高雄二處國際機場由特戰部隊占領後開放解放軍空軍使用）、海軍基地（打擊目標為蘇澳、左營、馬公等處，另高雄港、台中港、台北港由特戰部隊占領後開放解放軍海軍使用）等。尤其以政軍指揮中心（如圓山指揮所、衡山指揮所二處）為台獨首惡首腦分子之藏身及遙控之處，經營數十年已是碉堡化、數位化，地下化、防核生化，地形複雜易守難攻，如在第一波導彈攻勢未能確實將其摧毀，台獨首惡首腦分子極有可能流竄至全台各地預備指揮所或其他可供藏匿指揮之處所，將對解放軍後續攻勢作為產生極大困擾。因此對此具有特殊性、抗炸性、中樞性之地下指揮中心，解放軍攻台戰區指揮官應下達「微當量戰術性核武導彈或超大型重磅鑽地炸彈」炸射指令，務求徹底殲滅頑固抗戰之敵，減少後續解放台灣任務部隊之傷亡。

6. 戰術轟炸

解放軍另一攻台利器，也是解放軍登台前推，掃平障礙之洗地武器：遠程火箭炮。解放軍之遠程火箭炮具有射程遠、高精準、火力大、高覆蓋、成本低、機動強之諸多特色，為渡海作戰前不可或缺之火力打擊系統。遠程火箭炮射擊距離可達300-400公里（火力覆蓋區域為台灣適合兩棲登陸之灘岸地形、機場跑道、反擊部隊基地、戰搜直升機基地及軍事港區之先期大範圍火力打擊）。

7. 戰鬥轟炸

經過近程導彈及遠程火箭炮洗地的攻擊轟炸後，基本上應該已經大部解決台灣空軍、海軍及防空、反艦導彈部隊對於登

陸船團的威脅，順利取得空優、海優及制電磁之優勢。登陸船團自戰略及戰術轟炸砲火準備之同時，兩棲登陸艦艇（部）隊、戰甲車、運兵船已依預先出港計畫駛往聯合泊地，準備換乘突擊艇舟波，渡海甲車亦已駛出母艦列隊形成登岸部隊先頭衝擊火力。

解放軍事先依衛星偵照及軍事情報所獲得之打擊目標，經過二輪火力覆蓋後，估計超過70~80%之目標均能成功摧毀。惟仍有20~30%之守軍仍具有威脅解放軍登陸船團及低空慢速航空器（直升機、無人偵察機）之反擊能力。因此殲16、殲10系列戰鬥機應掠海飛臨台灣地區上空，針對殘餘之武裝力量（如僥倖尚未被擊落或勉強升空應戰之戰機、小型導彈砲艇（如藏匿在各小型漁港裡之沱江級海岸巡防艇）、野戰防空陣地、隱蔽之戰搜直升機、洞堡內尚未摧毀之坦克、裝甲車等）實施威力偵巡戰鬥轟炸，以確保後續登陸部隊之安全。

8.無人機戰鬥巡航

以慢速無人靶機在前方巡航，引誘機動、短程、野戰防空雷達開機搜索或令小股部隊單兵防空武器陣地曝光，再由無人攻擊機（攻擊11）搭配在後，查打一體鎖定後發射反輻射飛彈，消滅殘餘部隊、分散性、孤狼式的零星反擊之破壞性武裝分子，以確保後續登陸船團舟波及直升機突擊梯次順利安全。

9.空降著陸

有著「維護統一的鐵拳」之稱，也是中國三大快速反應部隊之一的中國人民解放軍空降兵第15軍，是專職進攻台灣的拳頭部隊，具有快速部署、機動作戰之功能。下轄6個旅級編制部隊（另有特種作戰旅雷神突擊隊），對於北、中台灣戰略高地（林口臺地、桃園台地、大肚台地、八卦台地）之控制、

敵後襲擾破壞及阻擊台軍增援部隊，是一支具有決定性之戰略進攻部隊。台灣地區的政經中心在台北盆地，自從愛打高爾夫球的皇民總統李登輝開放林口台地允許興建高爾夫球場後，空降旅就能利用眾多之球場平坦地形實施突擊空降，進而俯瞰控制整個台北盆地。空降軍最擔心的就是地面防空火力及反空降掃蕩裝甲部隊，因此解放軍的近程導彈及遠程火箭炮轟擊行動，尤其對於台軍所謂的「拘束打擊部隊」務必盡其火力發揚速射快打，一擊癱瘓之要求。空降軍能否成建制、完整戰力編組的成功空降於目標區，迅速集結形成有效戰力，攸關戰略高地之掌控與後續阻擊任務之遂行。

　　10.機降著陸

　　直升機搭載步兵戰鬥小隊快速跨越地障及進入敵後方地區，執行巡邏偵察、機動打擊及快速運補之戰術，從美軍參與越戰之時已經有顯著的功效。解放軍各戰區各集團軍都有配屬直升機戰鬥及運輸機隊。攻台戰役中武裝直升機對地打擊能力及兵力、火力快速運送突擊著陸之效能，對於空降兵初期之戰力保存與特定戰術目標之占領，具有重大之點穴效力。以北台灣為例，當空降旅佔據有利地形扼控戰略要地，封鎖出入台北盆地之交通要道，在遠火覆蓋下之殘餘裝甲反擊兵、火力勢必衝擊輕裝空降兵之陣地，而戰鬥直升機群便能適時提供反裝甲火力與摧毀堅固要塞地堡之火力支援，而武裝運輸直升機搭載之輕裝步兵及其吊掛之重型火砲、機動車輛，對於殘餘反擊兵力可形成圍殲之態勢，可協助空降兵鞏固陣地，也能輕易快速機動機降至目標上空或附近（如攻佔電視台），對於後續野戰部隊大規模登陸掃蕩前之空窗期，機降著陸至關重要。

　　11.特戰著陸（登岸）

　　台灣是個海島地區，廣卯的海洋在20世紀時對台灣來說是最安全的屏藩，解放軍自對岸集結、編隊、裝載、運輸、舟波、突擊登陸等等軍事行動，都會暴露在高科技的監控環境裡，讓台灣的防衛部署能以最有效能的方式進行，同時也是對解放軍的攻台行動無疑是一種絕對的限制與戰力不足顯現的弱點。然而隨著科技的進步與戰場空間的壓縮，各種渡海、泅水、運送之機具、載具不斷的創新改進研發列裝，從空中的特戰運輸機空降著陸、直升機群的快速突擊機降著陸、海面上快速艦艇、突擊舟之縱深登陸，到海底潛艦抵近海岸潛行滲透上岸。對於特種作戰部隊而言，海島型的戰場環境已經不再是遙遠不可及的地域，相反的隨著各式機動載具器具的成熟，特戰部隊進出四面環海的「敵區」卻顯得更加容易。

　　中國人民解放軍各軍種、各集團軍均有編制各種特色之特戰部隊，不但人數眾多且裝備新穎進步，特戰部隊進入台灣戰場是一支負有關鍵特殊任務的戰鬥部隊，與一般進攻部隊不同之處，特戰部隊應在開戰之前即已陸續以各種方式進入台灣島內至各個任務地區潛伏待命。特戰部隊之任務種類繁多性質各異，概如：特殊人物與目標之識別、鎖定、跟蹤與情報研判、戰略、戰術目標之標定、異動情報之傳遞、特殊目標區之攻佔、人犯之押解、重要目標之維護等……，因此，特戰部隊之潛伏、破襲、控制、撤離，對於整體台海戰役具有「畫龍點睛」的特殊效能。

　　12.突擊艇登岸

　　此階段執行的先決條件必須確保台灣地區已無空中兵火力、已無海上突擊兵火力、已無灘岸反舟波射擊兵火力、已無反擊部隊坦克裝甲部隊的灘岸掃蕩兵火力。最理想的狀態是，

突擊艇登陸區域外圍5至10公里範圍內，均已是解放軍空降兵或特戰部隊兵力的火控區域。此階段執行之前的火炮炸射絕不能夠抱持著節省彈藥或心慈手軟之心態，即便登陸區是人口密集區還是空曠無人的沙丘防風林，只要突擊登陸舟波攻勢一發起，開弓便無回頭箭，不是你死就是我亡。解放軍為了收復台灣，經歷千辛萬苦的訓練磨難，是為了要建功立業遠涉大海，穿渡海峽，不是為了要葬身海底，肉身餵養魚蝦的。每一個解放軍的背後就是一個家庭、一個期盼、一個榮耀，每一個解放軍的生命都是至關重要的寶貴，沒有絕對的火力打擊、火力覆蓋、火力摧毀，解放軍萬萬不能冒著生命危險來搶灘登陸。突擊艇向岸際發起衝擊之時，海空軍的火力炸射絕對不能停止，台軍因兵力居於劣勢，早就刻意將兵火力（含裝甲車輛）藏匿於民宅區、人口稠密區、甚至校園內，這已是公開的、喪心病狂的為了保存戰力與戰術欺敵目的，企圖利用解放軍對於台胞血濃於水的感情，避開解放軍登陸前的火力打擊後，再由這些藏匿處對甫登陸立足未穩的解放軍部隊實施反衝鋒掃蕩，意欲造成解放軍大量傷亡。

　　台灣今日會淪為解放軍武力統一的目標，主要是因為台灣人昧於民族大義，相信並支持台獨黨的欺騙洗腦，甘願為其搖旗吶喊助紂為虐，意圖獨立脫離祖國才有今日之悲劇。作者認為，個人造業個人擔，集體共業全民共擔。明知山有虎偏向虎山行，明知台獨是一條不歸路，明知解放軍從不放棄以武力收復台灣，可是大多數的台灣人還是選擇了這條戰爭之路、毀滅之途、地獄之門。尤其以第一助攻方向（北台灣）之突擊艇登陸區所在之淡海地區，從淡水河口周邊及沿岸均為人口高度稠密區，台軍在此地區佈署有淡海守備旅及飛彈快艇等眾多部隊

守軍。從淡水河口至萬華內陸台灣總督府這段「旅程」，考驗著解放軍的攻台決心與戰鬥意志，台軍特種部隊曾在此區演練，如何憑藉山（觀音山）、水（淡水河）複雜地形、高大堅固建築物及稠密區的人肉盾牌，阻擊並遲滯解放軍登陸部隊的攻勢。因此這個進攻路線，究竟是解放軍邁向成功的必勝之路，還是解放軍客死異鄉的「陰屍路」？作者認為，只要有對抗、有反擊、有障礙，唯一解決的方式就是「砲火覆蓋」、「砲火覆蓋」、「砲火再覆蓋」。

13.兩棲攻擊艦登陸

解放軍目前載運兩棲部隊載具計有071、072、072Ⅱ、072Ⅲ、072A等型號，現有服役總數達30餘艘，計畫中至少尚有10餘艘，近期列裝的兩棲攻擊艦為075型（海南艦），運載登陸部隊可達1200人，配備30架武裝直升機，可運載更多重型裝備，包括10輛15式坦克或35輛兩棲突擊車，以及步兵戰車20輛、氣墊登陸艇2-4艘。對登陸部隊而言，這些都是迅速突防與鞏固灘頭陣地的必要裝備。075型兩棲攻擊艦滿編是3艘，加上其餘兩棲登陸艦總數應高達40餘艘，為海軍建軍以來最為強大的兩棲攻擊編隊戰力高峰期。

3艘兩棲攻擊艦及其配屬之兩棲登陸艦艇，應將2/3編配在中部主攻方向登陸部隊，1/3編配在北部第一助攻方向登陸部隊，少數兩棲登陸艦艇編配於南海艦隊，由海軍陸戰隊之登陸主戰兵力，用於南部第二助攻方向牽制作戰，主要吸引台軍之南部陸戰99旅及某坦克裝步旅之反擊拘束掃蕩部隊。俟中部主攻登陸部隊成功突破敵之防禦，集結完整之野戰兵團及可配合支援之海上攻擊艦隊武裝攻擊直升機群，向北攻擊掃蕩前進。另一部向南以主戰坦克及武裝直升機、無人機等優勢戰

具，拘束流竄之殘餘武裝，南部地區向來是台獨黨之大本營，且西部平原地勢平坦，除城鎮外幾無險可守。因此，以有力之一部憑99A陸戰之王、直20武裝直升機、陸戰隊海上逆襲，應可將南部之敵壓迫分割圍困於城鎮之內，無須與敵膠著近戰，空降兵、特戰部隊、機降部隊僅需牢牢控制住屏東機場、岡山機場、台南機場及高雄小港機場、高雄港，使後續部隊能夠源源不絕上岸著陸。南部之敵大可「圍而不殲」，避免造成過度傷亡，讓台獨分子藉機煽惑，引起民眾擴大抗爭意識。南部戰局將視北部戰局台北首都圈之圍殲攻堅戰鬥肅清殘敵之推進情況及首惡首腦分子伏法或就逮後送而自動停止戰鬥，放下武器接受解放。

14.萬船齊發，多點登陸（武警總隊）

中國對台灣發動之統一戰爭並非一般他國對另一主權國家之入侵之戰，而是一個國家的中央政府對國內地方割據政權所實施之主權之戰（反分裂）、管轄之戰（去分治）、合併之戰（非併吞），任何其他國家絕無干涉、反對之理由與進行任何違反國際法之介入措施。就因為中國與台灣本來就是同文同種，同一國家同一民族內戰之延續，因此統一戰爭發起之時，「內政治理」與「軍事行動」應同時進行，不可只注重軍事行動而延遲對於內政治安之管轄維穩力量。在解放軍渡海攻擊船團之中，各集團軍登陸部隊為主戰兵力，主要以兩棲（攻擊）登陸艦艇為載具，在突擊艇（氣墊船）舟波衝刺登岸外，尾隨在登陸船團之後則為數量更為龐大的民兵機漁船團。在上個世紀中國特有的「以陸軍為海軍」的「萬船齊發」渡海運兵策略，為何依然適用於21世紀的對台統一戰爭？原因即是台灣島內人民並非中國解放大軍的敵人，解放軍要攻擊、殲滅、摧

毀的是意圖分裂中國國土的台獨分子，而非島內的台灣人民。因此，當解放軍在砲火前進中追擊敵人時，正義之師所到之處「戰地政務」即應隨之展開，在解放軍渡海船團之後跟隨的萬艘民兵機漁船團，上面搭載的就是為數更為龐大的機動武警總隊官兵。

　　台灣地區共有368個行政區，每個行政區的幅員大小、人口數各不相同。當戰事開始後許多武裝力量或地方小型盜匪將會利用社會治安的空窗期（類似1895年台灣民主國成立抗日時，在台北城內的官軍變強盜），製造騷暴亂事件乃至228事件之動亂流寇。因此針對解放軍作戰計畫之推進，有關地域內之「次軍事力量」武警部隊（類似美國國民兵）之進駐設立，應隨軍推進迅速抵達預先分配之責任區，立即接手協助治安維護工作。台灣地區各鄉鎮市區均設有國民學校，機動武警總隊分遣隊可依行政區人口數分等級進駐若干兵力（如大區一個連、小區一個班），以當地學校作為臨時駐紮營地，建立防禦體系，結合原有之警政治安系統、地方行政系統，迅速恢復市政常態運作，減低因軍事作戰造成之社會變動成本。

15.正規船團登陸（聯合泊地）

　　在渡海登陸作戰軍事行動中，最為危險的莫過於搭載人員，裝備龐大的登陸船團。從對岸大陸沿海港口集結，人員、車輛、火炮、彈藥、物資等各項裝備的裝運順序、梯次規劃乃至抵達聯合泊地準備換乘各類大小登陸艦艇實施舟波運送，這段過程能否安全、順利實施，關乎整個統一之戰勝敗關鍵。為了排除域外勢力干擾，對台統一之戰要求必須在1至3日內完成底定，因此正規船團的集結、運輸、換乘、登陸、進港等計畫必須要求精密確實。在空優、海優及遠火密集支援射擊、海

底潛艦的保護下，掌握關鍵時刻迅速出航，當聯合泊地海面上佈滿了解放軍大大小小的登陸船、艦、艇，而沒有遭遇攻擊疑慮的環境時，對台統一之戰基本上已經達成歷史使命了。

16.行政下卸進場進港

對台之戰第一波的導彈、遠火轟擊，目的在於迅速瓦解台灣的空防、海防及指揮系統，部分機場及港口因有行政下卸之需要，不能以毀滅性之武器予以破壞，需藉由空降兵、特戰部隊及直升機、兩棲突擊兵力實施要地攻擊加以占領運用。台北地區為台灣島的行政中心，控制台北就等於是完成攻台目的，因此松山機場的占領至關重要。占領松山機場可以提供更多的特戰兵力進入台北市執行特定任務，也能提供先遣部隊源源不絕的後援。另外桃園國際機場也是必須占領之重要目標，關於外國人離境、撤僑、集中、查驗等管制作業及防止台獨戰犯、罪犯趁亂偽裝、變造身分潛逃出境。在戰事尚未完全結束前，國際機場均須關閉，只限兩岸班機在許可條件下方得起飛升空。

左營、蘇澳、澎湖等三處軍港應在攻台第一時間即予摧毀，在港、在航戰艦全數鎖定以反艦導彈飽和攻擊務求全殲擊沉掌握制海權。台中港及高雄港占領後，配合兩棲突擊登岸兵力建立防禦陣地，迅速提供解放軍後續登陸進港船團實施行政下卸，將大批量人員、裝備、物資以最快的時間送達台灣，尤其重型裝備（如99A主戰坦克、伴隨式野戰防空導彈系統HQ-17AE戰車、PHL-03遠程多管自行火箭炮車、181卡車砲等重型合成旅裝甲集群裝備）之下卸最為重要。先遣部隊務必嚴防死守，不計任何犧牲代價，也要堅守防禦陣地，讓解放軍各攻台主力集團野戰軍能利用大型港口成建制、成體系的進港登陸

上岸形成陸戰優勢兵火力。

17.機場開放抵台（行政人員）

　　台灣雖然是戰場，但台灣人也是中國人，解放軍不得已採取武力方式統一台灣，針對的是極少數頑固台獨分裂分子，一般台灣民眾或受囿於長期反共教育、媒體仇中洗腦或因中華民國的不統、不獨、不武「獨台式」的分離意識形態作祟，造成台灣民眾對於中國共產黨的仇視，對於祖國大陸的疏離，對於偉大統一復興事業的排斥。因此隨著解放軍的登陸，戰線前推壓縮，各地行政區陸續光復，大陸國台辦預先訓練合格之各類行政事務、專業專才人員，必須盡快透過解放軍控制並開放大陸對飛的桃園及高雄二個機場進入台灣，跟隨機動武警總隊的先遣預置兵力到達指定行政區，依循台灣地區原有「總動員協調會報」之機制，召集區域內各機關、各單位、各團體負責人，佈達國務院第一號行政命令與領導人事命令，要求恢復常態性，事務性服務工作，獎罰分明，積極任事者記功敘獎，敷衍怠職者軍法論處。

18.外（離）島之攻戰想定

　　在對台發起統一戰爭最困難之處，並不在於解放軍如何以遠程火力摧毀台灣島上的戰略、戰術目標。隱形戰機如入無人之境摧毀野戰防空雷達、導彈陣地亦非難事，精確制導炸彈空襲特定目標或由特戰部隊發起的斬首行動，均能在解放軍的優勢武力打擊下灰飛煙滅。台灣島周圍1500公里空域、海域、海底封鎖區，在解放軍龐大的防空、反艦、反潛、反導、反隱系統的嚴密監控下，任何航空器（包含美、日隱形戰機）、艦船、潛艇都很難跨越雷池一步。龐大的渡海登陸船團在徹底掌握制空、制海、制電磁之戰場管理後，台軍難以組織營級以上

稍具規模的反擊與火殲能量，兩棲登陸突擊艦艇、泊地換乘登陸船團、大型運兵船、裝備物資散裝貨輪進港行政下卸等，基本上應能依照全般攻台想定預案順利推行。唯一最難處理也是最令人憂心、最揪心、最讓解放軍放不開手腳施展優勢兵火力打擊的目標區，就是針對台灣當局所掌控的各大小外、離島如何設計「攻戰想定」作為，尤其是緊貼著大陸沿海外緣距離大陸很近，只有一水之隔的馬祖列島、金門列島等島嶼。

東、南沙圍而不攻，爭取和平解放

東沙島、南沙太平島的地理位置，不僅遠離大陸沿海也遠離台灣本島，兵力、火力均顯著薄弱不足為慮。東沙島駐兵僅有不足一個連的海巡人力（海警），南沙太平島駐兵也只有不足二個連的海巡人力（海警），島上的重型火力僅為防衛性武器。目前可能已裝備有40高砲、120迫砲、單兵紅隼反裝甲（戰車）火箭彈、單兵刺針便攜式防空飛彈、鋼鏰火箭彈系統、雙管二O機砲系統，是類防衛性武器均屬射程短、據點防禦的守勢作為，缺乏海空支援掩護。基本上可由解放軍飛彈快艇或以改裝大型民兵船（鐵甲船）、萬噸級海警船圍島不攻，以無人機臨空心戰喊話、拋撒勸降傳單、限令繳械投降，圍島船團無須進入其所謂「禁、限制水域」，僅在其目視範圍5公里外即可實施軍事演習、實彈射擊，亦無須實施火力覆蓋攻擊，也不須急迫要登島占領，僅以火力威攝及心理壓迫即可。東沙島及太平島只要圍而不攻、心戰喊話、限令投降，以台軍的心理素質、實戰訓練、精神戰志相當薄弱的「軍魂」而言，甚至可以廣播要求義務役士官兵陣前起義，脅迫其主官放下武

器繳槍不殺，回歸祖國既往不究，或許1~2天之內即可不戰而屈人之兵，應可兵不血刃接收此二島。

金門、馬祖柔性勸降，爭取和平解放

　　自1987年兩岸開放探親、2001年金馬小三通實施「兩門對開，兩馬先行」政策，金門、馬祖與一水對望的廈門、馬尾，這2、30年來已形成緊密的生活、生命、生存共同體、兩門兩馬的宗親關係血濃於水，經濟、貿易、旅遊、教育、飲水、財產等人民最基本的事務性措施早已連成一片，早已是「一日生活圈」的最切實寫照。因此臺海兩岸如果發生軍事衝突，解放軍決定以武力攻台，那麼夾在中間的金門、馬祖將會是最尷尬、最不知所措、也最為無辜的犧牲品。以目前兩岸的軍事力量對比，1958年八二三炮戰兩岸火炮互轟的年代或許不會再重演，但是砲火無情、軍民何辜，明明昨天還是互相串門的親戚朋友，隔一天竟成為刀劍上陣相互廝殺的仇敵？這叫解放軍如何下得了手？即便以解放軍的火力精準打擊，能在突襲式的炮火攻擊中重創金、馬守軍，但因金、馬兩地數十年的戰場經營，各式碉堡、地下掩體、坑道洞穴等非一般火炮所能在短時間內盡數消滅。如果受到攻擊的台軍不顧一切奮力反擊，隱藏在地下坑道之火力隨意濫射，那麼身處在金馬對岸好不容易逐漸繁榮發展起來的福州、廈門等地沿海城市免不了會受到襲擊毀傷。如果大陸沿海城市遭到金、馬守軍的火力反擊，解放軍勢必會採取報復式的、更猛烈的火力打擊，特戰部隊及兩棲攻擊部隊也必定瘋狂的上島圍攻各個軍事據點，雖然金、馬守軍的最後下場肯定是屠城式的全體就殲，但如此結果

實在是最壞的結局。

因此解放軍的「攻台」計畫要與金馬前線的「攻略」計畫要分開設計，金、馬地區原則上不能採取「硬攻」的方式，應該慎重研究採取懷柔誘降與獎勵投誠並重的方式來爭取金、馬地區「和平演變」、「和平易幟」、「和平回歸」。金、馬兩地的政界、商界領導人士多與祖國鄉親一家人，統戰部應在戰前即完成第五縱隊之訓練與布置，透過小三通人流、物流、金流之便，特戰部隊亦應潛伏在島內伺機而動。利用民間資源確實掌握防區司令官、副司令官及導彈陣地指揮官之動態去向，藉機滲透試探爭取中立之態度，並許予高官厚祿之優，威之屠城滅族之禍，在解放軍發起對台軍事行動時，金、馬地區應立即宣布中立化、非交戰區。倘遇冥頑不靈之輩，無法以親情、人性、民族利益及個人獎勵方式爭取為祖國統一事業盡力，再藉由特戰部隊發起突擊斬首方式控制金、馬指揮中心，並以事先編造好之「聲紋錄音」播放司令官（指揮官）下達放棄反擊之命令，要求全島官兵各部隊放下武器，就地等待整編，解放軍會確保所有人員的安全與返鄉。

澎湖要塞，火殲奪島

與東沙島、太平島「圍而不攻」，金、馬地區「柔性勸降」兩種攻戰策略方式，截然不同的處置措施是另外一個「四戰之地」的離島：澎湖要塞。澎湖就擋在解放軍攻台的必經之路上，且島上建有軍用機場、軍事港口及中長程導彈發射陣地、反登陸掃蕩戰甲部隊等重要的戰略、戰術目標，且澎湖地區早已是台獨政黨經營多年的分離意識基地之一（金、馬可棄

之，澎湖屬台灣）。因此對於澎湖的作戰方針只有「全殲」兩字而已，斷無「圍而不攻」的的空間，也沒有「柔性勸降」之餘地。如果解放軍無法在第一時間內攻佔澎湖，摧毀其軍機、戰艦基地、海空火力防護網、導彈發射陣地，那麼解放軍的渡海船團梯次舟波，勢必會遭遇到攔截而付出慘重傷亡的代價，甚至將直接影響到整體統一之戰的攻勢頓挫。因澎湖地處四戰之地，自古攻台首戰必先力克澎湖，方能劍指台灣逼降迫和。

　　解放軍攻台軍事行動，首戰即是「徹底摧毀澎湖」！對台首輪近程導彈精準攻擊時，應以攻台集團軍遠程火箭炮集火轟擊澎湖要塞所有軍事據點、設施、人員。因馬公軍用機場與軍港對於解放軍並無轉場、轉載之需要，因此解放軍應採取集火速射、同時摧毀、完全覆蓋之原則，不計彈藥損耗、不論傷亡多寡，務求島上所有軍事反擊武裝力量在第一時間即受到完全之打擊。空降兵部隊、特戰部隊、海軍陸戰隊應盡速登岸上島尋殲殘餘有生力量，絕對不能讓守軍有喘息動員應戰之機會。澎湖地區地形平坦，地質鬆軟，不如金、馬等地易守難攻，唯有全面火力打擊、迅速攻占澎湖，方能保障解放軍側翼安全。

第二章　台灣如何抗拒解放軍

鐵了心搞台獨的台灣

　　從地理形勢來觀看兩岸的歷史宿命，會感到歷史無情的詭異與中國要邁向世界之巔前，如同秦漢統一前之爭戰，如同隋唐統一前之爭戰，如同宋元統一前之爭戰，中國要邁向強盛、強權、強國之路，必定要完成統一之戰的歷程，也如同美利堅合眾國在成為世界之極前，對內的南北統一戰爭也是一個必然的過程。從大中國的地理視角來看，台灣就宛如是一個帶冠武士所持之盾牌，此盾牌的功能就是擋在這個巨大的武士最空虛、最柔弱的腹部前方：東南沿海。有了此盾牌的防護則東南沿海無憂，南來北往、西來東向，盡歸台灣眼底。然而從台灣方面向陸的角度觀察，又神似一個逃家的小子，背對著自己的母親面向大洋前途茫茫不知所終。從歷史的脈絡來看台灣島的送往迎來確實有著深沉的無奈之慨。荷蘭人來了，就歸白人紅毛管治；國姓爺來了，就成了仿明東寧王朝；清朝人來了，孔孟儒學、姓氏宗族就根深蒂固了；日本鬼子來了，中國人的血脈流乾，轉眼又變成日本皇民、親日分子了；國民黨來了，回歸祖國復興中華又開始了；台獨分子掌權了，漢奸走狗、台奸日寇又活跳跳起來了。

　　台灣真的好渾啊！沒有自己的主心骨，別人家說甚麼，頭也不回的就跟著別人家走。親生的母親中國在身後狂叫淚奔，台灣人就是不見棺材不掉淚，不碰個頭破血流不回頭。二戰結

193　*第三篇　統一台灣與中國一統*

束後明明已經由中華民國從日本帝國殖民者手中將台灣索要回來了，偏偏蔣介石打內戰撥的小算盤，無端招惹來美國這個大強盜，從中作梗不讓兩岸一家團圓。從1950年開始就在台灣海峽擺上一支第七艦隊，還畫了一條「海峽中線」活生生的切下去讓海峽兩岸望眼欲穿、魂歸故里。一晃眼70年過去了，好不容易捱到祖國母親站起來、富起來、強起來了，左邊一個壞鄰居小日本，使個眼色跟台灣人說，你的母親中國是個X貨，台灣還是跟我日本混吧！台灣人就掏心掏肺的盛讚日本人為「大哥哥」，極盡諂媚阿諛之能事。前面又來了一個戴著牛仔帽的山姆大叔，送了幾件漂亮鏤空的衣服，講了幾句口惠實不至的民主自由、相同理念價值的鬼話、假話、空話，台灣人的三魂七魄全都被勾走了，死心塌地的要跟著美國人私奔，還轉頭嫌棄自己的母親從來不穿比基尼、丁字褲。中華民族是造了甚麼孽啊？這是甚麼樣的孽子啊！

不管如何，反正台灣就是鐵了心的要跟母親中國鬧獨立分家產，既然曾經離家50年了（光緒割台），既然曾經逃家70年了（民國分治），現在台灣好不容易又由日裔皇民、親日分子、舔美走狗掌權了，透過媒體、透過網軍、透過教育，終於將大部分的台灣人洗腦成功，呆胞已經蛻變成綠蛙，乾脆一不作二不休，明知山有虎偏向虎山行，而且還有外人加持公然挑戰母國。要嘛！台灣共和國變身成功永久脫離中國母親的血緣，要嘛！披著「中華民國台灣」的殭屍外衣繼續行騙天下，就是不願重回中國母親的懷抱。台灣人左抱日本大哥哥大腿，右舔美國山姆大叔屁股，寧願當美、日走狗漢奸也不願作個堂正華夏人。在蔡總統執政期間，向美國瘋狂購買武器積極備戰以武拒統，花了大把大把台灣人這幾十年來省下來的血汗錢，

企圖藉著這些美製武器裝備，要把來犯的解放軍通通送進海底餵鯊魚。台灣「以武拒統」的底氣何在？是憑藉著總編制21.5萬、常態性維持約18.6萬人的兵力員額（陸軍13萬、空軍3.5萬、海軍3.9萬、憲兵0.55萬），戰時還可納入海巡署（編制員額1.3萬人）、警政署（編制員額7.3萬人）等司法兵力，還有大約350萬的後備預備役軍人嗎？還是每年約3000億台幣的國防支出 （佔國內生產總值的比例約2.1％）？還是大量向美國採購的軍備武器？還是因為台灣的背後有著日本自衛隊的情義相挺？還是世界軍武大魔頭超強無敵手的美軍航母戰鬥群在背後撐腰？才讓台獨分子、台獨政權、台獨戰犯們有足夠的勇氣，不斷的踩紅線、勒虎鬚、嗆開戰、滅中國？

外力再干預，統一無和平

　　從日本、美國二個面向的軍事實力與戰爭意志來做簡要的分析研判，當中國人民放棄「和平統一」的幻想，當中國共產黨放下「九二共識、一國兩制」的執念，當中國人民解放軍決意不計犧牲任何代價，要以武力統一台灣之時，這些所謂「價值理念相近的民主同盟」將會如何對抗傾巢而出、精銳盡出的中國人民解放軍呢？

1. 日本方面

　（1）鐵律禁限制，軍國仍復辟

　△根據1945年波茨坦公告規定：日本的主權須被限制在本州、北海道、九州、四國以及三國政府（美、英、中）所決定其他小島之內（第八條）、日本軍隊需要完全解除武裝（第九條）、能夠建立侵略力量的兵工需要

被禁止（第十一條）。

△1945年制定《日本國憲法》又稱《和平憲法》或《非戰憲法》第九條規定：戰爭不是日本解決國家爭端的合法手段，包括放棄戰爭、不維持戰力、不擁有交戰權。

△1951年舊金山和平條約第5條聯合國之集體防衛、自衛權（a）日本接受規定於聯合國憲章第2條所規定之義務。（c）聯盟國承認，身為主權國家之日本，依據聯合國憲章第51條之規定，擁有個別或集體自衛權等固有權利，同時日本得自主締結集體安全協議。

△聯合國憲章第二條第四項「各會員國……不得使用威脅或武力……侵害任何會員國或國家之領土完整或政治獨立」。

△1960年美、日安保條約：宣示兩國將會共同維持與發展武力以聯合抵禦武裝攻擊……日本國土內一國受到的攻擊認定為對另一國的危害……。

△1972年中、日聯合聲明《中、日建交公報》主要內容：日本承認中華人民共和國政府是中國唯一合法政府（間接否認中華民國政府）、中國政府重申：台灣是中華人民共和國領土不可分割的一部分，日本政府充分理解和尊重中國政府的立場，並按降伏文書所述，堅持遵循《波茨坦公告》第八條的立場、反對霸權主義……。

△1978年中、日友好和平條約規定：雙方應在和平共處五項原則（互相尊重主權和領土完整、互不侵犯、互不干涉內政……）的基礎上……確定彼此用和平手段解決一切爭端，而不訴諸武力或武力威脅。反對任何其他國家或國家集團建立這種霸權（在東亞地區）。

△2017年日本首相安倍晉三修改日本憲法第九條將「2020自衛隊入憲」爭議。

△2021年防衛副大臣中山泰秀宣稱:「必須保護台灣這個民主國家」,副首相麻生太郎公開強調:「中國如果入侵台灣,東京可能將其解讀為對日本生存的威脅,並且行使集體自衛權,與美軍一同協防台灣」。

揭櫫上述歷史文件與近期日本內閣成員的發言內容,日本至少已經犯下幾項致命且難以饒恕之錯誤:

△身為二戰戰敗國,竟敢違犯波茨坦公告解除武裝(限武)之規定。

△違犯和平憲法之放棄戰爭手段、不得交戰之規定。

△違犯聯合國憲章第二條不得以武力威脅會員國之領土完整之規定。

△違犯中、日建交公報一個中國原則,台灣為中華人民共和國領土不可分割之規定。

△違犯中、日友好和平條約互相尊重主權和領土完整,互不干涉內政之規定。

△錯誤引用及擴張解釋聯合國憲章第51條個別或集體自衛權之規定。

△美、日安保條約違犯聯合國憲章、波茨坦公告、舊金山和約及日本和平憲法等針對日本軍武限制之規定。

△錯誤引用「日本得自主締結集體安全協議」之規定(防止遭受攻擊),引入美國帝國主義國家侵入東亞地區建立國家集團霸權,並試圖聯合美軍主動出兵攻擊中國。

△日本為內閣制國家,其內閣首相、副首相及防衛大臣等

極右翼軍國主義復辟分子已經掌控日本國家戰爭機器，
已明白宣示公然支持台灣為一個國家、嚴重干涉中國主
權內政、企圖阻饒中國領土統一、公然威脅中國並預謀
主動或配合美國再次發動對華侵略戰爭。

（2）毫無悔意，核攻摧毀

日本侵略殖民帝國自從1931年發動九一八侵華戰爭後，
至1945年二戰戰敗無條件投降，乃至於1972年與中華民國斷
交，同時與中華人民共和國建立邦交，不論是降伏文書、中
（台北）、日和約、舊金山和約、及中、日友好和平條約，從
未認真、積極、誠懇的面對其軍國主義罪行所造成的一切傷
害、破壞與代價表示過道歉、謝罪與賠償之意、之責、之罪。
美國為了自私的資本主義意識形態作祟與個別國家地緣戰略政
治利益，不惜破壞、違反各項國際公約、協定，藉由美、日安
保條約扶植日本武裝力量與縱容右翼極端勢力再次壯大，並勾
結日本妄圖針對中國內政、主權、領土之行使，採取武力干
涉、遏制中國統一與崛起。孰可忍孰不可忍，欺人太甚就無須
再忍，日本自唐代以來一直覬覦中國，妄想以武力侵略征服中
國及其屬國，一而再再而三來犯襲擾，以致近代變本加厲，喪
心病狂的發動長達14年的侵華戰爭，造成中國人民無數傷
亡、國力為之斲喪。對於如此不知檢討反省，不懂感恩圖報，
不懼與中國再戰的國家民族，中國必須展現抗暴制亂、天威不
赦的決心，畢其功於一役。

非我中華不仁實乃汝大和太過愚蠢頑劣，中國人民解放軍
必須在第一時間即投射核武攻擊日本本土重工業國防兵工區及
經濟富庶中心區（暫時略過美軍基地），核平其對中國具有潛

在威脅之武裝動員力量，摧毀其支持美軍的戰爭潛能，震攝美、日蠢動不法之心，使其永久銘記日本是這個世界上唯一被核武二次攻擊的國家，日本國民必須深刻反省檢討，為何軍國主義的種子會再度孳生？為何日本必須受到中國的懲罰？為何日本必須被世界永久解除武裝？只需要二顆核彈就能盡速解決日本軍事侵略的野心，只要二顆核彈在日本啟爆，美國霸權國家的侵略野心就會受到嚇阻，在台灣的台獨勢力自然土崩瓦解，無心也無力再對抗。這個核爆的效果將使解放軍以最小的代價、最快的時間、最高的效率來完成中國的統一大業。美國大兵的命是命，中國解放軍的命更是命，日本是咎由自取，自取其辱，自尋毀滅。如果美國在二戰末期對於投擲二顆原子彈迫使日本無條件投降的選擇是正確無誤，迄今從未覺得有何不妥不對之處，那麼今日中國的核攻日本，更是師出有名，仁義之舉，替天行道。簡言之，惟「中國國家利益」六個字而已！

2. 美國方面

（1）霸權美帝，分裂中國

美國是這個世界上最貪婪、最無恥、最霸道的帝國主義國家，從早期美國領土的擴張過程，屠殺美洲大陸數以千萬計的印地安原住民族。二戰後以其龐大的軍武、美元、科技霸權宰制這個世界，凡有不合其意者，刻意封鎖、圍堵、制裁非其同盟之國家，造成被壓迫之國家民族經濟凋敝、人民貧困、死難重重，進而不顧聯合國之禁令反對，到處侵略攻打屠殺弱小的國家民族而自得其樂，自我感覺良好，視有色人種、第三世界國家、非民主政體之國家人民生命如螻蟻踐踏，這就是美利堅合眾國帶給世界性的災禍與悲慘的普世價值！自從美國建國以

來，其勢力到達東亞地區時，台灣島從來就不是美國人的菜，美國根本看不上台灣的價值。從黑船事件叩關日本，要的是日本開放市場，對西班牙開戰取得菲律賓殖民地，要的是東南亞的戰略資源與地理位置。台灣島當時漢人少番人多，生產力低下且缺乏自然資源，隨後即被日本侵略占領管治。當時中國沿海各省勢力範圍被英、法、德、日、義、奧等老牌帝國主義殖民國家瓜分，以美國當時的實力尚且無法強搶霸佔中國利益，能在東亞地區控制日本及菲律賓北南兩塊勢力範圍，美國已經心滿意足，因此台灣的存在與否根本不是美國關注的重點。當美國人來到東亞之時，能在中國沿海各省精華區的外圍建立根據地已屬幸運，當時根本不會預測到台灣島的地理位置，將會在數百年後成為美國扼控中國前出太平洋的戰略前進基地。

經過兩次世界大戰的消耗與兼併，美國位處戰火之外的美洲，在歐亞大陸各國拚殺掏空家底之際，戰爭讓美國賺得盆滿缽滿，也讓世界各國的優秀人才有了一個避難安身的新天地，也因為經濟、政治、資源、人才上的充裕與穩定，使得美國軍事實力躍昇成為世界第一超級強國。除了歐洲的利益之外，在東亞地區中國部分大力投資援助的國民黨卻是個扶不起的阿斗，貪污腐敗無能又右傾反動，在廣大的中國人民心目中就是美帝資本主義資本家利益集團的走狗，黨國江山迅速在解放軍摧枯拉朽的攻勢下煙捲殘雲敗逃台灣。為了資本家的商業利益、為了美國帝國主義的國家利益，為了阻擋共產主義的大浪潮，美國不但盡釋前嫌重新武裝軍援國民黨，甚至由「日本新天皇」麥克阿瑟發動韓戰，迫使中共「保家衛國、抗美援朝」。美國更擅自將台海劃設為中立區、在國際間濫發「台灣地位未定」之謬論、鼓動台灣獨立脫離中國等諸般伎倆手段，

終於在上個世紀成功阻擋了中國統一的進程，製造兩岸長期實質分治、形式分裂的「兩個中國」、「一中一台」、「台灣是一個主權獨立國家」的虛擬狀態。「台灣問題」向來就是美國刻意製造的假議題，中國人的內政（內戰或和談）、中國的政治體制（民主或集權、資本主義或共產主義、一黨制或多黨制）、中國的領土統一（和平統一或武力統一、一國一制或一國兩制、邦聯制或聯邦制），本來就應該由中國人自己處理、自己解決、自己決定。可是美國很清楚的知道，如果讓中國統一、讓中國復興、讓中國崛起，那麼美國宰制世界、奴役世界、剝削世界的好日子就所剩不多了。因為一個以「王道復興」的國家，在國際社會上一定會得到大多數國家民族的支持，而以「霸道制天下」的美國，一定會遭到廣大的平等互惠國家民族的唾棄與疏離。因此，美國費盡心思、用盡手段，就是不能也不願讓台海兩岸有和平統一發展的機會。

（2）重返亞太，製造動亂

自從美國總統歐巴馬任期推動的「重返亞太」、「亞太再平衡」的政策轉變後就開始往台海兩端加碼施壓，接著川普任內對中國發動的「貿易戰」、「科技戰」、「香港黑暴」、「新疆人權」、以至於「新冠肺炎生物戰」病毒溯源疑雲等等，一再的違反中、美聯合公報等一系列大舉軍售台灣、武裝豪豬、刺蝟島等反中、仇中、抗中大戲達到高潮。新任總統拜登繼續打壓中國，甚至狂踩中國底線，接二連三派遣美國軍機降落台灣、派遣軍事人員入台及訓練台軍、民意代表、政府官員相繼訪台並與台灣官方會談簽署官方協議等等，每一個動作都是經過縝密的計畫操作，就是意圖要讓兩岸升高敵意，要讓中國落入陷

阱放棄和平統一實施武力犯台，透過各種消耗、打擊、破壞、摧毀、戰亂、動盪，拖垮中國高速的經濟成長，延緩中國崛起的速度，爭取美國重新武裝自己的戰略空窗期。美國打台灣牌的目的，不是基於「支持民主理念相近的盟友」，也不是「維持台海和平穩定現狀」的鬼話，因為破壞台海和平穩定、提供台獨分子以武拒統、挑戰中國核心利益的就是美國自己，而台灣只是受美國利用的一隻自備狗糧的「白目哈士奇」。美國現階段的「台灣牌」策略，就是要讓台灣去充當砲灰，寧可犧牲台灣的繁榮穩定、兩岸兵戎相見血流成河。說穿了，美國的目的只有一個：「為了美國的國家利益。」

中國是一個有「底線原則」的國家，中國的主權問題、領土問題、統一問題就是中國的核心利益不容挑戰。中國人不好戰但也不避戰，中國人不求戰但絕不畏戰，中國人敢打仗也要打勝仗。既然台灣問題是美國製造的問題，那麼中、美之間就該直球對決，擒賊擒王，一戰定乾坤。日本是個無核國家，日本是美國的馬前卒、腳前狗，狗會仗人勢，狗眼也會看人低。因此中國實在不需要總是擺出一副假道學、真君子的腐儒姿態，扭捏作態、自縛手腳（美國人從來就不來這一套）。中國應當即時展現令人敬畏的反霸意志，毫不遲疑地動用核武痛打美國的看門狗，以毀滅性的核武器迅速掃平日本的武裝力量，避免分兵作戰備多力分。針對日本核武打擊的震懾威力，也是在做給其他跟著美國狼狽為奸、狐假虎威的狼群鬃狗們看看，掂量掂量敢在虎口拔牙的下場！尤其是做給澳大利亞、加拿大、英國、印度等國家再次思考的機會，跟著美國混的代價將是滅國之戰，重新投胎！

（3）美帝紙老虎，中國不畏戰

只要把美國的盟友逐一切割分離，讓美國獨自出來面對中國的挑戰那就更容易處理了。中國已經在發動統一戰爭之前向世界宣布了「核武首發」新政策、「核四方安全網」，並且實際動用核武轟炸日本迫其無條件投降。美國是有核大國，也是世界超強核武大國，美國想要透過核武威攝中國、訛詐中國的時代已經一去不復返了。美國敢用核武器轟炸中國嗎？美國會為了日本報復中國展開核打擊嗎？美國人願意為了台灣獨立向中國發射核導彈嗎？統一台灣是中國的核心利益，是中國立國立本的精神依託，是中華民族團結復興的偉大夢想。那麼，台灣的獨立會是美國的核心利益嗎？台灣是美國立國之心、立本之民嗎？台灣是美國自由女神手上的火炬嗎？14億中國人齊心眾志願意為了收復台灣決心與美利堅合眾國來場世紀大決戰，然而美國人會願意為了台灣決心與中華人民共和國來場核武大PK嗎？沒有人知道結局會如何，至少中國已經擺開了不惜一切代價的陣勢，要打一場常規武器的傳統大戰還是要一次核戰定生死，悉聽尊便，見招拆招，兵來將擋水來土掩。

「長劍已出鞘，東風引弓發，莫問君何歸，沙場人未還」。這就是中國人的態度！中國的決心！中國的實力！美國人要不要跟？要不要把籌碼全部押上一次梭哈？要不要賭一把中、美兩國國運與世界集體命運的俄羅斯輪盤終極遊戲？中國的底線就是台灣是中國神聖不可分割的一部分，中國雖大卻一點也不可少。在台灣統一之戰完全落幕前，中國不接受任何域外不相關國家以及台獨亂黨，以任何理由、任何藉口要求停戰、和談、協議。中國已經把球傳給美國，美國要如何接，考

驗著美國人的智慧，彰顯美國人的價值，維護美國人的利益。本文不去假設美國會做出何種決定，美國人如果要參戰，要怎麼戰？是要發動傳統常規軍武的有限度區域級別戰役，還是要硬剛中國來一場毀天滅地的世界級核武大戰？還是美國會選擇就此認慫，乖乖地待在1500公里外的封鎖線外緣，表演一下陳兵列陣虛張聲勢，假意軍援口頭抗議，犧牲台灣坐地分贓的戲外大戲。

台灣的防衛實力與戰守評估

台灣自身現有的兵力、火力、意志力，要如何在這場「滅國之戰」中依「防衛固守、重層嚇阻」的軍事戰略指導，整體而有效的運用，打擊殲滅來犯的共軍，達到「戰力防護、濱海決勝、灘岸殲敵」的抗中保台防衛大作戰構想。

1.台灣兵力部署透視

2020年7月23日據說具有中國大陸官方背景的知名軍事雜誌《艦船知識》公布了一張「台灣兵力部署概略圖」，將台灣本島、外島、離島的三軍兵力部署位置標示出來，該雜誌還提出這是一份「洞悉台軍部署，制定攻台方案必備」的資料。所謂的「台灣兵力部署」相關資訊，從一些報章雜誌、軍事專業書籍期刊、政治評論節目或是旅遊資訊中，或多或少都可以加以歸納標註出台灣三軍兵力概略的部署位置。因此這樣的「專業雜誌」所披露的訊息並不能歸納為情報，頂多也只能是算是「將相關資料做有系統地整理後所獲得需要的『資訊』」而已，談不上機密等級。該雜誌如果真的是具有官方背景（哪個

官方？還是軍方？），應該還能取得更多元、更詳細的機敏資料。如果真的想要以此資訊來設計解放軍攻台方案，最好再獲得歷年來國（台）軍戰備演訓時，各部隊受命後的機動路線、偵查作為，前推預置戰術陣地以及後勤整備補給據點的動態即時衛星偵照資料，如此設計出來的攻台方案，是否更具有參考價值與心理威攝統戰作用？僅就該圖的文字敘述記載台灣的三軍兵力狀況，概略評估台灣方面如何在「等不到」所謂的「相同民主理念價值的國家」情義相挺的外援情形下，一本「固安作戰計畫」能否帶領台灣人戰勝萬惡的共產黨，打垮腐敗貪污的解放軍，瓦解並分裂具有威脅的極權中國，讓台灣永保民主自由，永遠脫離中國，成為一個新而獨立的國家！

2.五個作戰區應全面提升戰備整備作為

台灣地區劃分為「五個作戰區域」在現代作戰的海空機動能力、遠程火炮打擊覆蓋能力及衛星觀測系統的涵蓋能力而言，一旦台海戰事啟動，全國、全島、全區、全域、全軍、全民，將無一處是淨土、將無一人是無辜。

（1）第一作戰區域

△戰略縱深鐵三角

台灣當局所實際掌控的金、馬、澎湖等外（離）島構成第一作戰區域，以金、馬為犄角，澎湖為支撐，構成一個約略直角三角形的戰鬥隊形。從馬祖到金門再到澎湖所涵蓋及輻射的防護圈，概略可以將台灣最北端的三貂角到台南高雄這一條國土防衛線，形成一個長達100多公里的戰略縱深。這個戰略縱深其實是當年蔣介石執意要堅守外島地區，伺機反攻大陸，假使蔣介石屈服於美國的要求，按照美國的意思主動放棄金門、

馬祖這二個靠近大陸沿海難於運補及支援的「累贅」，將駐守在大陸沿海各島已經形成犄角之勢的國民黨軍隊全部退守台灣、澎湖加強防禦兵力。如果按照台獨黨認為金門、馬祖是屬於中國福建省的台獨自我閹割認知，那麼今天就沒有所謂的「第一作戰區域」這個戰略縱深了。解放軍可以從大陸沿海各港口、機場直撲澎湖、台灣，也就是說如果沒有金門、馬祖這二個火力點來牽制、吸引、破壞大陸沿海的軍事基地、渡海船團集結區，以及反擊人口稠密區（如當年八二三炮戰時以240八吋榴彈巨砲轟擊廈門車站，造成重大傷亡與混亂，中共以為金門發射戰術原子砲），澎湖及台灣就必須直接承受來自浙江、福建、廣東三個沿海省分萬箭齊發的「穿心戰術」凌厲攻勢，因此在軍事上、在保台戰略眼光中，蔣介石仍有其不可抹滅的偉大貢獻。

△重新武備兵、火力

在台灣當局所掌控的五個作戰區域中，當屬第一作戰區域最為重要，以二戰末期的硫磺島戰役及古寧頭戰役、八二三炮戰的攻守戰損比例來看，解放軍要在短時間內攻占金門、馬祖諸島所構成的防禦工事、陣地、交織火網，殲滅島上守軍完全占領實非易事。可惜的是台灣自毀長城、自廢武功。一方面是因為兩岸原本在「九二共識」的原則下硝煙漸遠，也為了表達交流善意降低外島軍事色彩，金門、馬祖守備兵力已大幅縮減。金門駐軍在全盛時期總兵力約10餘萬人，目前僅剩約3千人。馬祖駐軍在全盛時期總兵力約5萬人，目前僅剩約2千人。金門、馬祖守軍雖然只有以步兵營、砲兵營為主力，但以地形、地勢、地理位置而言，只要控制幾個要點足以扼守，加上70年來的戰場經營，工事掩體多以地下化、堅固化，要堅

守絕對沒有問題。

　　但是如果解放軍不攻呢？解放軍要進攻金門、馬祖勢必要承受重大傷亡，即使勉強登岸肅清殘敵，能夠消滅的也只是區區幾千守軍，但確實已經發揮了削弱甚至阻礙進攻澎湖、台灣的整體實力與朝發銳氣。解放軍如果只是採取圍困，圍而不打或圍點打援的戰術，集中優勢火力直取澎湖，集中優勢兵力直撲台灣呢？作者以為，這二個外島守備區的火力反擊功效，勝過三個本島西部作戰區的軍團防衛效能。有志於台灣獨立建國的台獨當局分離主義分子，如果真的想要抗中保台，想要在沒有美、日等國來援的情形下，想要阻止解放軍的雷霆攻勢，事實上只有一個方法，那就是盡速重新武裝金、馬外島的「攻擊、反擊、突擊」戰力！也就是要把戰場侷限在金、馬外島地區、要把戰火引燃到大陸沿海地區。利用金門、馬祖特殊的地理位置與戰略價值，替台灣擋住解放軍的攻擊，消耗解放軍的力量，頓挫解放軍的攻勢。「轉守為攻」就是台獨分子的保命、續命萬靈丹。

　　△死咬共軍，爭取時間

　　在台獨分子的價值觀裡，台灣獨立建國才是最重要、最神聖的志業，金、馬二島本來就是屬於福建省，島上的居民也大多是中國華夏大陸血脈，為了台灣2300萬人的民主自由，讓金、馬地區成為台灣與中國的38度線、台灣版的淞滬保衛戰，犧牲區區數萬駐軍並非不可行。如果作者是台獨黨執政當局決策核心，在中、美對抗升溫、兩岸局勢緊繃，雙方演習戰備持續加碼，戰機、戰艦來去繞島每日打卡的危機感中，一定會建議蔡總統盡速增兵金馬、加速部署近、中、遠程火（箭）炮、導彈等攻擊性武器，替換缺乏台獨意識、台灣價值不足的

戰區各級指揮官、灌輸全體守軍同島一命堅定反共的「愛國」
洗腦教育，並將金、馬外島地區提升戰備等級準備隨時接戰，
下令減少縮減小三通交流範圍（最好是完全禁止、立即關
閉），通令三軍更改交（接）戰規定從守勢作戰轉換為攻勢作
戰。

如果解放軍發動對台戰役，卻對兩島沒有採取軍事攻擊行
動，或是僅有圍而不打之情形時，台獨當局應即下令前線指揮
官立即、主動、全面的對福建沿海各港口、機場、軍事設施以
及人口稠密區發動猝然的、突襲式火力打擊。以攻擊火力引誘
解放軍反擊並進入內線作戰的窘境，爭取台灣本島應變處置的
寶貴時間，以動員、訓練、編組後備軍人形成戰力，確保最後
的台灣保衛戰中有足夠的軍隊來防守。

△消耗共軍，側擊破襲

第一作戰區域內的支撐基點澎湖要塞，有著先天「易攻難
守」的地理、地質缺點，一馬平川、沒有山川險峻可守。澎湖
群島主島以馬公島、白沙島及漁翁島組成，相互連接之白沙大
橋、跨海大橋極易遭受砲火攻擊炸毀，島內兵力難以相互支
援，全島亦無縱深迴旋餘地。但與金門、馬祖同樣是作為吸引
消耗解放軍砲火及分兵進擊的需要，澎湖要塞總兵力目前僅有
約8千人是遠遠不足，台獨當局必須立即增兵滿足全島防禦需
求。建議增兵種類以防空、反艦、反登陸、反空降、反突襲作
戰之裝甲部隊為主以及近、中、遠程攻擊渡海編隊船團之火
（箭）炮兵營。

在解放軍完全攻佔澎湖要塞之前，必須損耗其大量的導
彈、遠火、對地、對艦、反裝甲等各式火力彈藥，如果不能集
中力量在最短的時間內（12小時至24小時內）解決澎湖守

軍,那麼對台灣發動攻勢的渡海船團勢必會壟罩在澎湖岸置火力的打擊下,在航渡過程中就會遭受重大損失。因此解放軍能否順利進攻台灣,兵力能否運抵台灣,關鍵點就在於能否突破第一作戰區域金門、馬祖、澎湖三個火力點的防衛固守反擊能力,這也就是台獨黨、台獨當局千千萬萬絕對不能腦殼發脹,輕易放棄金門、馬祖二島軍事防務退守澎湖的主要考量。

(2)第二作戰區域

△後方變前方,逃跑往東方

花蓮、台東列為第二作戰區域,區域內部署了花東防衛指揮部、空軍第5戰術混合聯隊、第7飛行訓練聯隊,以及第792防空旅613營。第二作戰區域的設計原本是以共軍缺乏遠洋作戰之艦艇,無法對台灣東部形成威脅,因此花、東地區成為台灣的大後方,是台灣空軍的戰機轉場、戰略反擊基地,是台灣海軍的後備補給港口,是掩護台北的後花園-宜蘭平原(第三作戰區域)的反登陸的作戰支撐。因此,第二作戰區域內的台東空軍志航基地、佳山基地成為空軍二次反擊的預備機場,花蓮港及宜蘭軍港成為美軍運補台灣的輸送管道。但因戰場環境不同了,解放軍已經擁有遠洋打擊能力,能將台灣的後方預備(補給)基地無差別地也變成了前方戰場,能將台灣的反擊基地、運補基地變成首發打擊摧毀的目標區。

因此台灣必須設法打破解放軍1500公里的封鎖線(區),與陳兵外圍的美、日、澳聯軍(或距離台灣最近之石垣島或美軍駐日本沖繩基地)取得接應管道。此一接應管道一旦打通後,大則人員、武器、裝備、後援將有機會能陸續運往台灣,補充台灣戰場的戰耗損失並增強守軍信心,小則可以海空兩路接運台獨首惡戰犯、台獨極端罪犯離島外逃避難,迅速在國外

以「中華民國（或台灣國）流亡政府「的名義，號召全世界各民主國家支持台灣共同抵抗中共的入侵，藉由自由世界民主國家陣營的發聲與行動，繼續給予中共施加強大的政治、外交、軍事、經濟壓力，迫使中共放棄武力統一台灣的軍事冒險。

　　△擴建佳山基地，阻擊共軍補給線

　　為達到這個戰略構想的目的，第二作戰區域的兵火力必須予以調整及重新配置區域武裝。最重要的戰略目標即是空軍佳山基地的洞庫擴建計畫，當年會選擇在「佳山」建立空軍的「戰力保存」基地，便是著眼於其依託中央山脈，藉由山脈的「天然死角」抵禦傳統飛彈的攻擊。執行任務的戰機接到出擊命令時，重達8噸的鐵門會在60秒內打開，讓戰機迅速進入長約2500公尺的跑道起飛升空應戰。佳山計畫的戰略目標是將中央山脈東部挖空，存放台灣大部分先進戰機。當西部各軍民機場遭到解放軍空襲毀壞時，台灣唯一的空防戰力就只剩下佳山基地內存放的戰機，可作為唯一反擊的空中戰力了。擴建工程迫在眉睫，佳山基地自1984年動工至1992年完成，1996年後又進行後續工程建設，前後耗資400多億新台幣。這是一個可以有效延緩台獨政權壽命，延遲解放軍攻占台灣，對解放軍進行空中武力打擊的堅固地下堡壘，為何不繼續擴大建設，把中央山脈的東側真正挖空，類似中國大陸挖空秦嶺建設的「地下長城」一樣，可以抵禦核彈的攻擊及確保核戰後的生存環境。擴建佳山空軍基地的投資絕對是必須的，建議台獨當局應該立即停止無謂的浪費投資，比如八年8800億前瞻建設計畫、2兆風力發電計畫、三接天然氣計畫、800億防洪治水海綿城市計畫，這些都是一些撈油水的表面工程計畫，撈了再多油水，萬一解放軍攻占台灣了，台灣話說「有命賺沒命花」，

不但前功盡棄而且會禍延子孫。與其浪費這些民脂民膏胡亂投資，不如挪出一部分預算用在真正「保國境安民心、保政權顧油水」的佳山基地擴建計畫當中。

　　佳山基地至少要擴建一倍以上可以容納超過400架先進戰機、預警機、反潛機等，除了戰機洞庫、跑道、抗炸機堡的擴建工程外，基地內的油庫、彈庫、補給廠庫、雷達站之擴建亦是必要的。周邊的防空飛彈陣地及中遠程導彈基地（或機動發射車）的擴充也是需要完整的配套。防空飛彈營應擴編為防空飛彈旅（防導彈、防巡弋飛彈、防精準制導炸彈、防隱形戰機），反艦導彈至少應配備岸置雄三增程型飛彈。戰力保存下的佳山基地空軍戰力，除可支援西部戰區的空海反擊作戰、保衛台北政治、軍事中樞外，最重要的任務即是打破解放軍在東台灣海面上建構的1500公里封鎖線（區）。

　　由二個解放軍航母戰鬥群（遼寧艦及山東艦）所劃設出來的「反介入／區域拒止」阻擊網，面向太平洋美軍4-5個航母戰鬥群而言，其作戰壓力與生存能力是非常嚴酷且無必勝之把握的。如果在台灣東部佳山基地仍然保有空軍戰力及防空、反艦火力的干擾，對於解放軍而言無異是腹背受敵，面臨東西兩線作戰，解放軍的海軍後方補給線也有可能被台軍截斷。因此，只要佳山基地的持續作戰能力能堅守1~2週以上，必定會對西部的守軍產生鼓舞作用，也能讓台獨政權繼續呼籲台灣人長期抗戰、負隅頑抗，發揮台灣人「硬頸」的精神，讓保衛大台灣、保衛台灣國、保衛台獨黨的口號，變成所有台灣人不計犧牲、眾志成城的奮鬥目標。

（3）第三作戰區域：

　　△核心戰區，固守待援

第三作戰區域是台灣的政治、軍事決策中心，政府首腦、軍事重鎮、台獨戰犯的集中地。第三作戰區域的防衛固守攸關金、馬、澎、台防衛作戰能否持續、中華民國國祚能否延續、台獨分裂政權能否苟延保命、台灣國能否後續誕生，這是最為關鍵的死生之地、命運之戰。第三作戰區域含跨宜蘭、基隆、台北市、新北市、桃園、新竹、苗栗等7個行政區，區域內部署有陸軍第6軍團、關渡地區指揮部（聯兵營）、松山基地指揮部、蘭陽地區指揮部、第66陸戰旅（北投復興崗步兵營）以及第793防空旅631營、第153、206步兵旅、第542、584裝甲旅、陸軍航空第601旅、第269機步旅，若干愛國者防空飛彈發射系統（天龍陣地），另外還有負責首都衛戍任務的憲兵202指揮部（239裝步營）及反斬首部隊（國安局特勤隊、憲兵快速反應連、維安特勤隊、海巡特勤隊）等重要兵火力組成。

△蘭陽泥淖，共軍墳場

對於第三作戰區域整體戰防能力，首先要評估的是負責蘭陽平原的守備部隊任務為何？預計在開戰之初，蘇澳軍港及花蓮機場、台東志航基地的空軍及海軍，均會遭受解放軍的精準導彈、巡弋飛彈，甚至是艦砲的攻擊摧毀以致戰力癱瘓，剩下的蘭陽指揮部（後備動員師）及一個現役步兵旅能發揮甚麼作用呢？就算能立即組建一支蘭陽步兵師迅速投入反登陸作戰的灘頭保衛戰，估計也只是多了一些砲灰罷了！不但會喪師失地而且大量步兵的傷亡畫面，徒增北台灣地區的民心提前集體崩潰喪失戰鬥意志。蘭陽平原的面積約330平方公里，略成邊長各約30公里的等邊三角形，地勢平坦海拔僅1米左右，雨季常為積水淹沒。蘭陽平原雖然號稱為「台北的後花園」，但因雪

山山脈阻隔，通往台北的路線僅有國道5號、9號省道（北部橫貫公路）及2號省道（北部沿海公路）等三條，道路狹窄蜿蜒崎嶇難行，扼控關鍵隘口便能有一夫當關萬夫莫敵的封堵效果，任憑解放軍登陸部隊陸軍野戰集團軍各合成旅裝、步、坦、砲戰力再頑強，一旦陷入山區叢林作戰，各項戰力優勢均將被抵銷，只能淪為曠日廢時的據點攻防與戰力消耗中。

　　蘭陽平原應該是設計為北台灣防衛作戰的「泥淖戰區」，這是一個故意讓解放軍易於登陸、集結、補給的橋頭堡，也是讓解放軍的先頭部隊「陷入」膠著作戰的血肉磨坊！利用等邊三角形的地理優勢、平坦低窪溝渠縱橫的劣勢，蘭陽指揮部下轄的第153步兵旅應改編成具有山地作戰能力之機動步砲混成旅。在沿山通路隘口設置大量火箭砲兵營陣地，藉由複雜地形掩護，以火力奇襲登陸集結之敵，吸引敵之掃蕩部隊深入山區，以少量兵力牽制敵軍行動。但此一兵火力配置的負面壓力，即是位於蘭陽平原南邊的花東防衛指揮部，花指部負有防衛佳山基地、花蓮空軍基地之責，卻無地面部隊配屬實為不當。建議花指部應新增編配至少2個旅的地面部隊（步兵旅、機步旅），台灣東部的戰守防衛才能達到預期的期望。

　　△關渡口袋，縱敵深入，城市巷戰

　　第三作戰區域的正北方關渡平原開闊的淡水河口，是解放軍兩棲攻擊登陸搶灘部隊的「最愛」，每個解放軍都知道，要到北京接受「共和國戰鬥英雄勳章」最短的距離，就是衝進淡水河口、插入台北盆地、進攻台灣總督府、活捉台獨戰犯首腦！而擋在攻台部隊之前的就是關渡指揮部下轄的機步聯兵旅，因此攻台部隊求戰心切務必將最大火力發揚到淋漓盡致。守備部隊必須有「全體殉國」的心理準備，因為解放軍如果不

用最大的火力打開這個缺口，登陸部隊是不會貿然進入這個口袋陣地的。在解放軍絕對優勢的海空火力轟擊下，不論關渡指揮部守備部隊有無反擊，淡水鎮依舊會被砲火壟罩全毀，淡水河兩岸的火炮陣地反擊火力必定會被全數定點清除，少數機動打帶跑的游擊火力，只會招來更大的火力壓制。守備部隊唯一的生路就是放棄逐次抵抗陣地，全員、全裝轉入台北市區內分區防衛、固守待援。以高樓大廈水泥叢林作為守軍的掩體工事，與解放軍進行逐屋爭奪的巷戰，讓解放軍每前進一步就要付出傷亡慘重的代價。為阻礙解放軍突擊載具快速突穿至核心區域，守備部隊必須炸毀淡水河上每座通往台灣總督府的橋樑（關渡大橋、重陽大橋、國道一號、台北大橋、忠孝橋、中興橋）。從淡海、八里經台北港到竹圍一線，解放軍可能會以三個作戰裝甲挺進支隊，沿著台2乙、台15、快速64道及鄉道105、106、108等道路由西向東攻擊前進。如同台灣退役少將于北辰所言，台北首都圈第一道防線即為沿海高架快速道路（快速61號道）。當解放軍砲火準備後登陸船團出現在聯合泊地時，就要自行引爆炸毀高架快速道路作為遲滯解放軍登陸的地障，也是將台軍的各式火砲部署隱蔽在倒塌的水泥工事掩體後，對解放軍的搶灘登陸部隊實施坐灘線火殲的時機。

　　台灣地區有許多高爾夫球場極適合空降兵、特戰部隊、機降部隊突擊著陸，在台北盆地周圍也有許多高地會被解放軍先期占領，位於桃園地區的快反部隊、裝甲旅、陸航旅、步兵旅能否突破解放軍空降兵所建立的防禦陣地（當然解放軍會有優勢的海空兵火力及反裝甲火力加以支援），順利進入台北盆地與事先退入台北市區構築防線的淡海旅（關指部）、衛戍部隊憲兵202指揮部的兵力，構成外圈（裝甲旅）、中圈（機步混

成旅）、內圈（快反憲兵營）的三道環形防衛陣地，確實護衛領導中樞安全，確保台灣守軍仍能有效組織防衛力量。建議蔡總統能以四軍（含網軍）統帥的身分，向全台灣地區軍民發表「與台灣共存亡」的文青式宣誓承諾，聲明「身為統帥，要求全軍將士必須為保衛台灣戰至最後一兵一卒，本人將以身作則，誓與台灣共存亡」，要「與台灣人民永遠站在一起」，以此來鼓勵台軍堅持抗戰到底的決心。當然這個文青式的抗戰宣言，一定要像她的1.5個博士學位畢業證書一樣要有「加註說明」：「抗戰期間如有任何軍人或國人在機場、在港口、在岸邊發現本人企圖偷渡潛逃離境，任何人均有權力以任何方式逮捕本人送交解放軍領賞或當場擊斃洩憤，以確保本人會永遠留在台灣、永遠與台灣人民在一起。」

△台北戰役，三個戰場

第三作戰區域的登陸戰役，基本上可區分為三個各別戰場，一為從淡海到竹圍一線的「登陸突擊殲滅戰」，二為台北「首都圍殲攻堅戰」，三為林口台地「打援阻擊戰」。如果台灣守軍執意要固守沿海防線，那麼這個戰場就是台灣版的「羅店血肉磨坊」。台灣守軍缺乏海空軍的優勢兵火力支援，不管是淡海守備旅還是快速反應機步旅，在解放軍強大的火力轟擊下，全線潰退是無庸置疑的情景。因此守備部隊退入台北市區進行城市巷戰，就成為一個不得不作的最壞（最佳？）選擇。在打援阻擊戰場中，林口臺地、桃園台地的高地占領，就成為台北首都圈能否突破解放軍封鎖之關鍵。但問題還是在空優的支援，如果解放軍已經掌控空權，那麼部署在桃園附近的台軍裝甲旅、機步旅、步兵旅能否在空中打擊下存活，並組織有效戰力繼續衝擊解放軍精銳的空降兵旅、特戰旅、機降突擊旅

等所構成的阻援、打援陣地？戰況其實並不容樂觀，極有可能會有「降維打擊」的悲劇發生。

　　△首腦生死，決定戰況

　　台北首都圍殲攻堅戰會因為台獨首腦的生死而有截然不同的結局。首先，如果台獨當局首腦在首波導彈急襲的斬首轟炸中殞命，那麼衛戍部隊可能就會自行解除武裝，那麼淡海旅及機步旅也沒有退入台北市區負隅頑抗的需要。可是狡兔必定會有三窟，或許衛星偵照即時情資研判錯誤，無法確切掌握台獨首腦的動向，導致第一波導彈急襲火力轟炸並沒有完成任務。台灣當局立即發布戒嚴令、動員令及作戰命令，並由「萬鈞行動」護衛下準備進入衡山（圓山）指揮所，統一指揮全台守軍實施反擊作戰。

　　其次，假設先前滲透進入台北市區的特戰部隊，無法阻擋雲豹裝甲車的衝擊及憲兵特勤、維安特勤等反斬首部隊、快反部隊的護送，使台獨首腦順利進入地下指揮所統籌全島反擊作戰。此時一般導彈及空中砲火已經無法有效摧毀地下指揮所的強固設施。為了盡早結束攻台之戰，為了讓台灣守軍放棄抵抗意志，為了台北首都包圍圈的攻堅戰鬥能盡快落幕，解放軍第二次斬首轟炸行動必須盡快實施。而第二次斬首轟炸行動的武器可能只有二種，一為以殲20或轟20發射多枚超過5000磅的「天戈雷射制導鑽地炸彈」，確保能鑽地60米至200米引爆，方能摧毀地下指揮所的堅固設施以及所有藏身於地洞內的台獨軍政首腦、安全護衛部隊無一人可以倖免出逃。二為採用低當量的戰術性核彈定點鑽地轟炸該指揮中心，以地下核爆之方式摧毀，使其塌陷並佈滿輻射塵埃與輻射線，確保地洞內所有台獨戰犯就地全殲，絕不讓任何一人有機會僥倖逃脫。

△圍城旨在爭取民心

大台北地區是個人口超過千萬級的雙聯大都會，人口密集高樓林立，道路交通複雜擁擠。但居民的教育程度較高，對台獨分離意識並非頑固不化，且台北盆地周邊戰略高地已遭解放軍占領，對台北盆地實施封鎖相對容易。摧毀台北並非攻台之目的，攻台之戰主要是要解決、清除、消滅盤踞在中國台灣土地上的台獨分離勢力以及勾結美、日反中、抗中的特殊利益集團。台灣人民都是中國人民，台灣人民不是解放軍的敵人，解放軍要消滅的敵人是與台獨分裂分子站在一起寧死不降、企圖以武拒統的武裝力量。只要願意放下武器的台灣人民都能獲得公平、公正、和善的待遇。

台北首都包圍圈攻堅戰最主要的目的在於執行斬首任務與抓捕台獨戰犯及罪犯，台北市區內的治安宜由統派人士所組織的保安隊暫行維持，進城部隊僅需先行控制交通要道、橋樑要點、重要處所、戰略要地等。台獨當局的執政首腦首惡分子們，確定大部已遭擊斃或被緝獲押解返京，退守台北市區內的各台軍部隊無法得到統一之作戰指揮命令，頑抗也不會受到台北居民的支持，集體放下武器投降或陣前起義者將使守軍無法繼續堅持作戰。解放軍宣布占領台灣政軍中心，並在被摧毀的「台灣總督府」前升上五星紅旗的畫面視頻，將很快會傳送到台灣每個區域角落，在國際間也將傳送中國已經完成領土統一的偉大事業。

△首腦未除，星火難滅

另一種極端的狀況是台獨首腦已在第一波火力急襲下殞命，但其餘台獨首惡分子不願俯首放棄抵抗，刻意隱匿並釋放假訊息，以事前錄製之視頻播放，要求全台守軍堅持戰鬥到

底。還有另外一種可能是台獨首腦等一干分離分裂分子在第一波火力急襲轟炸前，已經透過美國軍方的衛星情報傳遞協助下，提前離開解放軍導彈預設打擊的目標區進入美國在台協會（AIT）內藏匿，以美國外交使領館的特殊身分、處所進行掩護，使解放軍有所顧忌不敢貿然進攻。台獨分子更利用美國在台協會（AIT）內的國際視訊功能，將台灣堅持抗戰的決心及尋求國際協助的視頻放送到全世界。如果真的遇到上述這二種狀況，解放軍是否先行研擬處置預案，以免屆時主動變被動，夜長夢多投鼠忌器，啞巴吃黃蓮有苦說不出。

△傾瀉最強火力，摧破反抗意志

當上述狀況發生時，解放軍除了對全台各抵抗反擊據點全力發動總攻之外，開弓已經沒有回頭箭了。針對全台各地的反擊武裝只能以更猛烈的火力打擊尋求全殲台軍有生力量，這時已經不能再以減少敵我雙方人員犧牲數量為考量了。（攻台解放軍可參照美軍第二次對伊拉克戰爭所實施之新型武器使用狀況（電磁脈衝彈【E彈】、炸彈之母【21000磅】、掩體剋星、石墨炸彈、熱壓炸彈、雲爆彈、無人載具、B-2轟炸機等），基本戰鬥在72小時內已經完成，美軍僅付出105人戰鬥死亡的些微代價。唯有以最猛烈的火力打擊徹底擊潰台灣守軍的防衛意志，才能盡快結束這場攻台之戰。如果這場攻台「茅尖首戰」不能在24至72小時內大致底定，而讓台軍有機會、有喘息時間組織動員起各地的民兵，獲得武裝發展的機會，將原本應在空中、海上、陣地、據點、指揮所、營區等處發生的正規戰鬥模式，轉變成城市攻防、鄉村游擊、反抗軍偷襲的「殖（住）民地戰鬥」模式，那可能會產生極為不良的後續統治成本。

事實上在不久的未來，中國人民解放軍對台的武力統一之戰，與1895年時日軍登陸台灣時所發生的乙未戰爭，其本質與作戰形態應有明顯的不同。依長期對台灣政治人物及其他附和的支持者的觀察，對於台灣獨立的政治訴求並不是傳統的、堅定的理想主義實踐者，大多是屬於嘴砲黨、牆頭草、水上漂之流，是以獲取在台灣內部政治鬥爭的政治利益為目的。一旦真正面臨要保衛台灣的生死存亡、拋頭顱灑熱血的「高光時刻」，應該會有很多人或者說大部分人都會臨陣脫逃、見風轉舵、丟盔棄甲、鳥獸四散。台灣守軍在解放軍持續堅決而且更加強大的猛烈攻勢下，島內戰鬥應該會在三天內基本結束。

△台獨引信，中美開戰？

最後剩下的美國在台協會（AIT）問題處理是較為棘手，也是真正考驗中、美之間「核心價值」的關鍵所在。統一台灣之戰已經將中、美關係推上風口浪尖，為了收復台灣，中國不惜以核彈轟擊日本，命令全國部隊進入一級戰備臨戰及全國人民實施核戰避難狀態，所有核、常導彈全數完成戰備準備待命出擊，目標直指美利堅合眾國本土及其海外駐地、基地。中國三大艦隊（黃海艦隊、東海艦隊、南海艦隊及潛艦部隊）所有海空兵力前推至第二島鏈宣布劃設封鎖區域實施「反介入／區域拒止」部署，並在1500公里外與美軍4-5個航母戰鬥群展開對峙，21世紀地球上兩個最為強大的國家一觸即發。

美國原本對於其馬前卒日本遭受中國核彈轟炸忿忿不平，但因礙於二戰末期全世界首次使用原子彈轟炸日本的就是美國，因為有了這段黑歷史，美國也僅限於口頭抗議、口頭譴責、口頭制裁，並再派出幾個航母戰鬥群在封鎖區外巡弋示威。美國壓根也沒有想要為了日本或台灣真的要與中國開戰，

甚至是爆發熱核大戰。那麼蔡總統藏身於美國在台協會
（AIT），由美國官員協助躲避解放軍的斬首行動及緝捕任
務，已經嚴重影響到中國統一台灣的進程與隨之而來的國際壓
力。中國政府該怎麼應付這個狀況呢？中國人民解放軍該怎麼
解決這個燙手的政治性問題呢？

　　△美國東亞利益，日台琵琶雙勾

　　美國領導、霸凌這個世界已經將近一個世紀，自詡為世界
警察，「哪裡有戰爭，哪裡就有美國」。從第二次世界大戰結束
後的1945年至1990年，美國對海外進行的戰爭就有124次，從
1991年到21世紀，又參加（發動）了40多次的海外戰爭。較
大的戰爭如1950年韓戰、1961年入侵古巴、1968年越戰、
1986年入侵格瑞那達、1989年入侵巴拿馬、1994年入侵海
地、1999年入侵南聯盟、2001年入侵阿富汗、2003年入侵伊
拉克，還有2011年的利比亞戰爭、敘利亞戰爭。「哪裡有戰
爭，哪裡就有美國」這句話應該改成「哪裡有美國，哪裡就有
戰爭」。美國是資本主義霸權國家，資本家掌握著這個國家的
經濟命脈，資本家需要掠奪全世界的資源，美國必須要掌控全
世界的資源來供給資本家掠奪。因此美國的資本家要繼續富
有，美國就必須是世界上唯一的霸權，而美軍就必須擁有世界
上最強大的武力。這就是美國的邏輯，也是美國的生存之道。
美國的利益所在，就是美軍展現戰力之所在。

　　台灣問題就是美國在東亞的利益問題，一個分裂的中國，
一個分治的兩岸，一個互相猜忌、怨恨、攻訐、敵視的民族，
就是美國最大的利益。所以說台灣問題就是美國問題，要解決
台灣問題就必須直面硬剛美軍的武力威脅。駐日美軍及美國在
台協會（AIT）就像是美國插在台灣任督二脈上的「奪命琵琶

勾」，日本以台灣問題攸關日本的生存已經忙不迭地主動跳出來干預台海統一之戰，並且也實實在在的挨了中國核彈的轟炸，而駐日美軍如果沒有美國總統下令開戰的授權，暫時應該不敢輕舉妄動、輕啟戰端。最後就是如何拔除美國在台協會（AIT）這隻琵琶鉤子了？這個看似「末日危機」的燙手山竽，其實有一個「適切可行」又「真情流露」的回應方式，應該可以順利解決。

△「誤炸」AIT，相互賠償有誠意

還記得「五八炸館事件」嗎？1999年科索沃戰爭時北約轟炸南斯拉夫，美軍的B-2轟炸機發射了5枚「精確制導炸彈」擊中中國駐南斯拉夫大使館，美國解釋這是「誤炸」，原因是因為使用了美國中央情報局（CIA）及美國國家地理空間情報局（NGA）的「過時地圖」。北約道歉了嗎？美國道歉了嗎？北約發言人謝伊態度蠻橫地咆哮說：「北約的打擊是合理合法的。」北約並未道歉！美國國防部新聞發言人培根說：「戰爭造成意外是難免的。」美國也沒有道歉！最終就是雙方「互賠」點錢就了事了。中國是受害者竟然還要賠錢給美國？1999年的中國政府是在韜光養晦，忍一忍就過去了，試問2021年的中國政府還要繼續韜光養晦嗎？21世紀的中國人民解放軍還要繼續當一隻「忍者龜」嗎？中國人民解放軍的鑽地「精確制導炸彈」會不會也有「誤炸」的可能呢？當然是有的！山寨版的「誤炸事件」！Made in China（MIC）的品質可能會有些不太穩定。美國在台協會（AIT）的位址有沒有異動過呢？美國在台協會（AIT）的周邊有沒有其他解放軍「應該」、「必須」、「鄰近」的轟炸目標呢？北約發言人強調「北約的精準打擊是如何了得」，美國國防部新聞發言人也是吹噓

「我們有世界上最好的飛行員，我們的行動經過最精心的策畫，我們的部隊受過最優良的訓練。」中國既然強調是禮儀之邦，中國人也是禮尚往來的謙謙君子，中國不會吹噓自己的軍隊有多麼強大，中國人也不會膨風說自己的武器有多精良，因此…既然是戰爭，「意外」總是會發生吧！

太陽從台灣東方的海面冉冉升起，越過中央山脈、雪山山脈、大屯山、七星山之後，台北市民才會看到升起的太陽。位於台北盆地最內側的內湖區美國在台協會（AIT）自從決定讓台獨首腦入駐，並在會館內部繼續指揮台軍作戰及向國際發聲求援後，美國在台協會（AIT）是否還只是一個美國的民間商辦機構呢？還是已經成為台軍的備援作戰指揮中心呢？解放軍是否還能允許這些台獨分子看到明日初升的太陽呢？中國除了可以比照北約及美國對受害者實施賠償之外，中國還可以對受害者祭出最深沉的追憶與不捨。以上的「賠償」、「致意」與「不捨」均僅限於在「誤炸」、「意外」事件中，不幸罹難的美國或外國公民才能享有之福利優待，其他藏匿於此的台獨分子除了斬首、焚屍、火化的處遇外，還會有後續的審判、追溯、清算、鬥爭的特別優渥待遇，這些「增值型」的懲罰措施將會由與台獨分子有密切關連之人繼續承擔接受調查、監禁、勞動與改造。

中國人強調「來而不往，非禮也」，中國人也強調「對等原則」，中國人更是常講「朋友來了有好酒，豺狼來了有獵槍」。針對美國在台協會（AIT）遭「誤炸、意外」事件，中國外交部新聞發言人在第一時間召開國際記者會表明：「經過中方詳實調查，事實上是中國某火箭軍部隊一名剛入伍的、來自農村、知識水平不高的初級戰士，誤用了中國首顆自主研發

的『商用』高解析度對地觀測光學成像【吉林一號】衛星系統的照片，輸入了錯誤的座標，因此不小心『誤炸』了美國在台灣未經中國政府許可設立的『民間商用、代辦護照』之違法機構。我們會很負責任的要求火箭軍部隊立即改用北斗衛星導航系統（BDS）軍事衛星照片實施精準打擊，避免此類事件再次發生。」如果賠償金額的價碼談不攏，還可以接著再談，談到雙方滿意為止，另外中方也必須向美方索求賠償，因為台獨首腦首惡分子每個人都有「明碼標價」的緝捕懸賞金額，因美國在台協會（AIT）違法收容、藏匿、並惡意協助中國政府發布通緝的台獨戰犯、台獨罪犯在先，此次「誤炸、意外」事件，使得負責攻台的特種作戰部隊失去了許多立功、獲獎、發財的機會，因此中國政府堅持美方必須為美國在台協會（AIT）的錯誤決定賠償中方之損失。俄羅斯國防部新聞發言人也同步召開國際記者會說明：「俄方確認並接受有關中國對美國在台協會（AIT）誤炸、意外事件的說明表示理解與支持」。

（4）第五作戰區域：

△主攻戰區，先期前推

第五作戰區域範圍包括台中市、彰化縣、雲林縣、嘉義縣（市）及南投縣等6個行政區，區域內佈署陸軍第10軍團、第104、302、257步兵旅、第586裝甲旅、第234機步旅、陸軍航空第602旅、還有空軍第4戰術混合聯隊、第795防空旅633營。第五作戰區域又可稱為「中部作戰區」，此一地區之特色為雲、嘉、彰平原沿海地區蚵架盛行，漲退潮之潮間帶寬廣淤泥難行，不利大規模突擊小艇或裝甲車輛登陸搶灘，此區為遲滯解放軍突擊登陸的絕佳火殲地帶。如果解放軍沒有適當而足夠的兩棲搶灘載具（如氣墊船）、沒有算準潮差搶灘成功，沒

有快速登岸形成有效戰力阻絕反擊部隊，那麼中部作戰區雲、嘉、彰海岸地帶將會對解放軍造成重大損失。台軍在此區域之戰守策略應以步兵旅先期前推佈署於高潮線後方適當的距離及掩體內，伺機對登陸來犯之敵實施火力打擊阻卻敵軍上岸。而區域內之台中港、清泉崗空軍基地、水湳機場及附近大肚台地、八卦台地之爭奪控制占領為主要目標。機步旅、裝甲旅應當在戰前盡速對上述地點、地區形成包圍壓迫態勢。

解放軍的攻台主力部隊主攻方向應該是劍指第五作戰區域，而大肚台地及八卦台地必然是空降兵強攻的主要地形要點，只要搶佔這二塊高地，台中盆地、彰雲嘉平原盡在火力瞰制的範圍內。而台中港又是吞吐量巨大的國際港，有利於解放軍各陸軍集團軍野戰合成旅快速運載下卸。因此登陸初期的火力覆蓋勢必極為猛烈，此區域內之雷達站、防空陣地、野戰防空群、裝甲旅、機場等均將遭受嚴重的火力打擊，台軍如何在第一波導彈奇襲下能夠保存戰力，迅速轉移戰術位置進行掩蔽、偽裝極為重要。但因此區域之制空權及制電磁權一定會被解放軍掌控，一旦澎湖要塞守軍被解放軍的火力打擊壓制，無法對登陸船團實施側翼襲擾，解放軍在步兵登陸前，將以主力戰機及武裝直升機對此區域內殘存之移動目標進行第二次火力打擊砲火全覆蓋，步兵旅、機步旅、裝甲旅能否在沒有空優的支援下，順利前推至預備陣地，並能形成有利之反擊？不容樂觀。

△主力北上決戰，策應南部助攻

解放軍成功登岸後，主力裝甲部隊必定向北攻擊前進，以策應第三作戰區域（台北首都圍殲攻堅戰）之第一助攻部隊，主要目的是吸引第一波導彈襲擊後殘存而隱匿於桃、竹、苗丘

陵地帶之台軍裝甲部隊、直升機部隊之反擊，使解放軍空、天、機、艦偵查系統能再次確切掌握藏匿及移動之目標，再由海上武裝直升機及空中殲10、殲11、殲16戰機實施第二輪火力打擊，尋求一舉殲滅肅清殘餘台軍。另以有力之一部沿濁水溪一線佈防，阻擊由南部作戰區域北上增援之部隊。

　　簡言之，攻台之戰的核心戰場在北台灣，而中台灣卻為解放軍大軍登陸作戰之主攻方向，也是解放軍登陸後的「主佔區」、「輜重區」、「轉場區」。對北台灣（台北地區）實施圍而聚殲，斬首為要。對中部及北部之台軍野戰軍團堅決武力清除，盡可能消滅支持台獨的武裝力量。對於南台灣則採取佯攻、助攻、牽制之點穴戰術即可，解放大軍暫無必要對嘉南平原、高雄平原及屏東平原的深綠區域發起大規模軍事打擊行動，主要以擊斃或捉拿台獨首惡分子、封鎖各交通要道、斷絕物資進入綠區，擴大和平心戰宣傳，盡早結束戰鬥使居民回復原本日常生活工作，爭取廣大的基層農工商支持統一之戰。

　　(5) 第四作戰區域：

　　　　△火力打擊為主，要地占領優先

　　第四作戰區域包含台南市、高雄市、屏東縣（市）等3個行政區域，區域內部署之兵力計有陸軍第8軍團、第203步兵旅、第333機步旅、第564裝甲旅、第99陸戰旅、陸戰隊防空警衛群、陸軍航空第603旅、空軍第1戰術混合聯隊、空軍第6戰術混合聯隊、第794防空旅632營等部隊，實力不容小覷。但此區域之戰略價值遠遜於第三及第五作戰區域，因台灣的地形主要受東西向之河流切割影響，裝甲（步兵）旅之戰力將侷限於小區內無法及時增援其他作戰區域或迅速實施空中機動轉移，一旦道路、河流、橋梁遭到破壞、要地遭受占領瞰制，僅

能在小區內作困獸之鬥。而此區域內之海軍陸戰隊在沒有空中掩護下，港區內之船隻盡數遭到空襲炸毀，陸戰隊「復歸作戰」能力受限，也只能運用有限之步兵火力行一般支援了。

此作戰區域的火力打擊目標應有：大漢山雷達站、空軍戰管雷達、屏東空軍基地、岡山空軍基地、台南機場跑道、左營軍港內所有戰列艦、天弓飛彈陣地、愛國者防空飛彈陣地、陸航基地等為第一波火力打擊優先順序，爾後再以衛星偵照、戰機高空偵照、無人機低空偵照等諸般手段，再做第二輪火力打擊。解放軍第二助攻部隊可從台南黃金海岸、高雄西子灣海岸、屏東嘉祿堂海岸等三個方向做佯動突擊，主要目的為吸引殘餘海、空及陸軍裝甲部隊出擊，以利解放軍優勢空軍戰機、武直10直升機群鎖定打擊，務求全部殲滅，確保高雄小港機場及高雄港之占領與行政下卸。解放軍在占領高雄港之前，位於制高點上的壽山、柴山內之守備部隊（即高雄要塞），一般火力無法徹底摧毀，必須派遣特戰部隊由側、後方向上攻擊，直至全部肅清盤據台軍後，方能有利於後續登陸部隊進港作業。岡山方向的漯底山亦為一戰略制高點，可瞰制岡山機場及空軍官校，必須加強兵力予以固守。

無謂抵抗，徒增傷亡

以常規的兵力及火力防衛台灣在國力層次上已經是不可能的任務了，中國人民解放軍能以強大的遠程火炮先期壓制台灣的防空、反艦火力輸出，再以各種偵查、偵照、偵巡作為實施第二輪火力覆蓋摧毀，此二波精準打擊火力主要的目的為斬首台獨首腦分子，斬斷台軍的指管通情能力，並摧毀台軍空、海

兵力及中、遠程導彈反擊能力。在登陸部隊到達聯合泊地準備換乘各式兩棲登陸載具實施舟波衝鋒前，至少還會有一輪滯空無人機、對地攻擊機的火力打擊，確保台軍地面部隊無法組織有效的反擊作戰，使登陸部隊在空中優勢的掩護下，迅速、有序的在各地登陸場鞏固灘頭堡後，以合成旅的規模進行野戰機動。此時台軍應已無足資地面決戰之裝甲部隊了，僅存之少數武裝、戰搜直升機很快會在解放軍成體系（紅旗-7近程防空飛彈系統、紅旗-9中遠程防空飛彈系統、紅旗-16中程防空飛彈系統、紅旗-17低空防空飛彈系統、近程／肩扛式：紅纓5、紅纓6、紅纓6B、前衛1、前衛2、前衛3、飛弩6）的火力摧毀下傷亡殆盡。

　　台灣人應該理性的面對這場祖國對分離超過百年的國土，勢在必行也是責無旁貸的統一意志，14億人的統一意志絕非少數台獨分裂勢力所能阻止的，也絕非2300萬受到長期洗腦反中、抗中政治教育的台灣人所能抗拒的。盡早結束戰鬥對台灣才是真正的解藥，只有排除境外顛覆勢力的盤踞，台灣才能真正的回歸中國，共享民族復興的偉大勝利。這是大勢所趨，負嵎頑抗終將招致毀滅，改旗易幟、陣前起義、交出戰犯、認同祖國，這是台灣人唯一的出路。

第四篇

魚死網破、玉石俱焚

台獨不是台灣人，更不是中國人

本文一再強調，中國人民、中國政府、中國人民解放軍千萬不能對目前在台灣執政企圖分裂中國國土的台獨政黨分離分子有任何心存和平統一、和平談判、以戰逼和的天真幻想，原因無他，本書主要的論述就是「台獨分子並不是真正的台灣人，更不是炎黃子孫的中國人」。在網路上曾經流傳過一份目前台灣政壇上執政當局首腦人物的日本名字與其日本籍貫，包括李登輝、蔡英文等十餘人，這份名單所披露資訊真假難辨，原因在於個人資料保護法的規定，對於公眾政治人物（參加選舉或擔任公職）均須申報學、經歷及財產等個資，但對於其身家來歷卻無報驗之規定。唯有李登輝是自己承認過，他的祖國是大日本帝國，自己是日本人，日本名字為「岩里政男」。而蔡英文的爸爸蔡潔生曾經在日本關東軍擔任過飛機修理技工，以當時東亞地區戰亂的時空環境，能學習到這種尖端技術又能到東北「皇軍之花」的關東軍中工作的台灣人，即便蔡潔生不是日本人，至少也應該是已經歸順的台籍皇民或是極端親日分子。根據記載，台灣人要歸順為日本皇民，除了改姓氏、取日本名之外，還要將自家先人的祖先牌位集中燒毀，這一點從蔡潔生墳頭上的籍貫為「楓港」即可得知，蔡家已經是歸化日本的順民，是實實在在的日本皇民無誤。其他如賴ＸＸ、謝ＸＸ、柯ＸＸ等人是否也是歸順的日本皇民，則必須從戶籍資料裡查證上一代即可確認。

不管是歸化為中華民國籍的日本人李登輝也好，還是歸順大日本帝國成為日本皇民在二戰後改隸國籍為中華民國的1.5個博士學位的蔡英文的爸爸蔡潔生也罷，中華民國政府對日本

侵略軍國主義分子採取「以德報怨」政策，並沒有刻意去為難或清算這些當年日據（治）時期在台灣作威作福、欺壓百姓、魚肉鄉民、藉勢藉端的「殖民敵人」，反而是一體適用、包容對待、平等尊重，既沒有追究責罰，也沒有抄家滅族，更沒有政治迫害，也沒有刻意排擠。使得這些原本在日據（治）時期就已經享有較佳的政治、經濟、文化、教育、社會優勢的「上流人士」，在二戰之後日本本土經濟凋零、百廢待舉之際，並沒有將這些人強迫遣返，也尊重其意願留在台灣歸化成為中國人。

　　可是令人遺憾與驚嘆的是，中國人寬廣的包容心並無法融化渠等仇視中國、蔑視中國、顛覆中國的狼子野心。數十年來這些人潛伏在台灣社會裡策畫著圖謀不軌的陰謀，用盡各種包裝的語言、巧立的名目、虛偽的謊話，一步一步的蠶食國家根基，顛倒是非黑白，無由栽贓抹黑，無端攻訐謾罵。逐漸掌握這個國家最高權力，以國家機器之力量，美化日據（治）時期各種美好，扭曲中華民國為外來政權，兩蔣時期為殘暴血腥的白色恐怖時期，進而以造謠謊言的方式配合美、日等西方媒體對中國進行醜化、妖魔化、威脅化之描述，逐步洗腦台灣人原本的國家認同、民族意識，虛構出不實的「台灣新興民族」與虛擬的「台灣國」假象，迷惑全體台灣人民成為反中、仇中、抗中的無知棋子。這些包藏禍心、別有用心、居心不良的「偽台灣人」、「假中國人」在21世紀的今天，趁著美、中世紀爭霸的時機，選擇靠向美、日等反中西方陣營，把槍尖刀口指向中國，並教育全體台灣人，中國是我們的敵人，企圖以武拒統、以疫謀獨、以美制中、以台滅中。

台灣問題是美國製造的假議題

從歷史的長軸分析台灣問題根本就是「人為刻意製造的假議題」，就像英國人在中印邊界上隨意畫出一條「麥克馬洪線」一樣，就此埋下了中、印之間數十年的邊境紛擾與戰爭，這就是西方帝國主義的邪惡之處。就像美國將釣魚台行政權劃歸日本管轄一樣，明明在開羅宣言及波茨坦公告裡，中、美、英三國領袖一致的共識就是日本領土主權之行使只及於日本四島，其他小島必須獲得三國之同意始得歸於日本。可是美國帝國主義霸權國家依恃自身的軍事武力，未經中方之同意即擅自將釣魚台（日本稱之為尖閣諸島）劃歸日本管轄，衍生後來的中、日釣魚台主權管轄紛爭，這就是西方帝國主義的可惡之處。又如中國在1947年即主張的南海九段線「歷史權利線」早於1994年才正式生效的聯合國海洋法公約，美國本身並非南海諸聲索國之一（域外國家），美國也不是聯合國海洋法公約的簽字國，卻依仗著自己的航母炫耀武力，頻頻打著聯合國海洋法公約「航行自由」的旗幟，到南海橫衝直撞挑釁示威，從而攪亂自2002年由中華人民共和國和東協十國簽署的「南海各方行為宣言」的和平穩定狀態。刻意製造區域緊張，挑起圍繞南海各國的利益衝突，意圖造成南海危機才是美國「印太戰略」的主要目的，這就是西方帝國主義的陰毒之處。

台灣問題與基督教長老教會

台灣的歸屬本無問題，更無所謂台灣獨立問題。從明鄭時期的反清復明，到乙未戰爭的台灣民主國宣言，台灣島上盡是

明朝宗室、大清子民，何來排華去中？二戰結束台灣光復，舉國歡騰、全台狂歡，丟木屐、拆鳥居、學漢字、講漢語，誰會說自己不是中國人？即便1946年的228事件，起兵作亂的多為中國共產黨員，流氓地痞趁機搶掠報仇也有，但台灣獨立的主張並非肇生此事件的主因，而是台灣仕紳們所稱「貪官汙吏」、「官逼民反」。可是這樣的態樣卻被扭曲成228事件是「台灣獨立」的主張。「台灣獨立」的主張究竟是從何時、何地開始的呢？這些在台灣剛光復後即是所謂的台灣「仕紳」、「菁英」、「豪族」、「世家」們，在日據（治）時期又是何種身分呢？是歸順皇民嗎？還是親日分子呢？

　　台灣的獨立運動與台灣「基督教長老教會」背後神祕的力量有關嗎？例如在228事件後開始主張獨立，被稱為台灣獨立運動先驅的雲林西螺「仕紳」廖文毅，其祖父廖龍院是西螺地區最早的長老教徒。其母陳明鏡為嘉義長老教會傳教士陳有成的妹妹，其父廖承丕在日據（治）時期因「善於理財」，大量購買土地，成為地方上數一數二的大地主。1932年（即民國21年）在日據（治）時期，大富大貴之家，排行老三的廖文毅就有能力到美國留學，獲得密西根大學碩士、俄亥俄州立大學博士學位，並與在美國出生的李惠容（又是基督徒嗎？）結婚後返台。1947年組成「台灣228慘案聯合後援會」，要求撤辦陳儀、調查慘案、取消專賣等訴求，被列入叛亂犯通緝後潛逃。主張台灣獨立的廖文毅竟在1948年與中共黨員謝雪紅在香港組織「台灣再解放聯盟」，1949年向美國提出讓麥克阿瑟軍事顧問團占領台灣，由他與孫立人共治台灣，同年潛赴日本。1950年在東京組成「台灣民主獨立黨」，1956年在日本成立「台灣共和國臨時政府」。主張台灣要獨立的「異議分子」，

真的是中國人嗎？是歸順皇民？親日分子？還是「台共」、「中共」、「日共」大聯盟、一家親呢？

同一宗教、同一夥人、同一件事

　　早期台獨組織多在日本，隨著前往美國的台灣留學生增加，台獨組織在美國與日俱增。1970年由4個海外台獨運動團體（日本台灣青年獨立聯盟、加拿大台灣人權委員會、美國全美台灣獨立聯盟、歐洲台灣獨立聯盟）與國內台灣自由聯盟，在美國紐約共同組成世界性台灣獨立聯盟，第一任正、副主席為蔡同榮及張燦鍙。蔡同榮1935年（即民國24年）出生於日據（治）時期台灣台南州東石郡，其父蔡閂是嘉義縣第一、二屆議員，1958年台灣大學（前台北帝國大學）法律系畢業後，即發起推翻中國國民黨與台灣獨立，被中華民國政府列入黑名單20餘年無法返台。在美國獲得田納西大學政治學碩士、南加州大學政治學博士、任教於美國紐約市立大學。1966年成立全美台灣獨立聯盟，要求美國關切台灣民主與人權狀況，1970年擔任台灣獨立建國聯盟主席，1982年擔任台灣人公共事務會會長，與美國民主黨議員推動通過「台灣前途決議案」。

　　張燦鍙1936年（即民國25年）出生日據（治）時期台灣台南州新營郡，父母常常參與鄉里公共活動，包括選舉活動，給張燦鍙甚大的政治啟蒙。台灣大學（前台北帝國大學）畢業後，1961年前往美國求學於萊斯大學取得博士學位，1967年於美國紐約柯柏聯盟學院任教。1966年任全美台灣獨立聯盟副主席、1970年任台灣獨立建國聯盟副主席、1973年任台灣

獨立建國聯盟主席至1987年。

　　由上述廖文毅、蔡同榮、張燦鍙等三名台獨分子之背景分析，其共同點為：

　　1.都是日據（治）時期出生

　　2.都是家境富裕

　　3.都是高等學歷

　　4.都是留美博士

　　5.都是基督教長老教會信徒

　　6.都是228事件後才倡言台灣獨立

　　7.都是在海外（美、日）成立台獨組織

　　8.都與美、日反華、反中勢力共同推動台獨發展

　　作者認為這些台獨意識分裂分子，可能是台籍日本皇民或親日分子的後裔，享受著日據（治）時期的好處，不滿台灣回歸中國，潛逃海外推動台獨，藉由美、日陰謀培植，逐漸壯大終至影響台灣政局。這類台獨人士從來就不認同自己是中國人，身為日本皇民從來沒有思考過日本曾帶給中國巨大的災難，也從未體察國民政府的包容，以其自身高等社會上流人士的優渥條件，不思報效國家、建設國家、回饋國家，卻混跡海外寄生異國，意圖顛覆政府分裂國家，不承認自己是中國人，不接受自己是中華民國國籍，卻要求外國人保護自己，干涉自己國家的內政，此等聚眾叛亂言行舉止豈是個人能力所及？怎無反華、反中的國家機器在背後支持、刻意製造二個中國（一中一台）的陰謀操作呢？

　　李登輝也是隸屬基督教長老教會，曾任牧師，也是美國康乃爾大學博士（曾文惠也是基督徒），蔡英文也是基督教徒，也是美國康乃爾碩士，賴清德也是基督教長教會信徒，也是美

國哈佛大學碩士,為何搞台獨的首惡分裂分子,都與基督教長老教會有關呢?也都是到美國求學獲得高等學位後,再返回台灣搞台灣獨立運動。2020年12月12日新頭殼電子報刊載一篇:「獨盟成立五十週年,前輩返日治時期民主搖籃公會堂暢談民主路」,作者為黃博郎,台南市報導。受邀人之一的林宗正說:**「他很欣慰能出生在台南和基督教、長老教會的家庭,從小就仰慕那些勇於奮戰的台獨前輩,教會也教他們要做台灣的主人,不要承認是中華民國的人」**。

這是一段相當重要的證詞!為何一個宗教會教導信徒不要承認自己的國家?不當這個國家的國民?卻要在這個國家的國土上搞獨立,要建立新的國家?難道這不是屬於「內亂罪」嗎?難道打著「宗教自由」、「言論自由」的旗號,就能夠堂而皇之的以神的名義來蠱惑信眾去顛覆自己的國家嗎?這是正派的宗教嗎?為甚麼長老教會不去美國各州傳教,要求各州民眾不要承認自己是美國人,去要求各州脫離中央聯邦政府獨立建國呢?日本也是一個宗教自由、言論自由的國家,在日本難道沒有長老教會嗎?為甚麼不去鼓動日本人民不要承認自己的國家呢?日本由四個島所組成,分裂成四個國家不是很好嗎?為什麼在日據(治)時期,長老教會不去鼓動台灣人反抗日本人,爭取台灣獨立建國呢?為什麼偏偏就是在台灣回歸中國後,中國國民黨執政的國民政府接管台灣後,長老教會就開始蠱惑台灣人,教育信眾顛覆中華民國政府、把台灣人教育成不是中國人、要把台灣從中國的領土分裂出去呢?「神的僕人們」是否曾在日據(日)時期,在日本人的武士刀、暴力統治之下,一樣有在教導信徒們「台灣人不是日本人」、「台灣是台灣人的台灣」、「台灣總督府是外來政權」、「日本人滾回日本

去」、「台灣要自決」、「台灣要建立新而獨立的國家」！有嗎？
請讓我相信「燃燒的荊棘」焚而不燼。

　　試問，這是宗教教會？還是政治組織？長老教會與清朝末
年洪秀全組織的「拜上帝教」，吸收信徒教眾後舉兵造反建立
「太平天國」有何不同嗎？作者實在不相信耶穌基督都會叫台灣
人否認自己是中國人？究竟是誰在假宗教之名行顛覆國家叛亂
奪權之實？將來中國武力統一台灣之後，要特別注意這個組
織，國民政府接收台灣時，這個組織會顛覆中華民國，共產黨
管治台灣後，這個組織一樣會顛覆中國，必須加以取締、驅逐
出境。如果長老教會能策動美國各州都獨立建國，讓美國分裂
成50個國家，那作者就會相信「西方的神就真的是萬能的天
神了」。

美國霸權製造台灣問題

　　二戰後美國雖為戰勝國，但中華民國亦為戰勝國，台灣地
位原屬清朝行省，無奈甲午戰敗被迫割讓予日本，在國際法上
確實自1895年至1945年間從屬於日本無誤。但日本係「無條
件投降」只能依戰勝國之要求執行（開羅宣言、波茨坦公告、
中日和約），故戰敗國日本對於台灣之主權行使必須依照戰勝
國中華民國的要求「歸還」中國，而日本對於此一要求並無任
何拒絕或提出異議、討價還價之餘地，因此日本僅能被動式的
表示「放棄台澎」主權權利，而由中華民國依法（國際公法）
回歸祖國。但邪惡之美國卻以此「放棄台澎」語病玩弄法律權
術，1953年美國主導舊金山和約，既未邀請戰勝國中華民國
參加，也未邀請1949年甫成立之中華人民共和國（中國）參

與戰後國際會議討論簽署和約，便以美國霸權片面的主張「台灣地位未定」。美國沒有權力對屬於中國的領土實施裁判，此一和約對於中華民國或取代中華民國之中華人民共和國而言實屬「自始無效」。美國縱然為對日作戰之戰勝國，對日本之處置如何悉聽尊便中國並無其他異議，但對於本屬於中國的台灣，戰後也必須回歸中國的台灣，美國卻以侵犯中國領土主權的野蠻違法方式，擅自決定台灣不屬於中國，豈非莫名其妙！

　　美國為了製造分裂的中國，在內政上縱容培植反華、反中的台獨分子，外交上對國民政府施加人權、民主壓力，在經濟上封鎖中國大陸金援台灣偏安政權，在軍事上除了派遣第七艦隊壓制阻攔新中國對台軍事統一，再透過《中（台）、美共同防禦條約》、《臺灣關係法》等軍援、軍售武裝台灣，迫使中國自1949年迄今仍無法完成國家統一大業，也是二戰後成立的聯合國五個常任理事國當中唯一一個尚未完成國家領土統一的大國。由此可以確認，台灣問題就是美國製造的問題，解決美國的阻撓干涉病因就解決了台灣的統一回歸問題。美國在20世紀以軍事霸權違法割裂中國領土，中國在21世紀就以軍事強權合法統一中國領土。事實上，對台統一之戰就是針對美國的區域霸權之戰，唯有讓美國在中國東風導彈的射程真理之下，悄然退出東亞地區、放棄以台灣為「制衡中國政策」的棋子，以平等、開放、合作之態度與中國相處，否則中、美之間就必須為爭奪台灣的控制權展開世紀大決戰。作者相信，中國人民解放軍已經做好今夜就開戰的準備了，中國人民也已經做好收復台灣、復興中華與美國開戰所要付出的任何代價與準備了。剩下的，就看美國有沒有決心、有沒有信心、有沒有能力與膽量，與「東亞病夫」中國一戰定乾坤了！

台獨政權禍國殃民

　　網路上流傳一則笑話:「蔣介石開戶、蔣經國存錢、李登輝花錢、陳水扁敗家、蔡英文除戶」。這真是一則傳神的比喻,蔣介石敗退台灣,好歹穩住陣腳積極經營;蔣經國十大建設富裕台灣,給台灣打下了厚實的經濟基礎;李登輝繼承了「台灣錢淹腳目」的好時光,開始大搞金錢外交亂撒幣(如新南向政策);陳水扁像個敗家子一樣,貪汙腐敗搞爛了台灣社會人民之間的相互信任機制,割裂族群製造階級對立;到蔡英文剛好就像個蛇蠍女一樣,以武拒統、以疫謀獨、依美抗中,導致兩岸關係冰凍緊繃,大陸武統聲勢暴漲,眼下即有可能「演習變作戰」,「繞島變入島」,徹底終結中華民國在台灣的割據分裂政權,完成「除戶」程序。從目前台獨黨執政的種種倒行逆施政策,根本不像是一般正常的民主國家執政黨應有的作為,反而讓人民感到這個政府正是一個時時刻刻都在出賣台灣的詐騙集團。從頂著1.5個博士學位的蔡英文自2016年贏得總統大選擔任中華民國總統後,第一任期間的各項詭異施政亂象(詳如附錄4),到2020年更加離譜的總統大選過程及結果,更是令人詫異與無法信服。從正常的民主國家司法獨立、監察官箴、選務中立的角度來看,此次大選充滿了選務爭議與投票、計票、開票違法舞弊疑雲,卻沒有任何檢察官或監察委員願意主動申請實施偵(調)查,發覺不法,卻處處有掩蓋、放水、縱容的集體性犯罪之嫌。

　　簡單的例舉蔡總統及台獨黨執政當局在第二任任期內(從2020年5月20日至2021年7月31日止)各種倒行逆施的荒誕政

策，證明這個叛國賣台的詐騙集團是有計畫、有陰謀、有步驟的要將中華民國一步一步送上斷頭台，蔡政府執政團隊及立法院的綠營民代們，其目的並不是要讓台灣人過得更好，而是要榨乾台灣、傷害台灣、置台灣於死地。諸如：

1. 任用有偽造文書前科的李進勇擔任中央選舉委員會主任委員，動員台獨黨全黨立委為其保駕護航，以多數暴力投票通過任命案。

2. 任命被監察院立案調查並糾舉、彈劾的前高雄市長陳菊擔任監察院院長，同樣的動員台獨黨全黨立委為其保駕護航，以多數暴力投票通過任命案。

3. 任命自己的表姊夫吳明鴻擔任最高行政法院院長，為將來各項有關蔡英文本人之行政訴訟案預作人事安排，完全不避諱瓜田李下人言可畏，完全沒有迴避羞恥之心。

4. 假博士、假學歷、真詐騙、真當選疑雲甚囂塵上，1.5個博士學位的蔡英文身為總統卻無法對自己的真實學歷清楚交代，卻以行政命令要求政治大學將其升等資料列為國家機密封存30餘年，又將其錯誤百出（至少444個錯字）的所謂「1.5個博士學位的博士論文」「草稿」收藏到國家圖書館內，無恥下作遮掩犯罪之心不言可喻。

5. 總統出訪專機走私洋菸，1.5個博士學位的蔡英文竟以總統之尊大言不慚的定調為「超買」，濫用總統特權逃避司法究責，將台灣的司法制度與司法信任徹底破壞。

6. 2兆元風力發電竟以超過市場行情的價格，執意讓歐洲

廠商得標並倉促簽約，債留子孫。

7. 所謂的「8800億前瞻基礎建設計畫」，施作內容有何前瞻可言，被譏為撒錢綁樁的「沾錢」計畫，一樣是債留子孫。

8. 號稱談判專家的1.5個博士學位的蔡英文總統，竟然在毫無任何談判協商過程的黑箱作業，以一句「時空環境不同」，就全面開放美國萊豬進口台灣，置人民身體健康不顧，究竟有何暗盤交易有待追查。

9. 國機國造、國艦國造、潛艦國造、巨額軍購，幾千億的納稅錢就這樣丟進無底洞，除了天價購買美軍過時淘汰、停產封存或不適用於台灣防衛需求的軍事裝備外，國造武器成效不彰，又是一個債留子孫的無底天坑。

10. 放任中央政府官員及網軍肆意、惡意的攻訐中國大陸，抹黑造謠貶損中國大陸，四處放話請求他國干涉中國內政，意圖刺激中國武力攻打台灣，刻意製造兩岸軍事衝突。

隨意列舉10項蔡總統及其台獨黨執政團隊的倒行逆施、天怒人怨、包藏禍心的敗德施政措施，只要是正常人的腦子都能判斷出這些不是中國華夏子孫而是日裔歸順皇民，用盡各種骯髒污穢的手段騙取台灣的執政權後，不僅肆意揮霍無度，並且債留子孫，甚至故意要挑起兩岸戰爭，不禁令人懷疑這些不是台灣人，也不是中國人的奸逆宵小之徒，其陰暗面真正的企圖究竟為何？

台獨不會俯首稱臣，拱手相讓

台獨分離分子透過各種不正當的手法，取得台灣的執政權，掌握了台灣2300萬人的生命安全、身家財產的權力，整個執政團隊就像吸血鬼一樣依附在國家各級組織內、國營企業內、以及各種國防、軍事、經濟、內政、外交、教育、司法機構裡，手上握有每年數兆新台幣的年度預算、特別預算、舉債借貸以及數千億美元的外匯存底，台獨分子正在利用這些資源，對內營造出更加仇中、反中的台灣民族意識天然獨，對外籌建更多的軍事裝備武裝力量準備與中國人民解放軍硬碰硬大幹一場。如果僥倖勝了，那麼台灣將會面臨更加長期的動亂與紛擾（因為中國不可能放任其分裂中國領土獨立建國）；如果解放軍成功攻佔台灣，在台獨分子逃跑離台前，務必要讓台灣人為其犧牲流血抵擋遲滯，讓台灣盡毀於戰火之中，讓兩岸中國人再次喋血廝殺，讓彼此更加仇恨敵視，埋下日後台灣動亂的禍苗，這就是台獨分子精打細算的如意算盤。

中國人民解放軍一定要有正確且剛毅的心理準備，攻台之戰絕對不可能輕而易舉，正面戰場上或許台灣守軍的裝備、戰力、意志很快會被解放軍的強大火力所摧毀而全線崩潰、退卻、投降，但頑固的台獨分子絕對不會甘心俯首稱臣任憑處置。當解放軍登陸台灣後，當先頭部隊、後續梯隊、武警部隊、行政人員、黨員幹部進入市區、城鎮、鄉村時，由台獨分子數十年來所培養的「親綠衛兵們」、「廢糞青們」、「台獨死硬派們」才是開始展開各種襲擊、破壞、騷暴亂的時候了。殷切提醒各指戰員要特別留意，「慈不掌兵」，對於台灣各地的小型、零星、突襲式的反抗，務必尋敵全殲莫留後患。一定要記

住，台獨分子不是台灣人，更不是中國人，非我族類，其心必異，非我國人，一個不留。

台獨分子的本質區分

台灣從兩蔣威權時代轉型成民主邪教、自由亂法的過程中，這些「台獨分子」形形色色的嘴臉樣貌，這些勾結美、日境外反華、反中勢力，意圖顛覆中國政府（包含中華民國）分裂中國國土（包含香港、新疆、西藏），攪亂台灣清明政治與幸福未來的人渣詐騙黨概略可區分為25種類型：

1.投機台獨

例如李登輝、陳水扁之流。當國民黨強勢時就隱身在黨國體系內等待時機，當自己有機會掌權時，卻只敢打擦邊又不敢公然宣布台獨建國。

2.理念台獨

例如彭文正（美國威斯康辛大學麥迪遜分校博士）、賀德芬（美國華盛頓大學碩士）。這二位學者也是基督教長老教會的信徒，也是在美國求學獲得高等學歷。理想主義陳義過高，也不知道中華民國、國民黨政府到底虧欠了他們甚麼，執意要搞台獨。既然要搞台獨，既然堅信台灣獨立是台灣人民最正確、最美好的選擇，那為何自己的老婆要大腹便便的飛到美國去生小孩呢？小孩一出生下來就是美國籍，那爸爸媽媽會是甚麼國籍？先變成美國籍之後再來搞台獨嗎？還是這樣比較安全嗎？將來解放軍攻台後，可以依美國公民的身分撤僑嗎？那其他沒有美國籍，卻傻傻的聽信了理念台獨的傳播，相信他們變成台獨分子卻又溜不掉的傻瓜該怎麼辦呢？

武統台灣
最後結局

3.學術台獨

例如彭明敏教授（法國巴黎大學博士）、蔡丁貴教授之輩。彭明敏也是基督教長老教會信徒，號稱「台獨教父」。蔡丁貴（美國康乃爾大學博士）擁有美國國籍，卻在國立台灣大學教書到退休，領中華民國政府給的退休金，還有18%的優惠存款利息，卻在搞分裂國土的叛國行為。

4.網紅台獨

例如某館館長、某波特王之流網紅人士，某館館長以低級的髒話為媒體製播特色，聲稱中國人民解放軍武力統一台灣之時，要先從他的屍體上面踏過去。某波特王以「撩」蔡總統節目走紅，極端敵視中國，並在2021年東京奧運期間在網路上發起「辱華」行動。

5.名嘴台獨

例如謝XX、周XX等節目主持人，對中國多加輕視詆毀，但其實此二人均為「外省人」卻看不起祖國中國。

6.軍事台獨

例如某陸軍上校、某退役少將等人。某上校為中科院雄三飛彈專案總工程師，美國伊利諾大學博士，經常在政論節目中發表要讓攻台解放軍付出慘痛代價。某退役少將號稱「斗內將軍」，現職為網路媒體名人、政治評論員，曾發表對中國蔑視及造謠之言論，如稱中國的房子是土房子（被戲稱為土房哥），不像台灣都是高樓大廈，還謊稱河南鄭州淹大水，陸媒都未報導掩蓋真相等謠言。

7.鐵桿台獨

例如賴清德、蘇貞昌之流。賴清德在擔任行政院院長任內即公開發表他就是「務實的台獨工作者」。而蘇貞昌在武漢爆

244

發新冠肺炎疫情初期，即泯滅人性的片面封鎖中國大陸對口罩的需求，已被國台辦列為「首要頑固台獨分子」。

8.口號台獨

「台灣地位未定」、「住民自決」、「修憲、正名、獨立」、「一邊一國」、「一中一台」、「正常國家」、「加入聯合國」、「台灣人不是中國人」、「台灣前途決議文」、「公民投票」、「台灣已經是一個主權獨立的國家」等均為台獨運動支持者慣用的口號，不僅政治人物口若懸河，連一般的學生也都郎朗上口了。

9.經濟台獨

此類台獨亦是台獨金主，長期資助台獨黨及獨派團體，例如早期的奇美電子許XX，榮星企業辜XX等。近年來隨著台獨勢力坐大，也有越來越多的企業家「投資」台獨事業，在台獨黨執政期間大搞利益輸送，魚水盡歡。

10.街頭台獨

以2005年在台北市舉行的「326護台灣大遊行」為例，由台獨黨、台灣團結聯盟及號稱500多個民間社團組成的「民主和平護台灣大聯盟」，遊行人數估計超過100萬人。只要是由台獨黨號召的街頭示威遊行，這些次級團體、附隨組織就會蜂湧的站出來相挺造勢。

11.精神台獨

此類台獨如精神領袖史明、林義雄等人為代表，象徵台獨理念的神聖性與高潔，尤其是林義雄因林家滅門血案，使其被套上「人格者」的光環，吸引更多人同情及支持台灣獨立運動。

12.另類台獨

例如王XX、柯XX之流。王XX表面上是國民黨籍本土

派,政治路線類似于李登輝的藍皮綠骨,在立法院任職期間長期與台獨黨友好,以政黨協商之名斲喪國民黨的政治資產。而柯XX則是典型的政治變色龍,自承屬性為墨綠,利用綠營贏得選舉後,又以「兩岸一家親」向中國示好。

13.詐騙台獨

例如蔡英文、謝XX之流。1.5個博士學位的蔡英文其假學歷、假博士疑雲始終無法清楚交代,人格誠信遭到嚴重質疑,以陰柔切香腸式的手法推動漸進台獨。透過公關媒體、網軍等大量資訊帶風向洗腦,詐騙全台灣跟著她走向台獨不歸路。謝XX在2008年的大選中落敗後宣布退出政壇,但創立某基金會作為政壇幕後推手,2016年蔡總統任命為駐外代表,就拋棄承諾立馬重出政界。

14.掌聲台獨

此類台獨以某歌星立委為代表。台灣歌壇50載擁有廣大聽眾,2007年台獨黨以重視本土藝人為由,徵召參選立法委員當選,並擔任台獨黨中央執行委員。2020年在立法院萊豬表決大戰中,疑似一面玩麻將手遊,甚至還有投錯票的行為。

15.軟骨台獨

此類台獨以邱XX為代表,立場反覆,陰謀詭譎,言行不一。1989年反對台獨黨大老張俊宏訪問大陸。1998年參加廈門大學研討會後表示「台獨黨是選舉黨,選票就是答案,再現實不過」,在臺海兩岸問題上曾說「台獨黨扮黑臉是誤國誤民」。1999年反對修改台獨黨綱。2000年全力阻止謝長廷進行台海兩岸城市交流。2012年主張台獨黨應該發展「不叫台獨的台獨」。2020年「台灣任何務實的政治人物,除非瘋了,都不會推台獨」。2021年「宣布台灣獨立,現在不適當」。此人

一生言行反覆無常，表裡不一，陰陽怪氣，諱莫如深，城府極重，絕不可信。

16.選舉台獨

此類台獨以時代力量、基進黨為代表。時代力量是一個推動台灣獨立運動的政黨，主張台灣國家地位正常化，支持同婚法、廢核四、改課綱、推動促轉條例、公民投票法、宗教法，也針對替中國共產黨宣傳者修法懲罰。基進黨的意識形態為「台灣獨立、台灣民族主義、台灣本土主義、地方主義、反華、反中、去中國化」，基進黨做為台獨黨的側翼團體，強調「內除國賊（中國白蟻）與中國國民黨、外抗強敵（抗中）的角色」。

17.意淫台獨

此類台獨分子多為不學無術，舉止粗鄙，言談齷齪，言必稱台獨，以台灣底層的「羅漢腳」粗俗的表演引為樂事自嗨。以基X黨某立委為代表，只要講到台獨就高潮，還把打手槍打到去住院當作很光榮的宣傳，台灣年輕人被此類低水平台獨感染，成為台灣的主流政治次文化。

18.喪屍台獨

例如參加高雄大港開唱的年輕人，這些年輕男女就是1.5個博士學位的蔡英文口中的「天然獨」，不了解台灣與中國歷史，不懂中、美競爭國際環境，不懂台灣的未來在大陸。跟著台上的主持人高喊台灣要獨立，就像喪屍一般跟著節奏搖頭晃腦喊台獨，這是最可憐、最無知的傻瓜廢青。

19.文化台獨

台獨黨執政後修改台灣歷史課綱，為下一代重新建構虛假歷史及台獨史觀，形成文化上的台獨。這一群人為了「去

中」，不惜出賣自己的祖先，切割自己的歷史，否定自己的血緣，踐踏自己的文化，還極盡可能的媚日崇美。此類人應以酸言作家苦X及某脫口秀主持人駐外代表謝XX為代表。

20.國外台獨

柯文哲曾經批評搞台獨的是騙子！全家移民紐西蘭，每年在台灣辦台獨募款餐會，看了就不順眼。此類人士例如金XX入籍日本，卻以台灣獨立為志業，萬一台灣有事，這些人屁股拍拍就回去，受苦受難的是留在台灣的人民。

21.外國台獨

有些外國國籍的人士為了特殊的政治利益，例如很多美國的議員，與台獨人士勾串一起推動台灣獨立，鼓吹台灣要脫離中國或台灣從來不屬於中國，將台灣推向戰爭，自己卻遠在美國隔岸觀火，發表一些自由、民主、人權的陳腔濫調，苦果還是要由台灣人民自己承受。

22.官癌台獨

例如陳XX、馮XX之流。陳XX號稱「兩岸通」，早年擔任學者期間遊走於兩岸，1990年任教於三民主義研究所，自從台獨黨執政擔任大陸委員會主任委員後，台獨傾向愈發明顯，爭議言論有：台獨黨執政推動的不是「去中國化」，而是「去中華人民共和國化」、還有影射與大陸和善獲得經濟成果的人為「禽獸說」。而馮XX自從台獨黨執政後，身為中國國民黨員，卻在綠營為官，官運亨通，最後被中國國民黨停權處分，擔任國防部長任內，國軍屢爆違法、違紀、危安、狂言之失，卻自評為「100分部長」以及有「濟公部長」之稱，自我感覺良好。

23.垃圾台獨

此類台獨分子以台獨黨的外圍團體自居，藉機鬧事製造社會不安與混亂，例如大腸花騷亂時的「髒話機關槍」、摸奶手陳XX，還有高雄的WC四小人等。

24.魔神台獨

為了推廣台獨意識區隔台灣人與中國大陸漢民族，竟有人以台灣人血統多為原住民族混血所生，因台灣原住民族屬於南島語系民族，因此推論台灣人不是華夏中原人。此類「去中國人種化」的荒謬展現即為蔡總統在2017年出訪南太平洋島國的「尋根之旅」，外交部次長吳志中表示「和我們一樣皆是南島語族大家庭的一分子」，此種為了台獨目的而亂認血親之行為，歸類為「魔神台獨」。

25.草包台獨

此類台獨為目前台灣為數最多的支持者，也是廣大的工、農、商、販夫走卒、底層民眾，缺乏歷史知識、缺乏政治判斷、缺乏國際常識、缺乏道德認知的一群可憐蟲。常年收聽台獨地下電台廣播，接受綠營政治人物似是而非的宣傳，聽到藍的、紅的就會抓狂的一群人。作者只想問他們，如果你們不是中國人，為甚麼要拜中國神？台灣如果不是中國的領土，為什麼身分證上的國籍是中華民國，而不是美國、不是日本、不是台灣國呢？

以上台獨分類僅為冰山一角，事實上整個台灣地區的台灣人民在經過與祖國分離126年之久後，經過了日據（治）時期的「反共愛日」教育、蔣家政權時期的「反共愛國」教育、綠營執政時期的「反共愛台」教育，在精神上、理念上、情感

上、行動上，還會認同自己是中國人的真的是少之又少了，絕大部分以身為台灣人為傲，以中國為落後、骯髒、低等、專制、殘忍為負面印象深植人心。台灣由長期的反共復興基地逐漸演化成為反中、反華、反共的大本營、指揮所、前哨站。自從1988年李登輝繼任總統後，大搞本土化、去中化、親日媚美，文化台獨、教育台獨、經濟台獨、軍事台獨、政治台獨、認知台獨，全方位的在台灣島內日以繼夜的宣傳洗腦，終於讓台獨分子成功的掌控整個台灣的資源。在台灣發展反中、抗中、仇中的台獨大業時，也在各方面盤算如何阻撓中國的武力統一，除了向美國以天價購買軍事裝備以武拒統外，以台獨黨等台獨分子的陰謀詭計、蛇蠍心腸，難道他們只會將自己的命運交給所謂的「中華民國」或「中華民國台灣」的國軍（台軍）來保衛嗎？除了計畫逃跑之外，還會有那些「魚死網破、玉石俱焚」的陰招呢？中國大陸發動武統台灣攻勢後，除了正面戰場的拚殺外，次要戰場的防備不可不慎！

第一章 如何避免車臣教訓

決心若不堅，統一恐難成

　　所謂「兵不厭詐」，既然中國決定發動以武力統一台灣的軍事行動，那麼就要考慮到這是一個「跨海」、「跨境」、「跨族」的「異地」、「異域」、「異國」之戰。雖然在中國大陸、中華人民共和國、中原華夏民族正統政權的角度來說，台灣確實是中國神聖不可分割的一部分。但台獨分子講的也不是全然沒有道理，不然也不會有大多數的台灣人甘願背祖棄宗、甘願為奴為僕、甘願跪美舔日，也要跟中國死嗑到底。例如「中國從來沒有統治過台灣一天」，這裡的中國是指中華人民共和國而非指中華民國，台獨分子會像變形蟲一樣，隨著時空環境的不同而改變其主張、理想與願景。

　　台獨黨綱是要建立一個「新而獨立」的國家，國名是「台灣國」或「台灣共和國」，可是隨著選舉獲勝贏得執政權後，各種利益好處源源不絕，以前在野時的衝撞、理想、熱血逐漸被現實主義磨合了。要獨立建國、要制憲正名、要加入聯合國等政治主張，可能要付出的政治成本、社會動盪與國際干預會更加不容易。既然已經執政了，以前將中華民國視為「流亡政府」欲除之而後快，現在不妨借殼上市，只要沒收國民黨的黨產，把國名黨打成親中賣台的中國黨，只要把中華民國這塊招牌「置換行銷」變成「中華民國台灣」，把中華民國等同於台灣，解釋成「台灣已經是主權獨立的國家，名字叫做中華民國」就可以了，「務實的台獨工作者」，現任的中華民國副總統

賴清德不就是這樣講的嗎？

　　這種偷天換日、移花接木、無恥至極的台獨政黨，中國人不可不慎防。在這場滅國（中華民國、台灣國）／衛國（中華民國、中華民國台灣）之戰中，對於海峽兩岸的政權都是一場生死大戰的豪賭。如果中國勝了，台灣重回祖國懷抱，中國取得戰略勝利，民族復興有望，世界格局將重新洗牌，國際霸主尊榮將獎落誰家？可是萬一如果中國敗了，渡海攻勢受挫統一不成，島內群起反抗拿不下台灣，核武威攝收拾不了日本（習總書記、習國家主席、習軍委主席最終下不了破釜沉舟的決心，不敢動用核武轟炸日本），震攝不了美國（1500公里封鎖線被美軍突破，解放軍不敢對美開戰），損兵折將動搖國本，千古奇恥將被看破手腳，中國共產黨可能會一夕垮台，中國可能會再次陷入分裂，好不容易形成大一統的國勢，又要落入積貧積弱的輪迴之中了。

換位思考，窮途末路

　　中國共產黨既然以中華民族偉大復興，實現強軍強國的中國夢為統一台灣的理由，台灣方面台獨政權也會以堅守民主自由，拒絕赤化亡國的思想來武裝台灣人民。統一之戰開打前中國大陸的各種專家、學者、將軍、戰士都可以頭頭是道的講解說明統一之戰如何打響、如何攻克、如何占領，各種精良的武器裝備、戰術戰法、解放軍的勤訓苦練、敢於犧牲、勇於戰鬥，多麼勇敢水到渠成。有人說一天可以攻下台灣的，也有人說三天可以拿下台灣的，保守一點的是說二週內可以完全解放台灣的。畢竟都是紙上談兵，沒有經過實際的戰爭、戰役、戰

鬥過程，結果究竟會如何只有天知道。

　　解放軍攻台正規的攻取之道及台灣守軍正規的防禦抵抗之法，表面上看起來拿下台灣有如桌上取柑易如反掌，「一天進攻、二天登陸、三天掃蕩、四天鞏固、五天恢復」，說的容易做得輕鬆，可是事實上台灣軍隊真的是「塑膠」做的嗎？台灣人真的如此容易屈服嗎？解放軍在台灣人的眼裡真的是正義之師、王者歸來嗎？萬一不是呢？萬一戰事不順呢？萬一發生住民地戰鬥呢？萬一發生了規模性、計畫性、預置性的突發事件、動亂事件、傷亡事件呢？如果你是台獨政權，你將如何設計這一場讓解放軍會傷亡慘重、師老兵疲、久攻不克、深陷泥淖最後鎩羽而歸、飲恨台海的「反統一戰役」呢？

　　基於對台獨黨台獨政權多年的觀察理解，本質上這是一個為達目的不擇手段的陰謀叛亂團體，從其執政時期對中國的種種攻詰、誣陷、抹黑、叫囂之面目，拉幫結派（美、日、印、澳）、糾眾起鬨（英國、捷克、史瓦濟蘭、立陶宛）、無惡不作（支持港獨、聲援藏獨、新疆血棉、中國病毒），如今面臨了解放大軍渡海攻台的危機，如何在美、日援軍、國際援助到來之前，如何擋住解放軍的攻勢？如何遲滯解放軍的占領？如何破壞解放軍的接管？從中央到地方，從都市到農村，從工廠到學校，從海邊到山巔，難道台獨政權就不會先做好一些預防性、預置性的準備工作嗎？以台灣目前最流行的一句話「超前部署」來形容是最恰當的謀略作為。解放軍應該要思考的是，窮寇莫追？還是宜將剩勇追窮寇？在追的過程，會遭遇到那些反撲呢？

超限戰與反超限戰

　　「超限戰」的概念是中國解放軍最早提出的世界上最先進的軍事理論，以一切與傳統戰爭不同的新型戰爭形式，包括了貿易戰、新恐怖主義及生態戰。台灣這個彈丸之地、台灣這個刺蝟之島、台灣這個叛亂之邦，台獨政權在傳統軍事實力遠不如解放軍的衝擊之下，在即將滅頂敗亡之際，他們有沒有可能會想出、做出甚麼令人瞠目結舌、令人意料不到、令人驚嚇破表、令人防不勝防的邪門歪道、喪盡天良、斷子絕孫的陰招、損招、賤招呢？既然在正面戰場、傳統軍力無法與解放軍匹敵，台獨當局為甚麼不能效法當年蔣介石對日作戰時，「改變作戰軸線」、「以空間換取時間」、「化被動為主動」的另類作戰模式呢？

　　既然無法決戰境外、既然無法重層嚇阻、既然無法灘岸殲敵，那麼台灣的主場優勢在哪裡呢？灘岸不行就到內陸，海邊不行就到城鎮，空中不行就到山林，海上不行就到人群，裝甲不行就到校園，陸戰不行就到特戰，戰場不行就到市場，阻擊不行就搞偷襲，正規不行就搞游擊，國軍不行就用民兵，硬仗不行就來暗殺……。面對這樣的敵人，在戰場上肯定不是解放軍的對手，卻又是充滿狡猾、滿是創意（從台獨政權每年在雙十國慶時公布的國慶圖案可知極其猥瑣、狡詐又富有創意的虛假心態意念）、沒有下限的執迷者。解放軍必須要有預案，如何「反超限戰」，如何將台獨實施「超限戰」的傷害降到最低，嚴肅的考驗著中原正統政權的政治智慧與戰爭藝術。

車獨前鑑，莫蹈覆轍

以「車臣戰爭」（第一次戰役）做為解放軍攻台部隊的參考樣本，他山之石可以攻錯，看看當年的俄羅斯對車臣的統一戰爭，為甚麼葉爾欽擔任總統時所發動的第一次車臣戰爭會失敗？

車臣的人口只不過大約100萬人（台灣有2300萬人）；土地只有大約1.5萬平方公里（台灣本島為3.6萬平方公里，尚不含金門、馬祖、澎湖等各大小外離島），首都格羅茲尼的人口數約27萬人（台灣的「首都」台北市有257萬人，如果加上解放軍在北台灣的第一助攻部隊攻擊軸線上鄰近的新北市402萬人、基隆市36萬人，合計約有695萬人，如果將解放軍在中台灣的主攻部隊北上攻擊軸線上第三作戰區域內的桃園227萬人、新竹57萬人、苗栗54萬人算進來，合計約有1033萬人）；車臣軍的正規國民衛隊總兵力最多時僅為6萬人（只有陸軍，空軍在開戰後數小時內即被俄羅斯空軍摧毀），台灣目前總兵力編制為21.5萬人（包含陸軍13萬人、海軍3.9萬人、空軍3.5萬人、憲兵0.5萬人，還有列管大約350萬的後備軍人，再加上戰時可納入作戰管制的海巡署1.3萬人、警察約7.3萬人）。

車臣是內陸型國家，台灣是海島型「國家」；車臣與俄羅斯是不同種族、不同宗教、不同文化的國家，台灣與中國大陸則屬於同一種族（大宗漢族）、宗教基本相同（主要宗教都有）、文化大致一致（講中國話、寫中國字、拜中國神、過中國節）。第一次車臣戰爭時間從1994年12月至1996年8月，打了1年8個月，俄軍陣亡3826人，失蹤1906人，車臣軍陣亡或失蹤17391人，平民喪生3-10萬人，戰爭結果以俄羅斯失敗告

終，雙方簽署停火協議，車臣雖然仍為俄羅斯共同體的一員，但實質上享有獨立地位。

如果單純以數字、數量、形式來做質量評判，台獨分離分子當然有百分之百的把握，可以擊敗或拖垮解放軍的武力統一軍事行動。從第一次車臣（統一）戰爭的結果觀察，中國發動對台灣的統一（解放）戰爭斷然、絕對、肯定沒有成功的機會，這是毫無懸念的結果。俄羅斯的軍事力量僅次於美國，俄軍的坦克裝甲鋼鐵洪流是讓歐洲國家聞之色變，況且車臣只是個緊鄰俄羅斯的內陸小國，也沒有任何國家與之有正式外交關係（邦交國），俄軍可以輕易地從境內各個方向包圍這個山區小國，但是第一次車臣統一戰爭的結局卻是令人跌破眼鏡。

當1994年12月俄軍意氣風發的兵分三路開進車臣境內，國防部長曾自信地說：「只需一個空降營，幾天就可以拿下格羅茲尼（首都）」。這種自信最終被證明是荒謬的，……這種驕傲、自大、自吹自擂的輕敵氣氛，像不像目前在中國的網路上、媒體上、軍事政論節目上對於解放軍的戰力破表吹捧上天，自認天下武功唯快不破，武力統一台灣超級自信「一劍封喉」的感覺很相似呢？一天就可以結束戰鬥了？三天就可以完全占領了？一週就可以恢復正常生活了？二週後台灣人基本上就認同祖國了？二個月全台灣就會熱烈擁護中國共產黨了？真的可以如此順風順水，輕易的拿下台灣嗎？

事實上強大的俄羅斯軍事力量針對小小的車臣共和國的第一次統一戰爭可是足足打了1年又8個月，而且還是傷亡慘重最後慘敗收場。解放軍能不警惕乎？尤其解放軍要特別注意的是，台灣的背後還有虎視眈眈的美國、日本、澳大利亞、印度等四國軍事同盟準備隨時從各個方面襲擊解放軍。除了這四國

軍事同盟之外，英國、法國、加拿大，甚至是德國、西班牙，也都有可能以軍事手段干擾或其他方式掣軸。當然，台灣不是車臣，中國人民解放軍也不是俄羅斯聯邦軍隊。車臣人民對於俄羅斯（沙俄、蘇聯）的仇恨是數百年來累積下來的，因此當車臣人民決定要脫離聯邦獨立時，雖然知道會面臨俄羅斯軍隊的鎮壓，但車臣人民可以做到全民皆兵，即使犧牲了全國將近十分之一的人口也要堅決抵抗到底，這是車臣人民為了追求真正獨立的堅定意志表現。台灣做得到這一點嗎？不可諱言的是，台獨政府確實正在朝這個方向加大力道的努力中，蔡總統曾經形容台灣的年輕人都是「天然獨」，這代表「本土化」、「台灣同心圓史觀」以及「去中國化」的教育是成功的。台灣民間社會認同中華民國等同台灣，台灣可以包容中華民國，台灣已經是一個「主權獨立國家」的比例也是越來越高，這也代表「一中一台」的政治理念推廣也是相當成功的。

台灣人的祖先雖然絕大多數來自中國大陸（所謂唐山過台灣），但是台獨分離主義成功的形塑出一個新興的「台灣民族」與「中華民族」相區隔。雖然臺海兩岸語言文字一樣、宗教風俗一樣，但是「政治制度」卻是大大的不一樣。台灣人習慣、嚮往、追求的是自由、民主、人權的政治體制，台灣人拒絕、排斥、反抗中國的獨裁、專制、極權政治體制。也就是說，台灣中國、一邊一國，你過你的陽關道、我過我的獨木橋，台灣走的是西方資本主義的多黨制普選民主選舉制度，中國行的是俄式共產主義的一黨制集中民主協商制度。台獨分子經過一代又一代的努力，從政權本土化，到政治普選化，到政治正確化，台灣正在嘗試走出一條「我是台灣人，不是中國人」的民族主義「覺醒」之路。當台灣的民族主義「覺醒」與

中國的民族主義「復興」對撞時，號稱14億的中國人，你們真的有把握可以徹底「征服「萬眾一心、同仇敵愾的「正港台灣人」嗎？

除了在「民族意識」的問題造成車臣人民「硬剛」俄羅斯聯邦軍隊堅持抵抗，造成俄羅斯損兵折將、曠日廢時、殺戮血腥而慘敗收場，另外還有幾點可能導致失敗的原因必須提出檢討，避免犯下相同的錯誤。

1.蘇聯解體，政局不穩

1991年蘇聯解體，葉爾欽上台後誤信車臣分離主義沒有獨立之心而予以縱容。此時剛解體的蘇聯與新成立的獨立國協仍處於政治動盪期，聯邦政府無暇顧及車臣問題。1992年葉爾欽竟然與車臣簽署了「關於撤軍和車臣共和國與俄羅斯聯邦分配財產條約」，將一切行政機構全部撤出車臣，等於變相默認了車臣的獨立地位。1993年俄國又爆發了差點演變成全面內戰的憲政危機，趁此內亂之際，車臣境內加強對非車臣人的種族排斥與驅逐政策。

在海峽對岸的中國人、中國共產黨、中國人民解放軍一定要明白而確切的了解體察，台灣人追求「獨立」之心幾乎已成為全民共識了。在台灣「統派」已經式微近乎絕跡，從最近一次的中央立法委員選舉中，「統派」候選人當選的席次是「0」個，所謂的「新黨」已經泡沫化，而「親民黨」已然被民進黨收編（橘子變綠了）。最應該是屬於統派的「中國國民黨」也幾乎已經完全「本土化」、「獨台化」、「反統化」，再也不是兩蔣時代「立足台灣，胸懷大陸」的中國黨了。千萬不能對「台獨」分子掉以輕心，千萬不能相信「獨台」分子的虛言應付，千萬要把自己的內政穩定好，促進人民團結一心，堅決

武力統一台灣。車獨前鑑，莫蹈覆轍。

2.和戰不定，敵我不分

車臣—印古什共和國原屬蘇聯，蘇聯解體後車臣民族主義者希望從俄國獨立，而印古什人民則希望留在俄國，車臣及印古什人民已經混居上百年，種族交錯很難分出準確國界，因此爆發邊境爭端。1991年車臣宣布獨立後，俄羅斯聯邦政府未能明確表明「拒獨促統」，1992年尚與「車獨」簽署和平協議，致使車獨野心爆棚擴張勢力，1993年影響到親俄的鄰國達吉斯坦共和國的邊境安全，雙方在邊境出現大規模武裝衝突。此時葉爾欽竟然還對「車獨」表示信任，希望以談判來解決問題，導致整體局勢更加失控。

「車獨」問題的擴大與俄羅斯政權不穩有絕對關聯，一個風雨飄搖、動盪不安、經濟凋敝、民族矛盾的國家，就會讓野心家有可乘之機。習近平領導的中國共產黨不忘初心，中國政府以民為本，人民解放軍聽黨指揮，在台灣地區領導人已經明確拒絕「一中原則、九二共識、一國兩制」之後，中國大陸就應該放棄幻想準備戰鬥，台灣既然拒絕和平統一，那麼中國大陸就應該堅決動用武力達成祖國統一。雖然台灣地區仍有呼籲和平統一的聲音，但這樣的聲音是否是「台獨」或「獨台」分子為了爭取國際支持時間，從而迷惑、消弭大陸武統聲浪的「白骨精」呢？

雖然台灣地區仍有為數不多的「統派」、「中國人」、「親中分子」，但中國、中共、中央不能因為投鼠忌器、擔心波及無辜而有「和戰不定」之搖擺態度。中國人要明瞭台獨分子極為陰險的攻心之術，台獨分子經常會以「傷害台灣人的感情」來對中國人實施情緒勒索，台獨分子知道中國大台灣小，台獨分

子知道中國人愛充面子、愛裝老大、愛提仁義，因此時常會採
取「進二步退一步」的切香腸式的漸進式台獨，讓中國人眼花
撩亂，是敵是友傻傻分不清，時而對中國冷言厲語，時而假意
放軟調子，令人「敵我不分」。車獨前鑑，莫蹈覆轍。

3.輕敵冒進，戰術錯誤

　　1994年12月5日與「車獨」談判破裂後，12月11日俄軍便
發動攻擊。俄羅斯國防部長揚言戰爭在12月20日前便可結
束。俄軍原本計畫通過一場快速戰爭迅速平定車臣武裝，事實
上在開戰幾小時內，車臣共和國的空軍力量確實很快就被俄羅
斯空軍消滅了（與美國預測台灣的空軍會很快被解放軍殲滅的
推論接近）。隨後地面部隊即兵分西、北、東三路向車臣首府
格羅茲尼挺進。在進入戰爭狀態後，俄羅斯軍方高層就流露出
輕敵的高傲，並沒有把「身經百戰」的車臣獨立軍放在眼裡，
開戰後未能確實發揮空軍的優勢，先對敵軍之主力部隊或其後
勤輜重、補給、指揮所等戰略目標、關鍵要地等進行大規模重
點轟炸打擊，即貿然推進地面部隊進入敵佔區，不啻犯了兵家
大忌，置部隊官兵於危險死地。車臣為山區國家，既缺乏重型
火砲亦缺乏精準制導投射武器，想當然耳車臣獨立軍的戰略殲
敵構想一定是誘敵深入、分而殲之、近戰巷戰、游擊突襲。果
不其然俄軍第一次重大傷亡就發生在距離首都格羅茲尼西北
25公里的小鎮，北路第106空降師和第56空降旅（都是輕裝步
兵）突然遭到火箭砲的覆蓋射擊，至少有21人死亡。

　　此一慘痛的經驗教訓可供解放軍攻台部隊據以擬定詳細的
進攻計畫，如何發揮解放軍的空中優勢，如何重點打擊癱瘓台
灣守軍依託的地利優勢，如何分割圍殲台灣守軍，如何在最少
的傷亡下快速進佔台灣首府台北市而不致陷入城市巷戰逐屋爭

奪的被動局面。首先統兵為將者必然不可有輕敵之想，台軍戰力再不濟，好歹也是苦心經營數十年，尤其是在外島金、馬地（戰）區更是防區整備堅若磐石、火網綿密威猛。台灣本島（含外離島）在美國有心的軍備支持下，即便空、海軍戰力在開戰後不久即可能被摧毀殆盡，但是台灣擁有大量的中程攻擊導彈、密集防空導彈、野戰低空機動防空系統、地下指揮中心、綿密的通訊情報傳輸系統及龐大的後備動員戰術支援、戰略預備部隊。如果這些戰略、戰術目標沒有被確定徹底摧毀前，即貿然推進海軍兩棲、陸軍登陸部隊或空降、機降、特戰滲透部隊，極有可能會在台灣的「豪豬戰術」下傷亡慘重，不可不慎之又慎。

所謂「在戰略上藐視敵人，在戰術上重視敵人」，台灣守軍在台獨政權的掌控訓練下，所謂的「國軍、共軍都是中國軍」的說法只是上一代尚有中國情懷的耆老宿將的片面撫慰之心。事實上台軍就是「台獨軍」，共軍就是解放軍，台獨軍就是防衛軍，解放軍就是攻擊軍。在台軍還沒有被殲滅陣亡或放下武器投降前都是應該要堅決徹底消滅的敵軍，解放軍必須效法美國對伊拉克的第二次波灣戰爭時的「降維打擊」作戰方式，只要解放軍的攻台部隊傷亡超過美軍的人數，都算是失敗的戰略規劃、戰術指導及戰役戰鬥。

4.軍方反戰，訓練不佳

俄羅斯聯邦對車臣獨立的軍事行動並非一朝一夕就倉促決定的，對於統兵將領應該也是葉爾欽總統及國防部再三斟酌精挑細選出來的，可是在對車臣開戰後，俄羅斯的高階將領卻公然「反戰」、「辭職」，這對俄軍的軍心士氣當然是一項重大打擊。許多部隊指揮官反對內戰，拒絕執行命令，例如俄軍副總

司令愛德華‧沃羅比約夫大將因不願「向自己的人民開戰」，擅自宣布暫停俄軍對車臣的攻擊。國防部副部長鮑利斯‧格羅莫夫也宣布辭職，並在電視上宣稱這會是「又一個阿富汗」。這是俄羅斯式的灰色笑話嗎？這是戰鬥民族的酷寒幽默嗎？還是這些統兵大將寧可觸犯叛國罪、通敵罪，也要讓自己的軍隊信心崩潰、作戰失利然後遭到敵人的屠殺嗎？這些將領、指揮官的集體違反軍人「誓死達成任務」使命的怪異現象是如何形塑出來的？是對葉爾欽總統的不滿、還是反對國家介入他國內戰、亦或是因為國家動盪、經濟崩潰、民心不拊、軍無戰志所造成？這種「背骨」、「叛逆」的將領、指揮官會不會在解放軍攻台時發生？在中國歷史上有沒有曾經發生過類似的現象？值得中共軍方仔細琢磨，尤其要詳加徹查有無高級將領（指揮官）受到外力（美、日、台）策反潛伏的間諜（如劉連昆案）。

這些俄羅斯將領、指揮官的臨陣「退縮」、「辭職」、「扯後腿」，顯然不是「投敵」，也不是「反戈」，這完全是純粹的政治不正確問題，軍人如果在政治傾向上產生了「三信心」的問題便會對戰事後果產生嚴重的損害。軍事是政治的延續，這些「臨時起意」的高階軍事將領是否因為不滿葉爾欽總統帶給蘇聯的災難而心生不滿？是否因為看到自己的國家政治動盪而心生憂慮？是否因為自己的國家經濟崩壞、民不聊生而產生厭戰、拒戰的心理？車臣人已經大量的屠殺俄羅斯人，為甚麼還會有高級軍事將領不願意對車臣開戰？這些內部矛盾的產生代表這個國家還有太多的問題尚未解決，然而卻因為車臣戰略地位與政治利益的關係，又不能任其脫離俄羅斯聯邦，因此不得不以最後的軍事手段出兵干預，卻以慘敗收場。俄羅斯為了此

次作戰專門成立了「聯邦聯合部隊」，但這支部隊的士兵與基層軍官全都是只有兩年的兵役，這些新兵毫無城市作戰和反游擊作戰經驗。而且俄軍還採用「車輪戰法」，也就是各部隊在這個專門入侵車臣的「聯邦聯合部隊」裡一段時間後就會被調走，這樣根本無法累積實戰經驗。這樣的用兵策略或許能以1984年中國與越南邊境的「兩山輪戰」的前例來解釋是「以戰養戰」、「磨練部隊實戰經驗」、「消耗敵人有生力量」。但在台海的統一之戰中卻萬萬不能有如此曠日廢時、部隊輪訓的打法，只能以「速戰速決」為唯一指導方針。或許俄羅斯總統葉爾欽是以車臣戰役來轉移其國內百廢待舉的矛盾，或許是中共領導人鄧小平為了要給美國新朋友一個見面禮，也為了磨練解放軍的實戰經驗，故意採取的「車輪戰延長賽」。但台海之戰是完全不同性質的作戰，是滅國與衛國、是區域霸權挑戰全球霸權、是中、美世紀的大對決，刀劍出鞘就要見血封喉，解放軍必須深刻體悟此戰打的不只是台灣，而是亞洲新秩序，是全球勢力板塊的解構與重組，是社會主義與資本主義的較量，也是中國與美國國運的轉戾點。俄國前鑑，莫蹈覆轍。

5.種族清洗，統派式微

　　車臣共和國在俄羅斯軍隊實施軍事打擊武力行動前，境內已經有反對派組織的民兵與之對抗。「車獨」領導人原本就已經在進行境內的種族排斥及驅離政策，內戰開始後更是變本加厲開始「種族大清洗」的屠殺極端措施。這場種族屠殺總共有21000名俄羅斯人（不包括戰鬥中死亡的軍民）遇害，46000人淪為車臣人的奴隸。事已至此，反對「車獨」獨裁政權的反對派，「開始呼籲」俄軍進入車臣維和。而在憲政危機後的葉爾欽實力「空前強大」，「終於有精力」處理車臣問題了。

俄羅斯總統葉爾欽處理「車獨」問題簡直是荒腔走板、毫無章法，對於在車臣境內之俄羅斯人也缺乏強而有力的保護與信賴。堂堂世界第二強國，竟使自己的人民慘遭「車獨」獨裁政權的種族滅絕、殘殺欺凌而遲遲未能採取果斷有效行動，這種顢頇無能的「民主政府」與中國的最後一個腐敗無能的帝制清朝有何不同？在台灣當局為了追求實質獨立，逐漸走向「台灣民族主義」極端偏鋒的過程中，已經有「排斥境內中國人」、「羅織境內中國人罪名」、「立法取締中國人、汙名化中國事務」等種種跡象產生。在大腸花亂政時期，中國來台留學生被歧視；對來台度假的中國人向心夫婦無端以間諜罪名拘捕關押；台獨立委提案立法「國安五法」等專法偵辦與中國有關之人士、資金、團體等惡法。

假以時日台獨分子獨裁政權是否會變本加厲，為了殺雞儆猴，甚至開始針對在台中國人（含陸配、陸生子女）、自認是中國人的台灣人、與中國有往來的台灣人、有中國居住證、台胞證的台灣人、表態支持統一的台灣人，實施種族歧視、種族排斥、種族隔離、種族驅離，最後因中國對台灣施加的壓力日益增強，而演變成喪心病狂的種族清洗血腥鎮壓呢？台獨分子獨裁政權不會如斯吧？危言聳聽嗎？杞人憂天嗎？在「車獨」政權慘死下的21000名俄羅斯人至死也不相信會發生這種事情，如果這些冤魂早知道會惡化到這麼嚴重，或許他們早就會選擇離開車臣！那些46000名淪為車臣人奴隸的俄羅斯人，怎麼會相信在20世紀末，竟然還會發生這種奴役不人道的「反人類罪行」呢？更何況車臣境內的俄羅斯人的母國俄羅斯聯邦，是世界第二強國而且就近在咫尺！車臣前鑑，莫蹈覆轍。

6.支援內戰，曠日廢時

反對「車獨」獨裁政權的民兵組織開始攻擊車臣首府格羅茲尼，在俄國軍隊進入之前車臣已經陷入內戰了。「車獨」獨裁政權開始下令種族大清洗，消除所有境內的非車臣人及「車臣人的叛徒」，這時在車臣境內的俄羅斯人正在遭受「車獨」慘無人道的迫害，但俄羅斯的領導人卻未能迅速果斷地採取軍事介入拯救同胞，卻放任反對派的民兵多次武裝攻擊首府，卻被「車獨」獨裁政權壓倒性的軍力擊敗，等於是消耗了反對派民兵的實力。俄軍先是向反對派提供軍事顧問及重武器援助，也逐步派遣武裝直升機配合反對派的武裝軍事行動，但因反對派各部協調混亂，內部矛盾重重，最終在1994年11月26日對首府格羅茲尼的進攻中被「車獨」獨裁政權的部隊擊潰。

台灣會不會發生反對派的武裝反抗鬥爭呢？台灣人經過「日據（治）」時期日本駐台總督府的血腥鎮壓，以及「國民政府」時期統治初期的「白色恐怖」鎮壓，基本上已經被所謂的「執政暴力」、「黨國機器」嚇破膽了。台獨黨從黨外時期的抗爭多以「打嘴砲」、「法律戰」為主旋律，而國民黨成為在野黨後，對於台獨執政黨的敗德失政也僅僅止於口頭詛咒，在民間社會上絲毫激不起怒潮澎拜激烈鬥爭的反抗運動。再加上台灣在蔣經國時期曾經創造的經濟奇蹟，使台灣社會相對富裕無缺，兩岸三通之後，每年台灣從中國賺取大量的盈餘，外匯存底一直維持在4000億以上。台獨政權可以透過各種社會救助、低利貸款、紓困方案等撒錢方式緩和社會尖銳對立。再者台獨政權採取「限制言論自由」、「打壓異議分子」是以法律訴訟的「慢性折磨」方式達到震攝壓制之目的。因此反對派（人士）並沒有因為生命被侵犯、生存受威脅的急迫感（屬於軟性

控制），因此更嚴重的社會衝突及抗爭暴力激化的可能性幾乎
是不會在台灣發生。

　　以「車獨」及「台獨」兩個獨裁政權做比較，同樣都是以
民族主義、民族意識、民族獨立作為對抗大國的基本論述，但
「車獨」的「強硬血腥殺戮」會引起更強烈的武裝反抗，但
「台獨」所採取的是法律訴訟戰、輿論媒體一體戰、社會資源
分配戰的「軟性窒息殺戮」，在絕大多數台灣人都被法律框架
限制、被網軍輿論帶風向、被社會資源再分配後，只會逐漸傾
向民族意識一體化、反中仇中同質化、異議分子稀釋化。北京
政府其實不需要再浪費時間、金錢寄望台灣的統派會在統一大
業中，起到何種重要的「內部裂解」、「內部反抗」、「內部起
義」的功效，原因無他，就如日本人後藤新平對台灣人的評價
一樣，台灣人的特性就是「怕死、愛錢、想做官」，不管是想
台獨建國的分裂分子，還是想做中國人的統一分子，大家都不
想做「被制度打破」的犧牲品、沒有人願意做供奉在忠烈祠內
只剩牌位的「先烈們」。要統一台灣就要靠祖國自己的軍事實
力，以直接、迅速、強力的絕對優勢軍力攻占台灣。俄國前
鑑，莫蹈覆轍。

7.縱容獨派，和談促統

　　車臣原本就是以「加盟」的方式成為蘇聯的一分子，從史
達林、赫魯雪夫至戈巴契夫，車臣一直都是以共和國的型態
「加盟」。至葉爾欽總統當政，車臣仍以「我們只是要建立自
己的民主自治共和國，沒有打算從俄國獨立（脫離），也沒有
打算和俄國翻臉，我們打算維持和俄國的和平友誼。」為由繼
續唬弄，葉爾欽總統也就真的信以為真置之不理了。車臣加盟
蘇聯時是「蘇維埃社會主義共和國」，等到蘇聯解體之後，車

臣要變更國體成為「民主自治共和國」，而繼承蘇聯的俄羅斯，本身也是從「蘇維埃社會主義共和國」變更國體為「民主自治共和國」。因此，在葉爾欽的認知裡，兩國都是民主政體國家，透過和平談判的方式，只要車臣不宣布「脫離」俄羅斯聯邦，依然維持「加盟共和國」的形式是可以接受的。在俄國如此軟弱、曖昧甚至是縱容的態度下，「車獨」野心日益膨脹，終於導致小小的車臣宣布「獨立」後，竟然會演變成領土擴張戰爭與境內種族屠殺清洗的惡行。以車臣共和國脫離俄羅斯聯邦的過程所得到的經驗教訓是，任何所謂「民主」的政客的言語都是謊言，「民主」政體的政治是沒有延續性、一貫性和長遠性，政策也會隨著領導人的變更、執政黨政權的變更、政治效益需要的變更而轉變、轉化、轉向。標榜「民主」的國家，為了掌握政權的政客會為了騙取選票，為了取得執政的權力，往往會以謊言、以民粹、以利益而做出危害國家安全、人民生命財產的愚蠢決策。二戰時期的德國、義大利、日本是如此，現在的台灣、美國、英國又何嘗不是如此。

中國政府要堅定的以統一台灣為既定核心國策，絕對不受任何外部壓力有所影響，絕對不容內部壓力有所動搖，更不要寄望於對台灣執政黨的「聽其言、觀其行」了。國民黨執政時，即使承認九二共識，在台灣方面的內部說法卻是「一中各表」，而不是中華人民共和國的「一中原則」，這個彈性作法確實是可以暫時模糊焦點、擱置爭議、促進兩岸交流，但是統一大業卻將遙遙無期，而台灣也將漸趨「華獨化」、「獨台化」。台獨黨執政時，拒絕承認九二共識，也就是不承認「一個中國」，既然不是一個中國就沒有「一國兩制」的問題，沒有一國兩制也就是說台灣就是台灣、中國就是中國。沒有一個中國

的框架後，那麼台灣就可以是中華民國、也可以是中華民國台灣、也有可能成為台灣共和國、或許台灣也有可能透過「全民公投」申請加入成為美國聯邦政府的第51州，也有可能在日遺皇民的教育、教化、教導下，奴化思想成熟的台灣人大多認同日本才是祖國，也是有極大的可能性透過所謂的「住民自決」、「民主程序」，台灣通過「修憲」決議主動要求併入日本國……。這樣的結果是中國、中共、中央政府所樂見喜聞的嗎？中國人民能同意這樣的台獨政權玩弄戲耍嗎？縱容獨派，和談促統，俄國前鑑，莫蹈覆轍。

8.國內反戰，民意鬆散

　　1994年11月29日俄羅斯葉爾欽總統發表措辭強硬的《致車臣共和國武裝衝突參加者的呼籲書》，限令車臣內戰雙方48小時內放下武器，否則「將在車臣全境動用國家擁有的全部力量和手段制止流血，保護俄羅斯公民生命、權利和自由，在車臣共和國恢復憲法法治、法規與和平」。這項「呼籲」其實已經距離車臣在1991年11月9日宣布獨立將近3年之久了；也是距離俄羅斯與車臣在1992年5月25日簽署《關於撤軍和車臣共和國與俄羅斯聯邦分配財產條約》將近2年6個月之久了；也是距離「車獨」獨裁政權從1993年開始實施「種族排斥和驅離政策」將近2年之久了；也是「車獨」獨裁政權與反對派武裝力量的內戰，「車獨」獨裁政權下令開始「種族大清洗」將近一年之久了。經過了這麼久的時間，各加盟國邊境衝突不斷發生、車臣民主自治共和國爆發內戰、俄羅斯人遭受種族屠殺，這個從蘇聯社會主義國家轉型為民主自由多黨選舉制度的俄羅斯聯邦政府，竟然反應如此遲緩，對於俄羅斯公民的悲慘遭遇竟然如此漠不關心，整個國家因為接受了西方資本主義自

由、民主的洗腦，導致政局混亂不安、經濟休克民不聊生，加盟國紛紛獨立。俄羅斯人民面臨這樣的國家處境，多數表示反對發動對車臣的「戰爭」。

面對這樣「大而不當、軟弱無能」的俄羅斯，稍有野心的政治家只要登高一呼，民族主義的幽靈勢必壟罩在絕大多數的車臣人心中。俄羅斯面臨自己國家的政局困頓、經濟休克、民心鬆散、國內反戰的情形下，依然擺出一副「大國」、「宗主國」的姿態，想要透過一紙威嚇呼籲書來擺平狂妄的「車獨」，事實上是唾面自乾，自取其辱。到了12月3日又發布了《告車臣人民書》，呼籲車臣人民推翻「車獨」政權，明確表示支持反對派。這樣的宣告不就是赤裸裸的干涉他國內政嗎？既已承認車臣獨立，卻又支持其境內反對派，態度前後不一模擬兩可，間接也影響其國內輿論的團結。中國對於台灣的統一要求是自始一致，但是統一的方式是和統還是武統（或逼統）仍有極大的分歧，這樣的分歧意見將會影響到未來的軍事行動，中國應以俄羅斯的錯誤前例深刻省思。車臣與俄羅斯本來就是不同民族、不同宗教、不同國家，只是以聯邦的形式加入蘇聯，當車臣想趁著蘇聯解體俄羅斯聯邦立足未穩之際脫離獨立，亦非不可，亦能理解。但作為聯邦大國之俄羅斯也有理由、也有立場、也有力量，不允許、不同意、不放任加盟國脫離獨立。例如美國的南北戰爭亦是同樣情形，但俄羅斯卻犯下幾乎所有不該犯的錯誤，最終導致悲慘的結局。中國必須謹記此一教訓，是和談還是武統必須要有明確的說法，一方面團結民心，一方面鼓舞士氣，一方面震攝台獨。

9.倉促出兵，戰備不足

蘇聯在解體之後，因為葉爾欽總統在經濟上誤信了西方資

本主義自由經濟市場的陷阱，而採取激烈冒進的「休克療法」，使得俄羅斯經濟面臨崩潰，俄軍士氣受到政治環境影響普遍低落，官兵紀律鬆散。入侵車臣前俄軍戰備訓練普遍不足，彈藥短缺補給困難，且缺乏作戰經驗，軍隊組織領導階層也十分混亂，抽調支援參戰的部隊彼此缺乏統一的協調調度。有些俄軍部隊入境後還遭到當地群眾的阻攔抗議，還有部分軍車設備甚至遭到搶劫，俄軍處境十分尷尬難堪，事實上俄軍部隊低劣的素質在戰爭開始就已經暴露無遺了，戰敗議和已是不可避免。這種狼狽的情形像是一支所謂的「入侵部隊」嗎？像是一支「王者之師」嗎？像是一支曾經擊敗日軍、德軍的鋼鐵勁旅嗎？完全失去了「蘇聯紅軍」當年大無畏的奮戰精神，是誰讓這些戰鬥民族的軍人落入如此難堪無奈的地步？是誰讓這些年輕士兵身歷險境馬革裹屍？這筆帳應該算在戈巴契夫？還是葉爾欽頭上呢？政客的精心算計都是為了自身的利益，西方國家把這二位對世界的貢獻捧上了天，可是在俄羅斯的民眾心裡，這二位可能是出賣國家靈魂、斷送國家前途、讓人民從雲端跌落泥潭的罪魁禍首吧？

「不放棄武力解決台灣問題」是中國既定的政策，2012年習近平推行建國以來最大的軍事改革，8年過去了，軍隊體制變革了，軍隊武裝更新了，軍隊訓練強化了，軍隊戰術靈活了，後勤補給充實了，統一之戰實錘了。從歷年來解放軍各軍種、各戰區、各集團軍、各任務部隊的實戰化演訓越臻完善，兩岸關係在中、美地緣政治的推波助瀾下也越趨尖銳，解放軍應該有時刻準備開戰的準備，統一戰爭一旦打響就是石破天驚、泰山壓頂之勢，絕對不能讓台獨戰犯有喘息或脫逃之餘地。

10.缺乏精準，平民傷亡

看似強大的俄羅斯聯邦軍隊在車臣獨立軍一連串半游擊式的反擊面前，竟然損兵折將傷亡慘重。當俄軍空降輕裝步兵進逼首府格羅茲尼遭到車臣獨立軍的火箭砲轟擊時，俄軍才動用飛機轟炸附近的火炮陣地，也因為缺乏訓練，俄軍砲兵無法有效執行精確打擊任務。為避免進攻部隊的重大傷亡，不得不依賴大量的火箭炮和集束炸彈進行無差別的地毯式轟炸，直接導致了大量平民的傷亡，而這些大量傷亡的平民多數卻是未能離境避難的俄羅斯人（當地的車臣人多已逃往鄉間疏散）。現代戰爭十分仰賴高科技精準武器設備，解放軍自從第二次波灣戰爭的啟發，早已揚棄「人海戰術」而奉行「火力優先」，解放軍各式輕重武器火力威猛，且因多年深研科技強軍強國，21世紀的解放軍早已不再是當年「小米加步槍」的土八路，而是躋身世界一流戰力水平的聯合作戰軍兵種。解放軍強大的火力對於台獨分子、美、日敵人而言確實是一場不願想像的惡夢，但是對於混跡在同胞中的台獨分子，對於擁有強大火力的解放軍而言就更是一場難以面對的惡夢了。或許這一點才是俄軍副總司令不願「向自己的人民開戰」的真正原因。試想車臣共和國境內有許多世世代代居住在這裡的俄羅斯人，或許這些人並不支持「車獨」，也與「車獨」獨裁政權的宗教信仰不同，但這裡就是他們的家，在俄軍強大火力的進攻下傷亡最大的就是留在城市裡的居民，漫天砲火無情殺戮的竟是自己祖國的軍隊，這是情何以堪。

隨著台獨勢力的囂張與擴張，全面執政後全面掌控台灣已經成為事實，在台灣的統派為了避免台獨政權的迫害已經成為「隱性族群」，久未歷經戰亂的台灣人也不知道戰爭的後果會

有多可怕，因此會有更多的人跟著台獨分子搖旗吶喊，也會有更多的台灣人會變成台獨的支持者。這是一場非常艱難的統一戰爭，如何利用高科技武器裝備的精準打擊，針對鎖定台獨首腦首惡及指揮中心進行斬首式、點穴式的摧毀，冀以最低的傷亡、最快的速度、最大的火力掌控全台，避免無辜生靈塗炭，對於解放軍攻台部隊來說這可是一門最重要而且是相當沉重的必修功課。

11.遠火轟擊，巷戰近戰

　　俄軍對首府格羅茲尼的攻勢，投入了3.8萬人的兵力，動用了230輛坦克，454輛步兵戰車，388門火砲和迫擊砲等重型武器。而且在這次戰役中還展開了歐洲自二戰德勒斯登轟炸以來規模最大的一次轟炸行動，並使用了白磷彈和燃料空氣炸彈，造成大量平民死亡。俄軍對於一個不到30萬人口數級別的城市所動用的軍隊數量、武器裝備、轟擊彈藥不可謂不多。車臣獨立軍的武器裝備遠遜於俄軍，但車臣獨立軍巧妙的利用城鎮建築作為工事掩體，狠毒的利用平民百姓當作人肉盾牌，熟練的利用街道巷弄成為殺戮戰場，逼使俄軍大量使用遠程（或空中）重型武器火力轟城，造成大量平民的傷亡，也因為這種殘酷的殺戮，成為葉爾欽總統聲望與支持斷崖式下墜的主因。車臣守軍有著豐富的城市巷戰經驗，他們分散成數量眾多、靈活運動的戰鬥小隊，使用RPG火箭彈和機槍從半地下室和頂樓向排成長串的俄軍車隊發動攻擊。俄軍各部隊被車臣武裝分割包圍後各自為戰，彼此之間沒有協同聯繫，指揮混亂無效，關鍵時刻空軍和炮火卻又無法適時、適地、適量的支援受困部隊。在12月31日新年夜發動總攻的進城部隊，超過半數官兵被擊斃或被俘，入侵部隊不是被擊潰就是被全殲，付出了

慘敗、慘重的代價。

　　這樣的場景畫面將來是否有可能會在統一台灣戰役中，在全台灣各地城市裡重演再現呢？畢竟台灣的軍力比車臣獨立軍強大太多，解放軍又是要進行難度最高的跨海登陸作戰，台獨分子絕對不會讓解放軍輕易地拿下台灣，從台獨黨執政期間的各種倒行逆施，不難看出這是一個遠比「車獨」獨裁政權更加陰險狡詐的「台獨」犯罪集團。光是一個台北市就將近300萬人口，解放軍要如何運用有限的海空運輸，盡快的將優勢兵、火力輸送到台灣，還有外離島的部分也都是難啃的骨頭，難怪台獨分子們在美、日外力的加持下益發囂張猖狂。這場攻台之戰、圍城之戰，如果流於「格羅茲尼化」，那麼解放軍可能就會失去先機、貽誤戰機了。「奇襲」才是這場世紀之戰關鍵所在！奇襲行動有賴於事前縝密詳細的情報獲得、行動保密與各部隊密切確實的任務分工，「導彈斬首」及「特戰斬首」將是這場攻台戰役能否順利成功最為關鍵的手段。只要能精準的清除台獨首腦首惡分子，使台軍失去指揮聯繫反擊作戰的平台與信心，再加上解放軍迅速集結的空降、機降、兩棲登陸突擊形成快速打擊，徹底截斷台軍的指揮鏈，迅速攻占機場、港口等戰略要地、要點，再施以心戰攻勢、利益誘降，期待達成兵不血刃為上策。否則，台灣將成為比格羅茲尼更為慘烈血腥的地獄之城。格城前鑑，莫蹈覆轍。

12.主力未殲，游擊恐攻

　　在新年攻勢慘敗後，俄軍採取更保守的戰法繼續對格羅茲尼狂轟濫炸，整個推進過程大量使用重型火炮對市區建築進行無差別的砲轟與轟炸，在摧毀這個城市的同時也造成更多平民的傷亡。俄軍有了慘痛的城區戰鬥教訓後進軍更加的小心謹

慎，坦克裝甲部隊不敢再大搖大擺地開進市區，以近戰遠轟方式與車臣獨立軍展開逐街逐屋的巷戰肉搏。各部隊開始由東、西、北三面向市中心的總統大樓前進集中合圍，最後還是使用空軍戰鬥機向大樓（車獨部隊地下防爆指揮所）投放兩枚雷射制導炸彈，穿透鋼筋混泥土堅固地下工事後爆炸，才迫使車臣守軍放棄據點分散向城南突圍。由於車臣反抗軍的主力未能盡數就殲，城市攻堅戰逐漸演變成游擊戰。俄軍繼續以空襲方式進佔車臣南部其他鄉鎮，車獨游擊隊在不斷撤退的同時，也將抗爭策略轉移到綁架和恐怖襲擊，引起民眾壓力逼使俄軍撤離。直到1996年8月6日車臣武裝發動突然襲擊，重新奪回首府格羅尼茲。8月31日在俄羅斯國內厭戰壓力及大選逼近下，葉爾欽總統簽署停火協定，結束了歷時1年8個月的第一次車臣戰爭。俄羅斯付出了死亡3826人，失蹤1906人，傷者17892人，平民死亡超過10萬人，大量設施遭受嚴重破壞的代價，最終未能以武力鎮壓車臣武裝獨立，一紙停火協定只換來車臣仍為俄羅斯共同體其中一員的虛假形式，3年後（1999年）俄羅斯總統普丁發動第二次車臣戰爭，終於獲得勝利，重新掌握對車臣地區的控制權，雖然車臣分離主義勢力基本上被平定，但其餘的反抗軍勢力轉移至山區繼續進行山地游擊戰，仍為俄羅斯的在背芒刺。

　　從俄羅斯對車臣的「統一」之戰所得到的經驗教訓總結極為寶貴，面對「獨派」勢力的崛起，如果放任、縱容或被欺瞞，等到「獨派」勢力成熟完全掌控政權之後，再想以「和平談判」的方式妄圖「獨派」勢力能夠改弦更張，回心轉意更是癡心妄想絕無可能。在統一方的角度應以防患未然、止亂初動的思考為要，切莫優柔寡斷當斷不斷，整合國內統一思想，凝

聚民族意識，部隊勤訓苦練，攻堅克難以解放台灣為核心，當機立斷迅速出兵，窮追猛打永絕後患。

台獨政權為解放軍擺下鴻門宴

　　中國要以武力統一台灣，台灣（台獨＋華獨）絕對不可能放棄國家主權（中華民國或虛擬的台灣國）與大陸合併統一，成為中國的一省或一特別行政區。如果（國家）主權是可以輕易放棄，那麼清朝康熙皇帝也不需要武統台灣了，北越也不需要武統南越了，北方的美利堅合眾國（聯邦）也不需要武統南方的美利堅聯盟國（邦聯）了。因此武統台灣是勢在必行，板上釘釘的事了。既然武力征伐無可避免，被征伐的一方必然會竭盡所能地採取各種反抗、反撲與反擊的手段，讓征伐方遭受慘重損失或付出的代價與獲得的收益不成正比，最後不得不停火止戰或鎩羽而歸。確實中國人民解放軍擁有強大的軍力與戰爭潛力，台灣的正規軍力與後備部隊根本不是同一量級。解放軍真正的對手是美軍而不是台軍，但是美軍是否會介入台海之戰，也是要看解放軍的實力而定。在地緣戰略角度而言，台灣是否「獨立」存在，對於日本確實是國家生命安全的最後防線，因此只要中國發動武統台灣，日本必然會進行某種程度的干涉、干預、干擾甚至是直接動用自衛隊武力支援台灣協防或是主動攻擊解放軍。

　　解放軍應當集中精銳之師渡海攻台，期望以最迅速的方式速戰速決，以便全軍轉向直面美國、挑戰美國、威嚇美國、制止美國甚至要做好與美國全面開戰的終戰準備。至於日本的挑釁與挑戰，中共中央應當毫不遲疑地立即下達核武攻擊命令，

摧毀日本有生力量、戰爭潛力與戰爭意志,連續核攻迫使日本無條件投降。在日本駐紮的美軍基地尚不在第一波核武打擊的範圍之內,以常規軍力予以監視監控,駐日美軍如有蠢動,就是第三次世界大戰開打之時。這一關如果中國人衝不過去,台灣將永遠不可能收復,中華民族復興的偉大光榮夢想也將永遠不可能實現。只有核平日本、震攝美軍、拒止介入,台灣才有可能在沒有外援的情況下認命回歸。本書最終設計的想定就在於美、日、印、澳等反華、反中、反共之國家,最終忌憚於中國的「四方區域核武保護傘」及「核戰威攝防護圈」的決心,放棄台灣最終未能以武力介入台海統一之戰。解放軍依中央軍委會主席核准之攻台計畫,向台灣地區發動導彈(巡弋飛彈)攻勢、特戰攻勢、空降(機降)攻勢、兩棲登陸突擊(遠火)攻勢、集團軍登陸船團攻勢、萬船齊發機動武警特戰攻勢等計畫作為。台灣方面的外離島地區在經過特殊統戰技巧或短暫精準轟炸後與特戰滲透斬首攻擊順利解除武裝,島上官兵等待改編歸鄉。台灣地區的在航軍艦、海軍基地、在空戰機、空軍基地基本被殲被毀,本島地下指揮中心被重磅鑽地精準制導炸彈或低當量微型核彈基本摧毀,中程導彈基地、防空雷達火力基本消滅、野戰防空部隊及反擊部隊基本受到嚴重打擊,台灣地區已無法組織營級以上戰術單位之反擊能力,正規軍基本打殘、後備部隊潰不成軍。就在解放軍登陸台灣高歌猛進、勢如破竹之際,台獨分子正以另一種戰爭形式準備給予解放軍迎頭痛擊,讓攻台部隊承受嚴酷的住民地戰鬥、超限戰的重大考驗。

解放軍要能夠迅速轉換場景思考,攻台部隊應該會經歷兩個階段的作戰行動方案:第一階段是屬於正規登陸作戰,火力

打擊延伸及野戰部隊登陸前推圍殲台軍主力。第二階段是面臨城鎮作戰，巷弄近戰、夜戰及游擊恐攻、超限戰等情境。解放軍應該預先有不同階段的想定演練模式。當第一階段順利進行並登陸台灣尋殲台軍主力部隊時，第二階段的作戰模式就應該要順勢展開發出預警注意。解放軍要從美軍打擊恐怖主義的經驗中汲取教訓，這是兩種不同的用兵概念。因為中國人民解放軍一直是保持大部隊（師、旅級合成集團軍制）的編組型態，對於大規模、大範圍的武裝衝突軍事行動可以發揮聯合火力重拳出擊的效果，但是對於小區域、特殊地點、針對性強的反游擊、反恐攻的敵意行動，就必須轉化為不同的應戰模式，發展出類似美軍分組化、扁平化、專業化的打擊戰鬥編組型態。

　　台灣地區幅員說大不大說小不小，3.6萬平方公里，多高山密林高樓城鎮，藏兵容易偽裝簡易，狙擊容易潛逃便利，老鼠會打洞狡兔有三窟。台獨分子在台灣地區擁有為數眾多的支持者，在台灣的形容詞為墨綠、深綠、鐵綠，再加上年輕化的「天然獨」、中生代的「台灣獨」、老一輩的「皇民獨」，這些立場堅定、意志堅決、不死不休的頑固台獨分子，會運用各種時機、各種環境、各種武器讓解放軍在台灣吃不飽、睡不好、喝不到乾淨的水、吸不到新鮮的空氣、走不了一條安全的道路以及做一場回不了祖國家鄉的惡夢。仔細研讀1895年的乙未戰爭就可以大致推想出一些畫面，台灣人會不會給解放軍準備一場煙花燦爛、歌舞精彩、吃肉喝酒、舞刀助興的現代「台式鴻門宴」嗎？解放軍千萬別意外、別驚訝，也別嚇壞了，雖然你們戰力堅強、視死如歸，但是台灣人也絕對不是吃素的，很有可能會讓解放軍「吃不了兜著走」。經過了這麼多年的皇民化、本土化、去中化的洗腦教育，台獨分子早已將大部分的台

灣人潛移默化的認同自己不是中國人，對於「異族入侵」台灣
的「萬惡共匪」，就是「他國侵略」、就是「民族對決」、就是
要像1950年中國抗美援朝時所喊的口號一樣「保家衛國」。如
果在2020年投票給蔡英文的817萬人中只要有1/10是堅定的台
獨支持者，也就是說在台灣至少有80萬個台獨瘋子準備跟解
放軍拼命。

　　中國人千萬別以為第一個被國台辦列入台獨頑固分子清單
的台灣行政部門首腦所說的「拿掃把也要跟共產黨拚到底」是
隨便說說的嗎？還有那些被大腸花運動洗腦的天然獨年輕人
們，說要把台灣的核電廠自爆，要跟解放軍同歸於盡的話是隨
便說說的嗎？還有那個桃園市的台獨黨籍的議員公然建議台灣
軍方要轟炸大陸沿海的核電廠是隨便說說的嗎？還有那個號稱
「渣男」的台獨黨台北市黨部主任委員主張要「全民皆兵」，
要將武器、彈藥、裝備下放到社區，每一個人都要拿起槍來保
家衛國是隨便說說的嗎？如果你是台獨分子你會怎麼做呢？當
台軍在正面戰場被解放軍擊潰之後，身為台灣人的你、熱愛台
獨的你、願意為台灣犧牲的你，將會採取何種手段來「盛情款
待」來自海峽對岸的骯髒垃圾、腐敗殘暴、侵略欺壓、自以為
是的「共匪」呢？解放軍攻台部隊，包括第二梯隊的機動武警
部隊，第三梯隊的行政事務接替管理人員，還有來自中國共產
黨中央黨部派發到台灣省地方黨部各個角落、街道辦的黨員幹
部們，真的要仔細的思考推演接下來的台灣可能會發生什麼狀
況？作者假設了幾個可能會讓台獨分子運用來打擊、傷害、消
滅中國人的策略，僅供「雙方」都做為參考。（千萬別把我冠
上中共同路人的大帽子啊！我只是在寫一本政治軍事的推理預
言的小說而已。）

台獨分子可能會有哪些「拒統抗敵」的措施呢？實施的難易程度區分為高、中、低三個指標，實施後的成效也區分為高、中、低三個指標。

1.破壞核電廠造成核汙染

　　台灣境內有三座運行中的核能發電廠，較為老舊的核一、核二都位於人口稠密的新北市濱海，周邊人口總數高達千萬人以上，核三廠位於南台灣屏東縣恆春鎮海邊，附近人口總數僅十數萬人。如果我是台獨分子，寧願玉碎不為瓦全，我得不到的台灣中國人也休想獲得。一不作二不休，從內部炸毀核電廠設施導致核輻射外洩，再將爆炸事件藉由西方媒體的造謠渲染，誣指核電廠是被解放軍的炮火破壞，如此不但可以大範圍的傷害攻台部隊，更可以製造大量的平民傷亡，核爆汙染也會成為國際關注的焦點。如此一來，中國拿到的只是一個被核輻射污染的台灣，還要揹負國際社會的譴責，這種買賣對於台獨分子來說絕對是一本萬利。對核電廠的內部安置爆炸裝置，以目前台獨黨全面執政全面掌控的情況，要安置炸藥的可能性並不難，實施的難易程度為中度，實施後的成效為高度。

2.民生水庫、自來水廠投毒（炭疽病毒、美國德堡新冠病毒COVID-19、伊波拉病毒等生物戰劑）

　　在台灣眾多的109座水庫裡選擇幾座位在都會區上游的水庫（如基隆市新山水庫、新北市翡翠水庫、桃園市石門水庫……）或在全台128座自來水廠中施放「生物病毒」並非不可能做到。目前所有的水庫、自來水廠的負責人都是台獨黨籍人士或是經由黨政高層圈選指定出任。在必要時刻、在必要地點以專業人員施放致命毒素，將造成台灣生態浩劫與人命慘重損失。一樣的手法、一樣的抹黑造謠，只要外媒配合、網路放

送，把水庫、自來水廠投毒事件栽贓給解放軍或中共特工人員，這樣不但會造成全台無數生靈塗炭，讓解放軍及中共領導人疲於救難治喪，更會引起更廣大不知情的民眾反彈，將怒火指向解放軍及中共駐台人員，這把火一燒，甚至比將台灣的三座核電廠自爆更能引起致命的後果。要投放生物戰劑毒素的可能性並不難，實施的難易程度為低度，實施後的成效為高度。

3.破壞儲油、供油設施、管線，造成油汙擴散環境汙染及民生用油短缺

台灣中油所有的油槽中最大的是位於桃園可以儲存13萬公秉的原油槽，是目前東南亞最大的儲油槽。台塑石油在麥寮也有數萬公秉的大型儲油槽，高雄前鎮亞洲新灣區內也有高達199座的儲油槽。這些超大型、超密集的儲油槽，只要有詳細的爆破計畫，分由幾組特戰隊員即能快速輕易的安裝遙控或定時啟爆裝置。只要儲油槽發生大爆炸，不但將造成周圍居民嚴重的死傷，後續的汙染及民生用油短缺，油價暴漲造成物價飛騰，社會民心動盪不安，那麼剛在台灣贏得正面戰場勝利的解放軍還笑得出來嗎？還能在營區裡安穩的睡覺嗎？這類標準的恐怖攻擊事件很難在短時間內緝獲真兇，台獨分子也不會像某些國際恐怖組織一樣會勇敢的出來承認承擔這是他們做的。相反的，這麼大規模的爆炸及死傷慘重的新聞正是外國媒體及網路留言最佳的炒作事件。屆時如果真的被台獨分子得逞，以攻台解放軍有限的兵力要如何處理這樣的難題？要安置炸藥的可能性並不難，實施的難易程度為低度，實施後的成效為高度。

4.引爆天然儲氣槽，造成大面積燒(殺)傷及民眾極度爆震恐慌心理

台灣為了配合非核家園的錯誤政策以彌補發電量不足，採

用落後以及大量產生空汙的燃煤、燃油發電之外，燃氣也是不得不做的選項。未來全台至少會有25座天然氣儲槽，目前中油在高雄永安接收站有6座儲槽，將再擴建2座，是全台年供氣量最大接收站；中油台中港區接收站也有6座，將再擴建2座；另外還有目前被蔡英文御筆親書「藻礁永存」的承諾跳票，炒作的沸沸揚揚的桃園觀塘三接也要新增2座接收站。全台天然氣安全存量為14天，這些暴露在空曠地區或人口密集區的大型天然氣儲存槽與大型儲油槽一樣容易成為恐怖分子或游擊隊下手爆破的目標。因目標極為明顯，不論是採取預置炸藥爆破方式或是以RPG火箭彈進行目視射擊，均會造成儲氣槽發生大爆炸，甚至引發爆炸區域範圍內毒化物工廠複合式災難。光一個桃園觀塘三接天然氣接收站（2座），如果發生LNG（液化天然氣）儲槽爆炸，預估將會危及5萬人的生命財產安全，其爆炸規模可能超過天津大爆炸、高雄氣爆數百倍的威力，更何況是高雄永安、台中港區內各有8座的天然氣儲槽。如果真的發生這樣的恐攻情形，解放軍真的有能力應對嗎？要爆破天然氣儲存槽的可能性並不難，實施的難易程度為低度，實施後的成效為高度。

5.破壞有毒氣體工廠（如多氯聯苯……）

有毒氣體是看不見摸不著的，可能聞得到也可能聞不到，若真的有毒氣洩漏，人體就會發生中毒症狀。常見的有毒氣體：氰化鈉NaCH中毒、急性苯中毒、硫化氫$H2S$中毒、天然氣中毒、氯氣$CI2$中毒等，這些有毒化學物質在生產、使用、貯存和運輸的過程中，可能對人體及環境產生危害，危及人畜的生命安全，造成巨大災難性事故。這些有毒氣體的貯存、製造、運輸等相關資料，都在行政院環保署有相關詳盡的列管資

料。有毒氣體的擴散性、致命性與恐慌性非常難以防範及避免，人體會在不知不覺中中毒卻很難立即察覺是何種毒劑所造成，假若此種以有毒氣體作為恐怖攻擊的手段，而且是由國家級的力量所主導實施，將會發生何等恐怖慘重的傷亡事件。以1995年日本東京地鐵沙林毒氣事件為例，由奧姆真理教18名教徒同時在5班地下鐵列車上施放沙林毒氣（神經毒劑），就造成14人死亡，6300人輕重傷的慘案。如果台獨分子同時在全台人口密集的百貨公司、大型商場、地下街等封閉處所施展有毒氣體的恐怖攻擊，台灣島將瞬間成為人間煉獄，解放軍真的有能力應付如此兇狠的恐攻手段嗎？要施放有毒氣體的可能性並不難，實施的難易程度為低度，實施後的成效為高度。

6.戰前無限制向美軍購雷及佈雷（地雷及水雷）

地雷及水雷是阻卻解放軍兩棲登陸船團搶灘最適合的靜態武器之一，也是在戰前就能夠事先預置的武器。根據美國智庫研究員易思安（Ian Easton）在「2020台海安全論壇」指出，解放軍若攻台，可能會選定14個登陸點分別是：淡水、金山、林口、海湖、翡翠灣、福隆、頭城、壯圍、羅東、宜蘭（以上9處均位於第三作戰區）、布袋（第五作戰區）、台南、林園、加祿堂（第四作戰區）。地雷按種類可分為殺傷人員的反步兵地雷（人員殺傷雷），和破壞車輛的反坦克地雷。地雷的價格非常便宜，每個造價約3美元左右，大量購買布置在解放軍可能登陸區的後方道路、田野、集結區域等處所，不費一兵一卒即能對解放軍造成傷亡與畏戰恐懼心理陰影。水雷是針對艦艇或潛艇的爆炸裝置，在防禦中可以保護台軍航道和艦艇，開闢安全區域。水雷可以採用布雷艇施放，也可以由飛機、潛艇甚至是港內手工施放。水雷的低造價和易於鋪設，使

其成為「非對稱戰爭」中經常使用的武器。美國MK62型水雷價格僅幾千美元一枚，在戰爭期間即使水雷沒有對敵艦直接造成傷害，也可以起到阻擋敵艦進入該海域和恐嚇對手停止戰鬥的效果，這種兼具物理破壞和心理威攝的武器堪稱「戰略級」武器。此類武器比起台灣向美國購買天價武器可說是物美價廉，與其花大把鈔票去買M1A2艾布蘭主力重型戰車成為解放軍武裝直升機的活靶子，倒不如多採購地雷及水雷密集佈放，讓台灣真正成為碰不得的「刺蝟之島」。要購買及佈放地雷、水雷的可能性並不難，實施的難易程度為低度，實施後的成效為高度。

7.暗殺（處決）統派意見領袖及知名反獨人士

在戰爭爆發前台獨分子可能會大量招募親綠衛兵組織「民兵鋤奸隊」，武裝大腸花覺青、基X黨人及台獨死硬派分子，由台獨執政黨提供「叛國賣台者」名單按圖索驥，大規模搜捕、屠殺在台積極促統人士、藍營政治人物及非獨派之高階政、經、軍、商等人士，如統促黨主席張安樂、新黨前主席郁慕明、中華民國台灣軍政府發起人前陸軍中將高安國、中國文化大學副教授邱毅、台灣大學教授苑舉正、台灣統派媒體人黃智賢等都會成為拘捕、獵殺的對象，製造恐怖殺戮的環境，以防止是類人士策應、響應解放軍攻台行動。台獨分子在解放軍完全占領控制台灣之前，大肆捕殺異議人士，以洩心頭之恨。就如綠營某大學退休名譽教授也是法輪功的忠實信徒，就曾經在某政論節目中明白地說出台獨分子的內心祕密，他認為「**在台灣島內支持共產黨統一台灣的統派人士也別高興太早，時間到了，全部都會殺掉，就是這麼簡單**」。要擊殺指標型統派及反獨人士的可能性並不難，實施的難易程度為低度，實施後的

成效為高度。

8.炸毀故宮國寶中國文物

1948年12月第一批故宮國寶運抵台灣，1949年1月第二批
文物抵達基隆，1949年2月第三批文物轉送台中，總共4886
箱，近70萬件大陸國寶。雖僅是抗戰時期南遷文物數量的
1/4，其精華如宋代汝窯、清代琺瑯彩瓷、清宮善本圖書文獻
等幾已全部運台。原北京故宮博物院裡95%的精品文物都安詳
的保存在台北的外雙溪故宮博物館裡。這些價值無可估量的中
華文化瑰寶，在否認自己是中國人的台獨分子的眼中只是一些
「有價」的商品。在台獨黨有計畫的染指下以各種名義將台北
故宮裡的國寶運出，有些以「借展」的名義運到日本的地方性
三級博物館，是否可能沒有再運回台灣或被掉包了？也有以充
實嘉義南故宮的名義運出，是否可能會有部分國寶文物「被失
蹤」了？台獨黨從來不對社會大眾公開說明，傻傻的台灣人也
不關心這些無價之寶是否被台獨黨「私了」了。當中國大陸開
始啟動以武力收復台灣之日，這些尚未完成轉移至國外或私人
宅邸洞窟的中華珍稀國寶就成了台獨黨報復洩憤的最好目標。
在台北外雙溪的故宮博物館沒有戒備森嚴的軍警守護，台獨黨
只要派遣一個縱火小隊就能輕易讓這些中華瑰寶從此變為塵
土，也能讓對岸的14億中國人從此真的的失去了老祖宗遺留
下來的寶貝。一把火讓14億人扼腕嘆息、讓14億人捶胸頓
足、讓14億人痛哭流涕、讓14億人悔不當初，光想到這一把
火能燒出多大的樂趣與代價！如果我是台獨分子絕對會使用這
個賤招讓所有中國人都後悔莫及，這是一件多麼令人痛快酣暢
的報復，讓14億中國人心碎，讓台獨分子興奮。解放軍有沒
有思考過如何處理這個突發狀況呢？當你們奮力攻打台灣之

時，如何保護這些屬於全體中國人的文化遺產不會受到惡意破壞呢？要縱火焚毀故宮珍寶文物的可能性並不難，實施的難易程度為低度，實施後的成效為高度。

9.轉移外匯存底及外國債券

2021年8月台灣中央銀行公布6月份外匯存底金額為5432.82億美元，維持全球排名第5。這些錢（美元、英鎊、歐元……）是兩蔣時代勵精圖治奠定台灣經濟騰飛基礎，也是台灣人數十年胼手胝足努力拼命賺錢存下來的家底，這麼多錢沒用完、沒搬完、沒處理完該怎麼辦？繼續放在中央銀行的保險庫裡等著中國人來接收霸佔嗎？如果你是台獨政權你會用甚麼方式來處理掉這些錢呢？燒掉？還是運走？還是倒到海裡？中央銀行的總裁是台獨黨指派的，中央銀行的警衛是國家派的，中央銀行的金庫密碼也是自己人設定的，只要解放軍還沒有攻進台北市，只要解放軍還沒占領中央銀行，台獨分子就有時間來處理這些錢。還記得1945年日本戰敗投降後對台灣的金融做了甚麼喪盡天良、人神共憤的醜事，間接導致1947年台灣爆發228暴亂事件嗎？據原住民立法委員高金素梅轉述，日本人在戰敗後竟然立即趕印了一億元台灣銀行券空運到台灣送給在台日人、歸化皇民及親日分子派發現金，讓他們拿著這筆額外的現金大量的搜購戰後台灣所剩無多的物資運回日本或交由歸化皇民、親日分子留存囤積，造成市面上糧食不足、物資奇缺，通貨膨脹、貨幣快速貶值。戰後社會本就動盪不安，人民將怒氣怨氣指向陳儀政府，並藉口官員貪汙腐敗無能，官逼民反擴大事端，這就是當年日本人及歸化皇民、親日分子所做的缺德事。

現在即將失去台灣掌控權力的台獨分子難道不能學習他們

的主人、他們的前輩重覆再幹一次缺德事嗎？打開金庫運走現金轉移到台獨分子手中，開始大量搜刮民間資源囤積居奇，等到解放軍完全占領台灣後，也就等於又接手了一個即將點燃引信的火藥桶。經濟的封鎖、戰爭的破壞、社會的不安、物資的匱乏……，再加上台幣貶值、市面上美金橫流、人民幣還不是法定貨幣，民眾買不到米吃、加不到油用、沒水沒電沒瓦斯……。可以想像一下這樣的畫面，台灣人還會將解放軍視為正義之師嗎？解放軍有沒有想過這樣的社會經濟困局該如何處理呢？要轉移或消化外匯存底的可能性並不難，實施的難易程度為低度，實施後的成效亦為高度。

10.轉移或藏匿央行儲存黃金

　　根據2021年8月份世界各國官方黃金儲備排名統計，台灣的黃金儲量為423.6噸，佔外匯存底0.059%，總值約6600億台幣，約220億美元（以匯率1：30計算），排名世界第13位。這些價值不斐的黃金就庫存在新北市新店烏來戒備森嚴的「文園」金庫內。「文園」是烏來山路上一個不起眼的營區，占地2萬多坪，想進入文園必須先經過重重關卡，過了山洞打開厚重的鐵門，經過3道鎖，3道門後才能進入庫房。營區圍牆佈滿通電鐵絲網，文園的最外圍是重裝配備的警察，再往內有超過百名的武裝憲兵駐守，最內層還有央行特聘的保全人員，以及24小時防盜系統隨時與央行警衛隊連線。文園庫房的鑰匙和密碼在5個人手上，進入庫房時必須要5人分持鑰匙及密碼才能共同開啟。看到這樣的「安保」系統不可謂不嚴密，但是這批黃金的主管是誰？這5個關鍵人物的頂頭上司是誰？這些憲兵、警察、保全人員的長官又是誰指派的？如果是一般的盜匪打劫或許這是一個不可能達成的任務，但是「竊鉤者誅，竊

國者侯」，國家之大盜無須強搶，只消一通電話、一紙文書就能將這批鎮國黃金通通運走。當年國民黨在大陸兵敗如山倒時，在南京中央銀行地下室的黃金是如何被運到台灣來的？現在存放在台灣新店的儲備黃金就有可能被運送到別的地方藏匿或運出台灣寄放到別的國家。

　　這批黃金也有很大的機率會被台獨分子所瓜分，當解放軍奇襲台灣，封鎖海、空對外通道時，台獨首腦已經來不及將黃金運送出國，但是在解放軍完全攻占台灣至少也還需要一時三刻，在這段空檔時間裡台獨分子仍然還有機會以軍方車輛、公務車輛或私人車輛，將儲備黃金化整為零分批陸續運出文園，分別交由各獨派團體首腦再分送給各個已經被大陸國台辦點名公告要緝拿歸案的台獨首惡戰犯及台獨頑固罪犯等人的手上先行藏匿一段時間。海空封鎖總有解除之時，此時這些尚未被解放軍及機動武警逮捕歸案的台獨首腦首惡頑固分子，就會利用在地人脈尋找漁船偷渡出境，這些被分送藏匿的黃金就是他們用來收買漁民最好的資本。在台灣實施戒嚴期間，有多少被通緝的台獨分子就是透過這種方式潛逃出境的，解放軍不可不防範。要轉移、搬運、藏匿儲備黃金的可能性並不難，實施的難易程度為中度，實施後的成效亦為高度。

11.製造、運用大量小型無人機（偵查型、自殺攻擊型）並訓練破襲戰術

　　近年來無人機科技大量運用在國防產業上已是一個非常明確的趨勢，在台灣的無人機產業事實上不如中國的發展，解放軍在進攻台灣時，一定也會大量運用無人機進行偵查、打擊。因此在無人機的運用上難道台灣就束手無策了嗎？如果我是台獨分子，我不但不會感到頹喪，甚至我還會有點「激動」的感

覺。原因在於台灣在無人機的領域還是具備有傳感器、雲端儲存、數據智慧分析與傳輸的研發技術人才等優勢。在對外軍備武器的採購動輒百億美元天價,而美國賣給台灣的武器在戰時不見得能對解放軍產生決定性的威脅。與其花費大筆鈔票購買「問號」等級、「公嬤」等級的武器系統,將來坐困愁城束手待縛,不如孤注一擲全力發展軍事用途的無人機。與其等待不確定的美、日境外援軍,不如自行製造大量低成本、滲透性極強、破壞力強大的「神風自殺式無人機」。讓已登陸在灘頭的解放軍、讓在市區攻堅巷戰的解放軍、讓在街頭巡邏站崗的解放軍,隨時隨地不分晝夜都有可能遭受到台軍游擊隊、台獨民兵操控的無人機攻擊團隊的襲擊。

台獨組織在島內大量吸收大學、高中甚至是國中學生年齡層的青少年,參加所謂「保衛民主自由台灣」的幹部營隊活動,這類政治洗腦的效果就是可以將這些青少年轉變成效忠台獨的「親綠衛兵」。年輕人對於這種科技性的無人機本來接受度、運用度就很高,假如台獨黨主張的「全民皆兵」、「將武器裝備預置在社區裡」得到實施,那麼大量製造、操作簡易、成本低廉的小型軍用偵查、攻擊無人機,將是台灣地區各縣市、各鄉鎮、各村里、各學校、各台獨社團的民兵組織必備之襲擊火力。解放軍或後續的行政梯隊人員,在台灣將隨時隨地可能會遭受到恐怖襲擊。這是一項值得投資的簡易型奇襲武裝力量,或許台獨當局已經在朝這個方向努力研製中也說不定。要製造及裝備具有火力打擊能力的自殺式無人機技術並不難,實施的難易程度為低度,實施後的成效亦為高度。解放軍有無對策可以應付這種日以繼夜地從人群裡、從建築物裡、從車子裡,就有一架或多架突然升空裝載炸藥的無人機(群)悄無聲

息地臨空轟炸？如果這件事情規畫成真，或許是中國中央政府治理台灣的一大難題，這些被徹底洗腦要保衛大台灣的親綠衛兵、台獨民兵，是不會輕易地就將這種好玩又具致命性的「玩具」交出去當一個聽話、乖巧的「中國順民」。

12.以美國在台協會（AIT）外籍兵力保（掩）護台獨首腦首惡逃離台灣

　　蔡總統自從上任之後已多次演練所謂的「萬鈞演習」，並擴編圍繞在周邊保護的反斬首部隊、快速反應部隊，並重新斥鉅資採購頂級防彈奧迪（Audi）總統座車，加強憲兵重機車連的反裝甲火力，讓雲豹裝甲車實際在台北市區內快速行駛，演練如何盡快接運進入衡山（圓山）指揮所，而黑鷹直升機也頻頻演練起降「閃離」的科目。但是具有1.5個博士學位的蔡英文總統是何等的聰明狡詰？她何嘗會不知道當解放軍發動攻台軍事行動時，「斬首」行動極有可能是最優先的選項之一，台獨首要戰犯如果不是死於導彈（巡弋飛彈）的精準轟炸（如伊朗革命衛隊指揮官蘇雷曼尼在伊拉克遇襲模式），就有可能是死於解放軍特種部隊的突襲格殺（如美軍海軍特種作戰研究大隊在巴基斯坦擊殺基地組織領導人奧薩瑪‧賓拉登模式）。在她逃離的過程中也有可能遭受台灣地區統派民眾的阻撓，從台灣總督府（或官邸）一路上直奔衡山（圓山）地下指揮所的路途上，太過明顯的裝甲維安車隊反而很容易會被標定成為第二次火力打（襲）擊的目標。因此，聰明絕頂的蔡總統極有可能以憲兵重機連的機車作為逃離的主要交通工具，方能在交通混亂阻塞的台北市區中盡速抵達她想要去的目的地。然而此時的Miss蔡會想要跑到哪裡呢？根據台灣人對Miss蔡的普遍觀察，她是一個極會說謊、膽小如鼠、愛享受生活美食、不顧百

姓死活與生命安全的領導人。當台海爆發戰爭時，她是否會為了求生存而拋棄台灣「四軍統帥」的指揮職責呢？作者判斷她應該不會傻到選擇進入地下指揮所內負隅頑抗指揮作戰，等待死亡的來臨或被活捉移送北京受審關入天牢，而是會選擇以最快的捷徑驅車直達位於內湖區金湖路100號的美國在台協會（AIT）內尋求美國的政治庇護，這裡才是蔡總統的首選之地。

美國在台協會（AIT）內湖新館占地面積約6.5公頃，土地租約長達99年，耗資2.55億美元（約70多億台幣）興建，工程期長達9年，這是一座地上5層地下11層的超級「安全」堡壘，施工重要材料如鋼筋、水泥、玻璃等直接從美國進口，大部分負責興建的工人也都來自美國，並且必須經過身家安全調查無虞。設計如此規模宏大又以「安全」為主要考量的駐台「美國大使館」的必要性為何？美國在世界各地駐在國確實曾發生過大使館遭到暴民入侵，或是汽車炸彈攻擊之先例，但以台灣地區的治安狀況及民眾親美程度的危安因素而言，如此「鉅額投資」的必要性實在令人費解！唯一合理的解釋是否在預防萬一台海戰事爆發時，中、美之間有可能被捲入大戰，而美國「駐台大使館」是否也有可能會遭受到攻擊為其「安全」的首要考量（作賊心虛嗎？），而且這種致命性的攻擊只有中國人民解放軍才具備這種「鑽地制導精準炸彈」的能力。一旦讓Miss蔡進入美國在台協會（AIT），依照國際法相關規定等同為進入美國國土，基本上解放軍不會再加以攻擊，特種部隊也不可能強行進入抓捕。Miss蔡得以從容地搭乘美國（軍）的直升機飛離台灣，降落在最近的美軍基地尋求政治庇護，也可以藉由美國在台協會（AIT）的外籍兵力掩護，通過對外的祕

密通道前往基隆軍港，搭乘小型潛艇出海躲避解放軍特戰部隊的追捕。要讓蔡總統在最短的時間內逃入美國在台協會（AIT）的可能性並不難，實施的難易程度為低度，實施後的成效亦為高度。解放軍是否有相對應變的補救方案呢？是否有認真的考慮要以「誤炸」的方式來斬首台獨首要戰犯呢？如果能把台獨首腦清除乾淨，以免日後留下尾大不掉的後患，「誤炸」是否能成為唯一的最佳選項呢？

13.以台軍特種部隊攻擊AIT誣陷解放軍，製造美軍介入口實

台獨分子詭計多端心思縝密，台獨當局心知肚明以台灣的正規軍力是絕對無法抵擋解放軍的攻勢，唯一的希望還是寄託在美、日聯軍的軍事介入。但台獨當局也清楚明白美、日聯軍有可能礙於「一個中國原則」、「干涉中國內政」的框架或是在解放軍實施海空封鎖及核武威攝的拒止下，無法名正言順或強行干預台海之戰。因此台獨首腦除了挖空心思反覆演練防範，在第一波導彈襲擊的斬首行動中存活下來，如何盡快逃離台灣才是唯一的活路。但即使能夠順利出逃的應該也僅是極少數中的少數，絕大部分名列台獨首惡、台獨頑固、台獨戰犯、台獨罪犯清單中的積極活躍分子，仍然是無法離開台灣尋求他國的政治庇護，從而另起爐灶成立中華民國（或台灣國）流亡政府繼續與中共、中國對抗。想要保全在台灣的政治資產及龐大利益，與延續台獨執政維持一中一台局面，唯一的辦法還是只能期待美軍的強力介入，以阻擋解放軍渡海攻占台灣。台灣目前擁有一支神祕的特種部隊，號稱「比共軍還要共軍」的假想敵專業滲透武裝部隊——「天威部隊」。這支特種部隊是由台灣的「國軍」常態編制內的8支特種部隊整編而成，每支部隊又

分成2個特工分隊，所以天威部隊共有16支分隊。這16支分隊
於開戰前會分別針對16個預設不同的目標進行武力突擊及執
行上級臨時賦予的特殊任務。如果我是台獨首腦，這支特種部
隊的運用功能並不在於如何抵擋、襲擾解放軍的攻台戰役，因
為這種蚊子叮牛角般效果的小型突擊、襲擾、破壞、暗殺等行
動並無濟於整個台海大局的改變。天威部隊最大的實戰功能應
該是運用在「偽裝成解放軍」針對美國在台協會（AIT）的突
擊、爆破、屠殺行動，而且利用即時影像的傳輸功能（直
播），將整個攻擊行動畫面讓所有美國人看到他們在台灣的大
使館人員確實是被穿著解放軍制服的軍隊所殺害的（語言、膚
色、服裝、武器完全與解放軍相同）。

當蔡總統等少數台獨首腦離開美國在台協會（AIT）後，
立即由台灣國防部下令天威部隊展開圍攻，並由台獨當局成立
的資通電戰部隊——即「網軍」將整個突擊行動上傳伺服器放
送到全世界的網站、媒體載台上。如果真的發生這種事件，原
本被拒止徘徊在1500公里封鎖線外的美軍航母打擊群以及駐
日、駐韓美軍，將會獲得美國總統與美國國會全體議員的授
權……立即出兵台灣，美國正式向中國宣戰（如同1941年珍
珠港遭日軍偷襲後的次日，美國即對日本宣戰）。只要美軍開
始採取軍事行動，日本、印度、加拿大、英國……等西方各反
中、反華、反共的國家，也會立即在以美國為首的號召下，加
入這場反侵略、反共產、反極權的「侵華」戰爭。在外交上譴
責中國、在經濟上制裁中國、在軍事上圍攻中國，驟然迎面而
來的內外壓力，迫使解放軍面臨舉世的討伐反撲。如此一來，
在一時說不清道不明的美國在台協會（AIT）被圍攻、被屠殺
的突發事件，使台海統一之戰就不再是中國宣稱的「內政、內

戰問題」了，而是真正的中、美之間的戰爭，也是西方世界高舉民主自由國家團結一致對抗恐怖殘暴的共產主義中國的世紀正義之戰。

　　這種情境是否有在解放軍攻台前的兵棋推演及實兵操練科目中呢？這樣的假設狀況會很離譜嗎？有沒有可能會真的發生呢？沒有到最後一刻誰都無法保證。中國人要大膽的假設，一個即將溺斃、毀滅、腰斬的台獨政權會不會使出所有的絕地大反攻的手段呢？要指揮天威部隊偽裝成解放軍攻擊美國在台協會（AIT）的可能性並不難，實施的難易程度為中度，實施後的成效亦為高度。這一步棋不但是一招險棋，而且是一招起死回生的暗棋。或許美國在台協會（AIT）斥巨資興建的內湖新館號稱「台灣最安全的堡壘」，目的並不在防範台灣有反美的恐怖分子汽車炸彈的襲擊，也不在防止異議分子闖入館內抗議，內湖新館興建造成超級堡壘的真正目的，是在防範或是刻意在演練一場由VCR全程拍攝的「解放軍屠殺美國人」的大戲。這場性價比超高的民主VS共產大戲，會讓台獨分子躲在床底下偷笑3天還爽不停。請問解放軍登陸台灣之後，有做好「保護」美國在台協會（AIT）不被「偽解放軍」攻擊的準備了嗎？

14. 引爆預藏之核彈毀滅台灣，勾結西方反華媒體誣指為解放軍屠台（留島不留人）

　　台灣否認擁有任何大規模毀滅性武器，目前並無直接證據顯示中華民國政府擁有任何核子武器，但事實上確實曾經有兩度研發核武的計畫。外界相信，台灣只差一兩年就能完成發展核子彈，技術上不是問題。部分學者認為中華民國在核武研究被迫中斷之後仍祕密藏有核武計畫藍圖及相關數據，在台海衝

突發生時其實是具有一定的產製能力。美國基於壟斷核武的一貫思想，向來反對台灣發展及擁有核子武器，但美軍確實曾在台灣部署核子武器用以威攝中國。美國在1952至1961年間，曾在台灣台南空軍基地部署了12枚核彈。1958年823砲戰發生後，美軍將鬥牛士飛彈裝上核子彈頭。1960至1974年間，美軍又在台灣部署了可吊掛在戰機上的戰術型核彈。台灣是否擁有核彈其實只是美國點不點頭的問題而已，而不是台灣要不要的問題。基於戰略嚇阻需要，台灣的常規軍事力量規模永遠無法與中國相匹敵，但是如果能擁有少量的核子武器（一般概說是4-6枚），就能對中共的蠢動產生嚇阻作用。台灣當然是非常渴望能擁有核武，或是在有需要之時，能在短時間內即可少量製造。也就是說，台灣為了確保自身不被中國（共）統一，對於核子武器是有迫切的需求感，即使中共武力犯台的條件之一為台灣擁有核子武器，台灣仍然認為自己最好能擁有或製造核武的能力及主動權。在兩岸發生軍事衝突時，可以倚仗自己的核武威攝力量，對中共形成恐怖平衡，威迫解放軍放棄武力攻台，而不是事事仰賴美國不確定的協防意志與戰略模糊政策。

在美、中關係良好時，美國自然不希望台灣擁有核彈以免造成台海局勢緊張升溫，影響到美、中關係正常化與經濟貿易的交流發展。但時至今日，自從歐巴馬政府、川普政府乃至現在的拜登政府，為了壓制中國的崛起，為了避免美國被中國超越，全球新的冷戰架構已在美國的刻意操作下成形，而「台灣牌」、「台灣主權牌」、「台灣民主自由牌」正是美國用來刺激中共最好的一張王（底）牌。美國企業研究所學者邁克爾·魯賓在2020年5月31日曾撰文「為甚麼台灣需要核武（Why Taiwan Needs Nuclear Weapons）」表示美、台應聯手讓台灣成為擁核

國家，藉此向中國示警。2021年7月19日隸屬美國中情局合約商C-130運輸機直接飛抵台灣台北松山機場卸下了木箱及一些紅色帆布袋，有人猜測卸載的木箱內可能是美軍特種司令部提供給台灣特種部隊的「微型中長程巡弋核子導彈」。如果中共把台灣逼急了，台獨首腦們眼見大勢已去乾脆心一橫大不了鬥個魚死網破兩敗俱傷，在所不惜。如果美國私下真的向台灣提供了核子武器，在面對解放軍強大的導彈攻擊，台灣會不會「死馬當作活馬醫」、「射人先射馬、擒賊先擒王」呢？

　　當然美軍也有可能不提供空射型核彈或導彈型核彈給台灣，因為這類武器如果美國不主動提供，可以確定台灣是不可能自行研發製造的。如果台軍擁有這類高、精、尖的大規模毀滅武器，世人難免會將矛頭對準美國批評，中國也有藉口對美國進行核武報復。因此美國只要「默許」、「不反對」、「協助指導「台灣自行完成核彈組裝，讓台灣「自行「研發成功。當解放大軍基本攻占台灣，台獨首腦們已經逃離本島之後，是否有可能以遙控或定時引爆藏匿在中央科學研究院裡的「核彈」呢？只要引爆核彈，西方媒體輿論就可以大作文章，將流傳在中國網路上的一句「留島不留人」的口號，坐實了中共違反人類罪名，炒作屠殺台灣人民的輿論風潮，屆時台灣島成為核爆鬼島，就算被中國「光復」了，遺留的後續難以處理的棘手問題將會排山倒海而來，或許中共政權會因此衝擊而垮台，中國或許會因台灣的核爆而分裂。

　　這樣的結局對於美國來說可謂「一石二鳥」之計何樂而不為呢？解放軍是否有思考過這個預案呢？解放軍在台海戰場上或許是英勇無敵、摧枯拉朽不可一世，可是萬一在台灣島內真的發生了核爆事件，將會對整個中國及整個世界產生多大的影

響呢？中國人真的不可不察、不可不慎、不可不防啊！台獨分子是甚麼事都做得出來的，從新冠肺炎疫苗的操作就可以十分清楚明顯的看出，台獨當局視台灣人命如草芥，任何謊言都能毫無困難的由官員嘴上說出來，台獨政黨、台獨分子為了鞏固權力就是一群毫無底線、毫無羞恥、冷血無情的日寇遺孽。要讓台灣祕密製造一枚核武的可能性並不難，實施的難易程度為中度，實施後的成效亦為高度。

15.破壞台積電等半導體工廠、設備，撲殺相關高科技產業負責人，汙衊栽贓解放軍所為

　　1987年創立於台灣新竹科學園區的台積電，已經成為全球芯片代工製造服務的龍頭，員工超過51000人，市值高達5509億美元，躋身全球前10大公司，創造出令台灣人引以為傲的「台積電奇蹟」和被譽為台灣的「護國神山」。隨著新冠疫情肆虐全球，人們被迫必須在居家隔離、線上工作或網路上課時，對各類電子通訊產品的需求更是與日俱增，芯片也愈加奇貨可居，成為稀缺的熱門商品，「芯片荒」直接影響到全球各類型的製造業。也就是因為台積電對於台灣乃至世界有著無與倫比的重要地位，半導體產業就像是新的石油資源一樣，也成為世界強權競爭下都想要掌握的戰略物資。尤其是台灣處於全球最容易發生戰爭的東亞區域，這種地緣政治一旦瀕臨臨界點，兩岸發生武裝衝突時極有可能觸發全球性更嚴重的芯片危機。紐約時報曾有報導過美國的情報圈認為，中共總書記習近平對武統台灣有所顧慮的原因之一，就是擔心一旦動用武力攻台，恐將摧毀全球晶圓代工龍頭台積電生產線，也會損害到中國自身發展尖端科技的進程。台積電在台灣有部分廠區向中國供貨，其他廠區向歐美國家供貨。如果中國對台灣動武，如何

維護台積電的獨立性與正常供貨，勢必成為美、中爭鬥及世界矚目的一個重要因素。所謂「危機也是轉機」，既然台積電的重要性無可替代，與其讓台積電被台獨政權掌握不如掌握在自己的手裡。當中國對於解放軍武力攻台有速戰速決的壓倒性絕對優勢的把握時，台積電的全球科技優勢反而成為中國攻台的重大經濟收益誘因。

　　台積電芯片產業的全球戰略價值如何台獨政權又何嘗不知，難道台獨政權不會設想到萬一中共真的發動武力攻台，台積電就會在一夕之間變成「中積電」嗎？解放軍自然在武力攻打台灣各軍事戰略要地、要點時，一定會小心翼翼地避免對台積電的產業產能造成破壞，以利收復台灣之後「中積電」能迅速恢復對中國及對全世界的芯片供應，也可以將「中積電」生產的芯片作為與世界各國當作「交換和平」的籌碼。這是中國的如意算盤，卻也是台獨當局的罩門。一旦兩岸戰事開打之後，如果沒有美軍的介入，台軍有無能力抵抗解放軍的攻勢，這一點從台獨首腦蔡總統不斷實施「萬鈞」演練就能得知，台軍的「四軍統帥」Miss蔡從來沒有發表過要誓死與台灣共存亡的言論，只會一昧由網軍（代號1450）作梗圖、洗綠腦要求台灣人民要有同島一命、誓死保衛自由民主台灣的決心，有這樣的「四軍統帥」，台軍官兵怎麼可能會產生堅強的抵抗意志與頑強的戰鬥作風呢？台灣的收復（中華民國與虛擬的台灣國的淪亡）事實上只是時間的問題，既然如此，難道台積電這隻金雞母只能留給中國撿現成的便宜嗎？在台獨分子的答案裡當然是否定的，既然台積電不再是「護（台灣）國的神山」，那麼就製造人工大山崩來摧毀這座虛幻的假山，讓中國共產黨去收拾善後吧！

最後結局

台積電的核心生產工廠、關鍵核心製程、重要領軍人物等等資訊，台灣當局當然是瞭若指掌。一旦兩岸戰事開打，台獨當局可以命令駐紮在新竹湖口的裝甲旅迅速進入新竹科學園區，以台積電等重要芯片生產基地作為防衛反擊據點，迫使解放軍坦克兵團必須在園區內與其決戰，藉此重型火砲的反覆拉拒戰鬥摧毀這些高、精、尖產業聚落廠房。台獨政權也會利用這個機會派遣情報人員、特戰人員或極端台獨武裝分子，依事先擬定好的暗殺名冊盡速撲殺相關產業的負責人等。寧為玉碎不為瓦全，這是身上流淌著日本大和民族的殘忍習性，目的就是要讓中國得罪全世界，一旦因為解放軍的攻台軍事行動破壞了整個全球芯片的市場供需，屆時千夫所指，就算中國能拿下台灣，被摧毀的台積電也不可能變成「中積電」，而且中國立即會成為全世界各國的人類公敵，就算失去台灣，台獨分子將不惜犧牲一個台積電、不惜犧牲整個新竹科學園區，眉頭都不會皺一下。即將來到的台海統一之戰戰火是否會波及到新竹科學園區？是否會對整個台積電的半導體產業帶來毀滅性的破壞？相關的產業關鍵人員能否獲得適切的保護？這些狀況推演都必須要有詳細的應變處置作為，如果貿然攻台，卻成為全世界的公敵，這樣的代價中國人是否要仔細掂量掂量？要破壞台積電等半導體工廠、設備，假冒解放軍撲殺相關高科技產業負責人員的可能性並不難，實施的難易程度為低度，實施後的成效亦為高度。

16.號召海外台獨組織激進分子集體在聯合國前自殘（剖腹）、自虐（絕食）、自焚（自殺）抗議中國武統台灣

美國在台灣發生「228事件」後，美國駐台領事官員葛超

智（George H.Keer）曾建議國務院讓台灣成為美國控制的基地，台灣島內的台獨分子也一直希望美國能派兵協助台獨。1950年韓戰爆發後，杜魯門總統發表〈台灣中立化宣言〉下令第七艦隊協防台海，此舉造成了「外力介入客觀台獨」的存在。1959年美國參議院外交委員會發表「康隆報告」提議承認「台灣共和國」，顯示美國早已有將「台獨」規畫為處理台灣地位的一種選項。美國雖然表面上不承認台獨，但暗中卻不反對甚至是鼓勵支持台獨活動。海外台獨組織主要都集中在美國，人數約有30萬人，例如美國「在美台灣同鄉會」、「全美台灣獨立聯盟」、「台灣革命黨」、「台灣民主黨」、「台灣人公共事務協會」、「台灣同鄉會」等等……。這些海外台獨組織在80年代台灣解除戒嚴、開放黨禁後即與台灣本土派（李登輝等）的台獨勢力合流，改採參加中華民國體制內合法卻以骯髒、暴戾的選舉手段來取得島內執政權，以慢性、漸進、去中化的「務實台獨」路線達到洗腦大多數台灣人逐漸轉化認同成為天然獨派。海外台獨組織大多均為已經入籍美國（或已取得綠卡）的台灣人，在美國暗中支持及示意教唆下，從反對國民黨統治台灣作為島內不穩定的政治對立基礎（壓制統派勢力，避免兩岸和平統一談判），隨著美國在國際上的戰略需要逐漸轉變為反中、反華，時常與島內台獨分子隔海呼應。可是在台獨黨執政多年下又不敢真正宣布台灣獨立建國，可見其背後的主子美國只是利用這些背骨的華人來製造兩岸分裂、分治的政治衝突。

　　隨著中國武統行動的展開，島內台軍防線陸續被解放軍擊潰，島內台獨政權危在旦夕、台獨分子如同熱鍋上的螞蟻四處逃竄躲藏，有如喪家之犬。海外台獨組織此時又會再度發揮群

聚、叫嚷、吸睛的功能，立即召喚部眾同夥齊聚在美國紐約聯合國大樓前舉旗幟（台灣國國旗，台灣同心旗，八菊旗，由台福基督教會劉瑞義牧師繪製）、拉橫幅、唱國歌（台灣共和國國歌：台灣翠青，由日據（治）時期出生的台灣基督長老教會牧師，台南神學院教授鄭兒玉【源太郎？】為台灣人創作的國歌）、點蠟燭、齊守夜，為台灣祈福，為台灣請命，抗議中國武力侵犯台灣，要求美國政府出兵干預，要求聯合國安理會驅逐中國席位，要求聯合國決議阻止中國侵略擴張。因解放軍攻勢猛烈，海外台獨組織心急如焚，竟號召激進分子集體在聯合國外自殘（剖腹）、自虐（絕食）、自焚（自殺）抗議中國武統行動，並以現場轉播方式將畫面發送到全世界，希望獲得全世界的矚目、同情與重視。中國政府在決議武統台灣之時，是否有考慮到將此一狀況列入必要的處理狀況之一？雖然此一輿論戰場是遠在美國，但透過直播傳送到全世界必然會引起美方借力使力的議題，屆時美國國會或所謂的世界人權組織必然會跟著跳出來興風作浪大聲撻伐，中國該如何應處？有無規劃有力的反擊行動方案？要讓海外台獨組織在聯合國前即興表演各種遊行抗議活動的可能性並不難，實施的難易程度為低度，實施後的成效亦為高度。中國政府、中國駐聯合國大使、中國人民旅居美國僑界及各統派團體，是否需要集思廣益以備不時之需。

17.培訓大量狙擊手及爆破小組

號稱越戰以後最殘酷、最血腥的巷戰——「格羅茲尼攻堅戰」，俄羅斯聯邦軍隊與車臣獨立軍，從1994年開始先後在車臣首府格羅茲尼爆發兩次較大規模的巷戰。這是一場車臣人為車臣獨立而戰的民族浴血戰爭，也是俄羅斯聯邦為了國家利益

而戰的國家統一戰爭。車臣與台灣一樣都是彈丸之地，但是車臣與台灣的地理位置同樣非常重要。車臣是扼控進出高加索的咽喉要道，台灣是控制東北亞及東南亞的咽喉要道。車臣富產石油，又是通往中亞各地油氣管道和鐵路運輸的樞紐，戰略地位十分重要；台灣雖然不產石油、天然氣，但位於中國大陸東南四省的戰略前沿，是中國藍水海軍前出太平洋的關鍵鎖鑰，也是打破美國第一島鏈封鎖線的中心位置，美國五星上將麥克阿瑟曾形容台灣為「永不沉沒的航空母艦」，作家李敖也曾說「台灣是中國的睪丸，一碰就痛」。如此要害部位，豈能讓別人捏在手裡把玩！控制了台灣，就等於掐住了美國和日本的咽喉。

在21世紀中國崛起騰飛的時代，收回台灣島的控制權已經無須再做假設推論，「反介入／區域拒止」的戰術戰法已經熟爛於胸，實兵實彈業已擺開陣勢靜待美軍前來叩關捉對廝殺。14億中國人已經做好破釜沉舟、一決雌雄的信心與決心，把收回台灣島與擊敗美軍霸權一併解決，完成中華民族復興偉業，洗刷中國百年屈辱國恥而奮鬥犧牲。但是對於台灣島上的武裝力量卻不可掉以輕心，重蹈俄羅斯軍隊的覆轍，尤其避免陷入城鎮巷戰，實為解放軍必先認真思考的嚴肅課題。

解放軍要特別留意台灣守軍軍制的變化與訓練的重點項目，自從台獨政權第二次執政後，「以武拒統」、「倚美謀獨」的傾向越加明顯而大膽，除了美國故意放寬對台軍售政策大鬆綁，大賣攻擊性武器給台灣外，台灣地區的戰略指導思想也逐漸偏向於城鎮作戰、巷戰、游擊戰的作戰指導方針。從蔡總統擴編反斬首部隊、快速反應部隊種種跡象研判，大量培訓單兵精準武器操作（狙擊槍）、破甲彈納入制式裝備（紅隼反裝甲

火箭彈）、野戰通訊系統及小組分群獨立作戰形態成為基層部隊的標準編裝。台軍為強化不對稱作戰能力，積極建構狙擊能量，各級部隊除配備狙擊手外，各特戰部隊更是大量擴編並採購配備頂級狙擊裝備。相關訓練科目顯示台軍狙擊手的戰場環境，會從濱海、都會區、一直延伸到山區。從台軍公布的照片中可以辨識出台軍基層部隊狙擊手以裝備T-93K1狙擊槍為主，陸軍特戰指揮部特戰狙擊連已配備R.E.P.R.20狙擊槍，另外還有一款特殊狙擊槍就是口徑達12.7公厘的M107A1重型狙擊槍，用於狙擊大型裝備（車體、砲組等）、重要戰略目標（解放軍高階軍官、指揮所）、戰略物資（解放軍直升機、運輸機）等，海軍陸戰隊及憲兵等各單位特勤隊、特種部隊也都已經普遍裝備使用。

有史為鑑，有例為證。車臣獨立戰爭在打響之前，車臣早已從西方反俄勢力獲得大量武器裝備，但是這些武器裝備根本不被俄羅斯所重視，因為一旦開戰，這些正規戰場上的武器裝備只能是俄軍空中優勢與猛烈砲火中活生生的標靶（像不像目前解放軍的軍備優勢對於台軍防衛武器裝備的輕視心態）。然而車臣人早已制定了自己的作戰戰略，主要是依靠地形和城市對俄軍開展游擊戰鬥。事實也證明了，第一次車臣戰爭中俄羅斯無法承受大量的戰爭消耗、國內的反戰情緒與地面部隊的重大傷亡之後，只能被迫退出戰場，車臣贏得獨立地位，可見車臣的戰略戰術運用十分成功。

解放軍是否曾針對台軍從正面戰場撤退後，有序的開展地面戰、狙擊戰、游擊戰及消耗戰，確實做過評估與擬定反制作為嗎？在車臣戰役中還有一項使得俄羅斯聯邦軍隊傷亡慘重的原因，就是有許多作戰經驗豐富以及具有專業射擊技能的「外

籍雇傭兵團」的加入，大批俄羅斯官兵被狙擊手遠距離射殺，很多高級指揮官被打死後，部隊陷於混亂很難組織有效的防禦措施從而導致更加嚴重的傷亡。解放軍在依賴高度重型火砲（導彈、遠程火箭炮、主力坦克砲）及空中優勢所形成的火力打擊後，雖然可以順利登陸進入台灣島，也能快速形成裝甲坦克突擊集群衝鋒，但仍然需要大量步兵進入戰場（市區）掃蕩殘敵與收繳戰利成果（如抓捕台獨分子），尤其要進入台北市宣布解放台灣時，要如何應付大量的、零散的、機動的小型武裝團體？這些武裝團體基本編組是有步兵戰鬥小組掩護的狙擊手、機槍手及手榴彈（或RPG）射手或受過專業訓練的爆破小組，這種武裝團體具有極高的機動作戰特性（住民地戰鬥），可以利用地形、地物的隱蔽潛行，避免遭到解放軍重型火砲的轟擊。尤其要特別注意二點：其一，台灣的首府台北市雖然是一個容易陷入包圍圈的盆地地形都市，但因人口數量眾多，外籍人員數以萬計，或許白天是一個文質彬彬的美國學校外籍教師，夜裡是否有可能化身為外籍雇傭狙擊兵團的一員？因此對於在台北市區內的外籍人員身分清查與控制，可能會成為一項不易處理的麻煩。其二，據台灣媒體報導透露，目前台灣地區已有美軍編制內的現役特戰部隊進駐，除了美國在台協會（AIT）內人數不詳的海軍陸戰隊外，原本派駐在伊拉克境內的「安全合作旅」已經轉調台灣進駐於新竹湖口基地，平時用來培訓提升台灣各特種部隊戰力及戰時成為美、台聯軍戰鬥協調之準備基幹。或許在不久的將來，解放軍與台灣守軍的地面拉鋸戰中，會有不少「白皮膚、藍眼珠」或是「黑皮膚、紅頭髮」的外籍兵團助陣。要培訓大量狙擊手及爆破小組與解放軍纏鬥的可能性並不難，實施的難易程度為中度，實施後的成效

亦為高度。試問，解放軍準備好了嗎？有無破解之道？

18.引爆大屯山岩漿庫火山通道

　　經過台灣中央研究院團隊長期監測，認定台北市區內的大屯火山為活火山，台灣北部地殼內部存在一個岩漿庫，範圍大約有1/4個台北市的面積，這個岩漿庫約在海平面下方8公里處。大屯火山距離大台北都會區非常近，最高峰七星山距離台北101大樓甚至少於15公里。在大屯山群大油坑附近發現深度約2公里、直徑500公尺的火山通道，假設未來火山要噴發，岩漿與氣體很可能會通過火山通道。如果有一天大屯火山真的噴發了，伴隨而來的地震、火山灰、岩漿、噴發物、毒氣、海水倒灌……等，將對大台北地區帶來極大的危害。台灣中央研究院認為，可以透過儀器觀測來預估火山噴發時間、大小與地點，提前示警的時間短至幾週到1、2個月，全世界有做科學觀測的國家，不太會有人命損失，台北都會區不會重演龐貝城悲劇，請民眾不必擔心。

　　對於台獨皇民的殘忍變異心態「只有想不到，沒有做不到」的事。日據（治）時期有60萬台灣人慘遭殺害，到現在日本已經戰敗投降76年了，沒有對台灣人說過一句道歉的話，沒有一位受到傷害的台灣人獲得一文錢的賠償，日本人依舊輕視、藐視、踐踏台灣人，台籍歸化皇民依然視日本為其母國，台灣仍然為其殖民地，對日本極盡阿諛諂媚之能事。台獨政權、親日皇民分子面對中國人表現出色厲內荏、毫無人性可言，而對於日本人卻只會委屈求全、卑躬屈膝盡顯奴性。台灣如果被中國收復了，日本的海空生命線就會被阻斷。如果台灣被中國統一了，日本及美國就不能再繼續操弄分裂中國的陰謀。台灣如果被中國控制了，從此中國人真正的強大起來就會

與美國平分太平洋了。如果你是台獨皇民日寇遺種、美帝走狗幫兇，在這塊決定日、美生死、興衰的戰略要地台灣島的爭奪戰上，在目前台獨當局仍然掌握大權之際，萬一真有一天解放軍大軍壓境兵臨城下，台獨政權難道只能束手待縛、拱手相讓嗎？能不能事先預作準備，讓解放軍來得了走不了？讓中國人水裡來火裡去呢？你有你的過海梯，我有我的穿山甲！爆破大屯山岩漿庫行不行？

1938年中華民國政府在河南省花園口鎮利用黃河實施戰略性毀堤，進行焦土抗戰，試圖阻止日軍西進。黃河決堤使得日軍原先預期的進攻路線被打破，作戰計畫受到影響，直接或間接造成7000-20000名日軍死亡。此事件在河南、安徽、江蘇等地直接或間接造成了30-80萬名中國人死亡。花園口決堤事件國民政府一直宣稱是日軍轟炸所致。1943年第二次世界大戰歐洲戰場也上演了一齣人為刻意製造、慘絕人寰的水淹事件。在德國魯爾工業區上游河谷的三座大壩（莫那大壩、索佩大壩、埃德爾河谷大壩），成為英皇家空軍突襲炸毀的戰略目標，大壩被摧毀之後給德國帶來巨大的損失，加速了失敗投降的進程，這次襲擊獲得了極大的軍事勝利，但下游3萬多名無辜平民也因此喪失生命。

「戰爭沒有仁慈」，為了阻止解放軍攻佔台灣，為了保護日本母國，為了讓美國繼續掌控台灣，台獨當局在大屯山火山通道內預置大量炸藥，在必要的關鍵時刻引爆促發火山噴發，這樣的拒敵戰略構想有甚麼不對嗎？中華民國國軍可以炸掉黃河堤，英國空軍可以炸垮魯爾大壩，為甚麼台獨義勇軍就不能引爆大屯山呢？只要解放軍敢轟炸台北市，解放軍的導彈敢轟炸台灣總督府，解放軍的鑽地炸彈敢轟炸衡山指揮所……，解

放軍的炸彈就有可能「誤炸」大屯山火山口，引發火山噴發摧
毀台北市！這樣的指控很容易就會在西方媒體操作下傳遍全世
界，讓所有人都知道解放軍為了消滅台灣獨立不惜滅絕台灣
人，在美國及其附從國家的交相指控下，中國將百口難辯。

1945年蘇聯曾經計畫要動用500枚「史達林」超級重型炸
彈轟炸富士山口，引發火山群噴發及造成大地震、強海嘯，日
本島極有可能被海水淹沒，日本人也會一同沉入大海，葬身魚
腹。蘇聯人已經有過類似計畫，因此引爆活火山不是不可行。
在台獨當局全面執政的條件下，以各種理由進行探勘、測量等
等名義，要在大屯山火山通道預置炸藥的可能性並不難，實施
的難易程度為高度，實施後的成效亦為高度。試問，解放軍有
準備好處理這種預案嗎？有無防範破解之道？如果沒有，萬一
狼子野心的台獨分子真的有此斷子絕孫的預謀詭計，難道大家
就等著玉石俱焚嗎？（有些台獨首腦首惡沒有子嗣後代，也有
些早將自家小孩送往國外了）台北市成為第二個龐貝城的罪
名，中國人擔得起嗎？

19.網路下毒、竄改、消除全台各項數據資料庫引爆民怨

在台獨政權的成員中有一個號稱電腦神童、國際級駭客、
網路界神人的行政院某科技政委，被日本媒體與網友尊稱為
「天才IT大臣」，對於此人的電腦資訊創作能力中國人民解放
軍應予重視並善加防範。在新冠肺炎肆虐全球之時，此人負責
設計台灣的「口罩實名制」，以健保卡嚴格控制每個台灣人只
能限量購買不敷使用的口罩，民眾無法採購足額適量的口罩，
是否間接影響疫情防範傳播？後來又推出「簡訊實聯制」，限
定台灣人到何處購物都要上傳一則簡訊，但是最後這些被過度

吹噓吹捧造神的防疫神話都被踢爆華而不實，上傳的簡訊政府宣傳號稱不必付費，但卻是由政府編列數億預算付費給電信公司，等於是全民買單讓電信廠商大賺防疫財，而上傳的購物地圖卻又無法讓疫情指揮中心確實管理運用，無法確實掌控疫情傳播途徑，造成台灣防疫混亂，最後「簡訊實聯制」有名無實，要傳就傳不傳就不傳，也無相關配套措施及規範，有些店家會配合要求上傳簡訊，有些則未必配合形同虛設徒增擾民、浪費公帑。

　　台灣各項電腦資訊作業實施已相對普及，各行政機關、公司行號、金融交易等等實務作業、公文登載，基本上都是以電腦資訊記錄為主、紙本為輔。也就是說其實整個台灣的資訊整合是存在非常嚴重的「系統風險」，高度的電腦資訊作業化、跨部門的網絡資訊交流平台，每一個台灣人的個人「人生資訊」都可以在電腦系統中查詢、更新、登錄、下載……。作者對於電腦資訊專業並不熟捻，但經常可以從國內外的新聞中發現有所謂的「網路駭客」攻擊及勒索事件。2021年5月美國最大燃油管線營運業者「殖民管線公司」遭遇網路駭客發動勒索軟體攻擊，造成輸送美國東岸各地使用大約45%的燃料被迫停擺，迫使美國總統拜登宣布國家進入緊急狀態。據「彭博社」報導，該公司自從遭到駭客攻擊不久後就支付了將近500萬美元的贖金。

　　設想解放軍攻占台灣後，雖然因為精準制導炸彈的普遍化與攻台部隊軍事行動的節制，並未對台灣社會實體產業結構、民生日常生活造成嚴重的破壞與傷害，例如首都台北市被攻擊炸毀的部分可能只是台灣總督府、國防部、指揮所、飛彈陣地、軍事要塞等處所，一般相關民生、社會、維生等各項資

源、設施、設備、處所，如台灣銀行、證券交易所、經濟部、科技部、中華郵政總局、台灣電力公司、中油等……，並未遭到空襲或戰火波及。可是當戰火停歇後，人民準備恢復正常生活時才發現，原本台灣日常運作的所有有關民生生活基本資訊均已遭到網路駭客攻擊侵入破壞或被植入電腦病毒癱瘓了。譬如金融信貸系統、財稅稽徵系統、股市交易系統、戶政地政系統、司法警政系統、郵政存款系統、電信通訊系統、水電油氣系統等等電磁資料全部錯亂、癱瘓無法正常運作、備份資料全部被惡意刪除……。好不容易台灣剛剛收復回歸祖國，人民卻發現無錢可領、無油可加、財產佚失、查無資料、一切停擺……。試想，這個時候的台灣會陷入何種混亂、可怕的局面呢？憤怒、茫然、失去理智的群眾會對這個剛剛歷經戰火的社會及新的中國統治政權，再度帶來多大的衝擊與報復怨氣？

　　是否有這樣的能力與管道、方式，經由台獨政府的高層人員的管理權限與科技技術，在解放軍開始攻台之際，為了不讓中國人順利接管台灣，惡意竄改政府所監管、儲存、運用的全體台灣人的電磁資料，故意破壞台灣的所有資訊檔案紀錄，讓台灣陷入一片空白的無政府狀態，導致社會極度混亂，擴大民怨極限？而剛接收、接管台灣的中國台灣省政府完全束手無策，只能透過基層人員從原始的紙本資料中逐筆重新建立龐雜紛亂的「2300萬人的個人生涯紀錄」。台獨政權的黑科技能否做到如此良好的「癱瘓效果」作者無從得知，但是從全世界最強大的美國，會因為一家能源公司被「駭」而發布國家緊急命命的嚴重程度觀察，或許真有此種可能性也不能完全絕對排除。要在國家所監管的資訊網路載體中下毒、竄改、消除全台各項數據資料庫的可能性或許是有可能做到，實施的難易程度

為高度，實施後的成效亦為高度。試問，解放軍有準備好這種預案嗎？有無防範破解之道？如果沒有，萬一天才IT大臣神來一筆，臨去秋波真的來一下如此偉大創意，難道台灣人就只能等著被糟蹋、被欺負、被玩弄嗎？如果全台灣真的有可能陷入網路無政府狀態，中國的網軍部隊能否事先預作防範呢？

20. 銷毀台獨黨員名冊、金主資料及側翼、附隨組織名單逃避追（查）緝

　　毛澤東在1947年《解放軍宣言》中提出要懲辦「以蔣介石為首的內戰罪犯」，戰犯名單到1948年12月才由《新華社》引述「某權威人士」的話公布了共計44人被列為罪大惡極的頭等戰犯。隨著內戰擴大解放軍攻勢凌厲橫掃華中、華北戰場，到1949年1月再度增列37名戰犯，最後以中共的全面軍事勝利，共有926名包括國民黨將領、校級軍官與政府官員以戰犯名義遭逮捕。目前中國大陸國台辦已經證實北京將制定一份「台獨頑固分子清單」，並表明「這筆帳一定會清算」。這份台獨清單可能會類似於共軍在1948年底，國共內戰的軍事鬥爭形勢逐漸明朗化，中共政權已接近全面獲勝時所發布的「戰犯名單」。發布的時機與清單內容將會觸動台灣內部台獨分子的後續行為與動向。一旦被列入「戰犯名單」，中國政府已明確宣示將採取「嚴厲制裁」、「終身追責」，最嚴重者可判無期徒刑。

　　台灣自從1895年日軍登台後爆發「區域性」、「地方性」、「偶發性」的所謂「乙未戰爭」及極少數的反抗暴政的「零星戰鬥」之外，一直到二戰末期美軍在1943-1945年對台灣的空襲轟炸行動（僅限於空襲轟炸，沒有登陸作戰也沒有地面戰鬥），整整48年間將近半個世紀，台灣島是沒有歷經所謂的真

正的「戰亂」、「流離失所」、「家破國亡」的處境。從父親輩的記述回憶中，二戰期間的空襲轟炸行動，對於住在鄉下地區的村落住宅基本上沒有受到太大影響，只有住在都市人口密集區曾經被美軍轟炸屠殺後較為「有感」。從二戰結束光復台灣後迄今（2021年），又整整過了76年，台灣島上的居民沒有看到過一架「敵機」從頭上飛過去扔下炸彈，也沒有一顆砲彈在台灣島上任何地方爆炸傷及人命。台灣島上的居民很幸運的在這將近124年的歲月裡，未曾真正品嚐過「戰亂」、「戰禍」與「戰爭」的滋味。或許是因為時代的機遇，冷戰的消融，現在臺海兩岸軍事衝突的危機，隨著台獨政權的得勢、美國反中的推動、中國的強勢崛起，自1996年飛彈危機後，「武統台灣」再次提上日程表，解放軍已經枕戈待旦、厲兵秣馬、待命出征了，「台獨戰犯清單」也即將擇時公布，海峽兩岸的中國人以及全球的華人大家都在引頸期盼、早日分曉。

作者以為「台獨頑固清單」應該細分為「台獨頑固戰犯清單」與「台獨積極罪犯清單」兩個等級。因為自從李登輝時代所開始的台獨教育、台獨意識、台獨文化、台獨政策、台獨立法到台獨建國這一系列的操作與醞釀培養，事實上台灣的「台獨分子」已經佔有絕大多數人口，只是絕大多數的台灣人是被潛移默化或是被以訛傳訛或是被台獨氛圍感染，而以為台灣可以獨立建國，以為台灣獨立是台灣人最好的選擇，台灣人、台獨分子天真的以為台灣可以「和平獨立」，以為美國真的會支持台灣獨立。這類無知與跟風的台灣人民竟然佔了絕大多數。所謂「斬草要除根」、「冤有頭債有主」、「好漢做事好漢擔」，台灣承平日久，君嬉民戲，不知死活，不知戰爭的可怕，不知中國大陸決定以武力統一會對台灣造成多麼嚴重的破壞，也可

以說是「商女不知亡國恨，隔江猶唱後庭花」。以目前被台獨政權洗腦的時下年輕「糞青」們，跟著台獨政治人物搖旗吶喊，可是當兵臨城下（導彈凌空、遠火洗地、戰機呼嘯）、解放大軍蜂擁渡台海，真正要為台灣獨立付出流血犧牲、肚破腸流、斷頭殘肢時，他們卻是一群聽到隆隆砲聲就會立即縮回房間裡繼續打電動、打遊戲的「小鬼」們。這樣的「小台獨」、「假台獨」、「偽台獨」就留待爾後的愛國教育去矯正即可，真正要算總帳、算大帳、算命帳的就是這兩類台獨，均是首惡毒瘤。

　　「台獨頑固戰犯清單」顧名思義就是為推動台獨不惜以「行政權力」挑戰中國武統底線的一群頑固分子，既然戰爭因他們而引起，就應該是不論死活堅決肅清之。在戰爭爆發之際，除了遠火攻擊斬首清除，特戰部隊抓捕時以就地正法為原則，生擒捕獲者應該速審速決唯一死刑，以正視聽。而「台獨積極罪犯清單」就是「沒有政府公權力」之人但歷來素行即以推動台獨為己任，自認不是中國人之異族叛亂罪犯，武統作戰之時無須浪費昂貴之火砲導彈斬首之，平叛後以機動武警部隊按冊核實清鄉搜捕，如有反抗者就地正法，俯首就擒者給予改過自新機會，審決無期徒刑，爾後視悔過、勞改及學習態度再評估酌予減刑或保釋、假釋出獄重新做人。大陸國台辦公布台獨首惡清單之時機，可能會在武統軍事行動開始之後，一方面使台獨分子措手不及沒有逃離台灣之機會，一方面藉以分離、分化「假性台獨」之反抗意志。就像1949年中共官媒只公布了81名戰犯清單，但最後實際抓捕的戰犯卻高達926人。一旦公布「戰犯清單」人人皆可誅之，後續可能還會有一份「罪犯清單」人人亦皆可逮捕之。只要砲聲一響，台獨組織可能會盡

快銷毀台獨黨員名冊、附隨組織名單、台獨金主名冊、側翼團體、偽公民團體、偽學者等，以逃避解放軍登台後第一時間的抓捕，爭取時間偷渡離境。要迅速銷毀這些名冊的可能性並不難，實施的難易程度為低度，實施後的成效亦為高度。試問，解放軍或情治單位有沒有先期蒐集好這些人的基本資料了嗎？有沒有事先防備預防偷渡離境的破解之道？如果還沒有，請趁著為期不遠的時間裡盡速完成相關社情蒐整匯報準備工作。「和平統一」是中國人的最大願景，一旦被迫使用「武力統一」，則必須讓這些跳樑小丑、罪魁禍首付出慘重代價，才能警醒所有的中國人：勿當漢奸、勿為國賊。

21.以巡弋飛彈炸毀大陸沿岸核電廠或密集發射導彈襲擊人口稠密區？或以遠程地對地導彈搭載核子彈頭攻擊中國人口大城或轟炸三峽大壩？

2021年3月25日台灣立法院外交及國防委員會就四年期國防總檢討報告中，國防部長邱國正證實台灣已具備並已量產完成部署陸基型遠程打擊飛彈「增程型雄2E地對地巡弋飛彈」，射程達1200公里。中國大陸沿海城市、港口、軍事設施及廣州、上海、南京、武漢，甚至三峽大壩都在其射程範圍之內，最遠可達北京。另據2018年6月華盛頓智庫戰略與國際研究中心（CSIS）飛彈防禦項目「飛彈威脅」網頁，台灣產製一種「雲峰飛彈」是地對地、超音速巡弋飛彈，射程2000公里，是台灣「針對深入中國北部、中部目標而設計的戰略資產」。《亞太防務》雜誌總編輯鄭繼文表示，雲峰飛彈若配備核彈頭能達到戰略上核威攝的意義。另外「天馬飛彈」是否存在尚未被台灣政府證實，詹氏年鑑判斷射程為950公里，天馬飛彈計畫終止後，據稱試製品保留了12枚並未銷毀，藏匿在台灣中

央山脈內的發射陣地，可能處於待發狀態，美方認為天馬飛彈具有搭載核武器的能力。

2020年台獨黨籍新北市議員陳XX在其個人臉書貼出中國沿海核電站分布圖並表示，中華人民共和國常常軍機擾亂台灣，為了台灣人民免於生活在恐懼當中，建議台獨政府制定摧毀中國沿岸核電廠計畫，保障台灣人生存權益。2018年台灣北社（台獨社團）舉行演講，淡江大學整合戰略科技中心執行長蘇紫雲表示，台灣應優先部署1000枚中程飛彈，2枚就可炸掉三峽大壩。2005年日本右派政治家石原慎太郎提出，不論是「三峽大壩」或「北京」，都是被破壞的對象。2004年9月台獨總統陳水扁執政，行政院長游錫堃提出「你打我台北，我就攻你上海」的恐怖平衡理論。2004年5月美國國防部「中國解放軍軍力報告」指出，台灣為了嚇阻中共侵犯，可考慮瞄準中國大陸大城市或「三峽大壩」，威攝北京。1999年台獨總統李登輝的重臣劉泰英表示，中共若動武，台灣飛彈將打香港、上海。1958年2月美國「屠牛士」飛彈部隊部署台灣，並配備了10枚核子彈頭。當時美國總統艾森豪接受軍方的作戰建議方案，美國可動用核武攻擊中國大陸沿海軍事設施。同年8月參謀首長聯席會議主席空軍上將丁寧（General Nathan Twining）明白表示，美國除了深入中國大陸到上海地區內實施核武攻擊外，別無他途。

中華民國政府轉進到台灣之後，在兩蔣時代從未放棄研發中程或遠程地對地彈道導彈及核子武器，目的在於以核威攝力量警告中共放棄武力犯台，也同意讓美軍在台灣部署核武器，以防備中共不顧一切冒進。從天馬飛彈、雲峰飛彈、核武器的研發到IDF研發生產，都可以發現有以色列的技術協助，而以

色列的技術事實上就是美國的技術，因此台灣的各類型戰略級武器的研發進程為什麼美國都能瞭若指掌詳加掌握，恰到好處的剛剛好說停就停呢？天馬飛彈如此，雲峰飛彈如此，中科院研發的核子武器亦是如此。美國的目的也是要讓台灣繼續保有研發的能力，但同不同意台灣將戰略級武器研發成功、生產量產、裝備部署，那就要看美國政府當時的台灣政策與對兩岸軍事力量的評估而定。自從台獨黨執政後，中華民國變成了「中華民國台灣」或是以「台灣」來取代中華民國的漸進式台獨路線，目前確實已經成功的研發中程、遠程的彈道導彈及超音速巡弋飛彈並已開始量產、部署戰備形成一定程度的反擊戰力了。從台獨分子一系列的叫囂要「對等」打擊中國大陸內陸城市或三峽大壩之類的戰略目標「威脅」言論，對於中國來說這應該是一件值得特別警惕的「忠告」，這代表了台獨分子已經具備了對中國「源頭打擊」以及「報復反擊」的戰略火力投送能力，這已經不再是以前台獨政權或美國軍方單純的在耍嘴皮子上的「威脅」而已，而是目前台灣具有確確實實、針鋒相對的「威攝」能力了。

　　這些戰略火力打擊能力並不是用在海峽兩岸戰場上的相互廝殺的兵器，而是對中國的「痛點」可以進行遠程的火力打擊、破壞、損傷或予以摧毀的殺手鐧。那麼那些是屬於中國的「痛點」呢？福建沿海的軍事設施？登陸部隊的船團集結點？還是遠在江西、浙江叢山密林裡的機動導彈發射車或是部署在安徽衢州隱形戰機殲20的空軍基地？這些目標的戰略價值並不高，在台灣的角度而言，解放軍武力攻台是一場滅國（中華民國）／衛國（台灣共和國）的生死存亡之戰，在傳統常規武力的相較之下，台灣有限的現役戰備戰力、淺薄的戰備資源能

量與毫無迴旋的戰略縱深，在沒有及時的強力外援兵力支撐，兩軍短兵相接硬碰硬的情形下最多只能堅持3天，所謂的「前線」必將崩潰瓦解，解放軍勢必分割包圍殘餘台軍、挺進占領台北政經中心。台獨政權也是心知肚明，在2300萬台灣人民當中其實還是有一部分是屬於「隱性的中國人」，這些隱性的中國人，在解放大軍登陸台灣之後，就會形成「顯性」的紅統派、藍統派、白統派及天然統派，這些統派民眾會抵消剩餘的、極端的、少數的台獨基本教義派的反抗能量。因此在這樣一個生死交關、政權坍塌、幻想破滅的時刻，台獨政權、台獨首腦、台獨頑固分子，會不會採取魚死網破、玉石俱焚的極端報復反擊手段呢？不會嗎？你了解台獨嗎？如果有萬分之一的可能性存在呢？

作者不但要以小人之心度君子之腹，而且還要以「陰謀論」、「漁翁論」來說明提醒，畢竟這種假定狀況誰也不敢保證不會發生，萬一真的發生了，中國人可要想清楚，就算你們把台灣毀滅10次也是於事無補了。美國很早就在台灣部署核子武器，這是人盡皆知公開的事實，為甚麼美國不在日本部署核子武器，卻要在台灣部署核子武器呢？為甚麼？原因有三：一、因為美國曾經對日本投擲過核子武器，所以日本人不會同意讓核子武器部署在境內。二、因為日本是全球唯一遭受過核武攻擊受災的國家，因此日本不會研發核子武器，不擁核就不會成為核打擊的對象。三、美軍在日本駐軍，如果日本境內有發射核武器，那必定是美國發射的核武器，那麼日本及美國都會成為核報復的對象。基於以上三個原因，因此台灣就成了美國部署核武器的最佳地點。原因也有三：一、台灣為了自保會同意美國在境內部署核武器。二、台灣積極研發核武器，希望

能擁有並能自主生產核武器。三、美國並未在台灣駐軍，因此從台灣發射到中國大陸的核武器是台灣自己的核武器與美國無關，因此美國不會成為被中國核報復的對象。假設「天馬飛彈」其實是有研發成功，只是沒有量產部署，生產了12枚原型彈後並未銷毀，一直藏放在中央山脈的發射陣地內。天馬飛彈可以裝配核彈頭，而美軍原本部署在台南空軍基地裝配在屠牛士飛彈上的10枚核彈頭其實並未隨著《中（台）、美共同防禦條約》的廢止、撤軍一併送回美國，有可能是祕密轉交給台灣當局，裝配在天馬飛彈上視共軍動態待命發射。天馬飛彈射程950公里，福州、廣州、上海、南京、武漢等大型都會區都是台灣核彈的打擊範圍。如果是「雲峰飛彈」，射程2000公里，則青島、重慶、成都、鄭州、天津、北京等處都會劃入台灣導彈的核打擊範圍之內。即便是目前已經公開的雄風二E型增程型飛彈，射程1200公里，三峽大壩也會在轟炸範圍之內。此外還有已經裝備在F-16空軍戰機上，射程達400公里的空對地萬劍增程型集束巡弋飛彈，只要戰機能在台灣島上升空即便不出海發射，也能對中國大陸沿海的浙江省三門、福建省寧德、福清及廣東省大亞灣、嶺澳等核電廠實施精準打擊。

　　台獨分子雖然不承認自己是中國人，可是在美國人的眼裡，台灣人也是黃皮膚、黑眼珠、黑頭髮的「Chinese」，美國人在二戰之後人為刻意製造的「台灣問題」，目的就是要製造中國人的內部分裂，以中制中，以華制華，以台灣牽制中國，以台獨破壞統一。美國人為了聯中制俄，拋棄台灣與中國建交，蘇聯解體後，為了遏制中國的崛起，又以台灣刺激中國。美國人在政治上承認一個中國，台灣是中國的一部分，但是在實務運作上又以其國內法之《臺灣關係法》為由，不斷軍售武

裝台灣。美國人這種一刀兩面的手法已經操作數十年了，從表面上看台灣花了天價所購買的美製武器，真的都是屬於防衛型的嗎？售台武器種類都只是軍售清單帳面上的項目而已嗎？我們無法得知目前台灣究竟有無取得核武器，但是可以確定的是台灣已經擁有製造核彈的技術，已經擁有發射核彈的載體，而且最重要的是，台灣的政權是掌握在一群不承認自己是中國人，甘心為美國打擊中國的親日附美的台獨分子手上。而這些台獨首腦們口口聲聲要「對等」打擊中國、要實施「源頭打擊」，這些台獨激進分子並不排除攻擊大陸的核電廠、三峽大壩及人口稠密的大城市等重要戰略目標。因此，中國人必須要有最壞、最糟、最慘的評估，萬一台灣真的「擁有」核彈，而且「敢用」核彈，核彈打擊的目標不會排除是中國的政治中心北京市、中國的經濟中心上海市、中國的改革開放中心廣州市、中國的十省通衢武漢市、甚至是中國的天府之國重慶市。台灣確實已經擁有這種核武打擊的能力，台灣確實已經發出這種核武反擊的聲音，台灣確實已經顯現這種核武攻擊的意圖，台灣確實已經產生這種核武報復的決心。

當台灣即將被解放軍攻佔之時，解放軍數個陸軍集團軍、空降兵、海軍陸戰隊、特戰部隊等十餘萬將士已經齊聚台灣島上，準備給負隅頑抗的台獨分子最後致命一擊，徹底粉碎台獨迷夢，將睽違已久的台灣島重新回歸祖國的懷抱之時，絕望無助的台獨首腦是否會下達啟動最後一道「絕命計畫」，將深藏在中央山脈內裝配10枚核彈彈頭的地對地導彈猝然發射升空，3枚飛向北京、3枚飛向上海、4枚飛向三峽大壩……，另外隱藏在台東佳山空軍基地內最後一架以特殊機堡防護，未被解放軍猛烈砲火摧毀的F-16V戰機冒死升空，發射2枚萬劍彈

直擊福建省沿海2座核電廠……。可能嗎？不可能嗎？會嗎？不會嗎？中國人民解放軍應該要問的不是台獨分子「會不會」、「能不能」做出這種喪心病狂的恐怖攻擊行動？而是要問台獨分子「敢不敢」、「想不想」？沒有可能性，只有必然性。沒有或然率，只有大概率。只要其中一處戰略目標被擊中，不管是大城市或是三峽大壩或是核電廠，中國就會立刻付出極為慘重的代價。中國人該怎麼辦？如果是2處被擊中呢？要不要反擊？要不要啟動核反擊、核報復呢？反擊的對象是誰？是台灣嗎？還是美國？核彈是從台灣發射的，不是從美國本土或是美國的空基、海基、潛射或是任何一處美軍海外基地發射的。所以核打擊、核報復的對象當然是台灣無誤，台灣既然對中國實施展開核武攻擊，有沒有可能還會有第二波的核彈攻擊呢？情資不明、資訊混亂、時間倉促，萬一台灣還有第三波核彈攻擊怎麼辦？要不要立刻反擊？可是島上的台灣人不是中國人嗎？中國怎麼可以用核彈在自己中國的領土上轟炸中國人呢？而且台灣島上還有十數萬剛剛登島的解放軍三軍將士，中央軍委主席習近平要如何下令以核彈反擊呢？可是如果不立即採取核彈反擊，萬一後續的核彈又迅速襲來該如何承受呢？

這是一個足以令人陷入瘋狂的危機模式，反擊與不反擊都會陷入死結，這個時候已經在美國人的掩護下逃離台灣的台獨首腦正與美國總統、CIA局長、參謀首長聯席會議主席、國務卿以及美軍太平洋艦隊司令等人，透過視訊會議「開香檳、喝紅酒」高聲慶賀「哈利路亞（Hallelu Yah）」！美國人不費一槍一彈、一兵一卒，就把困擾多年的「台灣問題」、「中國問題」一併解決了，感謝上帝！感謝主！正在大衛營度假的美國總統立即下達了以下指令：

（1）要求太平洋艦隊司令、聯合遠征艦隊指揮官、參謀首長聯席會議主席，立即命令撤回在1500公里封鎖線外僵持徘徊的所有航母打擊群，遠離中國艦隊不要挑釁滋事。

（2）責令美國國務卿立即致電中國外交部，表達美國最深的致意與哀悼，並譴責發動核戰的恐怖主義極端暴力分子。

（3）美國總統轉頭看著遠在琉球空軍基地躲藏的「前中華民國台灣總統」面帶微笑、輕聲的呼喚，「Tsai lng-Wen：Good job！」。你們台灣儲存在美國聯邦銀行裡1000噸的黃金，還有這幾年的軍火採購回扣100億美元都存在私人帳戶內，妳就到美國紐約以「中華民國台灣流亡政府」的名義繼續擔任總統職務，流亡政府的辦公室就設在原駐美台北經濟文化代表處（雙橡園）。

（4）通知美聯社、CNN、福斯等主要媒體發布新聞稿，內容為：美國遵守一個中國原則，不干涉中國內政，重視與中國人民的友誼……，期望台海維持穩定和平現狀。

　　以核武器恐攻中國的可能性是存在的變項，實施的難易程度為高度，實施後的成效亦為高度。

22.其他

（1）破壞台灣電力輸配電網設施

　　自從台獨政黨執政多年，電力供應不足屢有停電狀況發生，因此台獨當局（經濟部、台電高層）清楚明瞭台灣電力供需最為薄弱的環節點，有計畫地自爆電廠、輸配電室設施，讓

台灣陷入黑暗期，製造恐慌，提升中國統治成本。要破壞電力電網的可能性並不難，實施的難易程度為低度，實施後的成效亦為高度。

（2）引爆六都各地下瓦斯管線、輸油管道及有毒氣體管線、儲存槽

2014年高雄市發生氣爆案後，台灣人才知道原來六都的地下管線除了排水的涵洞管道外，還有很多瓦斯、輸油、化學氣體、化工原料等管線埋設，稍有操作不甚即可能引爆造成災害。台獨分子有計畫的以六都的地下易燃易爆的地下管線為破壞目標，當解放軍先頭部隊進入市區後即予以引爆，造成大面積、大範圍、複合型的人為災難，讓台灣六個大都會區陷入恐慌，提升中國統治成本。要引爆地下管線的可能性並不難，實施的難易程度為中度，實施後的成效亦為高度。

（3）在捷運、地鐵等處實施恐攻

台灣人已經長久未經戰陣，對於空襲、轟炸及砲火等軍事行動深感害怕，因此很多人都以捷運或地下鐵當作防空洞使用，人潮密集場地封閉，正好提供台獨極端暴恐分子實施恐怖攻擊的絕佳場所。以國家的力量培養台獨糞青大腸花暴力分子為首的民兵游擊組織，以事先分配的單兵個人武器（手槍、步槍、機槍、手榴彈等），穿著在網路上購買的解放軍服飾，分成數個小組在各捷運及地鐵出入口，展開瘋狂血腥屠殺，製造大量平民死傷，並以現場錄影直播方式，嫁禍給解放軍，引起社會極度恐慌，提升中國統治成本。要在公共場所製造恐攻行動的可能性並不難，實施的難易程度為低度，實施後的成效亦為高度。

（4）自洩港區油輪原油汙染水域阻敵進攻登陸

台灣海峽為舉世海上交通繁忙孔道之一，每日均有油輪航向台灣各港口停泊卸油（高雄港、麥寮港、台中港、基隆港、花蓮港等大型商港），自統一之戰開打後，台獨政權為阻礙解放軍攻佔大型商港實施大規模的行政下卸作業，在開戰伊始即命令各在港油輪在港區內瀉放原油，藉由潮汐海水作用擴散油漬汙染港區周遭水域，達到阻滯共軍進港目的。要洩油封港的可能性並不難，實施的難易程度為低度，實施後的成效亦為高度。

（5）自行沈船，封閉港口航道，阻敵利用運輸軍隊及物資

　　台灣島四面環海，自從國民政府遷台後大力發展海運及漁業，建設大量的各類型港口促進經濟發展。台灣地區共有7座國際商港、5座國內商港、3座工業專用港、9處第一類漁港、215處第二類漁港、11個附遊艇碼頭之漁港、47座交通碼頭、4處遊艇港。但戰時眾多港口反而成為共軍突擊登陸進港上岸或作為行政下卸的良好橋頭堡。台灣地區的軍港計有專用軍港左營港一處、兼用軍港基隆港、高雄港、蘇澳港及馬公港等4處，因港區內停泊之軍艦可能成為空襲轟炸目標，港區周邊設施亦可能遭受破壞，因此研判共軍可能會利用大型商港進行大兵團人員運輸及重型裝備物資下卸，其他大、小型港口均有可能作為突擊登陸及小部隊滲透進港處所。因此在開戰伊始，衡山指揮所即會傳達各作戰區司令下達總動員協調會報指示，要求各地方行政主管部門負責各港區自行沉船阻塞航道，阻止解放軍進港。要自行沉船封港的可能性並不難，實施的難易程度為中度，實施後的成效亦為高度。

（6）在各航空器預置爆裂物，武統後伺機引爆

　　台灣位居東亞樞紐地理位置，航空事業蓬勃發展，世界各
地航線進出台灣空域密集繁忙。2019年進出台灣各機場的旅
客計7216萬人次，國籍航空器278架、台灣航空公司共有7
家，台灣與世界上57 個國家、地區簽署航約，連接150個城
市，提供全球旅客優質安全的服務。中國武力統一台灣，台獨
極端暴力分子無法接受事實，利用台灣交通部業管各機場航空
安全管理職務之便，選定數家外國航空器（主要以美國為主）
在機上預置爆裂物，當解放軍攻台軍事行動告一段落，解除空
中封鎖恢復空運後，因大批美籍外國人撤僑致民航機班班客
滿，台獨恐怖分子即在飛機起飛之際引爆炸藥，誣指解放軍防
空火力擊落民用客機，引發美國軍事介入。要炸毀或擊落民用
航空器的可能性並不難，實施的難易程度為低度，實施後的成
效亦為高度。

第二章　天津模式才是王道

沙場演兵，關鍵時刻

　　兩軍交戰，任何一方都想要出奇制勝，都想要以最少的損耗獲致最大的戰果。中國人民解放軍自從1979年發動懲越戰爭，到1984年持續了10年的「兩山戰役」後，已經20多年未經戰陣、未聞煙硝、未見血腥了。雖然經過大陸軍軍區改造成以實戰化需要為主的五大戰區，也進行了裝備提升更新換代、軍制改造瘦身整頓、強化戰技綜合演練、跨軍跨區實戰模擬，到如今已經是號稱全球第二大軍事武裝力量，令西方世界為之震驚、為之驚羨、為之恐懼。在對台的統一問題上，五大戰區更是秣馬厲兵，各大集團軍經年累月舞刀弄槍，各單位傳媒發言人色厲聲逼，一口一個美、台勾聯以武拒統，一招一式見血封喉砲火漫天，大有「今日沙場實兵實彈軍演，明日台海凱歌正步上島」的磅礡恢弘氣勢。可是沙場演兵與戰場拚搏畢竟還是有很大的差距，解放軍的氣勢再高昂、武器再精良、決心再堅定，統一號角還沒正式吹奏前，一切都只能算是紙上談兵，海峽兩岸的總體局勢也不可能有所改變。台灣民心在台獨政權的操控下，只會離中國大陸越來越遠，台灣回歸祖國的時間，在美國反中、抗中的白幡旗幟引導下，只會離中國大陸越來越久。所以，台灣能不能回歸祖國，中國能不能統一台灣，完全不能期待台灣人民「半夜吃西瓜——反症」主動要求、主動示好，也不能依賴美國的善意表現「佛心來著」大發慈悲貫徹一

個中國原則，決定權只能倚靠14億中國人民的堅定意志與200
萬中國人民解放軍的誓死決心。

　　外部國際社會情勢如此險峻，內部中國社會尚有雜音，
美、台勾聯軍備連年提升，解放大軍演練日日夜夜，何時才是
武力統一台灣的最佳時機，任誰也說不準，任誰也不好說。
2013年中央軍委主席習近平講到「軍人和軍隊要隨時準備打
仗」，更強調「戰爭指導藝術的最高境界，就是你打你的、我
打我的」。從2013年迄今2021年8個年頭過去了，中、美關係
更加緊繃尖銳，兩岸關係也從「淺淺的一灣海峽」步入了如臨
深淵、深不見底的「深深太平洋」。中國人民解放軍勤訓苦練
戰志昂揚，就是希望早日能跨過台灣海峽一統中國。如果解放
軍真的準備好了，那麼這場仗會從什麼地方開打呢？東沙島？
南沙太平島？或是直撲台灣島？解放軍的登島戰役紀錄，尤其
是大型的登島戰役似乎不是很充足、很完善、很順遂。從
1949年10月金門「古寧頭戰役」、11月舟山「登步島戰役」慘
敗後，積極研究海島攻擊戰術。1950年3月在海南島內瓊崖縱
隊（游擊隊）的協助下，成功收復解放了海南島，但7月對金
門的「大擔島戰役」登陸戰又再度失敗。1954年9月的「93砲
戰」只以重砲轟擊金門未採實兵登陸，到1955年1月浙江外海
「一江山戰役」是首次以陸海空三軍協同作戰方式全殲島上守
軍，似乎給了解放軍渡海作戰的自信。但1958年8月發動的
「金門823砲戰」是美、中（台）共同防禦條約簽署後，對美
軍介入台海戰事的試探性攻擊，再配合金門附近若干的海戰與
空戰，藉此宣示這不僅是一場有限度的軍事行動，也是一場政
治、外交與宣傳的行動。金門炮戰是國共雙方迄今最後一次大
型軍事衝突，中國人民解放軍再也沒有實施過比金門炮戰、海

戰、空戰更大規模的軍事行動的經驗。63年過去了，台海形勢已經不再是過去國共內戰、欲言又止、一家人不說兩家話的、模擬兩可的親情戰、宣傳戰、嘴砲戰，而是已經真實露骨的進化到了親美日反中國的台獨政黨與強調「台灣是中國神聖不可分割」的中國共產黨的生死交關、民族大義與國家興亡的關鍵時刻了。解放軍真的準備好了嗎？

拒止美日，兵貴神速

　　面對美、日、台間政治上明目張膽互通聲息，軍事上動作不斷軍售不止，已是毫無底線節制的挑釁，故意製造一中一台的分裂事實。所謂「忍無可忍就無須再忍」，「勿謂言之不預」的話也已經講了很多次了，再講就要被看破手腳了，再說就是「老太婆的裹腳布又臭又長」了。一句話說到底，在台獨分子的眼裡，解放軍就是一堆沒有實力，能力不夠，準備不周，決心不堅，底氣不足的軟腳蝦、話嘮子而已。要打破這種「一中一台」的死循環，只有決心以武力統一的方式才能徹底改變目前這種「拒統、趨獨、演武」的現況。然而戰端一起，日本必然跳腳，為了集中全力對付台獨分離勢力的反撲，中國應當以最堅決、最迅速、最精準的核武打擊來摧毀、制止日本萌生參戰的意志與能力，核武打擊的廣度與效度端視日本對台海之戰介入的程度而定。解放軍真正的對手是美軍的常規作戰兵力，而不是日本自衛隊，這點其實是可以在戰前即與日本及全世界莊嚴宣告，台海之戰絕不允許任何國家、以任何理由、任何形式介入，日本亦然。只關心不介入，中、日依舊是鄰邦好友，「山川異域，風月同天」；一旦實質武力介入，中、日世代恩

怨將一次結清。「明犯中華，倭寇必誅」，泱泱大國有禮有節，事先說明白講清楚，以免日本又成為核戰浩劫的犧牲品而自怨自艾。

解決了日本，接著就是要解決美國。解決了美國，就沒有所謂的美、日、印、澳、英、加、法、德「新八國聯軍」了。要怎解決美國其實很簡單，狹路相逢勇者勝，不怕死的是贏家。「拚核戰」就是美國人的軟肋，自私自利的美國猶太資本家絕對不會要求美國政府、美國大兵為了蕞爾小島台灣跟諾大的中國賭上國運、賭上世界、賠上自己。如果為了日本被核平與中國拚核戰，那就算贏了中國也會失去全世界，聰明的猶太資本家絕對不會做這種賠本又殺頭的買賣。日本被轟炸那是日本的事，美國才能擺脫對日本核爆的「原罪」，只要美軍基地、美國大兵沒有被波及就好。台灣被轟炸也沒關係，反正台灣本來就是中國（中華民國）的領土，只要關島、夏威夷沒被「東風快遞」就好。解放軍務必要擺出決一死戰、死嗑到底的戰列與態勢，沒有妥協、沒有談判、沒有停戰，一旦中、美兩軍接觸就是世界大戰，「首戰即核戰」，中國人在台灣問題上、在領土主權上、在民族尊嚴上是沒有任何妥協退讓空間，但是……美國有！台灣問題只是美國叼在嘴裡的雞肋，食之無味棄之可惜，可是時間到了、火候到了、意思到了，該撤就撤、該棄就棄、該閃則閃，否則為了台灣，拚上中國、賭上美國、毀掉世界，猶太資本家的算盤絕對不會這樣打的。這時中、美之間的戰略預備熱線電話就應該要響起來了，中華人民共和國國家主席、中國共產黨總書記、中國人民解放軍中央軍事委員會主席習近平同志可以勉為其難的接聽來自美國拜登總統撥打的「關切」電話，通話內容簡單明瞭：「美、俄、中三家分晉

326

（世界），太平洋美、中共享。朋友來了有好酒，豺狼來了有獵槍。」習主席一邊通電話，解放軍一邊打大伙。解放軍應爭取24小時內登陸台灣，爭取48小時內結束戰鬥，爭取72小時內解決台灣問題。當美國國會還在討論是否授權美國總統為保衛台灣與中國開戰，當美國太平洋艦隊（第3、第7艦隊）、中央指揮部第4艦隊、第10艦隊等聯合艦隊還在準備集結排兵布陣圍繞在中國設定的1500公里封鎖線外、當西方各資本主義舊帝國殖民集團國家，還在議論紛紛討論是否要對中國進行各類制裁（經濟、外交）、軍事干預之際，解放軍已經以雷霆之勢、陸、海、空、天、網五軍齊動，萬船齊發，迅速登陸台灣島並做最後的掃蕩與攻堅戰鬥。

戰區主戰，武警跟進

說的容易，做得難，就算台灣守軍是軟柿子，想要一次捏爆也要使點力。「台灣地區」統一解放戰役戰鬥範圍內，基本上可區分成幾個作戰方塊，每個作戰方塊看似獨立卻又相互係屬連結互動影響，以下僅就地理空間與作戰部隊間的關係簡易說明：

1.北海艦隊、北部戰區

負責封鎖台灣北部、東北部海域及空域，阻隔來自日本方面的威脅，山東艦前出東海，列陣奄美、沖繩一線，建立1500公里封鎖警戒線。有關駐日美軍基地（三澤、橫田、厚本、橫須賀、岩國、佐世保、嘉手納、普天間等海空基地）嚴加監視，如有蠢動，東風快遞待命伺候。實況直播火箭軍導彈裝備核彈待命發射，準備核平日本本島2-3處戰略目標（靖國

神社所在地東京市、馬關條約簽署地下關市、出雲號航空母艦的母港橫須賀市)。另策動朝鮮人民軍在38度邊境線佯動,陸軍集團軍北上邊防策應,以牽制駐韓美軍及大韓民國。

2.東海艦隊、東部戰區

東海艦隊全力封鎖台灣海峽海、空域,建立海、空運安全通道。調動浙江、福建各省漁政船、萬噸海巡艇、大型鐵殼船,環繞各外離島圍而不打,隔而不殲。以地下黨工、民主人士為和平談判爭取駐軍原地受降接受改編為主,以第五縱隊、特戰部隊武力突襲斬首為輔,尋求以談促統、以戰逼和、以戰逼降。原則上以大陸沿岸外離島和平解決為指導方針,火力打擊破壞斬首攻佔為預備方案。

集中大量的近程精準導彈、遠程制導火箭彈、遠程防空飛彈、遠程反艦導彈、巡弋飛彈等,在開戰後最短時間內(1-2小時),力求全面轟炸台灣地區(含澎湖地區)的空軍(含基地)、海軍(含基地)、導彈部隊(以中程、遠程天弓、雲峰、雄風基地等)、雷達站(樂山、大漢山等)、指揮中心(台灣總督府、國防部、圓山、衡山指揮所及各軍種、各作戰區司令部等)、防空部隊(愛國者陣地及野戰防空等)等重要戰略目標。尤其澎湖為大陸至台灣間海運及空運的攔路虎、地絆椿,務必迅速堅決地拔除,在火力準備期間,兩棲特戰部隊、山東省快速反應部隊(空降師)即應迅速登陸、空降控制澎湖要塞,轉為解放軍運用之中轉站、中繼站、中途島。

海軍兩棲登陸部隊、野戰集團軍登岸船團、中部戰區支援的空降軍、快反部隊及各重型合成旅、機降部隊,待命準備發動突擊舟波,依主攻方向為台中至新竹一線、第一助攻方向為基隆、淡水至桃園一線、佯攻方向為基隆至宜蘭一線,依作戰

計畫依序推進。

3.南海艦隊、南部戰區

負責封鎖台灣西南及東南方向海域及空域，阻隔來自關島美軍方面的威脅，遼寧艦前出菲律賓海，列陣石垣、帛琉一線，建立1500公里封鎖警戒線。有關駐菲美軍基地嚴加監視，如有蠢動，東風快遞待命伺候。調動廣東、海南各省漁政船、萬噸海巡艇、大型鐵殼船，環繞東沙島、南沙太平島等圍而不打，以無人機直接空投招降書及直升機空運談判人員限時回復，解放軍接受外島守軍陣前起義，尋求以戰逼降、放下武器待命遣返。

南海區域以南沙群島的永暑礁、美濟礁、渚碧礁等三座多用途的人工島嶼、永備堅固的海、空軍事基地、不沉的碉堡型航空母艦，再加上西沙群島上永興島，中國的戰機飛行範圍、雷達偵蒐區域及防空、反艦導彈射程已可涵蓋整個南中國海。在對台統一之戰期間，劃定禁航及禁飛區域，往來航行南海航空器及船舶，不得駛入管制區，違反禁令一律擊毀。各國軍艦、潛艇必須揚旗上浮無害通過，不得擅入禁區，違反禁令一概擊沉。

南部戰區海軍陸戰隊以高雄地區為主要登陸點，各集團軍登島部隊以嘉義至屏東一線為第二助攻方向，首要任務為摧毀中、南部地區的海、空戰力（基地）、導彈陣地、防空陣地、雷達站、作戰區司令部及各反擊部隊指揮部，置重點於占領並開放高雄港、高雄小港機場。助攻部隊登陸後以占領重要交通要道、要點守備（壽山要塞），牽制台軍反撲，以「守點打援」方式吸引分散台軍反擊力道。策應主攻方向的中部作戰區主力裝甲坦克軍團向北掃蕩，尋殲新竹、桃園地區台軍重裝甲

坦克部隊調轉向南決戰，以創造北台灣第一助攻軍團建立「台北首都圍殲攻堅戰」的良好阻援條件。

4.機動武警部隊、四省齊發

對台統一之戰是內戰的延續、是內政的管轄權、是有限度的點穴戰，「軍事鬥爭」是撕開台灣假面防護網的必要手段，而「戰地政務」則是統一台灣、維護治安、恢復機能的必要措施。台灣人獨特的「島民視角」、「移民性格」、「政權適應」投機心態，天生具有怪異又奇特的「不怕打（嘴硬）、不耐打（軍隊）也不想打（民眾）」的「犯賤奴性」。從荷蘭人建立的殖民政權、明鄭建立的屯墾政權、清朝建立的鬆散政權、到日本人建立的奴役政權、國民政府建立的黨國政權，無一例外，只要侵略者（侵入者或占領者）在初期讓台灣人付出被強硬鎮壓的血腥代價後，接著「曉以大義」培植代理人（既得利益集團），接著以台制台（控制）、以台治台（治理）、以台置台（安置），在很短的時間內，台灣人便會接受新的政權統治，甚至有「鎮壓越烈、流血越慘、順民悅服」的行為模式出現。因此，機動武警部隊的即時跟進，是台灣社會越快恢復平靜的重要象徵。解放軍打到哪，武警部隊就要進駐到哪，只要解放軍攻佔後的地方，每個行政區、行政單位、公營部門，就必須要有機動武警排班站哨，維持地方治安。「止亂初動、制亂初暴」，嚴打嚴查不容生隙，不怕犧牲堅決消滅，要讓台灣人習慣見到五星紅旗在飄揚，要讓台灣人知道已經變天亡國、改朝換代了，要讓台灣人接受中國已經完成統一，台灣人還是中國人的政治現實。

要做到短時間內台灣島上有足夠的機動武警部隊駐防，只靠兩棲登陸輪具運載是絕對不敷使用也是時效不濟、緩不濟急

的。要等待大型商港（台中、高雄）行政下卸，亦步亦趨穩紮穩打，也是曠日廢時徒增添亂，最好的方法就是遂行最可怕的、壓迫式的、令人窒息的「人民戰爭」、「萬船齊發」的人海、船海、渡海的「三海」進攻方式。當解放軍掌握海、空、電磁優勢之後，浙江、福建、廣東、海南四省徵用民船輪具，船不在大能動則靈，有多快就開多快，少則一個班，多則一個排，跟著登陸艦隊、突擊船團後方發起猛衝躍進，解放軍砲火準備洗地結束，海軍、陸軍登陸突擊集群便迅速建立灘頭堡陣地並前推掃蕩，後面機動武警部隊隨即上岸進行編隊，分頭奔向指定地點會師，迅速建立地方治安指揮團部，鞏固因戰爭爆發而紛亂不安的社會秩序。

核心戰役，台北圍城

　　以上是台海統一之戰的渡海戰役模型構想，詳細的細部戰具、戰列、戰鬥等由相關指戰人員依據「台海統一之戰作戰計畫」編練演習、規劃籌集、序列安排、責任區劃分、戰前動員、戰時管制、戰後管理等，「夫未戰而廟算勝者，得算多也。」本文無須越俎代庖，自曝其短，貽笑大方。解放軍登岸後，如何「處理」最關鍵的一場戰鬥……，集政治、經濟、文化、軍事、精神中心的「台北首都圍殲攻堅戰」。這場戰鬥能否以最快的方式、最少的代價，完成占領結束戰鬥宣布統一，而不至於落入車臣格羅茲尼首府人肉絞碎機的悲劇發生，是為重中之重、核心戰役。車臣首府格羅茲尼只有區區30萬人口，車臣正規軍也不過只有區區6萬人，俄羅斯聯邦軍隊會打到如此慘烈自有其原因。畢竟21世紀的中國人民解放軍的戰

力不是1990年代蘇聯剛解體時，整體狀況最不良好時期（軍心渙散、經濟崩潰、人民厭戰、政局動盪、和戰不定、戰術錯誤等……）的俄羅斯聯邦軍隊可以比擬。但是台灣自然也不是車臣，台灣的守軍戰力也是號稱全球前15強，近年來在美國刻意操作、台獨政權積極響應的反中、抗中策略下，已將台灣的軍事防禦部署成為「豪豬、刺蝟」之島，著實是一塊不好啃食的硬骨頭、一碗不好下嚥的酸辣湯。

　　車臣軍民有獨立抗戰的堅強意志，台灣人卻面臨國家、民族分裂的認知混亂。台獨政權加強對年輕一代的洗腦教育，就是希望無知的年輕人都變成天然獨，確實也已見到成效，晚統不如早統，晚打不如早打，小打不如大打，區域打不如全面打的道理就在這裡。台北地區是個大都會區，解放軍登陸後應該盡快完成對台北盆地的合圍，阻卻林口台地以南的援兵突破包圍圈進入台北市區。即便如此，諾大的首府台北市仍然有超過300萬的人口，在首都包圍圈裡面的台軍守備兵力以淡水的淡海守備旅、北投復興崗的陸戰快反旅、憲兵指揮部再加上若干反斬首特戰部隊為主，總兵力應不足2萬人，在整個首都圈防衛戰中，這些防衛部隊兵力是略顯薄弱，卻占盡地利之便。阻援部隊在林口台地設下的打援陣地，必須發揮「塔山阻擊戰」的決心，不計任何犧牲代價，一定要把台軍部署於桃園中壢的第6軍團下轄的第269機步旅、第584、542裝甲旅、第206步兵旅抵擋在陣地之外，創造由台中北上的陸軍野戰集團軍三面圍殲（空中、海面、陸上）台軍反擊部隊的機會。在左翼阻援部隊、打援部隊與台軍地面主力部隊決戰之際，就是台北首都包圍圈合攏之時。

天津攻城，勝券在握

　　要避免俄羅斯聯邦軍隊在車臣首府格羅茲尼攻堅戰的前車之鑑，就不要再重蹈錯誤失敗的案例。以國共內戰三大戰役之一「平津戰役」前的「天津市攻堅戰」作為成功類比分析的基礎，他山之石可以攻錯，解放軍曾經在1949年國共內戰局勢逆轉前，以無比的信心、卓越的指揮、堅定的意志與超強的戰力，一舉攻破國民黨軍最堅強的城防堡壘。不但在最短的時間限制裡、在沒有大規模破壞市區、降低居民傷亡程度的要求克制下，以輕裝步兵為主，配備少量的坦克車，迅速突破國民黨軍隊花費巨資苦心建設的天津城防要塞。以集中34萬名解放軍的優勢兵力，在短短29小時內竟能全殲13萬國民黨守軍，堪稱解放軍城市攻堅戰的經典示範。雖然此一成功戰例已經是相隔72個年頭，當時的作戰環境、軍事裝備、用兵思想與現今的高科技條件下現代化的軍事鬥爭不可同日而語。但同樣是中國人的內戰狀態、同樣是解放軍的外線作戰優勢、同樣是面臨高度城市化的立體攻防戰、同樣是城市人口超過百萬級別、同樣是具有堅固城防精銳部署的戰略重心，作為對比研究或可得到些許助益，只要能達成目的，1949年的「天津模式」或許能成為即將發動的統一之戰中的「台北戰役」找到更加妥善的運用參考。

　　1949年的天津城市攻堅戰VS即將到來的台北城市攻堅戰可以歸納出那些可供參考的線索呢？以下僅就歷史概述、地理特性、戰略價值、民心向背、城防規劃、軍力部署、攻防戰鬥等方向嘗試分析比較並提供些許自以為是的粗陋意見、畫蛇添足、班門弄斧一番，期能統一大業順利成功，也透視在台獨政

權崩潰前夕，勢必據城頑抗意圖釀造台北市城毀人傷的慘重代價，在逐街巷戰的混亂中掩護台獨首腦遁逃離境。熟記歷史牢記經驗，讓解放軍提前佈防斷其退路，即時掌握台北城市特徵，發揮解放軍的特色優勢力量，在成功的歷史案例中找答案，在勝利的攻城前例中找問題，在輝煌的成功中找到勝利的果實。

1.歷史概述

△何謂「天津模式」？

1949年3月在中國共產黨七屆二中全會上，毛澤東對天津戰役的勝利給予高度評價，並將這種以軍事手段堅決、徹底、乾淨地殲滅一切敢於頑抗國民黨軍隊的方式概括為「**天津方式**」。坐鎮在北平的國民黨華北剿匪總司令傅作義上將曾誇口說，解放軍30天也攻不下天津。為了要盡快促成傅作義放下武器和平解放北平，毛澤東和中央軍委命令東北野戰軍3天內攻下天津，而天津戰役總前委書記林彪則限定在48小時內完成。擔任平津會戰前線司令部參謀長兼「天津戰役」前線總指揮的劉亞樓卻表示：「30個小時內保證把天津城防警備司令陳長捷吹噓的『天津大堡壘』打個稀巴爛」。從1949年1月14日上午10時發起總攻，至次日下午3時，東北野戰軍僅用了29小時，便全殲天津城13萬餘國民黨守軍，並活捉天津城防警備司令陳長捷中將。天津戰役創造了「天津方式」，成為解放軍歷史上最為乾淨、俐落、精確的城市攻堅戰。

△何謂「台北模式」？

清光緒21年（1895年）乙未戰爭，台北城沒有發揮原本應有的防禦功能。以清朝為宗主國而臨時成立的「台灣民主國」首腦們棄城潛逃自亂陣腳，清兵台勇反而禍害城內，仕紳

們決定派遣商人辜顯榮前往基隆迎接並引導日軍,由民婦陳法與家眷放竹梯、開城門,日軍兵不血刃輕易進入台北城,舉行「始政式」象徵日本正式統治台灣。1945年8月14日日本帝國宣布無條件投降,10月15日國民政府軍在基隆登陸,台灣人高唱「歡迎歌」簞食壺漿熱烈迎接「王師」進入台灣,國軍依樣未動干戈便進入台北城。10月25日台灣總督兼日本陸軍第10方面軍司令官安藤利吉將軍,在台北公會堂(今台北中山堂)向受降主官陳儀投降,台灣光復回歸中國。

小結:

「天下沒有攻不破的城牆」,自古以來歷朝歷代中外皆然,再堅固的城防、再頑強的守備、再堅定的意志,在強大的軍事壓力、適當的戰術戰法、求勝意志的堅持,沒有一座城池不會被攻陷。唐朝睢楊保衛戰、南宋襄陽保衛戰、明末江陰守城戰,守城的壯烈、攻城的英勇、犧牲的都是最底層的黎民百姓。天津城破是因為解放軍為仁義之師未予屠城,台北城獻降得以保全也能做個參考。統一之戰勢在必行,台北攻城在所難免,解放軍依然是仁義之師,天津城攻堅戰的鮮血犧牲,換來北京城的和平解放。那麼,澎湖要塞的大轟炸,是否能讓台北城防衛戍部隊放下武器呢?還能和談時應該把握時機,藉故拖延據城不降,當解放軍發動總攻時,台北城將面臨何種命運?台北市民、全台灣的人民真的要自己要考慮清楚。

2.地理特性
△天津市
天津因漕運而興起,1404年築城。「天津」的意思為天子

津渡（明成祖朱隸）。天津為中國北方對外開放的前沿和近代
洋務運動的基地。1860年後英、法等9國在天津設立租界，工
業、商業、金融業發達，經過600多年的發展，逐步形成中西
風格兼具古今建築交融的城市風格。天津是中國北方最大沿海
開放城市，位於海河各支流交匯處，海河在城中蜿蜒而過，以
平原和窪地為主，多為河網密布的溼地。東臨渤海，平均海拔
僅3.5公尺，北依燕山，平均海拔1052公尺，天津市的最高點
為薊洲區九山頂，海拔高度為1078.5公尺。除東南方向面臨渤
海灣，海岸線長達153公里外，東、北、西、南等方向均與河
北省臨壤，形成「C」型環抱狀態。戰場地形複雜，市區河流
切割，具有南北長、東西窄特點。

座標北緯38°34"–40°15"，東經116°43"–118°04"，1949
年時轄12個市轄區，天津市總面積約11920平方公里，總人口
數為399萬人，城區中心人口數約180萬人，城區面積為179.14
平方公里。城內民族有漢族、回族、滿族，語言為北京官話及
天津方言。年平均氣溫12度C左右，港口冬季結冰約80多天，
全年降雨75%集中在夏季，易成水災。

△台北市

台北城約於清光緒5年（1879年）正式開府，大量福建移
民沿著淡水河靠岸定居在艋舺（新店溪與大漢溪交匯處），面
積僅1.4平方公里的城廓，位於台北大稻埕與艋舺之間，日據
（治）台灣後台北城廓即遭到拆除。台北城內一直都是台灣重
要政府機關所在地，今日台灣的政治中樞博愛特區即為原台北
城區內。台北市四周皆與新北市接壤，形成「O」型環抱狀
態。全市畫分12個區，總面積271.8平方公里。人口總數約257
萬人，人口密度全台第一。大台北都會區（台北市、新北市、

基隆市）的面積約為2457平方公里，人口數約為704萬人。

台北市中心區域位於台北盆地腹地中央，座標北緯22°－25°，東經120°－122°，年平均氣溫23.5度C。市區北邊有大屯山系，最高為七星山1120公尺，市區東邊為丘陵地形，平均海拔約10公尺。台北市境內屬淡水河流域，河網密布（新店溪、景美溪、大漢溪、基隆河）、橋樑眾多（聯外橋樑計有28個），鐵路、公路、快速道路密集龐雜（國道高速公路、台灣省道、台鐵縱貫線、台灣高速鐵路及台北捷運）。台北車站是台灣運量最大的交通轉運樞紐，空運與海運分別以台北松山機場與基隆港、台北港為主要據點。

戰場地形複雜，市區河流切割，具有南北長、東西窄特點。平坦的地形、廣闊的海岸帶，有利解放軍實施機降、特種破襲的作戰。

小結：

天津市與台北市在地理特性上有許多相似之處可供參考運用。諸如C型與O型包圍圈，有利於進攻方的兵力部署；地勢低窪平坦，北有燕山、東有大屯山，兩者都有河流穿市而過，橋梁眾多建築林立，都是東西向的攔腰穿插，土地面積、人口數量、經濟發達、海空運輸中心。取天津以威嚇北平，取台北以震攝全台，天津城破而北平不戰議和，台北收復則全台停戰回歸。華北戰役的點穴之戰在天津，台海戰役的點穴之戰在台北。天津攻堅戰是因為塘沽未破而起，澎湖要塞如能順利掃蕩攻佔，或許台北首都圍殲攻堅戰可以避免。

3.戰略價值

△天津市

自清末明初已是中國經濟最發達的城市之一，是中國近代工業的發祥地，工業發達門類齊全。民國時期天津是北方商業中心，1940年代設有49家國內外銀行，270多家國內外保險機構及證券交易所，是當時僅次於上海的金融中心。天津是近代中國鐵路的發祥地，處於京滬鐵路、津山鐵路交匯處，是北京通往東北和上海方向的重要鐵路樞紐，平時是各種戰略物資的重要通道，戰時也是機動兵力和儲運戰備物資的咽喉要地。天津是首都北京的陸上屏障、海上門戶、重要交通樞紐、國際港口城市，具有戰略前沿、戰略門戶和戰略縱深三重屬性。天津地區的安危，對首都北平的穩固具有關鍵作用，西距北京僅129公里，對北京具有支撐、屏護和減壓的作用。

△台北市

1874年屏東牡丹社事件是促使台北建城的遠因，清朝體會到日本擴張領土的野心，改變了對台灣戰略地位的看法，深刻認識到台灣島是遏止日本及其他列強侵略中國的前哨屏障。台北城完工後正式成為全台灣的政治中心。1912年日本殖民政府在台北舊城內，興建「台灣總督府」，代表殖民統治者的執政權威形象。1949年後台北市成為中華民國「臨時」首都，為台灣政治、經濟、文化、教育的首善之區和發展中心，民國政府遷台至今，仍以該處為「總統府」使用。

台北市位居東京、矽谷與大陸的中間點位置，是亞太科技金三角的交會點，也是美、日產品銷往全球的中繼站。中國如果成功的收編台灣的傾中勢力，美國的西太平洋航線利益便會受到影響。反之，台灣如果落入美國扶植的反中台獨政權控制

下，中國的航運安全將受到牽制，也會威脅到東南四省的發展，甚至會制約整個中國崛起的運勢。台灣是中國的「戰略前沿基地」？還是美國第一島鏈的「永不沉沒的航母」？端視解放軍能否快速解放台北市！占領台北市就能解除全台灣的武裝反抗，占領大台北都會區就能確保新竹科學園區金雞母，占領台灣省就能斬斷外國反中、反華勢力最大的連結基地。

小結：

　　收復台灣、統一台灣、重建台灣，對中國來說不能只是因為民族情感的問題，不能只是因為台灣經濟發展的問題，更重要的考量因素是台灣地處戰略要衝的鎖鑰關鍵。鄭成功收復台灣是因為民族情感嗎？康熙大帝收台是因為需要台灣的經濟發展嗎？劉銘傳的建省是為了要讓台灣成為全中國最現代化的省分嗎？都不是，其實都是因為台灣地處戰略要衝的認知。日本指定要割據台灣，不是因為日本人對台灣人有甚麼狗屁感情，是因為台灣可以經營成為掠奪東南亞資源的南進基地。美國支持並操弄台獨，是因為台灣實施民主選舉，台、美之間具有相同的人權理念價值嗎？錯！大錯特錯！在獨裁威權的蔣介石政權統治台灣時期，美國照樣支持台灣對抗中國，不是嗎？為了遏制中國的崛起才是美、日插入黑手真正的目的。

　　中國要收復台灣，一統中國，為的是突破第一島鏈，為的是中國的崛起，至於台灣人認不認同自己是中國人其實並不是很重要。如果真的有必要的話，就算把台灣打爛了再重建也是可以付出的代價。重要的是，從1895年開始起算，迄今已經126年了，台灣絕對不能再失去控制了。以一個極端的例子來形容，1864年湘軍攻破太平天國天京（今南京）為何會發生

屠城？城內百姓不是中國人嗎？是因為南京為「拜上帝教」的
太平天國的首都嗎？因為是異教徒（非中華儒學）嗎？是異族
非我族類嗎（長毛）嗎？還是因為龍蟠虎踞、六朝古都的南京
城已被「異類、他國」盤據、染指十餘年呢？

4.民心向背
△天津市

1948年底戰事緊迫時，在天津市城防線前的房子、村莊
拆了很多，來不及拆的用火燒掉。國民黨守軍各師、各團、各
營的防守區在上級的要求下，更積極的做了更多的防禦工事，
瘋狂的進行越做越多，為了掃清射界房子也越拆越遠。防禦工
事工程弄得煙火衝天，禍及百姓無家可歸露宿街頭者到處皆
是。有的整個村莊被拆毀成為廢墟，還有拆掉停屍間（義莊）
的棺木作為構工材料，不僅活人受罪連死人骸骨也遭殃。

為了構築防禦工事需要徵用大量民工，每天由天津市防守
司令部通知天津市政府轉知天津市警察局指定各行政區就近調
集民力，每戶、每店、每天出一人工，沒有人力的就出錢雇
人，在武裝刺刀高壓威迫下挖壕搬土、拆房勞役。在解放前
20多天裡從早到晚，不但沒有任何酬勞，乾糧和飲水還由人
民自備。在加強構築工事期間所需徵用的物資材料一律查封分
發各軍搬用，有多少搬多少，人民財產損失數量之多難以估
計。國民黨守軍在天津戰役中，不顧人民的死活，不計人民的
財產損失，蠻橫的強徵民間的物資、人力，拆屋築堡修建機
場，天津市民遭受到歷史上空前未有的重大災難，民心向背昭
然若揭。

△台北市

台北市為台灣首善之區，居民普遍教育程度較高，歷年政治版圖大多藍大於綠，公教軍警比例較高，向來被歸類為藍軍大本營，對中華民國（這個國家）的認同度較高。惟近年來在所謂的本土化、民主化、自由化、台獨化的教育及去中化的社會氣氛渲染下，尤其在千禧年（2000年）後的新生代經過長期綠化、台灣化後，政治板塊已經明顯地出現逆轉由藍轉綠，但仍有大約40%是屬於鐵桿藍軍（約100萬人），此類族群認同中華民國（的存在），在綠營台獨訴求及國民黨獨台化、邊緣化之際，尚可爭取支持認同回歸祖（中）國。但在整個大台北都會區（含新北市及基隆市，或再加入桃園市）人口結構群體已經確定是綠大於藍，普遍選民均已認同台獨政黨的政治主張與意識形態，藍營支持者已萎縮剩約30%（約130-200萬人）。因此整個北、北、基、桃大台北地區可爭取的藍營人數（或稱隱性統派）大約有230-300萬之眾。

台獨政黨為了達到激化族群，不惜製造族群對立，以利騙取選票。從早年分化台灣人及外省人的省籍情結，分化軍公教及勞工的社會階級，分化國民黨、新黨、親民黨等為親中賣台的外來政黨，分化國軍部隊與台灣民眾同島一命、生死與共、榮譽團結的連結感，分化人民對政府的信賴感，分化勞工與資本家的剝削感，分化學生與老師間的信任感，分化年長者與年輕人的傳承感，分化退休人員及在職人員的社會福利，分化台灣人及中國人的族群對立，分化台灣人與在大陸台商的國族矛盾等……，各種倒行逆施、作繭自縛的反智策略，事實上台灣社會的對立、撕裂、冷漠早就已經成為嚴重的「國安危機」，僅差一支火柴就可以引燃怒火，極有可能驚爆政治立場相異者

的衝突混戰，類似228暴亂事件難保不會再次發生。

　　從2020年的總統大選投票情形觀察，台獨政權（1.5個博士學位的蔡英文總統）獲得817萬票的支持，藍營「一中原則、九二共識」的中華民國派（賣菜郎韓國瑜）獲得552萬票，相當於綠（約2/3弱）大於藍（約1/3強）。但若再算上已經被台獨政權洗腦尚無投票權的高中、國中生，事實上在台灣島上的綠色獨派支持者實質上約占有2/3強，藍營支持者（尚不一定是統派）約為1/3弱。在各種民調數據中顯示，支持中華民國派的人數約為3成（690萬人），會支持一中原則（認為自己是台灣人也是中國人）的台灣人更低，大約不到1成（以200萬人計算），會支持中國統一（台灣）的比例更低，大約只有不到1%~2%（以20~50萬人計算）。

小結：

　　台灣人不認同自己是中國人，這不是科學人種分類的問題，也不是因為社會解構重組，而是純粹由特定的政治勢力所操弄，刻意撕裂製造的人工政治衝突假議題。民主社會（國家）黨派對立、政治對立、社會對立、族群對立、階級對立…這都是常態，人民不團結、無共識、一盤散沙這也是正常狀態不足為奇。與其把台灣回歸中國追求統一的問題，留給台灣民眾自覺、自願、自發的期待，這根本就是緣木求魚，非常不切實際的幻想，而「丟掉幻想，準備戰鬥」才是正確的主軸方向。

　　基於統一戰線的立場與操作，盡量爭取台灣島內面向大陸的人心當然還是有其必要性與妥協性，以台灣民主自由的制度特性造成島內更大的民意衝突、民心分裂也是必要的輿情操

作。雖然支持兩岸都是中國人，認同兩岸必須統一的台灣人比例極少，而且是越來越少的必然趨勢，因此中國大陸在政治、經濟甚至軍事上，對此類「紅統派」的支持更應當加大力度，爭取更多的政治認同與實質影響。

5.城防規劃
△天津市

日軍曾在天津市郊主要交通要道構築紅磚碉堡工事，大大小小共有幾十個，並在碉堡周圍架設鐵絲網。1946年國民黨軍駐守後又加築鹿砦障礙物。1947年天津警備司令部有感於天津地區平坦遼闊，守備困難，決定構築環城碉堡工事，並向市內各家銀行及各業界籌集近300億元巨資迅速完工。天津環城碉堡工事線，長達84華里（約42公里），護城河寬5米、深3米，從內牆頂到河底高達7米。牆內每隔30米設一座碉堡，沿著護城河有大型碉堡380多個，市內縱深碉堡約有一千多個，環城圍繞鐵絲網和電網。每個大型碉堡足夠一個班駐守，還構築散兵坑掩體和交通壕，便於汽車運送人員、彈藥、糧食補給。

以天津環城碉堡工事線為主陣地，主陣地前加築各營、各連的碉堡群據點，構築交通壕、鐵絲網、鹿砦，並拆毀房子掃清射界。各軍在天津城防陣地前層層埋設地雷，數以萬計的美製拋射地雷及自製地雷，構成寬達幾十米、長達環城42公里的地雷區。還在主要道路、主要陣地前埋設更多的地雷，在土堤、墳墓的反斜面也都埋設地雷，務使解放軍造成大量傷亡。整個市區只留8個出入口（城門），每個出入口（城門）都有憲兵和警察駐守檢查人車，入夜關閉。國民黨軍在天津連年構

築碉堡工事，企圖憑藉著堅強的工事頑強抵抗。

　△台北市

　台北城於1882年正式動工，1884年在中法戰爭壓力下，台北巨賈被迫出資完工，是歷史上最後一座依照華夏傳統風水勘輿理論建造的傳統中國式城池。1895年台灣割讓日本，自1900年起拆除台北城牆及西門，並進行市街改正計畫，台北城由中國傳統模式逐步變成中西混合的現代化城市布局，加上鐵路及道路交通建設、公共空間等，台北城也從防禦型城市轉變為開放型城市。

　日據（治）時期大台北地區原設有9處防砲陣地，目前僅剩空軍三重一村為雙北唯一一座完善保存。原本部署在台北都會區的空軍防空飛彈第793旅第631營是以一個飛彈營（3個飛彈連）形成「下弦月」防禦弧線的反飛彈計畫陣地，目前調整為北部只剩2個愛國者防空飛彈連（新北市安坑、台北市南港）固守，另一個愛國者3型防空飛彈連（原萬里陣地）移防到東部機場駐防。愛國者防空飛彈是屬於機動車發射系統，非固定陣地發射系統，因此部隊駐地未必就是未來接戰的部署位置，戰時視狀況需要疏散進入預備陣地。（如果你家附近突然出現了機動發射車部署，應盡快逃離現場，以免遭受池魚之殃、無妄之災）。2019年漢光演習期間愛國者防空飛彈車就曾部署在台北市大佳河濱公園，也曾在「彰化戰備跑道起降操演」中，在戰備跑道旁就部署了飛彈發射車。大台北地區防空飛彈調整（固定陣地、機動部署），說明台灣採購愛國者飛彈最初的目的是用於都會和重要經濟設施「面」的防禦，現今則因戰備需求調整為機場防護、指揮所、司令部等重要軍事設施「點」的防禦。

為因應現代科技武器裝備性能提升，台灣守軍實施精粹案與推行募兵制，現役兵力大幅縮減，一般防衛部隊（守軍）以實施機動防禦為主，陣地防禦除固定的軍事設施（兵營）仍保有部分老舊碉堡等防禦工事外，並未在其防區（責任區）修建永久型防禦工事。最多在演習期間依戰術機動需要，以沙包堆疊設置臨時散兵坑、機槍堡等簡易戰防掩體，演習過後即須迅速拆除，以免影響交通安全及市容景觀。台灣守軍考量開戰時被動式的戰力保存與後續濱海、灘岸決勝，城鎮巷戰等防衛策略需求，近年來不斷發展機動型防空飛彈與岸射型反艦飛彈、充實購置先進陸軍各式火砲（主戰坦克、輪型裝甲車、自走砲車、牽引砲車等）與雷霆2000多管火箭系統……。這些機動型武器具有獨立作戰、機動快速、火力強大等特性，又容易實施隱蔽、藏匿、偽裝，不易被發現毀傷。只要能避開解放軍登陸前的火力覆蓋打擊，冀望在解放軍渡海舟波、登陸搶灘戰力脆弱時機，配合空軍戰機與海軍艦艇的反擊，預期於濱海、灘岸地區大量摧毀解放軍泊地船團、登陸攻擊部隊，將解放軍趕下海，成功扭轉戰局。

小結：
　　所謂「忘戰必危」，現今台灣功利主義掛帥的社會結構與「不想服兵役」的年輕世代與1949年後乃至兩蔣時期勵精圖治、枕戈待旦的時空環境大相逕庭。軍人素養、軍隊紀律、軍事訓練與國防戰備整備落差甚鉅，軍人這個行業在台灣是被輕賤、被醜化、被忽視的重大缺項。「全民國防」、「勤訓苦練」、「厚植戰力」這些都只是口號，誰也不願意「平時多流汗、戰時少流血」，「天然系台獨」年輕人寧可躲在冷氣房裡練功（打

電動遊戲），在網路上噴口水當酸民（抗中保台），誰也不願意多當一天兵。台獨政權寧可花費天價向美國購買過時、不適用的武器系統，目的是在餵養美國的政客與軍火商嗎？還是想要套取鉅額的回扣利益呢？或是真的是為了台灣的防衛安全？只有拼命在花錢、燒錢、撒錢，也不願意踏踏實實地訓練，一步一腳印的做好台灣防衛的戰場經營、構築防禦工事。所謂「沒有心防就沒有國防」，矛盾型的社會結構，開放型的都市結構，差辱性的軍民結構，面對虎狼之師的解放軍，沒有意外只有必然，沒有積極備戰的城防規劃，戰端一開攻擊軍將如入無人之境，直搗黃龍。

6.軍力部署

△天津市

（1）國民黨軍方面：

戰役前夕國民黨天津守軍計有：第86軍（3個師）、第62軍（2個師）、第94軍（1個師）、2個保全師、1個警備旅，加上臨時增編第62軍及第94軍各1個師（人、裝配備不全）、憲兵（1個團），還有汽車兵團、警察等，共約13萬餘人。其中正規師6個，約7萬人，其他雜牌部隊及軍事輔助兵力約6萬餘人。指揮官由天津警備司令兼天津防守司令陳長捷中將擔任。天津市分為三個防守區（東北區【第86軍3個師】、西北區【第62軍2個師】、南區【第94軍1個師】），不守核心陣地區其餘部隊編為總預備隊。

（2）解放軍方面：

東北野戰軍參謀長兼天津戰役前線總指揮劉亞樓以5個縱隊（軍）、22個師和特種兵司令部所屬之砲兵、坦克、工兵等

共約34萬人，組成東、西兩個突擊集團奪取天津。西突擊集團由2個縱隊（第38、39軍）組成，自和平門突破後向市區金湯橋及其以南地區挺進； 東突擊集團由2個縱隊（第44、45軍）組成，自民族門突破後向市區金湯橋及其以南地區挺進；南集團由1個縱隊（第46軍）、1個師（第49軍第145師）組成，進行輔助攻擊；並以1個師（第43軍第128師）為總預備隊。同時以1個縱隊（2個師）監視右側出海口塘沽，準備截擊突圍逃竄的國民黨殘軍。

△台北市

（1）台灣守軍方面：

〈1〉台北地區：陸戰隊66旅（北投復興崗步兵營X1）、國防部憲兵指揮部、憲兵指揮部警衛大隊、憲兵第202指揮部（憲兵營X3、裝步營X1、砲兵營X1、快速反應連X1）、憲兵特勤隊、維安特勤隊、台北憲兵隊、士林憲兵隊、台北市警察局保安警察大隊、內政部警政署保安警察第1總隊第2、3、4大隊。

〈2〉新北地區： 陸軍關渡地區指揮部（含步1、2、3、4營、砲兵營、反裝甲連、騎兵連）、憲兵第205指揮部（新北憲兵隊）、憲兵訓練中心、內政部警政署保安警察第1總隊第1、5大隊、新北市警察局保安警察大隊。

〈3〉桃園地區：陸戰隊66旅（直屬旅部連、反裝甲連、野戰防空連、下轄步1、2、3營（欠）、戰車營、砲兵營）、第21砲兵群、機步269旅、海巡特勤隊、內政部警政署保安警察第1總隊第6大隊、桃園市警察局保安警察大隊。

〈4〉新竹地區：步兵206旅、裝甲584旅、裝甲542旅、陸航601旅、關西新訓中心

（2）解放軍方面：

〈1〉東部戰區：

《1》陸軍：

【1】第71集團軍：重型合成第2、35、160、235旅、中型合成第178旅、輕型合成第179旅、陸航第71旅、砲兵第71旅、特戰第71旅（海鯊）

【2】第72集團軍：兩棲合成第5、124旅、重型合成第10旅、中型合成第85旅、輕型高機動合成第90旅、陸航第72旅、砲兵第72旅、特戰第72旅（霹靂）

【3】第73集團軍（對台一線部隊）：兩棲合成第14、91旅、重型合成第86旅、中型合成第145旅、輕型合成第92旅、陸航第73旅、砲兵第73旅、特戰第73旅（東海飛龍）

【4】遠程火箭炮兵第一旅

《2》海軍：陸戰第3、4旅

〈2〉南部戰區：

《1》陸軍：

【1】第74集團軍：特戰第74旅（南國利劍）

【2】第75集團軍：特戰第75旅（叢林猛虎）

《2》海軍：陸戰第1、2旅

〈3〉空降兵第15軍（維護統一的鐵拳）：空降兵第127、

128、130、131、133、134旅、特種作戰旅（雷神突擊隊）

〈4〉海軍陸戰隊特種作戰旅（蛟龍突擊隊）

〈5〉中國人民武裝警察部隊第二機動總隊：特戰第1支隊（雪豹突擊隊）、特戰第2支隊

〈6〉中部戰區陸軍：

【1】第82集團軍（別稱萬歲軍）：特戰第82旅（響箭）、陸航第82旅

【2】第83集團軍：特戰第83旅（中原猛虎）、空中突擊第161旅

小結：

　　1949年「天津攻堅戰」解放軍以3倍的兵力比，在29小時內將據守於堅固碉堡工事內的國民黨守軍殲滅，解放天津市。2021年台北市內的衛戍部隊加上輔助防衛部隊人數不足2萬人，卻要防衛都市面積及人口數量都超過當年天津市城防區的台北市區？如果台北首都圈衛戍部隊要指望桃園及新竹地區的增援部隊北上勤王，無異強人所難、癡心妄想。因為當解放軍的野戰兵團、特種旅已經踏上台灣的土地上，就代表了台灣已經失去空中及海上優勢任憑解放軍宰割了。即便解放軍願意以純粹的陸軍地面部隊與台軍反擊增援部隊實施主力決戰，當林口台地被親日皇民李登輝開放為數眾多的高爾夫球場，成為空降第15軍空降兵的最愛著陸區時，試問在東北的大虎山、黑山、塔山阻擊戰中，哪一次國民黨軍隊能突破解放軍頑強的陣地抵抗？更別提從台中港登陸後源源不絕北上「打援」的重型合成旅坦克軍團對桃園及新竹地區裝甲部隊的擠壓獵殺。

沒有增援的部隊、沒有突圍的機會、沒有反攻殲敵的能力，「台北首都圍殲攻堅戰」自始注定就是一場屠殺式的戰爭，除非台灣守軍知道甚麼時候應該放下武器，甚麼時候應該離開駐地，甚麼時候應該陣前起義。天津攻堅戰後，北平包圍圈內的國民黨守軍就知道應該要接受和平解放了。當第一作戰區域的澎湖要塞被解放軍無情的、無差別的、毀滅式的炮火洗地全殲守軍後，台北衛戍部隊的各級指揮官是否就應該知道接下來會發生什麼事呢？要繼續堅持為時日不多的台獨政權賣命嗎？要為已經「在落跑中」的台獨首惡首腦們堅壁清野、困獸猶鬥、血濺沙場（街頭）嗎？還是要為台北市民留下一個永遠難忘、慘烈無比的「台灣國天京保衛戰」呢？。

7.攻防戰鬥
△天津市
（1）國民黨軍方面：

在環城碉堡工事線長達84華里（42公里）的周圍外劃分為3個防守區，核心區的工商業市區則由警備旅、憲兵、警察等輔助部隊負責實施交管和燈火管制，日夜檢查行人住戶，嚴密監視居民活動。國民黨軍城防司令官判斷北面沒有河流，解放軍的野戰軍大兵團主戰兵力易於運動集結，應為主攻方向（直至天津市被攻陷，城防司令官仍認為解放軍的主攻方向應在北面）。因此在東北區部署了第86軍【3個師】、西北區部署了第62軍【2個師】的兵力，南區只剩下第94軍【1個師】，其餘較不具戰鬥力的部隊（如保全師、新編師、警備旅、輜重部隊、警察部隊等）則統一納編在核心區內擔任總預備隊。各部隊的砲兵集中使用由天津警備司令部副司令官統一指揮，所有

火炮一律以汽車牽引，利於機動調度集中火力支援一線戰鬥。

　　（2）解放軍方面：

　　東北野戰軍（四野）攻城部隊指揮官考慮到天津市地形南北長、東西窄的特點，區內河流切割、橋樑眾多，制定了「東西對進、攔腰斬斷、先南後北、先割後圍、各個擊破」的作戰方針。1949年1月3日至12日，以10天時間先行完成天津市區外圍18個大型碉堡據點的掃蕩攻佔，並在天津城外從各方向對天津市實施佯攻以迷惑守軍主力防禦，積極完成各攻城部隊兵力部署與各項攻城資材準備行動。掃蕩期間曾先後3次派員要求天津守軍放下武器但均遭到拒絕。

　　1月2日拂曉前，市郊東北地區和西北地區外圍發生戰鬥，天亮時停止。

　　1月3日拂曉前，同一地點繼續發生戰鬥，西北地區外圍部分陣地被消滅，東北地區外圍部分陣地被消滅，天津守軍就認為解放軍已經開始進攻了。（迷惑守軍主攻方向）

　　1月4日整天市郊槍聲沉寂。

　　1月5日拂曉前，南地區發生戰鬥，守軍大部被殲，殘部逃入市區。

　　1月6日拂曉前，東北地區和西北地區城防陣地前地二線碉堡群據點發生戰鬥，守軍大部被殲，殘部逃入市區，解放軍已迫近環城碉堡主陣地線。（迷惑守軍主攻方向）

　　1月7日拂曉前，以假冒國軍幹部乘黑夜戰鬥中進城向守軍指揮官提供錯誤訊息，誤導守軍砲兵及空軍飛機轟擊西南方楊柳青鎮的「偽解放軍最高指揮部」（迷惑守軍主攻方向）。

　　1月8日拂曉前，西北地區及西營門附近主陣地前第二線工事據點被解放軍圍攻，天亮後槍砲聲停止。（迷惑守軍主攻

方向）

1月9日，四郊城防線主陣地前各營、各連的碉堡群據點都發生戰鬥，經過一天的掃蕩戰鬥，第二線碉堡群大部被摧毀，解放軍已接近城防線僅100多米。（迷惑守軍主攻方向）

1月10日，四郊無戰事。

1月11日拂曉前，南地區發生激烈戰鬥，守軍驚恐傳說城防碉堡主陣地線已被解放軍攻破。（迷惑守軍主攻方向）

1月11日拂曉前，西北地區及天津西門外據點，相繼被解放軍攻佔，守軍殘餘逃入市區，解放軍已接近城防線幾十米的距離。

1月11日拂曉後，解放軍通訊員進城送交第四野戰軍司令員林彪親筆勸降信。

1月12日拂曉前，北、東、西、南地區都發生戰鬥，大部分在城防主陣地線100米或幾十米處，解放軍攻佔西營門附近制高點，使城內守軍調動及增援受到阻擊。（迷惑守軍主攻方向）

1月12日天亮後，守軍代表隨同解放軍通訊員從「津北地區」方向出城覆信（迷惑守軍主攻方向），表示仍據險頑抗不肯接受。

1月13日，四郊槍砲聲寂靜，但市郊外解放軍調動頻繁。

1月13日，解放軍通訊員再次進城，守軍代表再次隨同解放軍通訊員從「津北地區」方向出城覆信（迷惑守軍主攻方向），解放軍首長認為沒有誠意接受勸告，不再寫信。

1月14日晨，由原通訊員親送守軍代表返城。

1月14日上午10時，對天津市的總攻開始。

1月14日東北野戰軍對天津市發起總攻，以步兵、炮兵、

工兵、裝甲兵各兵種聯合作戰，因共產黨員地下黨工已經事先繪製並將詳實的「天津城防圖」提供給攻城部隊，僅僅29個小時的激戰，解放軍就成功奪佔天津市。整個攻城戰役中，解放軍在密集砲火掩護下衝擊前進，守軍一潰退，解放軍就跟隨猛衝前進，迅速切割、包圍、聚殲。

　　天津警備司令兼城防司令陳長捷中將得知城防主陣地線東、西門相繼被突破，立即派出總預備隊增援，但這些非正規軍隊一觸即潰，又缺乏通訊聯絡，守軍在城破之後都成了驚弓之鳥四處逃散。原擬廣建碉堡縱深固守天津、街巷逐屋作戰頑強抵抗的企圖，在解放軍強大攻勢力量的快速打擊下徹底粉碎。天津守軍高層在14日晚間原已決定放下武器，翌日早上即派代表出城與解放軍商談。但解放軍前線部隊繼續掃蕩前進，除了部分未接到放下武器通知的小部隊獨立據點，短暫而微弱的抵抗後隨即被消滅外，15日上午天津市區各守軍部隊駐區都插上白旗投降，直至下午2時左右，全市守軍已悉數被解除武裝，槍聲寂靜，街道恢復交通，市民恢復正常生活作息。天津市防守司令陳長捷中將、第86軍軍長劉雲瀚中將、第62軍軍長林偉儔中將、天津市長杜建時（中將）均被俘虜。

　　天津攻堅戰過程，除中紡七廠因守軍頑抗被毀外，全市工廠、學校、街道大都保持完好，創造了解放戰爭中有名的「天津方式」，極大的震撼了收縮在北京城內騎牆觀望、舉棋不定、三心二意的華北剿匪總部50萬守軍，最終同意開城議和接受改編，促使了千年古都北平城免於被戰火摧毀，獲得和平解放。

△台北市

(1)台灣守軍方面：

喪失空中及海上支援作戰的台灣守軍首都衛戍區地面部隊，將面臨台灣歷史上唯一一次，也可能是最慘烈的「圍城保衛戰」該如何進行有效的防禦呢？此一戰役攸關台獨政權能否苟延殘喘，關係到台灣戰局是否盡快結束，影響到台灣是否能夠順利的回歸祖國，這場「首都圍殲攻堅戰鬥」將是解放軍統一台灣之戰中最為關鍵的一役，也可能是台灣守軍（中華民國國軍或是莫名其妙的國名中華民國台灣軍或是從來沒有成功建國虛擬中的台灣國台軍）的最後一戰。首先排除台灣守軍會受到各種心戰、統戰、輿論戰的影響而紛紛放下武器採取不抵抗就地繳械陣前起義、或是台北首都圈內部支持統一的反抗力量掣肘干擾、或是台北首都圈衛戍部隊在解放軍第1輪（東風導彈定點清除）、第2輪（遠程火箭炮區域洗地）、第3輪（空優戰機威力偵巡）的火力覆蓋打擊下，已經傷亡慘重無法組織有效的反擊力量，以及台北首都廣大市民不願盲目的支持台獨政權，淪為解放軍砲火下無辜的犧牲祭品，從而自發性的舉行大規模反政府示威遊行、抗議抗爭、癱瘓行動等等會造成台灣守軍提前崩潰投降的因素，純粹就軍事行動層面探討以有限的野戰正規軍（關渡指揮部所屬部隊及海軍陸戰隊66旅1個營）、憲兵鐵衛部隊、特種保安警察部隊及若干特種、特勤、特戰部隊，能否遂行台北首都圈的城防任務，成功阻滯或擊敗具有空優、海優、制電磁及絕對多數兵力的野戰兵團及「武裝到牙齒」的特戰部隊等各種優勢力量的解放軍強大衝擊。

本文假定台灣守軍的空軍及海軍在開戰後1小時內，將遭受解放軍火箭軍部隊、各作戰區陸軍集團軍砲兵部隊（遠程火

箭炮)、空軍在航機、海軍航艦等，自中國全境各地、各海域、空域發射遠、中、近程導彈、飛彈、砲彈，大量、密集、精準、制導、突襲式的火力全覆蓋打擊。在第一時間內已經喪失有組織的空、海、彈反擊能力。陸軍各岸置防空飛彈陣地、反艦導彈陣地以及短距岸防火砲陣地，已經遭到或現正遭到解放軍空軍、海軍及武裝直升機的炮火制壓、摧毀。解放軍大規模武裝登陸船團(含改裝後的大型貨輪)已越過海峽中線，各特戰部隊兩棲突擊舟波(含氣墊式登陸艇)已突破近岸零星岸巡部隊微弱的火力牽制，刻正由基隆外木山、萬里及新北淡海、台北港至竹圍港間海岸線、各商、漁港突擊登陸建立灘頭堡(防禦陣地)，準備即刻向台北首都攻擊前進。後續登陸船團因未受到大規模海、空泊地及舟波火力反擊，正源源不絕抵達北台灣基隆至新竹沿海，利用基隆港、台北港、竹圍港、南寮港迅速進行行政下卸，組織完整成建置的野戰兵團刻正北上(或東進)支援突擊部隊、空(機)降部隊，逐漸對桃園林口以東，基隆市以西的台北首都圈形成包圍態勢。

本文假定台獨政權首腦在第一波火力奇襲前30分鐘，已經接獲美軍預警情報通知而事先逃離「台灣總督府」或「官邸」順利進入位於大直的衡山指揮所內避難，台北地區各衛戍部隊也接獲參謀本部命令立即進入一級戰備狀況迅速機動至各戰術位置，除輕裝步兵及特種作戰單位即時反應疏散外，其餘固定戰略目標、營區、陣地、重要設施等均遭受嚴重火力打擊。

憲兵特勤隊、快速反應連及維安特勤隊緊隨台獨首腦進入衡山指揮所護衛或駐紮在附近處所待命防護及支援近接戰鬥。憲兵第202指揮部所轄憲兵營、裝步營及砲兵營集結在士林、

大直一帶建立防線，拱衛中樞，拒止解放軍突擊旅通過百齡橋、承德橋進逼衡山指揮所，防範台獨首腦遭到解放軍的生擒逮捕。其他地區憲兵部隊（台北、士林）及地方警察、保安總隊警察部隊，負責嚴守並封鎖重陽大橋、五股高架橋、台北橋、忠孝橋、中興橋、光復大橋等聯外通道，人員、車輛只准出不准進入台北市。

關渡地區守軍在解放軍猛烈砲火轟擊下，沿淡水河兩側後撤佈防逐次抵抗，以關渡橋—成蘆橋—重翠大橋部署弧形防線為阻敵前沿陣地，步1營負責抵禦關渡大橋以東至復興崗進犯之敵、步2營負責抵禦關渡大橋以西至成蘆橋方向進犯之敵、步3營負責抵禦成蘆橋至重翠大橋以西進犯之敵、步4營任旅之預備隊，待命支援突破口實施反衝鋒戰鬥並向東（內湖方向）實施警戒（後側基隆方向突進之敵），旅部指揮所設於行天宮，砲兵營在大安森林公園建立火協陣地，行一般集火射擊。陸戰隊66旅（北投復興崗步兵營）前推至八里地區掃蕩已登陸之敵，並負責歸復台北港，必要時破壞港區設施勿資敵運用。

桃園地區（陸戰隊66旅【欠】、第21砲兵群、機步269旅）及新竹地區（步兵206旅、裝甲584旅、裝甲542旅）各野戰兵團，奉命立即開拔向台北方向攻擊前進，務必突破林口台地敵之阻擊陣地，協助台北首都衛戍部隊攻擊登陸部隊之側翼。如戰況不利增援部隊無法突破林口台地敵之阻援陣地時，則衛戍部隊最後收縮在百齡橋、承德橋、中山橋、大直橋、國道一號堤頂交流道、民權大橋、麥帥一橋、麥帥二橋、成功橋、南湖大橋等「最後防護線」前為核心區域，掩護台獨首腦從衡山指揮所轉移至內湖區金湖路之美國在台協會（AIT）。

「最後防護線」之後即為「內衛區」，由憲兵特勤隊負責最後維安任務，發揚元首鐵衛隊精神誓死戰至最後一兵一卒，確保台獨首腦登上美國直升機以撤僑名義逃離台灣，抵達美國紐約後宣布成立「中華民國（台灣國）流亡政府」繼續點燃台獨香火。

　　台灣守軍在正面、正規戰場上無法力抗解放軍優勢兵力、火力的強大攻勢，應利用台北都會區現代城市高樓林立、交通複雜四通八達、小股部隊易於藏匿轉移、大口徑火炮（如曲射炮、坦克砲等）火力發揚不易、大部隊不易展開等城鎮戰鬥特性，透過小型地面戰術部隊，在有限或無通訊能力環境下，各衛戍部隊採取靈活編組，化被動為主動，以班或伍為單位繼續進行不規則、游擊式抵抗行動。狙擊、騷擾、突襲解放軍登陸攻城部隊，必要時破壞重要交通要道節點、民生基礎設施，以延遲、減緩解放軍向台北市內核心區（初期為士林區大直，爾後為內湖區AIT）推進的速度。

　　另由台獨青年（如黑X青、基X黨等激進獨派團體）所組建的「親綠衛兵游擊隊」，依「都市游擊戰民兵組建計畫」至指定地點領取預先安置儲放的小型武器（如手槍、步槍、班用機槍、衝鋒槍、狙擊槍、手榴彈、地雷等）、炸藥包、反裝甲火箭炮、60迫擊砲等，分散於各社區街道內，利用立體交通運輸管道進行游擊、伏擊、奇襲戰鬥，目標在造成解放軍隨著時間不斷累積的大量戰耗、人員傷亡，以此提高解放軍繼續纏鬥導致重大傷亡，不得不撤離台北首都攻城戰的可能性，奠定台灣各地發展成為長期游擊戰爭的基礎，以拖待變，最終迫使中國放棄吞併台灣的企圖。

武統台灣
最後結局

　　（2）解放軍方面：

　　解放軍日益重視先發制人的奇襲能力，在開戰後首波導彈攻擊中，能夠在最小而精確的範圍內、最高強度的毀傷中快速取得海空優勢，控制台海戰場主導統一戰局。攻台戰役前線指揮所策畫實施全般攻台戰役，將攻台部隊主攻方向指向中台灣地區（詳如附錄5），第一助攻方向指向北台灣地區，助攻部隊針對大台北地區首都圍殲攻堅戰區分以下階段實施：

　　▲第一階段：由中央軍委直接管轄之火箭軍戰略支援部隊針對台灣總督府、國防部、軍情局、空軍作戰司令部、衡山指揮所、圓山指揮所、愛國者飛彈陣地、天弓飛彈陣地、資通電戰指揮部等戰略目標發動飽合打擊，另對地下深層掩體碉堡、預備指揮所等特殊目標裝配重磅鑽地彈頭予以摧毀。

　　▲第二階段：由第73集團軍所屬砲兵第73旅部署於福州平潭，以遠程火箭砲對北台灣登陸地區岸防火炮陣地、關渡指揮部及所屬砲兵營、步兵營及北投復興崗陸戰66旅1營、憲兵第202指揮部所屬憲兵營、裝步營、砲兵營行不間斷集火精確制導射擊，以「夷為平地」、「徹底摧毀」、「斷絕人畜」為基本打擊效果。

　　▲第三階段：由火箭軍遠程火箭炮兵第一旅支援縱深火力打擊，對駐紮在桃園地區的陸戰隊66旅野戰防空連、戰車營、砲兵營、第21砲兵群及新竹地區的裝甲584旅、裝甲542旅、陸航601旅實施精確制導轟炸，以「無車機動」、「無法組織」、「無力反擊」為基本打擊效果。

　　▲第四階段：空降兵第15軍第130、131旅負責台北松山機場及桃園國際機場占領任務，建立「點」防禦陣地，控管機場待命開放為我軍使用。

▲第五階段：由輕型合成第179旅負責自萬里翡翠灣、外木山至基隆港一線突擊登陸，鞏固並占領基隆地區。由中型合成第178旅負責自基隆港進港後，快速整軍沿國道1、3號西向突擊進入台北市汐止區，占領並控制樂活公園至山水綠生態公園一線重要交通要道，防範台獨首腦東逃由基隆地區乘船（或潛水器）離境。

▲第六階段：由空降兵第15軍空降兵第127、128、130旅，負責自永漢、東華、幸福、美麗華、八里、第一、林口、長庚等高爾夫球場空降並空投反裝甲、防空飛彈等重型裝備，迅速於蘆竹、南崁、虎頭山至鶯歌一線建立防禦阻援（打援）陣地。

▲第七階段：由第73集團軍對台一線主力攻台登陸部隊，依裝載梯次及登陸作戰計畫規定實施。

△兩棲合成第14旅：負責淡海地區淺水灣至沙崙海灘一線登陸後，沿台2乙縣道至關渡大橋左岸攻擊前進，沿淡水河及台2乙縣道直撲士林區大直衡山指揮所。

△兩棲合成91旅：負責淡水八里渡船頭至台北港一線登陸後，沿台15線至關渡大橋右岸攻擊前進，沿淡水河及103鄉道方向占領重陽大橋及台北橋，向行天宮及中正紀念堂一線掃蕩。

△輕型合成第92旅：負責台北港至竹圍漁港一線登陸後，沿106縣道向五股、泰山方向攻擊前進，占領中興橋及大漢橋後，大迂迴北向中正紀念堂及南港公園一線掃蕩。

△重型合成第86旅：負責竹圍至永安漁港一線登陸後，沿110鄉道向蘆竹至虎頭山一線攻擊前進，扼控進入新北市交通要道並協助林口台地空降兵團建立阻援陣地。

△中型合成第145旅：任集團軍總預備隊，重點支援台北港至竹圍港一線戰鬥，登陸後隨同「台北首都圈殲攻堅戰役前進指揮所」，向圓山大飯店方向掃蕩。

△陸航第73旅：負責支援林口台地阻援（打援）陣地對北上增援反擊部隊實施空地打擊。

△特戰第73旅（東海飛龍）：負責以兩棲突擊艇登陸控制台北港後，於八里地區外圍建立弧形防線，阻殲逆襲的台軍陸戰第66旅1營，並視戰況發展沿64號快速道路攻佔忠孝橋及中興橋後，直撲台灣總督府控制博愛特區。

▲第八階段（重點掃蕩階段）：由空降兵第15軍特種作戰旅（雷神突擊隊）、海軍陸戰隊特種作戰旅（蛟龍突擊隊）及中國人民武裝警察部隊第二機動總隊特戰第1支隊（雪豹突擊隊）等3支特種部隊組成「特別掃蕩戰鬥分遣隊」，針對現代化城鎮攻堅戰鬥正規、游擊或武裝民兵的襲擾，實施近戰、巷戰、夜戰、立體戰、反破襲戰等高強度殲滅戰鬥。依淡水河流域將大台北都會區劃分為東、西、南3個責任區塊，依「大部隊戰役發起，控制要地、要點、要道，小部隊進城戰鬥，圍殲堵截、斬首、逮捕」之原則，對零星、小股、機動、打就跑之台軍游擊隊或台獨武裝民兵，堅決採取火力制壓打擊，徹底殲滅。

小結：

北台灣登陸場的建立雖然是統一台灣戰役的助攻方向之一，但卻是整體攻台戰役能否盡速結束的關鍵所在。解放軍挾有空、海、火、電、遠的優勢，但台北首都圈殲攻堅戰鬥卻是不可小覷、不可大意、不可不慎的重中之重。台北首都圈的正

規衛戍兵力雖然不足1萬，卻是精銳中的精銳部隊，對台獨政權具有絕對的忠誠度，誓死捍衛台獨首腦的安全使命，將不容解放軍斬首（生擒）部隊全身而退，勢必會發生激烈戰鬥。而台獨民兵部隊多由政治狂熱的台獨憤青組建，除性格刁鑽頑劣、思想僵化固執，加上對地方勢力、地區特性及地形交通的熟稔，藉由鋼筋水泥大樓掩體、地下建築交通孔道等飄忽位移，圍殲部隊必將付出不小的代價。

總結

天津市與台北市有諸多類同的情況，「天津攻堅戰」與「台北首都圍殲攻堅戰」亦有諸多可供借鏡參考之處。從以上的對比分析與小結論點，約可總結成以下清晰而明確的攻戰策略：

1.東西對進，防逃防漏

以大台北地區地形有利於東西對進的進軍路線，西路攻擊軍從淡水、蘆竹、永安三個方向突破海岸防線後，迅速沿主要道路向東攻擊前進，搶佔各聯外橋樑，進入台北市區後大膽穿插，對據點守軍實施分割圍殲，會師目標為「國父紀念館」。東路攻擊軍由基隆登岸後，迅速沿主要道路向西攻擊前進，抵達汐止區後占領各交通要道封鎖出城人車，避免台獨首腦首惡、台獨戰犯罪犯趁亂向基隆方向潛逃出境。

2.凌晨開戰，暗夜突擊

火力奇襲多於三更半夜人困馬乏，警覺性低疏於防範之際猝然發起。統一戰爭第一波導彈奇襲應於半夜後三更時機同一時間、不同地點、同時落彈效果最大。兩棲突擊舟波應在火力

奇襲前即完成編組待命，開戰後立即全速向目標區航渡，在空優及海優掩護下，爭取在五更前搶灘、進港、登陸上岸，利用解放軍夜戰強項迅速集結戰力向台北市區縱深挺進。

3.夜戰突穿，黎明掃蕩

從「天津攻堅戰」案例分析解放軍攻城模式，在外圍據點戰鬥過程，多以「拂曉前」展開攻勢，利用夜暗掩護突穿，製造守軍腹背受敵驚恐心態，解放軍充分發揚夜戰專長大膽突穿守軍陣地，使守軍倉皇逃散後撤棄守，在黎明拂曉時分完成防禦陣地前沿掃蕩建立橋頭堡，伺機再向核心區域發動攻勢。

4.火力優先，火網交織

城市攻堅戰的特色為高樓林立成為有利於守方觀測與狙擊地勢，攻方較為被動進展遲緩；另因地下建築通道縱橫形成伏地堡壘與堅固戰壕，有利於守方機動作戰與陣地轉移，使攻方火力難以發揚及有效聚殲。鑒於車臣模式經驗教訓，攻城部隊貿然進城陷入伏擊傷亡慘重，因此當解放軍從灘岸地形作戰越野轉入城鎮作戰前，前敵觀察與目標獲取極為重要（以地下黨工、第五縱隊或紅統民兵所提供的戰場即時敵情情資為主）。目標一經發現不論大小，一律以後方火力優先轟擊，「能夷為平地最好，彈藥再補充就有」，因為解放軍一旦人員有戰損就是賠本生意的概念。前鋒部隊隨時召喚的支援火力必須確實、精準、迅速、周延、猛烈，即便因堅固陣地掩蔽良好無法斃敵，至少在充沛旺盛的火力支援下，形成多層次、多種類的火網交織射擊轟炸，爭取前鋒部隊有前推近戰圍殲、聚殲或堵截的機會。

5.斬首為先，生擒於後

台獨政權盤據、壟斷、把持台灣，首腦首惡分子終生以散

播台獨思想、推動台獨工作為己任，破壞兩岸人民民族情感，撕裂兩岸和平統一政治基礎，其惡滔天、其罪深重，惡貫滿盈罪無可逭，台獨首腦首惡其罪早已是全中國人民的公敵，其刑早已由14億中國人民判死。因此「興王師以問罪，生死早不論」，解放軍攻台是弔民伐罪代天巡狩、雷霆之怒膺懲叛亂，應以最暴烈、最迅速、最便捷的方式，以導彈轟炸斬首首惡、摧毀指管通情系統、瓦解叛軍頑抗意志為最佳策略，切勿拘泥於一般罪刑法定主義、戰犯審判人道處刑之冗長訴訟形式，況且夜長夢多，灣生皇民蠢蠢欲動，早日伏法重整朝綱。其餘台獨罪犯俟局勢穩定後，再行擒拿追訴，可以避免狗急跳牆聚眾滋事徒增執法困難。

6.分割為先，圍殲於後

台灣守軍衛戍部隊聽命行事負隅頑抗是必然發生，但因統一戰爭事發突然，增援部隊被阻絕於林口台地之外，都會市區內的野戰部隊及憲兵部隊人數不足1萬，識時務者為俊傑，及早棄暗投明陣前起義仍有生機，冥頑不化死命追隨台獨者一概消滅殆盡。攻城部隊應發揮解放軍勇猛衝鋒分割包圍之戰術，秉於先分割再圍殲之原則，切勿與其纏鬥爭奪一據一點片瓦殘磚，前鋒部隊搶佔要點插旗示威，待天亮後滿城盡是紅旗飄揚，陣前喊話整連、整營棄械豎旗、投降投誠、繳槍不殺，順利完成解放台北城。

7.情報優先，特工斥侯

「天津攻堅戰」之所以能以極短時間擊潰守軍，除了指揮得當將士用命，地下黨員的貢獻功不可沒。因為城內黨工捨命繪製「城防圖」並成功傳遞情報予解放軍攻城部隊參用，以致34萬解放軍衝入河網交錯、道路密麻、建築林立、人口眾多

的天津市後，即能按圖索驥、精準打擊，盡早結束戰鬥。「台北首都圍殲攻堅戰鬥」將會面臨更嚴峻的「時間」挑戰。

開戰前的戰情蒐報至為重要，火力摧毀目標如何確認？摧毀成效如何確認？各攻擊部隊戰鬥序列如何確認？開戰後各攻擊部隊協調成效如何確認？台灣守軍戰術機動位置如何確認？登陸部隊、攻城部隊、增援部隊、阻援部隊等行動成效如何確認？城內守軍各據點兵力、火力、掩蔽部、集結點如何確認？……每一個環節都攸關戰況發展是否順利極其重要，尤其是兵臨城下衝擊在即，城內的情報資訊如何傳遞回報，各級指揮官是否能隨時掌握最新動態，均有賴於地下特工及統派人士之協助。

8.特戰特用，小組攻防

「車臣模式」首府格羅茲尼攻堅戰的失敗之處原因其一為一般野戰裝甲兵部隊孤軍突入看似不設防的城內，由於躁進輕敵、戰術錯誤、指揮失當、經驗不足、支援不力等因素，在車臣獨立軍縝密規劃、利用地形、戰術機動、頑強抵抗、指揮有素等諸多原因，導致攻城部隊血腥慘敗，整個城市也陷入了長期的反覆戰鬥攻防，不僅城市整體遭到嚴重破壞，雙方的軍隊、人民也飽受戰亂痛苦。

「天津模式」下的「台北首都圍殲攻堅戰鬥」解放軍必須記取俄軍的經驗教訓，革新戰法速戰速決，避免陷入攻防泥淖損兵折將。野戰部隊憑藉火力、機動力、衝擊力越野突穿，占領要點、要地、要道，穩步推進周密配合，不狂轟不濫炸，針對敵情精準打擊。大量派遣特戰部隊進行特殊城市戰鬥，以小組對小股、以靈巧對取巧、以高度機動對神出鬼沒、以高科技的、無人的偵蒐設備、配備單兵精準打擊火力（如中國QN-

202單兵袖箭導彈），針對小股游擊偷襲或狙擊潛伏之敵軍，進行猛烈的、致命的、高效的格殺戰鬥，避免使其四處流竄、相互連結、糧彈補給，窮追猛打趕盡殺絕，破除守軍長期抗戰迷思，震攝殘餘散兵武裝，唯有放下武器才能保住性命。

9.圍城不闕，迫敵獻降

台北首都圈為盆地地形，當攻台戰役發起後，北面、西面、西南面為台灣海峽，也是解放軍進軍路線，台獨首腦及台獨分子的逃亡方向，除東面基隆出海口方向外別無他路，通往宜蘭的山區隧道更是崎嶇難行。所謂「圍師必闕」係指為了避免守軍頑抗故意縱放一方使其產生有僥倖出逃的心理。但「台北首都圈殲攻堅戰」與兩軍對壘性質不盡相同，解放軍具有絕對的優勢，甕中捉鱉已成定局，圍城部隊不可虎頭蛇尾使其有脫逃離城之機會。所謂「大意失荊州」，一旦台獨首惡、台獨首腦、台獨政權、台獨戰犯得以流亡海外或流竄全台，勢必造成整個攻台戰役無法完美收關，甚至留下將來無止盡的騷亂與困擾，中共中央、台灣省政府將會治絲益棼得不償失，治理台灣的代價可能成為不可承受之重。

因此「圍城不闕、迫敵獻降」，古有「蜀中阿斗，兵臨城下，開城獻降」，今為「大軍壓境，出逃無路，不得不降」。解放軍務必派遣二個合成旅，一個旅攻佔基隆控制海港及打通宜蘭平原沿岸通道，一個旅盡速西向控領所有台北市東逃路線。台獨分子從來就不是什麼仁人高遠志士、從容赴義烈士，盡是一群雞鳴狗盜之輩、欺善貪贓之徒，只有堵死其逃亡偷生之途，方有一網打盡、河清海晏之機。

10.順我者生、逆我者亡

解放軍是王者之師、仁義之師、中央之師，攻台征戰義無

反顧，解民倒懸一統華夏，是中國人的就站出來迎接配合共享太平，不是中國人的只要敢於反抗的必定屠戮殆盡絕不容情。毛澤東曾說「革命不是請客吃飯」，同樣的，「打仗也不是線上遊戲，打電玩扮家家酒」，王師出征戰必勝攻必果，摧枯拉朽風捲殘雲，識時務的放下武器大家把酒言歡還是兄弟一家有話好說，負隅頑抗的視同倭寇洋虜砲火覆蓋寸草不生灰飛湮滅。順我者生逆我者亡，統一台灣大勢所趨，台灣回歸名正言順，中華必然復興中國必將昌盛。

最後結局

統一之後

核平日本，威攝美軍

統一戰爭的發起一定是狂風暴雨、鋼彈鐵雨般的猛烈與破壞，到底會對台灣造成多麼嚴重的傷害，因為還沒有到爆發戰爭的那一天，沒有任何人能預測究竟會如何。戰後的台灣會變成甚麼樣子，端看解放軍的攻勢是否順利？台灣守軍的防禦是否潰敗？統一戰爭軍事打擊手段的期間是否短暫？台灣人的武裝抵抗是否盡早停止？多打一天就多一天的破壞與傷害，如果第一天第一擊第一輪的轟炸後，台灣台獨當局就直接宣布投降，接受和平解放，這種傷害是最輕微的。但可以想像台獨分子是不可能讓出權力與利益，不可能屈服於第一天第一擊的遠程火力就舉手繳械暨白旗投降的。就算沒有日本、美國的武裝介入，台獨政權手裡還有20萬的台軍做靠山，還有號稱200萬的後備軍人做後盾，台獨分子還有817萬名堅定的支持者做人質，還有至少超過10萬名被徹底洗腦的「台獨綠衛兵」、50萬名願意拿起武器反抗中國「暴政」的鐵桿「台獨綠民兵」做墊背。

目前從各方面的評估（包括台軍與美軍），中國人民解放軍確實已經具有全面輾壓的優勢力量。在正面、傳統戰場上，武力攻台的能力可以類比美軍入侵伊拉克時的降維打擊，在短時間內殲滅大部分的有生力量，解放軍具有如此強大能力已經是無庸置疑的。

在本文陳述架構的假設裡，解放軍「反介入／區域拒止」的主要對象是日本及美國，而日本對於中國統一台灣的行動，基於自身利益考量，絕對會以各種形式來干涉或影響到解放軍武力攻台及中國的統一大業。因為了專心合力對付美軍的介

入，中國不得不在勸阻日本軍國政府枉然後，毅然動用少量（2-3枚）、低當量的核子武器（有可能僅是戰術核武）來解除來自日本方面的干擾威脅。也是因為中國擁有動用核子武器的能力及意願，近期才會迫使美國「模仿、效法」中國宣告「不首先使用核武」的承諾，美國會仿照中國宣告這樣的承諾，就是因為美國知道中國的核子武器不是擺著好看的，為了確保統一戰爭勝利，為了避免解放軍大量戰損，為了集中力量解決台海問題，必要時中國是可以參照美軍動用有限度的核武癱瘓日本，迫其再次無條件投降，宣告不再干涉中國內政。

為了遏制中國進入深藍太平洋，瓜分美國全球利益，「台灣戰爭牌」是美國最後一張王牌。面對美國積極介入台海統一戰爭，為了避免1997年台海飛彈危機美軍航母駛入台灣海峽迫使解放軍放棄攻台的屈辱再次發生，中國人民解放軍勢必精銳盡出，全力拒止美軍利用台灣問題再度破壞中國統一，甚至不惜以全面核戰威脅。美國為了不讓中國有對美國實施核武突襲的藉口，因此才假意宣布仿效中國承諾「不首先使用核武」，然而美國卻要求日本對此一宣告「諒解」，這層意義其實很明顯的表示，美國預測中國不排除會「優先」、「率先」對日本使用核子武器。也就是說，即使美國意識到或偵測到中國要對日本實施核武打擊，但美國並不會因為日本可能遭受核武打擊而「率先」使用核武打擊中國。因為美國就是不希望也不能與有核大國中國發生核戰爭，因為大規模、全面性、毀滅性的核戰一旦爆發，也就是象徵著人類文明最後的終結，美國霸權亦將不復存在這個世界。

當日本真的被中國進行核武打擊後，因為中國的核武打擊對象並不是美國（或美軍基地），美國也不會因此而對中國展

開核反擊。美國希望做的是避免因為介入台海戰爭，而與中國爆發全面性的核戰導致相互毀滅，而是希望主控戰場以其較具優勢的傳統軍力來對中國進行區域性的有限度戰爭。或者，最好的方案是，美國不要真的實兵參戰，最好是由台灣人自己來做長期的武裝對抗，這才是符合美國最大的利益所在。事實上就算把台灣打爛了美國也無所謂，只要能把解放軍打殘、打傷就好，最好能把中國打廢、打散了。讓中國陷入台灣戰場的泥淖中無法脫身，就像當年的蘇聯陷入阿富汗戰場一樣被拖垮，美國就能繼續稱霸世界，主宰太平洋，奴役全人類。

台灣混戰，全島戰火

　　有史為鑒，這種「養、套、殺」的手法，自從一戰、二戰時美國就已經是玩得爐火純青不亦樂乎了。當日本侵略中國時，美國就賣武器、賣資源給日本，維持其侵略動能，以便搜刮更多中國的財富再轉手給美國資本家、軍火商賺的盆滿缽滿。相對的，美國也大賣武器、資源給中國維持抗戰能量維繫生存命脈，讓中、日兩國繼續拚鬥得你死我活互相消耗，等到日本民窮財盡無力再向美國購買轉而採取武力搶奪美國地盤時，美國幾乎已經搜刮了全世界的財富，建造了全世界最強大的軍隊，兵強馬壯的美軍立刻就動手收拾已經被中國拖垮只剩下半條命的日本。到了21世紀的今天，再讓「中、日」兩國為了爭奪台灣去廝殺、再讓「中、台」兩岸為了統一去仇視，這就是美國的如意算盤，這才是符合美國的最大利益。

　　當中國為了自保，確實發射核彈癱瘓了日本的蠢動，但中國也相對克制的與美國繼續保持戰略核平衡。美軍藉口日本遭

到核武轟炸及解放軍侵略台灣為由，在解放軍設定戒備的1500公里警戒線外，集結部署了有史以來最為龐大的航母艦隊、轟炸機隊及登陸部隊（含空降部隊）。如果解放軍攻台不順攻勢受阻，遭遇台軍頑強抵抗戰力頓挫、城鎮巷戰不力、民兵游擊造成大量戰損之際，美軍將會大舉突破封鎖線，並將戰場設定在台灣本島（避免對中國大陸沿海及內陸延伸打擊），協助台灣守軍實施反登陸作戰及住民地城鎮戰鬥（城市巷戰、游擊戰、山地叢林戰等）。如果美軍只將戰場設定在台灣本島，藉由海空支援，讓解放軍及台灣守軍為了爭奪對台灣的控制權而在這個島上反覆衝殺，等到解放軍不再掌握制空、制海權後，美軍再實施空降或登陸台灣協助台軍擊敗或殲滅已經上島的解放軍，達成防衛民主台灣、阻止中國統一的目的。可以想像這樣的場景，台灣島經過一場如此高烈度戰場反覆衝殺拚搏破壞的戰鬥後，第二個利比亞、第二個敘利亞、第二個黎巴嫩……，就是台灣戰後最清晰的寫照。這也是美國最大的利益之所在，以台灣為誘餌，以有限的區域型戰役，美軍在外線以海空火力投射，吸住解放軍不斷投入消耗，並持續增強台灣守軍的戰力（耗）補充，反覆在台灣島上消耗解放軍及中國的後勤補給，達到雙殺效果。

以上的戰役發展是美國最希望看到的結局，台灣依舊由台獨集團把持，繼續作為美國遏制中國走向海洋大國的鎖鑰，而數十年來苦心經營、勤訓苦練、保家衛國的解放軍有生戰力，尤其是海、空戰力經此一役大受打擊，崛起中的中國也因統一無功、師老兵疲、鎩羽而歸，進而造成各地分離勢力鵲起，內部政治、經濟、社會動亂紛爭不已，再次陷入內亂內戰而沒落。美國則趁此大勝重振雄風，再度回到以美國為主、美國價

值就是普世價值的國際秩序裡，繼續繁榮昌盛領導世界500
年。當然希望歸希望，幻想始終就是幻想，美國會這樣想，台
獨會這樣盼，但中國絕對不會讓他們稱心如意，不僅解放軍不
同意，背後的14億中國人民更是不會答應。

　　中國人常說「朋友來了有好酒，豺狼來了有獵槍」、「敬酒
不吃吃罰酒」，中國既然已經決意收復台灣，就是做好了萬全
的準備與使命必達的決心，絕無半途而廢、喪師失地的收場可
能。在抗美援朝時毛澤東就曾說過「要打多久就打多久」，71
年前韓戰爆發，中國被動的被捲入這場戰爭，抗美援朝的目標
就是「保家衛國」，中國人民、中國人民解放軍在當時極度惡
劣的環境及條件下，都能不計一切犧牲付出沉重的代價達成目
標。到如今由中國主動發起的台海戰役目標就是「統一中
國」，在如此更加莊嚴宏大的目標下，中國人民只有「打落牙
齒和血吞」，中國人民解放軍只有「誓死達成祖國交代的任
務」，再無其他想法。如果台灣當局能夠顧大局盡快停止抵
抗，結束戰鬥回歸祖國，這應該是對台灣最好的出路。如果台
灣人民執意跟從台獨當局頑抗不降，甚至在美國的支持下進行
長期對抗，那麼台灣人民的命運與未來，就不再是解放軍所需
顧慮與有所保留的了。

　　如果對台戰役一天就能結束戰鬥，這樣的「閃電戰」可能
只會摧毀部分重要戰略目標（如雷達站台、海、空基地
等……）；如果三天就能夠結束戰鬥，這樣的「常規戰」可能
會摧毀掉台灣的守軍（如各野戰兵團、機甲部隊等……）；如
果一個月才能結束戰鬥，這樣的「攻堅戰」可能會波及到全台
灣各大城市（如台北市、台中市、高雄市等……）；如果超過
三個月戰事仍在進行，這樣的「持久戰」就必然會擴大到全台

灣每個角落、每個人（如各油氣廠庫、民生物資、水電交通等……）。也就是說，台灣人愛打多久，解放軍就會打多久；美國人想打多久，中國人民就可以打多久。反正戰場是在台灣，台灣人不想當中國人，那就留島不留人，原本期待的是突破馬其諾防線般的閃電戰役促成的「巴黎協定」，也許有可能演變成血肉磨坊的「羅店戰役」。

或許這場統一之戰，打爛的是台灣，被拖垮的卻是美國，也不能完全排除這種可能性！台灣人真的要想清楚，美國遠在萬里之外，中國卻是近在咫尺，台灣不可能漂移到加州外海，中國卻可以隨時出手打台灣，與其死抱美國大腿，認美國人當乾爹還得自備狗糧當看門狗每天提心吊膽的過日子，不如早日回歸祖國懷抱，當個堂堂正正抬頭挺胸，共享繁榮富強康樂的中國人。統一戰爭的倒數計時器已經按下，和平談判結束敵對狀態的時間已經愈來愈緊迫了，留給台灣人平安、安定、安全的時間與機會也越來越少了，台灣人真的要認真思考想清楚！你們是誰？你們要怎麼做？你們要往哪裡去？

武統結局，除惡務盡

不管早打還是晚打，希望最好不要打。既然要打，大打傷筋動骨，小打影響情感，希望最好點到為止，武統開始和統結束。已然開打，少打少死多打多死，希望別再僵持下去。不論台獨分子再如何頑抗，不管美國政客再如何陰險，中國終究要統一台灣。

統一後的台灣要注意哪些事項，中國人也要先想清楚，以下提供幾點建議作為本書的結尾。

1.台灣建省，駐軍保衛

　　台灣自古即為是非之地，外國勢力爭相侵入佔有，先後有荷蘭、西班牙、日本、美國等相繼染指，地理形勢、人文環境、政治傾向及外力威脅程度更勝於新疆、西藏、香港。清朝建省過晚，日據（治）之後遺毒甚深，美國、美軍涉台危機尚存。統一後建議台灣必須建省，是中華人民共和國完整領土下的一個行省，統一後的台灣省不是像西藏一樣的高度自治區，更不能成為像香港一樣實行一國兩制的特別行政區，台灣省必須比照內地各省一般相同制度確實實施一國一制，不習慣也得習慣、不適應也得適應、不喜歡也得接受。原台灣地區守軍應全數解散，不想離軍退役的必須打散轉調至各大戰區各集團軍從頭學習如何成為一個全心「為人民服務」、「作風優良、政治合格」的解放軍新生戰士。統一台灣後成立直屬中央軍委的「台灣軍區」，受東部戰區作戰管制，以海、空軍為主，重兵駐守台灣，衛戍祖國東南。

2.建設兵團，戰後基建

　　戰後的台灣無疑是千瘡百孔、滿目瘡痍，大城市大摧毀，小城市小破壞。抵抗越烈，破壞越大，戰鬥越久，破壞更廣。尤其是海岸登陸場、空（機）降著陸區、砲火覆蓋區域幾近夷為平地，各戰略要地、重要目標、交通節點、駁火地區，戰火無情，殘磚斷瓦，處處廢墟。好在具有中國特色的新疆建設兵團可移師或擴編至台灣地區成立「台灣建設兵團」協助戰後重建工作，由祖國基建狂魔的經驗與效率，可盡速協助台灣人民恢復正常生活機能與工作機會，減少戰後的失業潮及社會不安定的仇恨心態不滿孳生。

3.異族清查，特工起底

日據（治）時期為嚴格控制台灣人民的動向，戶籍人口登記制度即已徹底落實執行，如台海統一之戰時未遭到台獨政權刻意破壞毀棄，應可從原始戶籍人口登記資料中向上溯源查詢驗證。在台灣人中哪些是當年滯台不歸的日寇遺孽、哪些是背祖棄宗的歸化皇民，還有哪些人是在日據（治）時期依附高高在上的日本人、變身二鬼子皇民藉權趁勢欺壓台民、聚斂鎦財的親日分子。從戶籍資料及財稅資料裡詳加分析比對，台奸就是漢奸，漢奸就是全中國人民、全台灣人民的公敵，不義之財理應沒收充公歸還台灣人民，不法之罪不因時過境遷而抵銷。中共中央、台灣省政府萬萬不可再像以前的國民黨一樣，縱放此類人員繼續坐擁財富、把持各項領域要職，繼續世代富貴福及子孫，必須加以清算鬥爭，確實落實轉型正義，還給台灣人民一個公道。

另外也可以從戶籍資料裡清查了解哪些人是「香蕉人」、「芒果人」，尤其是美籍台人、日籍台人，何時歸化美國籍、日本籍？加入美、日國籍的原因為何？又為何要返台？何時返台？在台工作內容為何？是否為美、日政府從事情報間諜工作？藉由統一戰爭後一併調查清洗起底追訴，以防美特、日諜繼續潛伏台灣製造事端危害國家安全。

4.一黨專政，民主集中

國民黨犯下最大的錯誤即是實施所謂的「多黨民主制」，姑且不論在大陸時期內憂外患下實施所謂多黨民主制造成的混亂政局，就以1949年轉進（退守）台灣後，國家尚未統一、

軍事威脅仍在、動員戡亂臨時條款頒布，理應一黨專政集中力量，生聚教訓壯大發展，卻屈服於美國的壓力，誤信民主放任自由，為本土化而本土化，為台獨而去中，造成今日台獨分子把持朝政，台灣人民被洗腦成為異族敗類，換來一個創黨、建軍、立國的國民黨竟被邊緣化、被泡沫化、被獨台化的慘痛教訓。

統一後的台灣應比照中國大陸實施一黨專政，由中國共產黨領導下實施具有中國特色的社會主義制度，實施民主集中制度，以菁英治國，取消全面普選嘴砲式、對立式、虛偽式的民主選舉制度，避免劣幣驅逐良幣，避免民粹主義被資本包辦，避免無良政客誤國誤民。堅持黨指揮槍，由中國人民解放軍護衛保障中國的每一寸領土、領空、領海的安全，徹底斬斷外來勢力再度介入染指中國內政分裂中國領土。

5.軍事堡壘、前進基地

台灣島的戰略位置價值無庸置疑，二戰時期台灣成為日本的「南進基地」，冷戰時期台灣成為美國圍堵紅色中國的島鏈鎖鑰，到了21世紀中、美爭霸時期，台灣成為中、美兩國興衰勝敗的決戰點。統一後台灣的高雄軍港及蘇澳軍港增強了中國中部深水港的功能，新竹軍用機場及屏東軍用機場增強了中國前推預警縱深，基隆及花東岸防陣地構築防空、反艦、反導（中國式薩德系統）、反潛前沿基地。軍事化、要塞化、堡壘化的台灣，不再是「刺蝟」、不再是「豪豬」，而是實實在在成為不折不扣的「不沉航母」，也是中國進入太平洋的海、空前進戰略基地，對中國東南腹地的安全屏障更具有重大意義。

6.兩岸交流，人民移地

二戰末期日本本土遭受美軍大量、密集的轟炸，經濟衰敗謀生不易，市容殘破民生凋敝。相較於台灣僅在美軍反攻初期（跳島戰術前）實施若干次象徵性轟炸，台灣的基礎建設、工業設施基本上並未遭受毀滅性的破壞。而且台灣人在經過日據（治）時期50年的高壓奴化教育，日本人在台灣仍具有優勢崇高的社會地位，因此許多日本人在戰後選擇留在台灣，歸化中國籍（如李登輝）繼續享受原有的高等生活待遇。因統一之戰戰火肆虐，統一戰爭結束後，台灣本島勢必遭到解放軍、台灣守軍（台獨民兵）及美軍三方面大規模的摧毀破壞，台灣已不復當年寶島繁榮景況，要恢復元氣恐需十數年時間，建議中共中央政府與台灣省政府可採取各種優惠獎勵措施，鼓勵台灣人民大量移居內地工作謀生，一方面可以減少島上人口負擔經濟成長壓力，更可促進台灣人民對祖國大陸的認知與同化，增進兩岸人民交流往來移居入籍，促進兩岸民族再次融合團結。

7.長老教會，狼子野心

基督教長老教會長期藉由宗教之名，蠱惑台灣人民，否定自己的國家民族，企圖叛亂建國之狼子野心始終不滅，離間兩岸同胞居心叵測邪惡，實為中華民族統一復興路途上的絆腳石、草中蛇，務必去之而後安，否則假以時日又會藉機興風作亂、挾外亂華，司馬昭之心不可不防。建議統一台灣後，依法取締，命令解散，沒收教產、搗毀偶像，涉案外籍人士驅離出境永不入境，台籍人士視涉案程度依法科刑重罰，並保障其他守法、守分、守規之宗教派別，安定社會祥和人心，維護正常宗教信仰。

8.日據標誌，拆除遺毒

1895年日本竊據台灣之後，歷時50年期間興建大量具有日式風格之建築物、公園等標誌性產物，例如宗廟祭祀的鳥居、官邸宿舍、文物雕刻、台灣總督府等，愚蠢的國民黨收復台灣後竟能容忍這些代表殖民政府元素的標誌繼續留存。也因為如此寬鬆自掘墳墓的政策，使當時滯台日人、歸化皇民、親日分子等日寇台奸，在精神上繼續有所寄託，甚至當時的台灣總督府亦成為國民黨在台灣的總統府。

這些因素不斷激勵著有心人化明為暗，潛伏在台灣社會，仇視國民黨（外來政權）、仇視中國人（支那賤畜）、鼓吹台獨迷夢、推翻國民黨、顛覆紅色中國。經過數十年的財富、地位、影響力的積累與近親繁殖，這些陰人假借民主、進步、自由、人權、環保、多元、兩性平權、教改等議題，凝聚培養各方反政府（國民黨）力量，終於成功詐騙愚蠢的台灣人民死忠支持，終於再度取得執政權進駐台灣總督府繼續奴役愚弄操控踐踏台灣人民。

統一後建議必須立即拆除這些存在於台灣各地、各處的日本殖民幽靈象徵，斬斷特殊群體對於日本軍國殖民政府的變態仰望，重新回復正確歷史教育史觀，正視日本侵略殖民奴役台灣人民的斑斑血淚，徹底唾棄台獨叛國思想，矯正拯救被完全洗腦的台灣愚民（尤其是台獨糞青，必要時應實施強制勞動改造及愛國教育）。

9.軍管統制，維穩致遠

戰後的台灣百廢待舉，台灣社會人民、資產為了這場原本可以避免的無謂戰爭付出慘痛代價犧牲巨大，但台灣人心不見

得會幡然警醒理解這樣慘烈的結局，是因為台獨政權勾結美、日外國勢力，無底線的挑釁中國耐性，挑戰中國不可逾越的主權紅線，再加上台灣人民盲目跟從極端台獨武裝抵抗，才會招致解放軍無情的鎮壓。台灣人民長期將台獨政黨視同己出無限包容、包庇、縱容，才會培養出一個不顧人民死活、將台灣推入阿鼻煉獄的台獨政權。這場慘烈的戰役之後，台灣人民面對殘破的家園、親人的傷亡、艱困的生活，可能會產生比1947年的228事件對中國人（外省人）更大、更深的仇恨。

統一後莫勿再重蹈1945年台灣光復，首任行政長官陳儀的寬鬆、包容、無為政策，導致滯台日人、歸化皇民、親日分子、南洋遣返的台籍日本兵、軍屬民伕及宗教神棍等有機可趁，藉故（天馬茶房查緝私菸案）發動親痛仇快、全島暴亂、殺人無數、殘忍血腥的228暴亂事件。中共中央政府對戰後的台灣必須實施軍事管制措施，為期至少3年，必要時得延長之，直到台灣社會民情穩定、經濟結構好轉、不安定因素清除等，經審慎評估後軍警治安力量備便，方能考慮解除軍管恢復平時民政狀態。軍管措施那怕為期一個世代（20年）都不為過，一切以「維穩」、「促融」為先決最重要的要件。

10.挖地三尺，搜捕台獨

統一戰爭的進程由速簡變緩複，由期盼「武統開始，和統結束」變成了奇襲戰略目標開始到全島地面戰癱瘓結束，由點穴戰開始到整體戰結束，由閃電戰開始到全島拉鋸戰結束，所有的無謂犧牲都是因為極端台獨武裝分子所造成。血債要血償、冤有頭債有主，追根溯源終其一生天涯海角追訴到底。只要曾經參與台獨組織、曾經行使台獨行為、曾經執行台獨政

策、曾經鼓動台獨思想、曾經組織台獨武裝、曾經資助、支持、協助台獨分子者，一律等同台獨戰犯、罪犯。統一後軍管台灣地區掘地三尺搜捕台獨，這不是恐怖統治，這是就事論事，這是依法治國，這是追究叛國罪責。所謂「出來混的終究是要還的」，台獨如果是一個選項，那台獨分子就必須為這個致命的選項負責。台獨分子在選擇與14億中國人民為敵的時候，在享受以台獨主張所獲得的一切政經利益的時候，就必須要知道當14億中國人民不再容忍，就是台獨分子要付出血淚代價的時候。朗朗乾坤善惡終有報，不是不報是時候未到，在統一戰爭爆發前，台灣人最應該想起的一句話就是——「勿謂言之不預也」。

附錄

附錄 1

除了和統、武統之外，大陸統一台灣還有第三種模式：逼統

節錄自（百事通youtube）2021.5.20收看，2天前發布（5/18）已有5793次觀看次數，294個點讚，9人反對。以下為逐字稿：

在中國與美國這個國際戰略大棋盤上，台灣已經不僅僅是中國統一的問題，而是成為了中國崛起與美國衰敗的棋子，或可成為中美角力的勝負手。中國大陸與中國台灣在和平統一已經無望，武力統一生靈塗炭，這種兩難抉擇之際，在不放棄武力統一的前提下，在對台灣實行武統之前，還可以嘗試實施統一台灣的第三種方式，那就是「逼統」。

甚麼是「逼統」呢？所謂的「逼統」就是指在不放棄武力統一台灣，且在對台灣實行武統之前，對台灣實施政治、經濟、貿易、民生、金融、外交、文化、科技、旅遊、財產、身分、法律、職業生涯、宣布黑名單、封鎖海峽、離外島等，一系列的、組合的、綜合的手段，逼迫台灣當局與大陸實現統一，具體內容包括但不僅限於如下措施：

1. 「**身分逼統**」：大陸依據台灣現行的有效身分證件，依然按照台灣現有的市縣鄉等行政區劃，街道等門牌號碼等，為持證者發放「中華人民共和國」居民身分證，將「中華民國」更改為「台灣省」，凡是在大陸經商、工作、學習、婚嫁、旅遊、探親、交流等的台灣戶籍同胞，持有台灣有效身分證件的，均可在當地公安機關戶籍部門，領取中國身分證，或者通過互聯網登錄大陸「公安部門網站」辦理，

持證者與大陸居民享有等同的一切權利義務，為了方便起見，可以採用「電子身分證」的形式。

2. 「**國籍逼統**」：中國駐外使領館依據持有「中華民國」有效護照的持有者，為其發放「中華人民共和國護照」、使其擁有中華人民共和國國籍；同時，中國駐外使領館兼顧為台灣籍同胞換發「中華人民共和國居民身分證」的職責，方便台灣同胞在世界各地都可以領取中國身分證。

3. 「**貨幣逼統**」：凡是持有「中華人民共和國身分證」的台灣民眾，中國大陸讓利台灣民眾，人民幣與新台幣的兌換比例為1：1，2021年4月1日人民幣與新台幣的兌換比率為1：0.23，台灣民眾凡是持有新台幣的，均可以按照1：1的匯率兌換，大陸每兌換1元新台幣，讓利給台灣民眾0.77元人民幣，由中央政府承擔，由大陸國有銀行等負責兌換業務。

4. 「**財產逼統**」：凡是持有「中華人民共和國身分證」的台灣民眾，大陸政府部門認同台灣的有效的「不動產憑證」，例如地契、房契等，保護台灣民眾的私有財產，即使在武統台灣後，依然承認保護台灣民眾的私有財產。

5. 「**保險逼統**」：凡是持有「中華人民共和國身分證」的台灣民眾，持有者可在中國人民保險公司投保財產保險，特別是中保公司受理「戰爭期間財產損失保險」，以應對武統台灣時，對台灣同胞財產造成的損失。另外，重要的是還可作為戰後中央政府對台灣同胞提供補償的依據，為台灣同胞的不動產提供財產保險和政策保障。

6. 「**婚姻逼統**」：凡是持有「中華人民共和國身分證」的台灣民眾，與中國大陸民眾結婚的，在大陸的縣級及以上城

市,由當地政府為他們提供面積不少於90平方米的公租房,並提供優惠就業服務。

7. 「**旅遊逼統**」:凡是持有「中華人民共和國身分證」的台灣民眾,首次來大陸的台灣民眾,由中央政府提供「一萬元人民幣的7日祖國觀光旅遊」,優惠條件:交通1/2價格、住宿1/2價格、旅遊景點門票免費,讓台灣民眾更加深入的了解祖國,了解大陸。

8. 「**經貿逼統**」:凡是持有「中華人民共和國身分證」的台灣民眾,在經貿領域給予幫助和優惠,例如,台灣種植鳳梨的農民,可以憑自己的大陸身分證,將鳳梨直銷大陸,不受台獨勢力的影響,因為,你已經是中華人民共和國的公民了,理應受中國大陸中央政府的保護。

9. 「**公職逼統**」:凡是聲明承認一個中國反對台獨的,並且領取具有「中華人民共和國身分證」的台灣一切公職人員,中央人民政府保證,即使是武統台灣以後,對於上述人員,中央政府一律承認其公職人員身分,一律安排工作,一律平等對待,保障他們的權益,使他們能夠成為建設新台灣的重要力量。

10. 「**投誠逼統**」:對於台灣軍警特的人員,凡是承認一個中國反對台獨的,一律發放「中華人民共和國身分證」,歡迎在武統台灣前投誠,歡迎在武統台灣時起義。宣布台軍特赦條件,針對台灣陸海空三軍,凡是起義的、投誠的、放下武器的國(台)軍官兵,中央政府一律予以特赦,並可整編加入解放軍序列,根據功勞大小給予獎勵,凡是頑抗到底的一律消滅之。凡是以實際行動換領「身分證」和「護照」的台灣同胞,凡是成功勸說台灣官兵起義的、投誠

的、放下武器的台灣同胞,中央政府都將給予表彰、獎勵和優待。

11. 「**統派逼統**」:宣布統一人事名單,例如洪秀柱、郁慕明、邱毅、黃智賢等為統一人士,歡迎他們來大陸共同協商台灣戰後建設發展大計,對他們的人身、財產安全提供安全保障。

12. 「**獨派逼統**」:宣布「黑名單」,即宣布台獨罪犯名單,李登輝、陳水扁、蔡英文等台獨分子為台獨罪犯,中央政府必將嚴懲不貸,頒布通緝令,全中國、全世界緝拿,孤立分裂極少數頑固台獨分子,爭取廣大台灣民眾。

13. 「**清空逼統**」:在武統台灣前,在實施以上12項「逼統」措施後,重點實施「戰前人口疏散清空措施」,即人口「清空逼統」,具體作法是:在戰爭爆發前,提前宣布將在「以後的不太長的、不確定的時間內」,解放軍將武力攻台,產生一種強烈的戰爭預期,大陸中央政府督促台灣同胞離開台灣。屆時,台灣同胞在解決了沒有身分、國籍、資產等後顧之憂以後,可以義無反顧的離開台灣,可以直接前往大陸,也可以通過第三國中轉前往大陸。屆時,中央政府將為台灣同胞,提供陸、海、空等的交通便利,幫助台灣同胞躲避戰火,在大陸,政府為他們提供平價商品房、公租房等,鼓勵他們離開台灣到大陸定居,暫避,或者到其他國家暫避等等,待武統戰爭結束後重返家園。這麼做的重大意義和作用有:

第一、開啟了「超固有思維定式的統一方式」,它不是傳統意義上的針對「中華民國政府」的和平統一,也非武力統

一，而是直接針對台灣民眾個人的「身分統一」和「國籍統一」等，也可稱為「逼統」，即大陸統一台灣的第三種形式，創造第三條統一道路。

第二、對於領取換發了「中華人民共和國居民身分證」和「中華人民共和國護照」的台灣同胞，中國中央政府將依據「國內法」和「國際法」等，對他們提供全時空、全地域保護，警告震攝台灣當局，如果台灣當局膽敢對他們進行任何形式的迫害，那麼中國中央政府、中國人民解放軍，在統一台灣後，必將對其「秋後算帳」嚴懲不貸。

第三、將從根基上挖掘、撼動、崩塌孤立了頑固分子台灣當局，釜底抽薪，對台灣軍心的撼動將是致命的，使其無心戀戰，甚至反戈一擊，若能成功實現，或許將成為不戰而屈人之兵的「超級政治智慧」和「戰略策略典範」，成為古今中外國家統一範式之經典。

第四、不僅僅在心理上、思想上、觀念上等精神層面上的震撼（攝）、顛覆、恐慌，逼迫台灣的民心、軍心、黨心、政心、族群，而且也同樣反應在物理上、物質上、行動上、財產上等物質層面，達到精神與物質、思想與肉體等雙重打擊。

第五、此舉，並不作為放棄武力統一台灣的保證和承諾，在實施了「清空逼統」的戰前人口疏散措施後，以中國人民解放軍強大的武力做後盾，解放軍對台灣陸、海、空、天的圍剿用兵，不再投鼠忌器，大大降低了對台灣平民的傷害，在武力統一勢在必得的大勢下，大軍壓境、兵臨城下，或許可以重現「北平模式」的和平統一。

最後，此舉封住了美國、日本等介入台海事務的藉口，同時，中國政府、中國人民、中國人民解放軍，做出不惜與美國

爆發戰爭，也要統一台灣的決心和勇氣，做好核大戰一切準備，試看天下誰能敵！

附錄 2

武統前中國大陸應該先公布哪些事情

1. 定義「台獨分子」、「叛亂分裂武裝政權」
2. 公布台獨首腦、首惡分子及台獨戰犯、罪犯人員名單
3. 公布台獨黨及其附隨組織團體、側翼、同路人名單
4. 公布統一戰爭時期刑、民事究責範圍（含凍結、沒收資產，限制入出境、出海）
5. 對現職、現役軍公教人員喊話（行動準據、獎懲規定）
6. 公布投誠方案
7. 公布台稅台用辦法
8. 公布新台幣、人民幣兌換比例辦法
9. 公布退職、退役軍公教警消等人員退休金（俸）、社會福利制度、全民健保、勞保等依原規定辦理
10. 公布軍、警校人員留、退、用、訓規定
11. 公布台灣股市、匯市、債市統一戰爭時期暫停措施
12. 公布台灣省政府（含各級地方政府）、部門、單位、機構首長留用及汰除規定
13. 公布統一後台生（就讀、就業）、台商（財稅、貸款）、台胞（旅遊、醫療）赴陸優惠措施
14. 公布檢舉（舉報或抓捕）台獨分子獎勵辦法及包庇、藏匿、協助、資助台獨分子懲處辦法
15. 公布金融秩序、經濟秩序、社會秩序、校園秩序獎懲規定（故意擾亂者以叛亂罪論處）
16. 公布陣前起義、地下黨起義獎勵辦法

17. 公布消極抵抗、聚眾滋事、暗中破壞、公然對抗、負隅頑抗、隱匿不報者懲處及連坐規定
18. 公布台灣地區各駐外人員表態及投誠辦法
19. 宣布武力統一台灣及軍事管制時間、方式及相關規定
20. 宣布台灣週邊海、空域禁航公告及入出境限制規定
21. 宣布統一戰爭時期台灣司法制度暫行規定
22. 宣布台灣建省模式
23. 宣布台灣省長人選（含省政府、地方政府及各公營機關、單位首腦名單）
24. 宣布各級共產黨機構設置執行規定
25. 宣布統一戰爭時期各外離島與台灣本島交通暫行規定
26. 向國際宣布台海統一戰役發起後之敵我識別與交戰規定
27. 宣布台灣地區各機構、各單位、各部隊、各廠庫、各公營事業單位機構人員、裝備、財產就地點交規定（獎勵及懲處）
28. 宣布統一戰爭時期台灣地區各外國使節、外國人民及外國財產保護措施及安全區劃設、安全通道行動準則
29. 公布統一戰爭時期戰時軍律，違法者加重其刑（安民措施）
30. 公布統一戰爭時期民生物資管制措施（穩定機制，嚴禁哄、搶、屯、毀、棄）
31. 各有關規定依國台辦發布之日起生效施行（行政、內政）
32. 武力統一台灣之日各軍事行動規範，依國防部發布之日起生效施行（軍事、軍政）
33. 中國及台灣各對外關係、措施，依外交部發布之日起生效施行（外交）

34. 武力統一台灣之日為「國家統一民族復興紀念日」，自明年起訂為國定假日

35. 有關台灣省原公定假（節）紀念日等，依國台辦發布之日起生效施行（如廢除228紀念日、329青年節、93軍人節、1010國慶日、1225行憲紀念日等）

36. 統一戰爭期間比照新冠疫情，休市、停工、停班、停課，在家休息，收聽（看）解放軍公布訊息配合辦理

37. 為穩定物價正常供（出）貨，嚴禁廠家盤商囤積，不得哄抬惜售，如有違犯者以資敵罪論處，家產充公

38. 統一戰爭期間各公共運輸交通工具暫停營業，無解放軍命令不得上路，如有不配合者以資敵罪論處，家產充公

39. 統一戰爭期間各加油站停止供油（特殊用途供油除外），如有違令者以資敵罪論處，家產充公

40. 統一戰爭期間各倉儲物資因解放軍攻擊損失，一律照價賠償。如有自行縱火、破壞、滅失、藏匿者，以資敵罪論處，家產充公

41. 統一戰爭期間藉故破壞、阻塞、藏匿、異常變賣民生物資者，以資敵罪論處，家產充公

42. 統一戰爭期間醫護人員、醫療院所等機構須正常上班，無故怠工、妨礙醫療救治影響民心者，以資敵罪論處

43. 統一戰爭期間各航空器、船舶、浮具等禁止使用，如有違反禁令，視為意圖偷渡、走私出境出海，以叛亂罪論處，家產充公

44. 統一戰爭期間有故意違犯法律者，加重其刑至極刑，家產充公

45. 統一戰爭期間協助台獨分子對抗解放軍者，以叛亂罪論

處，家產充公，其家屬視涉案情節輕重，接受勞動改造5-10年

46. 統一後軍管期間嚴禁集會結社、遊行示威抗議暴動，破壞社會秩序影響民心者，以叛亂罪論處，家產充公

47. 已公布列為台獨頑固分子、戰犯清單者，以叛亂罪論處，家產充公，其家屬視涉案情節輕重，接受勞動改造5-10年

48. 已公布列為台獨積極分子、罪犯清單者，以叛亂罪論處，家產充公，其家屬視涉案情節輕重，接受勞動改造3-5年

49. 查有支持（選舉樁腳）、資助（如金主）、協力（NGO）、倡議（學者）台獨工作事實者，以叛亂罪論處，不得假釋，無減刑權利

50. 台獨家庭，終身不得參與公職，剝奪加入中國共產黨資格，終身接受勞動思想教育，家產一律充公，相關人員連坐處分（如司機、傭人、員工或其他有參與提供台獨工作者）

附錄 3
武統台灣心戰宣傳範例

1.以武拒統,徹底殲滅

2.正常生活,正常工作

3.馬照跑,舞照跳,錢照賺,都一樣

4.解放大軍,只抓台獨

5.不要被利用,兩岸一家人

6.國軍共軍都是中國軍,放下武器還是好兄弟

7.一國一制,台灣方案

8.消滅台獨,和平統一

9.協助統一,論功獎勵

10.藏奸作亂,禍延三代

11.陣前起義,有功必獎

12.負嵎頑抗,死路一條

13.台獨就是台奸,滅獨才能平安

14.反獨才是真英雄,統一才有好未來

15.解放軍目標是台獨,台灣人都是中國人

16.不聚眾,不鬧事,很快就平靜

16.台獨分子誤入歧途,現在反悔給你機會

18.主動自首還有機會,被動被抓判刑勞改

19.放下武器,兩岸一家

20.放下武器,就地整編

21.遠離台獨,永保平安

22.聚眾鬧事,就是叛亂

23.有事派代表，有話慢慢說

24.認同祖國，繁榮台灣

25.統一解放，光復台灣

26.一時不便，祖國致歉

27.三天打完，恢復正常

28.戰火無情，槍彈無情，軍法無情，制暴無情

29.砲火無情，立刻離營，留在軍中，屍骨無存

30.勿作無謂抵抗，台獨早就跑光

31.你在做無謂抵抗，他更有時間逃跑

32.你們抵抗犧牲時，台獨正在落跑中

33.不信台獨那一套，保命保家保平安

34.與台獨畫清界線，讓人民安居樂業

35.舉報台獨人人有責，包庇台獨就是叛亂

36.你想要做台獨烈士，我必果斷送你上路

37.台獨在家喝紅酒，你在壕溝喝屍水

38.一個台獨一支功，集滿十個立頭功

39.台獨只是假議題，貪汙撈錢騙選票

40.別當台獨替死鬼，想想家人誰來養

41.台獨騙你上戰場，台獨家人有綠卡

42.台獨有錢可移民，台灣打爛害到誰

43.台獨躲在人群裡，會害大家受牽連

44.平日台獨叫的歡，解放軍來跑光光

45.公家機關照常上班，怠忽職守有你罪受

46.離開部隊，回家團聚，戰事結束，祖國保你

47.有困難，找武警，會解決，別生氣

48.台獨建國誰得利？錢權好處輪到誰

49.中國人不打中國人，台獨不是中國人

50.不囤積，不暴利，不哄抬，不作怪

51.不是台獨不用怕，紅旗飄揚新中華

52.台獨現在就自首，保證你還有機會

53.台獨悔過真勇氣，執迷不悟枉送命

54.你為台獨在拼命，他為後面在鋪路

55.台獨叫你為他死，冷靜想想值不值

56.一國一制沒問題，只要不做賣國賊

57.你若不做中國人，此地無你容身處

58.台灣人就是中國人，中國人不打中國人

59.台獨不做中國人，祖國送你去美日

60.心向祖國你我一家，不認祖國台奸必抓

61.統一聖戰這代完成，民族復興台灣回歸

62.不做美日狗奴才，抬頭挺胸中國人

63.台獨打仗關你屁事，回家吃瓜準備看戲

64.台獨就是極端，台獨分子就是危險分子

65.你搞台獨身死國滅，他搞台獨盆滿缽滿

66.台獨是美國養的狗，台灣人不是美國狗

67.搞台獨的不要躲在後面，不要讓年輕人出來送死

68.一日台獨終身恥辱、一日台獨終生通緝

69.台獨分子的財產就是台灣人民的福利公積金

70.一日台獨，財產充公。一日台獨，終身監禁。

71.一日台獨，三代追償。一日台獨，永不翻身。

72.領空領海全封鎖，台獨要往哪裡跑

73.外國人支持台獨，依間諜重罪審判

74.一日參加台獨，終生讓你後悔

75.台獨政治神棍，全送北京審訊
76.台獨政客騙子，新疆監獄有你
77.台獨危害台灣，全民認清台毒
78.台獨就是台毒，獨台就是叛亂
79.台獨就是戰爭，台獨就是毀滅
80.檢舉台獨人人有責，包庇台獨一起究辦

附錄 4

1.5個博士學位蔡英文總統首任期間施政爭議事件概述

1. 選前海峽兩岸關係基本原則是「維持兩岸現狀」，卻在上任後第四個月（2016年9月29日）《給台獨黨黨員的信》中卻表示要「力抗中國」。

2. 2016年1月11日勝選之夜演說時，以總統當選人的身分要求台獨黨（員）及其支持者「謙卑、謙卑、再謙卑」的態度，希望彌合社會分裂對抗氣氛，促進團結和諧。

3. 1.5個博士學位的蔡英文總統首次進入總統府辦公室後，隨即簽署林全接任行政院院長的人事任命，而林全院長上任後簽署的第一件行政命令，卻是撤銷行政院對太陽花違法案件的追訴。

4. 2016年8月31日成立「不當黨產處理委員會」，開始調查並沒收在野黨黨產。

5. 2018年5月31日成立「促進轉型正義委員會」，開始清算鬥爭在野黨（國民黨）。

6. 成立「國家年金改革委員會」，開始清算鬥爭立場偏藍的退休（伍）軍公教人員，卻對勞退基金即將破產的勞工年金改革不斷加碼挹注，絕口不提改革。

7. 為降低對中國大陸的經濟依賴，推動「新南向」政策的錢坑法案。

8. 2017年3月23日行政院公布預算達8800億元的「前瞻計畫」，被譏笑為落後、綁樁的「沾錢計畫」。

9. 2018年12月6日立法院通過「一例一休」法案，製造勞資

對立，影響勞工權益及企業經營。

10. 2019年5月24日標榜亞洲首例同性婚姻合法化生效，引發社會傳統保守人士反彈並增加台灣罹患愛滋病醫療負擔。

11. 主張2025年內全面廢核，但很快因高溫供電困境，重啟已停機的核一廠發電機。

12. 2016年11月7日衛福部提議解除日本福島核災區食品進口，遭致社會強力反對聲浪。

13. 2016年12月3日與美國總統當選人川普視訊通話，引發中國大陸震驚與憤怒，對台灣展開報復。

14. 1.5個博士學位的蔡英文總統敦促其他國家對抗中國在南海的軍事擴張，提升兩岸敵意。

15. 1.5個博士學位的蔡英文總統拒絕承認「一個中國」原則和「九二共識」，導致兩岸凍結談判、聯繫、溝通機制，對岸軍事威嚇升級，武統台灣聲浪成為大陸民意主流。

16. 2016年8月1.5個博士學位的蔡英文總統首度以國家元首身分，宣布啟動「原住民族轉型正義」工程，但至2021年遭原住民立法委員高金素梅質疑政府做了甚麼？

17. 2019年在監察院下常設「國家人權委員會」，卻遭社會普遍質疑箝制言論自由（中天電視台被藉故關台）、警察國家暴力（依臉書PO文即抓人），台灣人權嚴重倒退。

18. 2017年通過政黨法，要求政黨申報財產並限制參與選舉時間，已有171個政黨被內政部廢止備案，嚴重違憲影響人民結社自由。

19. 政府組織再造精簡，卻越減越多，黑機關不斷以各種名目成立（如年改會、黨產會、促轉會、新南向辦公室等……），政府聘僱人員不減反增，任人唯親私、唯黨籍、唯派別、唯顏色、唯利益、唯關係，嚴重破壞文官任用公平考試制度與銓敘。

20. 2018年美、中貿易戰開打，經濟部推出「投資台灣三大方案」，吹噓台商回流投資8000億，不實資訊遭戳破。

21. 台獨黨長期反核，行政院宣示2025年前達成全國核電廠除役，2018年「以核養綠」公投通過，但政府藐視公投結果，引發打假球民怨，民眾對政府越趨不信任。

22. 2020年爆發新冠肺炎疫情，在國內口罩緊缺的情況下，人民長時間露天曝曬、漏夜排隊買不到口罩（口罩價格原本約1.5元，政府竟公告調高為5~7元），並且只能按配給領取口罩時，蔡政府竟然以「口罩國家隊」援外名義，大量捐贈外國，引發民怨。

23. 2020年總統大選前夕澳洲媒體報導王立強共諜案介入國內選舉事件，政府相關部門（國安局、外交部、檢、調單位）及人員（包含1.5個博士學位的蔡英文總統本人）積極扮演「編故事的人」，企圖抹紅對手韓國瑜，影響藍營選情意圖明顯。選前炒作沸沸揚揚，選後勝選低調無視，彷彿從來未曾發生過這起共諜案。

24. 1.5個博士學位的蔡英文總統上台後改變兩岸現狀，造成中國對台報復施壓，2016~2018年計有七個國家與中華民國斷交，使我邦交國從蔡政府剛上任時的22國快速減少至15國。外交部長吳釗燮被戲稱為「斷交部長」，卻無人負責下台。

25. 2017年起世界衛生組織不再發函邀請台灣以觀察員身分出席，蔡政府稱以「中華台北」名義不算矮化，引發雙標譏笑。

26. 2019年蔡政府以「拒絕一國兩制」為論述核心，在國家定位方面從「這個國家」，到多次以「中華民國台灣」來稱呼，也有以「台灣」取代「中華民國」的趨勢；於對岸稱謂上，初期多使用「中國大陸」，後期則以「中國」稱之。

27. 2019年6月香港爆發反送中暴亂，蔡政府及台獨黨、側翼時代力量等，以人員、資金及技術力挺，所謂「台灣撐香港」，引發中國大陸及香港特區政府高度不滿，並直指台灣陰謀顛覆，支持港獨勢力。

28. 2017年起解放軍機、軍艦繞台次數激增，各戰區、集團軍軍事演習針對性愈發強烈，兩岸軍事緊張情勢升高。

29. 2020年初武漢爆發新冠肺炎疫情，蔡政府及台獨黨趁機操作歧視抹黑，政府定位為「武漢肺炎」、「中國病毒」，並落井下石禁止口罩輸出援中，刻意刁難滯中台人返台權益，培養仇中、反中、抗中民意，被指為「以疫謀獨」，行政院院長蘇貞昌被中共點名列為「頑固台獨分子」清單。

30. 無限制擴大對美軍購，高額購買美國過時且不適用台灣之昂貴武器數千億元。

31. 1.5個博士學位的蔡英文總統親自主持「司法改革國是會議」因強勢要求與會人員表決通過，引發外界側目，認有獨裁專制之意識。

32. 2016年甫上任，即廢除專辦高官權貴的「特偵組」，台

獨黨有恃無恐，貪腐成風，爾後爆發「高鐵珍奶300萬案」、「總統專機私菸超買案」等等，僅為冰山一角，但已無專責機關查辦，最後不了了之。

33. 2019年108課綱修訂，以「去中化」為主軸，引發國民強烈不滿。

34. 2020年2月通過的「紓困方案」，包括發放振興券、國旅補助等等繁瑣措施，普遍被批評為勞民傷財引發民怨。

35. 2016年7月海軍雄三飛彈誤射事件，造成漁民一死三傷，海軍司令黃曙光上將遭記過處分。但在2020年1月前任參謀總長沈一鳴墜機死亡後，由1.5個博士學位的蔡英文總統培植升任參謀總長，引發側目議論。

36. 2018年1月5日台大校長拔管案，教育部刻意阻擋藍營人士入主台大，遭批政府侵犯學術自由，政治髒手伸入校園。

37. 2019年7月總統府侍衛室及國安特勤藉由總統專機特權走私香菸案（桃機配合），總統府第一時間即定調為「超買」，引發社會輿論譁然。本案處理查辦過程備受爭議，總統府祕書長陳菊起初神隱，最後全身而退，其餘相關主管人員或涉案人員，多以輕判或行政罰鍰、記過調職處分結案，部分受處分人員（揹鍋）事後竟能在短期內升遷，引發議論紛紛。

38. 2019年10月1日宜蘭南方澳斷橋案。

39. 2019年9月3日台獨黨立委陳明文高鐵300萬案。

40. 2017年高雄慶富詐貸案。

41. 2019年3月農委會1450網軍案。

42. 2018年9月台北駐大阪經濟文化辦事處蘇啟誠自縊身亡

案。

43. 2018年9月張天欽東廠案。

44. 2018年九合一大選併公投，假公投真欺民（如以核養綠、日本核食）。

45. 2017年8月台獨黨主導用愛發電遊行。

46. 2018年10月台鐵普悠瑪出軌。

47. 2018年8月1.5個博士學位的蔡英文總統搭乘雪豹裝甲車勘災惹民怨。

48. 2019年1月俗稱「小英男孩」的「口譯哥」趙怡祥高升駐美代表處一等諮議兼政治組組長引發爭議、管碧玲女婿林子揚未經外交特考即高升駐泰代表處機要秘書，月薪超過13萬引發社會輿論特權爭議。

49. 2019年12月1.5個博士學位的蔡英文父親蔡潔生墓園占地逾500坪，2010年即被檢舉違建，9年過去不見改善卻能就地合法，引發特權爭議惹民怨。

50. 2019年7月斥巨資維修總統官邸案，引發社會輿論不滿。

51. 2017年8月不顧各方反對耗資2500萬元採購德國奧迪防彈座車，被譏為史上最貴小英總統大車隊只為欺敵！

52. 2016年10月甫上任的1.5個博士學位的蔡英文總統原本予人親民簡樸的人設形象（會在路邊攤吃麵，還會蹲地洗碗），卻被爆出每月花費公帑（或說自掏腰包）6萬元聘請年僅30歲女御廚（領有中西餐和甜點證照），負責為總統調製三餐飲食，引爆民怨唾棄假仙虛偽（與前任總統馬英九任期8年如一日都吃50元中興便當成強烈反差對比，重創蔡形象）。

53. 2019年5月台灣大學法律系名譽教授賀德芬召開記者會，公開質疑1.5個博士學位的蔡英文沒有博士論文，博士學位有問題，後續引起彭文正教授跟進追查，總統府極力辯護卻迴避學者提問諸多疑點，本案涉及總統誠信及參選違法、貪汙及公務員集體包庇違法，堪稱動搖國本的世紀大案，案情仍持續延燒中。

54. 任命陳明通擔任陸委會主委、任命吳釗燮擔任外交部部長，被譏笑為陸委會像外交部、外交部像國防部。

55. 任命法律專業的顧立雄擔任國安會秘書長掌管情報、任命有酒駕前科的古拉斯擔任行政院發言人、任命有學歷「誤植」前科的黃重諺擔任總統府發言人、任命被監察院糾舉彈劾的陳菊擔任監察院院長...，各項人事安排毫無專業性及道德恥感，國家大政、重要人事如兒戲荒唐。

　　以上僅區列55項敗德施政引發民怨、民憤、民疑、民譏案例與事件，因蔡總統首任執政期間，施政荒腔走板意外頻仍，造成民調支持陡降，台獨黨選情如斷崖式下墜之危機，因此才會發生蔡任命的行政院院長賴清德挑戰初選提名，也才有獨派大老紛紛逼宮下台之舉，可見當時蔡的民意支持度極低，若與國民黨提名候選人韓國瑜強強滾的人氣相較，高下立判。

附錄 5

中國人民解放軍攻台部隊戰鬥序列編組及戰術作為想定

1. 主攻方向（中台灣）

（1）空降兵第15軍空降兵第134旅負責突擊占領台中清泉崗機場，並開放後固守待援。

（2）以第71集團軍特戰第71旅（海鯊）滲透突擊攻佔大肚台地、鐵占山等戰略高地後建立防空、反裝甲警戒陣地，並固守待援。

（3）以第72集團軍特戰第72旅（霹靂）滲透突擊攻佔台中港，建立港區外圍反突擊防禦陣地後，並固守待援。

（4）以第71集團軍陸航第71旅、遠程火炮砲兵第71旅掩護重型合成第2、35、160、235旅自梧棲、沙鹿一帶突擊登陸，合力擊破台軍第586裝甲旅後，第2及35旅協助清泉崗及台中港占領軍固守機場、港口外圍警戒陣地，其餘第160、235旅全軍北上全力攻擊前進，以支援林口台地、桃園附近高地之空（機）降阻援軍殲滅台軍反擊部隊。

（5）以第72集團軍陸航第72旅、遠程火炮砲兵第72旅掩護第72集團軍所屬部隊重型合成第10旅、中型合成第85旅、輕型高機動合成第90旅，自彰化至雲林一線海岸突擊登陸後，尋殲台軍第五作戰區域內有生力量第302、104步兵旅及第234機步旅後，除輕型高機動合成第90旅向南投方向實施警戒外，其餘重型合成第10旅、中型合成第85旅南下堵截第257步兵旅及由台軍第四作戰區域內北

上增援之反擊部隊於濁水溪一線，依有利地形建立防禦陣地，並伺機配合空優戰機南下支援台南、高雄方向之特戰旅及陸戰旅占領軍。

（6）以第72集團軍兩棲合成第5、124旅任北上野戰兵團預備隊。

（7）以海軍陸戰隊第3、4旅任南下野戰兵團預備隊。

（8）以中國人民武裝警察部隊第二機動總隊特戰第2支隊擔任攻台戰役前進指揮所外圍安全護衛警戒任務。

2.第一助攻方向（北台灣）：請參閱P358-360

3.第二助攻方向（南台灣）

（1）由南部戰區第74集團軍特戰第74旅（南國利劍）及第75集團軍特戰第75旅（叢林猛虎）負責登陸高雄旗津、西子灣，並攻佔高雄港及壽山要塞後，向岡山、旗山方向實施警戒、阻援。

（2）由海軍陸戰隊第1、2旅負責自屏東嘉祿堂海岸突擊登陸，以有力一部配合空降兵第133旅攻佔並開放屏東、高雄機場後，向林園、萬巒方向實施警戒、阻援。

4.佯攻方向（東台灣）

（1）以中部戰區第82集團軍（別稱萬歲軍）所屬特戰第82旅（響箭）、陸航第82旅及第83集團軍所屬空中突擊第161旅，任務為摧毀宜蘭平原防空、反艦導彈、飛彈陣地及花東防衛指揮部所屬野戰部隊，扼控西向入山隘口，置重點於南下突擊、殲滅並清除佳山空軍基地及附近殘餘守軍。

（2）以中部戰區第83集團軍所屬特戰第83旅（中原猛虎）滲透登陸台東地區，任務為占領並開放台東機場，置重點於清除中科院導彈陣地威脅後，在空中突擊第161旅支援下，由南迴公路向西推進，配合南臺灣助攻部隊，企圖控制恆春半島。

國家圖書館出版品預行編目資料

武統台灣　最後結局／無名 著.--初版.
--屏東縣內埔鄉：武安工作室，2022.1
　　面；　公分.
ISBN 978-626-95443-0-1（平裝）
1. 兩岸關係 2. 中共對臺政策 3. 臺灣政治
573.09　　　　　　　　　　110019399

武統台灣　最後結局

作　　者　無名
校　　對　無名
出　　版　武安工作室
經銷代理　白象文化事業有限公司
　　　　　412台中市大里區科技路1號8樓之2（台中軟體園區）
　　　　　出版專線：（04）2496-5995　　傳真：（04）2496-9901
　　　　　401台中市東區和平街228巷44號（經銷部）
　　　　　購書專線：（04）2220-8589　　傳真：（04）2220-8505
印　　刷　基盛印刷工場
初版一刷　2022 年 1 月
定　　價　360 元